Kate Harrison

F ...uns R.D

CW01604854

HARRAP FRENCH LEARNER'S DICTIONARY

ENGLISH-FRENCH / FRENCH-ENGLISH

Editor / Rédacteur
Michael Janes

HARRAP

This edition published in Great Britain 1998
by Chambers Harrap Publishers Ltd
7 Hopetoun Crescent, Edinburgh EH7 4AY

First published in France as
Harrap's Débutant

ISBN 0 245 60622 X

Reprinted 1999

Typeset by Chambers Harrap Publishers Ltd, Edinburgh
Printed and bound in France

Contents/Table des matières

TRADEMARKS
Words considered to be trademarks have been designated in this dictionary by the symbol ®. However, no judgement is implied concerning the legal status of any trademark by virtue of the presence or absence of such a symbol.

MARQUES DÉPOSÉES
Les termes considérés comme des marques déposées sont signalés dans ce dictionnaire par le symbole ®. Cependant, la présence ou l'absence de ce symbole ne constitue nullement une indication quant à la valeur juridique de ces termes.

Preface

The Harrap *French Learner's Dictionary* is a major new work specially written for the needs of the complete beginner in French. In a text of unique clarity you will find a vocabulary which has been carefully selected to reflect both frequency and up-to-date usage. Unlike other dictionaries, there is no labelling of the different parts of speech and there are no abbreviations used (with the exception of *m* – for *masculine* – and *f* – for *feminine* – to indicate the gender of French nouns and adjectives).

You will find large numbers of examples to cover the different usages, and a great deal of work has gone into finding clear and helpful contexts to bring out not only differences in meanings but also grammatical differences. Context words are always given in brackets to make them stand out clearly from the translations.

Important grammatical and usage information has either been included in the entries (such as irregular or unusual plurals or feminines) or highlighted in notes given with the entries (such as the irregular parts of English verbs and colloquial or 'familiar' levels of language). You will also find British and North American usages and spellings have been identified and clearly displayed throughout the text.

One important feature which needs to be mentioned is the 'oblique stroke'. This is a useful space-saving device to separate different parts of an expression which are exactly matched in French and English. Using the oblique stroke means that it is possible to give just one example such as '**en cas d'accident/d'incendie** in the event of an accident/a fire' instead of giving the two examples '**en cas d'accident** in the event of an accident' and '**en cas d'incendie** in the event of a fire'.

The author wishes to express his gratitude to Cécile Vanwalleghem for her assistance with proofreading, to his wife, Susan, for her help with Americanisms, and to Stuart Fortey and Fabrice Antoine for their contributions to the text of Harrap's *French Learner's Mini Dictionary* which has inspired the present work.

M. Janes
London, 1997

Préface

Le *French Learner's Dictionary* est un dictionnaire entièrement nouveau qui s'adresse à tous les débutants en anglais. Il a été conçu pour faciliter l'apprentissage de la langue et offre un texte d'une clarté exceptionnelle.

On y trouvera le vocabulaire de base, choisi pour sa fréquence et sa modernité, et une profusion d'exemples particulièrement utiles et clairs. A la différence des autres dictionnaires, les catégories grammaticales ne sont pas indiquées comme telles et ne figurent comme abréviations que les symboles *m* et *f* pour signaler le genre des noms et des adjectifs. Les indications de contextes, données entre parenthèses et en italique pour qu'elles se distinguent bien des traductions, détaillent les multiples sens d'un mot et rendent parfaitement claires les différences de catégories grammaticales.

En outre, on a inclus dans le corps des entrées des éléments importants de grammaire, tels que les pluriels ou les féminins irréguliers. Des notes d'usage, mises en relief par des encadrés, figurent à la fin des articles pour les formes irrégulières des verbes anglais ou pour les niveaux de langue. Et on notera aussi la large part faite aux américanismes et à l'orthographe américaine lorsque celle-ci se distingue notablement de l'orthographe britannique.

Enfin, il est important de signaler le rôle utile de la barre oblique. Par souci de concision, on a utilisé cette barre pour mettre en parallèle des expressions aux structures très semblables et qui fonctionnent de façon identique en français et en anglais. Ainsi, plutôt que de donner séparément des expressions telles que '**en cas d'accident** in the event of an accident' et '**en cas d'incendie** in the event of a fire', on s'est contenté de les présenter comme suit, c'est-à-dire en un exemple : '**en cas d'accident/d'incendie** in the event of an accident/a fire'.

L'auteur tient à exprimer sa gratitude à Cécile Vanwalleghem qui a bien voulu relire les épreuves, à son épouse Susan, pour ses conseils et ses suggestions concernant les américanismes, à Stuart Fortey et à Fabrice Antoine pour leur contribution au texte du *Mini Learner's Dictionnaire Français-Anglais* qui a inspiré le présent ouvrage.

M. Janes
Londres, 1997

Anglais-Français
English-French

Aa

a 1 un *m*, une *f*: **a man** un homme; **an apple** une pomme.
2 *(not translated when decribing jobs or situations)* **he's a doctor** il est médecin; **I became a teacher** je suis devenu professeur; **she's a widow** elle est veuve.
3 *(=* le *with prices, weights and speeds)* **30 pence a kilo** 30 pence le kilo; **50 kilometres an hour** 50 kilomètres à l'heure.
4 *(=* par *with numbers of times or with amounts)* **twice a month** deux fois par mois; **she earns 500 dollars a week** elle gagne 500 dollars par semaine.

Attention: **an** est employé devant une voyelle ou un h muet.

abbreviation abréviation *f*.

ability (*au pluriel* **abilities**) aptitude *f*: **her ability to remember dates** son aptitude à retenir les dates; **he has the ability to succeed** il est capable de réussir.

able capable: **to be able to do something** être capable de faire quelque chose, pouvoir faire quelque chose; **to be able to swim/drive** savoir nager/conduire.

about 1 *(more or less)* environ: **the baby's about two years old** le bébé a environ deux ans; **at about four o'clock** vers quatre heures.
2 *(here and there)* **to run about** courir ça et là; **they run about the streets** ils courent dans *or* par les rues; **to follow someone about** suivre quelqu'un partout; **he leaves his things lying about** il laisse traîner ses affaires.
3 *(on the subject of)* au sujet de; **what is it about?** c'est à quel sujet?
4 sur: **a book/film about children** un livre/film sur les enfants.
5 to talk about something parler de quelque chose; **I don't want to talk about it** je ne veux pas en parler.
6 to be about to do something *(to be going to)* être sur le point de faire quelque chose.
7 what *or* **how about a drink?** que dirais-tu de prendre un verre?

above[1] 1 *(in a higher place)* au-dessus: **to live on the floor above** habiter l'étage au-dessus; **from above we can see the whole town** d'en haut on voit toute la ville.
2 *(greater in numbers)* plus: **children of six years and above** les enfants de six ans et plus.

above[2] *(higher than)* au-dessus de: **above the clouds** au-dessus des nuages; **there's nothing above it** il n'y a rien au-dessus; **above all** *(especially)* surtout, par-dessus tout.

abroad à l'étranger: **we're going abroad** nous partons à l'étranger; **a letter/the news from abroad** une lettre/les nouvelles de l'étranger.

absence absence *f*: **your absence from school** ton absence de l'école; **in my absence** pendant mon absence.

absent absent (**from** de).

absent-minded distrait.

absolutely 1 *(completely)* tout à fait, complètement: **you're absolutely right** vous avez tout à fait raison; **he's absolutely mad** il est complètement fou.

2 *(certainly)* absolument: **absolutely not!** absolument pas!

abuse[1] *(insults)* injures *f plural*: **they shouted abuse at me** ils m'ont crié des injures; **shouts of abuse** des cris d'injures.

abuse[2] **1** *(to hurt)* maltraiter. **2** *(to insult)* injurier.

accent accent *m*: **to have a French accent** avoir l'accent français; **to speak with a French accent** parler avec un accent français; **to speak without an accent** parler sans accent.

accept accepter.

accident 1 accident *m*: **to have an accident** avoir un accident.
2 by accident *(without meaning to)* sans le vouloir, par mégarde; *(by chance)* par hasard.

accidentally *(without meaning to)* sans le vouloir, par mégarde.

accompany accompagner.

according to selon: **according to the government/to the rules** selon le gouvernement/les règles; **according to her** selon elle.

accordion accordéon *m*: **to play the accordion** jouer de l'accordéon.

account 1 on account of à cause de; **don't go on account of me** ne partez pas à cause de moi.
2 to take something into account tenir compte de quelque chose.

accurate exact, précis.

accurately avec précision: **to calculate/measure accurately** calculer/mesurer avec précision.

accuse accuser: **to accuse someone of something** accuser quelqu'un de quelque chose; **they accused her of cheating** ils l'ont accusée d'avoir triché.

ache[1] douleur *f*: **I have an ache in my arm** j'ai mal au bras, j'ai une douleur dans le bras.

ache[2] faire mal: **my arm aches** *or* **is aching** mon bras me fait mal, j'ai mal au bras.

acrobat acrobate *m or f*: **she's an acrobat** elle est acrobate.

across 1 *(from one side to the other of)* **to walk** *or* **to go across the street/the room** traverser la rue/la pièce; **to run across the street/the room** traverser la rue/la pièce en courant; **the bridge across the river** le pont qui traverse la rivière; **the policeman helped the children across** l'agent a aidé les enfants à traverser.
2 *(on the other side of)* de l'autre côté de: **they live across the street** ils habitent de l'autre côté de la rue.

act[1] *(action, part of play)* acte *m*; *(in circus or show)* numéro *m*: **the clown put on an act** *or* **performed his act** le clown a fait son numéro.

act[2] **1** *(to do something)* agir: **we must act quickly** il faut agir rapidement; **you're acting like a fool** tu agis comme un idiot.
2 *(in play or film)* jouer: **to act a part** jouer un rôle; **they've been acting for years** ils jouent depuis des années.

action action *f*: **a man/woman of action** un homme/une femme d'action; **to take action** prendre des mesures (**against** contre).

activity (*au pluriel* **activities**) activité *f*: **what a lot of activity in the street!** quelle activité dans la rue!

actor acteur *m*: **he's an actor** il est acteur.

actress actrice *f*: **she's an actress** elle est actrice.

actual *(reason, cost)* réel *m* (-elle *f*); *(figures, amount)* exact; **this is the actual book** c'est le livre même.

actually 1 *(really)* vraiment: **she's not actually my friend** ce n'est pas vraiment mon amie.
2 *(in fact)* en réalité: **actually, I stayed at home** en réalité, je suis resté chez moi.

ad = **advertisement**.

add 1 ajouter (**to** à). **2 to add numbers** additionner des nombres.

addition 1 addition *f*: **to do addition** faire des additions. **2 in addition** en plus; **in addition to** en plus de.

address adresse *f*: **do you know my new address?** connaissez-vous ma nouvelle adresse?

add up additionner: **add up these four numbers** additionnez ces quatre nombres.

adjust régler *(un siège, le chauffage)*.

admire admirer.

admit 1 *(to let in)* admettre: **they don't admit children** ils n'admettent pas les enfants.
2 *(to agree)* reconnaître, admettre: **I admit I was wrong** je reconnais *or* j'admets que j'ai eu tort.

adult adulte *m or f*: **you'll soon be an adult** tu seras bientôt adulte.

advance (in) 1 d'avance: **you have to pay in advance** il faut payer d'avance.
2 à l'avance: **you have to book seats in advance** il faut réserver des places à l'avance.

advanced *(level, stage)* avancé.

advantage 1 avantage *m*: **it has the advantage of being cheap** ça a l'avantage d'être bon marché.
2 to take advantage of profiter de *(ses vacances, la situation)*.

adventure aventure *f*.

advert = **advertisement**.

advertise 1 faire de la publicité pour *(un événement, un produit)*: **they always advertise** ils font toujours de la publicité.
2 *(in newspaper, to sell something privately)* **to advertise a house/car** passer une annonce pour vendre une maison/une voiture; **we need to advertise for a baby-sitter** nous devons passer une annonce pour trouver une baby-sitter.

advertisement 1 *(on television, radio, in newspaper)* publicité *f*.
2 *(in newspaper, to sell something privately)* annonce *f*.

advice conseils *m plural*: **to give someone some advice** donner des conseils *or* un conseil à quelqu'un; **a piece of advice** un conseil.

advise: to advise someone to do something conseiller à quelqu'un de faire quelque chose; **they advised him not to give up** ils lui ont conseillé de ne pas abandonner; **to be badly advised** être mal conseillé.

aerial antenne *f* (*de radio*).

aeroplane avion *m*.

affect *(to concern)* toucher, concerner: **unemployment affects young people especially** le chômage touche surtout les jeunes; **that doesn't affect me** ça ne me concerne pas.

afford *(to pay for)* avoir les moyens d'acheter: **I can't afford a new car** je n'ai pas les moyens d'acheter une nouvelle voiture; **we can't afford to travel to America** nous n'avons pas les moyens d'aller aux États-Unis.

afraid 1 *(scared)* **to be afraid of something/someone** avoir peur de quelque chose/de quelqu'un; **don't be afraid!** n'ayez pas peur!; **to be afraid to do something** *or* **of doing something** avoir peur de faire quelque chose.
2 *(worried)* **to be afraid that...** avoir peur que...; **I'm afraid he might be ill** j'ai peur qu'il soit malade *or* qu'il ne soit malade.
3 *(sorry to say)* **I'm afraid she's out** je regrette, elle est sortie; **I'm afraid so!** hélas, oui!; **I'm afraid not!** hélas, non!

Africa Afrique *f*: **to go to Africa** aller en Afrique; **to live in Africa** vivre en Afrique.

African [1] *(town, student)* africain.

African [2] Africain *m*, -aine *f*: **she's an**

African c'est une Africaine.

after 1 après: **after lunch** après le déjeuner; **after all** après tout.
2 *(in telling the time) (terme américain)* **ten after four** quatre heures dix.
3 after doing something après avoir fait quelque chose; **after having a shower** *or* **after I had a shower I went out** après m'être douché, je suis sorti; **we left after she'd finished her homework** nous sommes partis après qu'elle a eu fini ses devoirs.
4 *(afterwards)* après: **soon after** peu après; **a long time after** longtemps après.

afternoon après-midi *m or f*: **she comes to see me in the afternoons** elle vient me voir l'après-midi; **at two in the afternoon** à deux heures de l'après-midi.

The translation does not change in the plural. Do not add 's'.

afterward *(mot américain)* = **afterwards**.

afterwards après: **soon afterwards** peu après.

again 1 *(another time)* encore, encore une fois: **it's me again!** c'est encore moi!; **not spinach again!** pas encore des épinards!; **I'm going to ask you again** *or* **once again** je vais te demander encore une fois.
2 (ne...) plus; **he won't do it again** il ne le fera plus; **we'll never see her again** on ne la verra plus jamais; **never again!** plus jamais!

against contre: **against the wall** contre le mur.

age 1 *(of person)* âge *m*: **from the age of 10** depuis l'âge de 10 ans; **to be 15 years of age** être âgé de 15 ans, avoir 15 ans.
2 *(period)* époque *f*: **the age we live in** l'époque où nous vivons.

ago il y a: **a year ago** il y a un an; **how long ago were you in London?** il y a combien de temps que vous étiez à Londres?; **not long ago** il n'y a pas longtemps.

agony: to be in agony souffrir horriblement.

agree 1 *(to be in agreement)* être d'accord (**with someone** avec quelqu'un): **I agree!** je suis d'accord!
2 *(to come to an agreement)* se mettre d'accord: **we all agreed to go to the theatre** nous nous sommes tous mis d'accord pour aller au théâtre.
3 *(to be willing to)* **to agree to do something** accepter de faire quelque chose; **I agree to do the work** j'accepte de faire ce travail.
4 *(to admit)* admettre (**that** que): **I agree it's not possible** j'admets que ce n'est pas possible.

ahead 1 *(in front)* en avant: **she went on ahead** elle est partie en avant; **our team is ahead** notre équipe est en tête.
2 ahead of devant; **he was walking ahead of us** il marchait devant nous.
3 *(in the future)* **you have to book ahead** il faut réserver des places à l'avance; **in the months ahead** dans les mois à venir.

AIDS Sida *m*: **to have AIDS** avoir le Sida.

aim [1] but *m*: **with the aim of doing something** dans le but de faire quelque chose.

aim [2] 1 to aim a gun at braquer un pistolet sur.
2 viser: **she can't aim properly** elle ne sait pas viser; **to aim at someone/something** viser quelqu'un/quelque chose; **to aim to do something** avoir l'intention de faire quelque chose.

air air *m*: **I need some fresh air** j'ai besoin d'un peu d'air frais; **throw the ball up into the air** lancez la balle en l'air; **to travel by air** voyager par avion.

air-conditioned climatisé.

aircraft avion *m*.

On n'ajoute pas de 's' pour former le pluriel: **aircraft** = avion *ou* avions.

air fare prix *m* du billet d'avion.

air hostess hôtesse *f* de l'air: **she's an air hostess** elle est hôtesse de l'air.

airline compagnie *f* aérienne.

airline ticket billet *m* d'avion.

airmail par avion: **to send a letter airmail** *or* **by airmail** envoyer une lettre par avion.

airplane *(mot américain)* avion *m*.

airport aéroport *m*.

aisle *(in supermarket, cinema)* allée *f*.

alarm alarme *f*: **burglar alarm** alarme antivol; **fire alarm** alarme d'incendie.

alarm clock réveil *m*.

album *(for photos, stamps)* album *m*.

alcohol alcool *m*.

A level *(en Grande-Bretagne)* épreuve *f* de bac: **to do one's A levels** passer son bac.

Le bac est l'équivalent en France des *A levels*.

Algeria Algérie *f*: **to** *or* **in Algeria** en Algérie.

alight: to set something alight mettre le feu à quelque chose.

alike[1]: to look *or* **to be alike** se ressembler; **they don't look very much alike** ils ne se ressemblent pas beaucoup.

alike[2] *(to dress, to treat someone)* de la même manière.

alive vivant.

all[1] 1 tout *m*, toute *f*, tous *m plural*, toutes *f plural*: **all the chocolate** tout le chocolat; **all day** toute la journée; **all the men** tous les hommes; **all the women** toutes les femmes.
2 all alone tout seul; **the girls are all alone** les filles sont toutes seules.

all[2] *(everyone)* tous *m plural*, toutes *f plural*: **my sisters are all here** toutes mes sœurs sont ici; **all of us** nous tous, nous toutes.

all[3] 1 *(everything)* tout *m*: **he ate it all, he ate all of it** il a tout mangé; **this is all he has** c'est tout ce qu'il a.
2 not at all pas du tout; **she's not disappointed at all** elle n'est pas du tout déçue; **nothing at all** rien du tout; **I ate nothing at all** je n'ai rien mangé du tout.

alligator alligator *m*.

allow 1 to allow someone to do something permettre à quelqu'un de faire quelque chose; **to allow someone something** permettre quelque chose à quelqu'un; **I allowed her to watch TV** je lui ai permis de regarder la télé.
2 to be allowed to do something avoir le droit de faire quelque chose; **I'm allowed to do what I want** j'ai le droit de faire ce que je veux.

all right[1] 1 *(fairly good, pleasant)* bien; *(not bad)* pas mal: **your brother's all right** il est bien, ton frère; **the party was all right** la soirée n'était pas mal; **I'm all right, I feel all right** je vais bien.
2 it's all right ça va; **is it all right to watch TV** *or* **if I watch TV?** ça va si je regarde la télé?

all right[2] 1 *(well)* bien: **I can hear all right** j'entends bien.
2 *(agreeing with someone)* d'accord: **let's play tennis - all right!** si on jouait au tennis? - d'accord!

almost presque: **it's almost three o'clock** il est presque trois heures; **I almost fell/missed the bus** j'ai failli tomber/rater le bus.

alone 1 seul: **I came back alone** je suis rentré seul.
2 to leave someone alone laisser quelqu'un tranquille; **to leave something alone** ne pas toucher à quelque chose.

along[1] le long de: **I placed the chairs along the wall** j'ai mis les chaises le long du mur; **to walk along the street** marcher dans la rue.

along[2] 1 all along *(right from the*

start) dès le début; **I knew it all along** je le savais dès le début.
2 *(with* come, be, move*)* **I'll come along** *or* **I'll be along later** je viendrai plus tard; **move along!** *(in bus)* avancez un peu!

aloud *(to read, to say)* à haute voix.

alphabet alphabet *m*.

Alps: the Alps les Alpes *f plural*.

already déjà.

alright = **all right**.

Attention: ce mot est familier.

also aussi.

although bien que: **she came to see me although she was ill** elle est venue me voir bien qu'elle soit malade.

altogether 1 *(completely)* tout à fait: **that's not altogether true** ce n'est pas tout à fait vrai.
2 *(putting everything together)* en tout: **how much altogether?** combien en tout?

always toujours: **they're nearly always late** ils sont presque toujours en retard.

am ▸ see **be**.

a.m. du matin: **it's three a.m.** il est trois heures du matin.

amaze étonner.

amazed stupéfait: **I'm amazed to see him up** je suis stupéfait *or* très étonné de le voir debout; **I'm amazed at your courage** tu m'étonnes par ton courage.

amazing *(surprising)* stupéfiant; *(incredible, excellent)* extraordinaire.

ambition ambition *f*: **to have ambition** avoir de l'ambition.

ambitious ambitieux *m* (-euse *f*).

ambulance ambulance *f*: **by ambulance** en ambulance.

America 1 Amérique *f*: **to go to America** aller en Amérique; **to live in America** vivre en Amérique.
2 North/South America Amérique du Nord/du Sud.

American[1] *(town, student)* américain.

American[2] Américain *m*, -aine *f*: **he's an American** c'est un Américain; **she's an American** c'est une Américaine.

among (*or* **amongst**) **1** parmi: **among the crowd/the books** parmi la foule/les livres.
2 entre: **among friends** entre amis; **among themselves** entre eux.

amount 1 *(quantity)* quantité *f*: **a large amount of** une grande quantité de, beaucoup de (*pommes, boîtes*).
2 *(of money)* somme *f*: **a large/small amount of money** une grosse/une petite somme d'argent.

amuse 1 *(to entertain)* amuser: **I amused them by telling them stories** je les ai amusés en leur racontant des histoires.
2 *(to keep busy)* **to amuse someone, to keep someone amused** occuper quelqu'un; **to keep oneself amused doing something** s'occuper en faisant quelque chose.

amusing amusant.

an ▸ see **a**.

anchor ancre *f*.

ancient ancien *m* (-ienne *f*): **an ancient custom** une coutume ancienne; **in ancient times** dans les temps anciens.

and et: **a brother and sister** un frère et une sœur; **go and see** va voir; **two hundred and two** deux cent deux.

angel ange *m*.

anger colère *f*.

angry en colère, fâché: **to get angry** se mettre en colère, se fâcher (**with someone** contre quelqu'un); **to make someone angry** mettre quelqu'un en colère.

animal animal *m* (-aux *plural*).

ankle cheville *f*.

anniversary (*au pluriel* **anniver-**

saries) anniversaire *m*: **wedding anniversary** anniversaire de mariage.

announce annoncer (**that** que, **to** à).

announcement annonce *f*: **the announcement of a marriage/a result** l'annonce d'un mariage/d'un résultat.

annoy 1 *(to irritate)* agacer: **you're annoying me!** vous m'agacez!
2 *(to disturb)* gêner: **is the light annoying you?** est-ce que la lumière vous gêne?

annoyed fâché: **to get annoyed** se fâcher (**with** contre).

annoying ennuyeux *m* (-euse *f*).

anorak anorak *m*.

another[1] **1** *(in addition)* encore un *m* (encore une *f*), un autre *m* (une autre *f*): **another drink/month** encore un verre/un mois, un autre verre/mois; **another ten** encore dix.
2 *(different)* un autre *m*, une autre *f*: **another man** un autre homme; **another woman** une autre femme; **give me another one** donnez-m'en un autre *or* une autre.

another[2] **1** un autre *m*, une autre *f*: **give me another** donnez-m'en un autre *or* une autre.
2 one another l'un l'autre *m*, l'une autre *f*, les uns les autres *m plural*, les unes les autres *f plural*: **we'll help one other** on va s'aider l'un l'autre *or* s'aider mutuellement, nous allons nous aider les uns les autres *or* nous aider mutuellement; **they love one another** ils s'aiment.

answer[1] *(to a question)* réponse *f* (**to** à); **the answer to the problem** la solution du problème; **there's no answer** *(at someone's door)* il n'y a personne; *(on the phone)* ça ne répond pas.

answer[2] répondre à: **to answer a question/the telephone** répondre à une question/au téléphone; **to answer someone** répondre à quelqu'un; **to answer the door** aller ouvrir la porte; **I answered yes/no** j'ai répondu oui/non.

answer someone back répondre à quelqu'un *(avec insolence)*: **don't answer back!** ne réponds pas!

answering machine répondeur *m*.

ant fourmi *f*.

antenna *(for radio, TV)* *(mot américain)* antenne *f*.

antibiotic antibiotique *m*: **he's on antibiotics** il est sous antibiotiques.

anxious 1 *(worried)* **to be anxious about something** s'inquiéter à propos de quelque chose.
2 *(eager)* **to be anxious to do something** tenir *or* tenir beaucoup à faire quelque chose; **I'm anxious he should leave** je tiens *or* je tiens beaucoup à ce qu'il parte.

any[1] **1** *(in questions)* du *m*, de la *f*, des *m & f plural*: **do you have any milk/any ice cream/any tickets?** avez-vous du lait/de la glace/des billets?; **do you want any water?** voulez-vous de l'eau?
2 *(with* not, never*)* de: **he hasn't got any milk/any ice cream/any tickets** il n'a pas de lait/de glace/de billets; **he doesn't have any water** il n'a pas d'eau; **she never eats any fish** elle ne mange jamais de poisson.
3 *(no matter which)* n'importe quel *m*, n'importe quelle *f*: **ask any doctor** demande à n'importe quel médecin.

any[2] **1** *(any of it, any of them)* en: **do you have any?** en avez-vous?; **I don't see any** je n'en vois pas.
2 *(no matter which one)* n'importe lequel *m*, n'importe laquelle *f*: **take any of the bottles** prenez n'importe laquelle des bouteilles; **if any of you have a bicycle** si l'un d'entre vous a un vélo.

any[3] **1 any more** *(in questions)* encore de; **do you want any more cake?** voulez-vous encore du gâteau?; **do you want any more?** en voulez-vous encore?

2 any more (*with* not) ne...plus; **I don't want any more cake** je ne veux plus de gâteau; **I don't want any more** je n'en veux plus.
3 any more, any longer ne...plus; **I don't see them any more** je ne les vois plus.

anybody 1 (*in questions*) quelqu'un: **do you see anybody?** vois-tu quelqu'un?
2 (*with* not, never, hardly) personne: **he doesn't know anybody** il ne connaît personne; **she never sees anybody** elle ne voit jamais personne; **hardly anybody** presque personne.
3 (*no matter who*) n'importe qui: **anybody will tell you** n'importe qui te le dira.

anyone = **anybody**.

anything 1 (*in questions*) quelque chose: **do you want anything?** tu veux quelque chose?
2 (*with* not, never, hardly) rien: **she doesn't do anything** elle ne fait rien; **he never says anything** il ne dit jamais rien; **hardly anything** presque rien.
3 (*everything*) tout: **eat anything you like** mange tout ce que tu veux.
4 (*no matter what*) n'importe quoi: **I'm so hungry, I'd eat anything** j'ai tellement faim que je mangerais n'importe quoi.

anyway de toute façon: **anyway it's too late** de toute façon, il est trop tard.

anywhere 1 (*in questions*) quelque part: **have you seen it anywhere?** l'as-tu vu quelque part?
2 (*with* not, never) nulle part: **he doesn't go anywhere** il ne va nulle part; **we've never been anywhere** nous ne sommes jamais allés nulle part.
3 (*everywhere*) partout: **anywhere you go** partout où tu vas; **anywhere you like** où tu veux.
4 (*no matter where*) n'importe où: **put it anywhere** mettez-le n'importe où.

apart 1 (*separated*) **they are a metre apart** ils se trouvent à un mètre l'un de l'autre; **we kept them apart** on les tenait séparés.
2 apart from (*except for*) à part; **apart from that, everything's fine** à part ça, tout va bien.

apartment appartement *m*.

apartment house (*terme américain*) immeuble *m* d'habitation.

ape grand singe *m*.

apologize s'excuser (**for something** de quelque chose): **I apologize for being late** je m'excuse d'arriver en retard; **to apologize to someone** faire des excuses à quelqu'un (**for something** pour quelque chose).

apology (*au pluriel* **apologies**) excuses *f plural* (**for** pour).

apostrophe apostrophe *f*.

apparently apparemment.

appear 1 (*to become visible*) apparaître; (*to turn up somewhere*) se présenter; **to appear on television** passer à la télé.
2 (*to seem*) paraître: **he appeared to hesitate** il paraissait hésiter; **it appears she's ill** il paraît qu'elle est malade.

appearance (*look of person*) apparence *f*, aspect *m*; (*look of thing*) aspect *m*.

appetite appétit *m*: **I've lost my appetite** j'ai perdu l'appétit.

apple pomme *f*; **apple tree** pommier *m*.

apply for: to apply for a job poser sa candidature à un poste.

appointment rendez-vous *m*: **I've got an appointment with the doctor** j'ai rendez-vous chez le médecin.

appreciate (*to be grateful for*) être reconnaissant de: **I appreciate it** j'en suis reconnaissant; **thank you, I appreciate it!** (*terme américain*) je vous en remercie!

approve of: **to approve of a decision/a choice** approuver une décision/un choix; **I don't approve of your friends** tes amis ne me plaisent pas.

apricot abricot *m*.

April avril *m*: **in April** en avril.

apron tablier *m*.

aquarium aquarium *m*.

Arab [1] *(country, custom)* arabe.

Arab [2] Arabe *m or f*: **she's an Arab** c'est une Arabe.

Arabic [1] *(word, writing)* arabe; **Arabic teacher** professeur d'arabe.

Arabic [2] *(the language)* arabe *m*: **Arabic is hard** l'arabe est difficile; **to speak Arabic** parler arabe.

arch *(of bridge)* arche *f*; *(of building)* arc *m*, voûte *f*.

are ▸ see **be**.

area 1 *(of country)* région *f*; *(of town)* quartier *m*.
2 *(flat surface)* superficie *f*: **the room has an area of 24 square metres** la pièce a une superficie de 24 mètres carrés.

aren't = **are not**.

Argentina Argentine *f*: **to go to Argentina** aller en Argentine; **to live in Argentina** vivre en Argentine.

argue *(to quarrel)* se disputer (**with** avec, **about** au sujet de).

argument *(quarrel)* dispute *f*; **to have an argument** se disputer (**with** avec).

arithmetic *(subject)* calcul *m*: **he's good at arithmetic** il est bon en calcul.

arm bras *m*: **she broke her arm** elle s'est cassé le bras.

armchair fauteuil *m*.

army (*au pluriel* **armies**) armée *f*: **to be in the army** être dans l'armée.

around [1] **1** autour de: **around the table** autour de la table; **to go around the world** faire le tour du monde; **to run around the streets** courir dans les rues.
2 *(about, more or less)* environ: **it cost around £200** ça a coûté environ 200 livres; **at around five o'clock** vers cinq heures.

around [2] **1** autour: **there's a wall all around** il y a un mur tout autour.
2 *(here and there)* **to run around** courir ça et là; **to follow someone around** suivre quelqu'un partout; **she leaves her things lying around** elle laisse traîner ses affaires; **around here** par ici.

arrange 1 to arrange a time/a meeting fixer une heure/un rendez-vous; **to arrange an event** organiser un événement.
2 to arrange one's hair arranger ses cheveux.
3 to arrange to do something *(to plan to do it)* prévoir de faire quelque chose; *(to manage to do it)* s'arranger pour faire quelque chose.

arrangement 1 *(of furniture, books)* disposition *f*.
2 to make arrangements to do something prendre ses dispositions pour faire quelque chose.

arrest arrêter *(un criminel)*: **the thief has been arrested** le voleur a été arrêté.

arrival arrivée *f*.

arrive arriver: **she hasn't arrived yet** elle n'est pas encore arrivée.

arrow flèche *f*.

art art *m*.

article *(in a newspaper)* article *m*.

artist artiste *m ou f*: **she's an artist** c'est une artiste.

artistic artistique; **she's artistic** elle a des dons artistiques.

as 1 *(manner, role)* comme: **as you know** comme tu le sais; **she works as a teacher** elle travaille comme professeur; **to act as a father** agir en père; **as if, as though** comme si.

2 as... as aussi... que; **as quickly as you can** *or* **as possible** aussi vite que possible; **as soon as I can, as soon as possible** aussitôt *or* dès que possible; **I'm working as much** *or* **as hard as I can** je travaille autant que je peux.
3 *(comparison)* **as... as** aussi... que; **I'm as tall as you** je suis aussi grand que vous; **as white as a sheet** blanc comme un linge.
4 as much as autant que; **she works as much as me** elle travaille autant que moi; **as much money/wine/courage as** autant d'argent/de vin/de courage que.
5 twice as... as deux fois plus... que; **it's three times as big as you** c'est trois fois plus grand que toi.
6 *(time)* au moment où, comme: **he arrived as I was leaving** il est arrivé au moment où *or* comme je partais; **as he slept** *(while)* pendant qu'il dormait; **as from now** à partir de maintenant.
7 *(reason)* puisque: **as it's raining I'm staying at home** puisqu'il pleut, je reste à la maison.

ash cendre *f*.

ashamed: to be ashamed avoir honte (**of something/someone** de quelque chose/de quelqu'un); **to be ashamed to do something** *or* **of doing something** avoir honte de faire quelque chose; **I'm ashamed of myself** j'ai honte.

ashtray cendrier *m*.

Asia Asie *f*: **to go to Asia** aller en Asie; **to live in Asia** vivre en Asie.

Asian [1] *(continent, flu)* asiatique.

Asian [2] Asiatique *m or f*: **she's an Asian** c'est une Asiatique.

ask 1 demander: **to ask the way/the reason** demander le chemin/la raison; **to ask a question** poser une question; **I should have asked** j'aurais dû demander.
2 to ask for something/someone demander quelque chose/quelqu'un; **to ask someone for something** demander quelque chose à quelqu'un.
3 to ask to do something demander à faire quelque chose; **to ask someone to do something** demander à quelqu'un de faire quelque chose.
4 to ask about something se renseigner sur quelque chose; **to ask about someone** demander des nouvelles de quelqu'un.
5 *(to invite)* inviter: **to ask someone to a party** inviter quelqu'un à une fête.

asleep 1 to be asleep dormir; **she's asleep** elle dort.
2 to fall asleep s'endormir; **he fell asleep** il s'est endormi.

aspirin aspirine *f*.

assemble *(of pupils)* se réunir.

assembly (*au pluriel* **assemblies**) *(in school)* rassemblement *m (réunion des élèves de l'établissement)*.

assistant *(helper)* assistant *m*, -ante *f*; *(in shop)* vendeur *m*, -euse *f*.

asthma asthme *m*: **to have asthma** avoir de l'asthme.

astronaut astronaute *m or f*.

at 1 à: **at work** au travail; **at school** à l'école; **at the office** au bureau; **at 6 o'clock** à 6 heures; **at 30 miles an hour** à 50 kilomètres à l'heure.
2 chez: **at the doctor's** chez le médecin.
3 en: **at sea** en mer; **at war** en guerre.
4 près de: **to sit at the window** être assis près de la fenêtre.
5 *(not translated)* **at night** la nuit; **to look at someone** regarder quelqu'un.

> Note that **à + le** becomes **au,** and **à + les** becomes **aux.**

ate ▸ see **eat**.

athlete athlète *m or f*.

Atlantic: the Atlantic l'Atlantique *m*.

atlas (*au pluriel* **atlases**) atlas *m*.

atmosphere atmosphère *f*.

attach *(to fasten)* **to attach something to** attacher quelque chose à.

attack[1] attaque *f*.

attack[2] attaquer.

attempt[1] tentative *f*: **at the third attempt** à la troisième tentative; **to make an attempt to do something** tenter de faire quelque chose.

attempt[2]**: to attempt to do something** tenter de faire quelque chose.

attend: to attend a meeting assister à une réunion; **to attend a course** suivre un cours; **to attend school** aller à l'école.

attendant *(in car park, museum)* gardien *m*, -ienne *f*.

attention attention *f*: **to pay attention to** faire attention à; **I wasn't paying attention** je ne faisais pas attention.

attract attirer.

attractive *(house, face)* beau *m* (belle *f*): **she's very attractive** elle est très belle.

audience *(in theatre, cinema)* spectateurs *m plural*, public *m*.

August août *m*: **in August** en août.

aunt tante *f*.

Australia Australie *f*: **to go to Australia** aller en Australie; **to live in Australia** vivre en Australie.

Australian[1] *(town, student)* australien *m* (-ienne *f*).

Australian[2] Australien *m*, -ienne *f*: **he's an Australian** c'est un Australien.

Austria Autriche *f*: **to go to Austria** aller en Autriche; **to live in Austria** vivre en Autriche.

Austrian[1] *(town, student)* autrichien *m* (-ienne *f*).

Austrian[2] Autrichien *m*, -ienne *f*: **she's an Austrian** c'est une Autrichienne.

author auteur *m* (**of** de); **he's an author** il est écrivain.

automatic automatique.

autumn automne *m*: **in autumn, in the autumn** en automne.

available disponible.

avalanche avalanche *f*.

avenue avenue *f*.

avoid éviter: **to avoid doing something** éviter de faire quelque chose.

awake: to be awake *(not asleep yet)* être éveillé; *(having just woken up)* être réveillé; **he's still awake** il ne dort pas encore; **to keep someone awake** empêcher quelqu'un de dormir.

away 1 *(in distance)* **it's 5 kilometres away** c'est à 5 kilomètres d'ici; **it's 15 minutes walk away** c'est à 15 minutes à pied; **she lives far away** elle habite loin.
2 *(future time)* **a few days away** dans quelques jours.
3 *(absent)* absent, parti: **he's away at the moment** il est absent en ce moment; **she's away in Spain** elle est partie en Espagne.
4 to go away s'en aller; **to run away** s'enfuir; **to drive away** partir en voiture.

awful affreux *m* (-euse *f*): **that's awful!** c'est affreux!; **I feel awful** je me sens mal; **an awful lot of** énormément de *(gens, courage)*.

awkward 1 *(clumsy)* maladroit. **2** *(difficult)* difficile. **3** *(embarrassing)* gênant.

ax *(au pluriel* **axes***)* *(mot américain)* = **axe**.

axe hache *f*.

Bb

baby (*au pluriel* **babies**) bébé *m*; **baby carriage** *(mot américain)* landau *m* (-aus *plural*).

baby-sit garder des enfants.

I baby-sat, I have baby-sat, I am baby-sitting.

baby-sitter baby-sitter *m or f*.

bachelor célibataire *m*: **he's a bachelor** il est célibataire.

back[1] **1** *(of person, animal)* dos *m*: **to lie on one's back** se coucher sur le dos.
2 *(of chair)* dossier *m*.
3 *(of house, vehicle)* arrière *m*: **there's room in** *or* **at the back** il y a de la place à l'arrière.
4 *(of room)* fond *m*; **at the back of the book** à la fin du livre.
5 in back of someone/something *(terme américain)* derrière quelqu'un/quelque chose.

back[2] arrière: **the back seat** le siège arrière; **the back wheels** les roues arrière; **the back door** la porte de derrière.

The translation 'arrière' does not change in the plural. Do not add 's'.

back[3] *(to take a step, to lean)* en arrière; **to come back, to get back** revenir; **she's back** elle est de retour, elle est revenue; **the trip there and back** le voyage aller et retour.

backache mal *m* de dos: **I've got a backache** j'ai mal au dos.

backpack sac *m* à dos.

back up *(terme américain)* faire marche arrière.

backwards *(to lean, to fall)* en arrière: **I took a few steps backwards** j'ai fait quelques pas en arrière; **to walk backwards** marcher à reculons.

backyard *(mot américain)* jardin *m*.

bacon bacon *m*, lard *m*.

bad 1 mauvais: **a bad smell** une mauvaise odeur; **to be bad at French/arithmetic** être mauvais en français/en calcul; **things are bad** ça va mal; **that's not bad!** ce n'est pas mal!
2 *(serious)* grave: **bad accident/wound** accident/blessure grave.
3 *(ill, injured)* malade: **bad arm/leg** bras/jambe malade; **to feel bad** se sentir mal.
4 *(wicked)* méchant: **he's not a bad boy** ce n'est pas un méchant garçon.

worse (= more bad), **worst** (= most bad).

badge badge *m*.

badly 1 mal: **I sing very badly** je chante très mal.
2 *(very, very much)* très: **badly affected** très touché; **badly hurt** grièvement blessé; **to want something badly** avoir très envie de quelque chose.

badminton badminton *m*: **to play badminton** jouer au badminton.

bad-tempered grincheux *m* (-euse *f*).

bag sac *m*; **school bag** cartable *m*; **to pack one's bags** faire ses bagages.

baggage bagages *m plural*.

bagpipes cornemuse *f*.

bake: to bake something faire cuire quelque chose au four; **to bake a cake** faire un gâteau.

baked: baked beans haricots blancs à la tomate *m plural*; **baked potato** pomme *f* de terre au four.

baker boulanger *m*, -ère *f*: **he's a baker** il est boulanger; **she's a baker** elle est boulangère.

balance[1] équilibre *m*: **to lose one's balance** perdre l'équilibre.

balance [2]**: to balance something** tenir quelque chose en équilibre (**on** sur); **I'm balancing** je me tiens en équilibre.

balcony (*au pluriel* **balconies**) balcon *m*.

bald chauve.

ball 1 *(for tennis, cricket, golf)* balle *f*; *(large ball for soccer, rugby, basketball)* ballon *m*; *(any round shape)* boule *f*: **to play ball** jouer à la balle *or* au ballon.
2 *(dance)* bal *m* (bals *plural*).

ballet ballet *m*.

balloon ballon *m*.

ballpoint stylo *m* à bille, stylo bille (stylos bille *plural*).

ban interdire: **to ban someone from doing something** interdire à quelqu'un de faire quelque chose.

banana banane *f*.

band 1 *(pop or rock group)* groupe *m*; *(jazz band)* orchestre *m*; *(brass band)* fanfare *f*.
2 rubber *or* **elastic band** élastique *m*.

bandage [1] bandage *m*: **she has a bandage around her head** elle a un bandage autour de la tête.

bandage [2] bander *(un bras, une blessure)*: **his wrist needed to be bandaged** il a fallu lui bander le poignet.

Band-Aid® pansement *m* adhésif, sparadrap *m*.

bang [1] **1** *(blow)* coup *m*, coup violent (**on** sur). **2** *(noise)* *(of gun, firework)* détonation *f*; *(of door)* claquement *m*.

bang [2] **1** *(to knock)* cogner (**on** sur): **to bang on the door** cogner à la porte; **to bang one's arm** se cogner le bras (**on** contre); **to bang into something/someone** heurter quelque chose/quelqu'un.
2 claquer: **to bang the door** faire claquer la porte; **the door is banging** la porte claque.

bangs *(of hair)* *(mot américain)* frange *f*.

banister (*or* **banisters**) rampe *f*, rampe d'escalier.

banjo (*au pluriel* **banjos**) banjo *m*: **to play the banjo** jouer du banjo.

bank 1 *(of river)* bord *m*, rive *f*. **2** *(for money)* banque *f*.

banknote billet *m* de banque.

bar 1 *(of metal)* barre *f*; *(on window)* barreau *m* (-eaux *plural*): **an iron bar** une barre de fer.
2 *(pub, counter)* bar *m*: **at the bar** au bar.
3 bar of chocolate tablette *f* de chocolat; **bar of soap** savonnette *f*.

barbecue barbecue *m*.

barber coiffeur *m* *(pour hommes)*: **he's a barber** il est coiffeur.

bare nu.

bargain: a bargain une bonne affaire, une occasion; **to get a bargain** faire une bonne affaire.

bark [1] *(of tree)* écorce *f*.

bark [2] *(of dog)* aboyer: **to bark at someone** aboyer après quelqu'un.

barn grange *f*.

barrel tonneau *m* (-eaux *plural*).

base base *f*: **the base of a triangle** la base d'un triangle.

baseball base-ball *m*: **to play baseball** jouer au base-ball.

basement sous-sol *m*: **in the basement** au sous-sol.

bash *(hit)* taper sur; **to bash one's head/knee** se cogner la tête/le genou (**on** contre).

Attention: ce mot est familier.

basin *(for washing)* lavabo *m*.

basket panier *m*; *(for wastepaper, fruit, bread)* corbeille *f*.

basketball basket *m*: **to play basketball** jouer au basket.

bat 1 *(animal)* chauve-souris *f* (chauves-souris *plural*). **2** *(for cricket)* batte *f*; *(for table tennis)* raquette *f*.

bath 1 bain *m*: **to have** *or* **to take a**

bath prendre un bain; **I'm in the bath** je suis dans mon bain.
2 *(bathtub)* baignoire *f*: **there's too much water in the bath** il y a trop d'eau dans la baignoire.

bathe[1] **1** *(to go swimming)* se baigner; *(to take a bath) (en américain)* prendre un bain. **2 to bathe a wound** laver une plaie.

bathe[2]**: to go for a bathe** se baigner.

bathing costume maillot *m* de bain.

bathrobe *(mot américain)* robe *f* de chambre.

bathroom 1 salle *f* de bains. **2** *(toilet) (mot américain)* toilettes *f plural*: **to go to the bathroom** aller aux toilettes.

bathtub baignoire *f*.

battery (*au pluriel* **batteries**) *(for radio, toy, watch)* pile *f*; *(for vehicle)* batterie *f*.

battle bataille *f*; *(struggle against illness, poverty)* lutte *f*.

battleship cuirassé *m*.

be 1 être: **I'm a doctor** je suis médecin; **it's finished** c'est fini; **it's 3 o'clock** il est 3 heures; **we've been abroad** nous avons été à l'étranger; **the car was driven by a young woman** la voiture était conduite par une jeune femme.
2 avoir: **to be hot/cold** avoir chaud/froid; **to be hungry/thirsty** avoir faim/soif; **to be right/wrong** avoir raison/tort; **she's lucky** elle a de la chance; **he's 20** il a 20 ans.
3 *(health)* aller: **how are you?** comment vas-tu?; **I'm well** je vais bien.
4 *(to go, to come)* **I've been to see her** je suis allé la voir; **he's already been** il est déjà venu.
5 *(weather)* faire: **it's cold/hot** il fait froid/chaud; **it's a nice day today** il fait beau aujourd'hui.
6 *(in calculations)* faire: **2 and 2 are 4** 2 et 2 font 4.
7 *(cost)* coûter: **it's 50 pence** ça coûte 50 pence; **how much is it?** ça fait combien?
8 *(in questions and answers)* **she's ill, isn't she?** elle est malade, n'est-ce pas?, elle est malade, non?; **she is!** oui!; **she isn't!** non!
9 there is, there are il y a; *(pointing)* voilà; **there's a problem** il y a un problème; **there are no more glasses** il n'y a plus de verres; **there's my sister!** voilà ma sœur!
10 here is, here are voici; **here they are** les voici.

I am, you are, he *or* she is, we are, you are, they are; I was, you were, he *or* she was, we *or* you *or* they were; I have been, he has been *etc*; I am being, he is being *etc*. On emploie aussi **to be** pour montrer une action en cours, par exemple 'I am working' = 'je travaille', 'he was sitting down' = 'il était assis'.

beach plage *f*.

bead perle *f*; **string of beads** collier *m*.

beak bec *m*.

bean haricot *m*: **green bean** haricot vert; **broad bean** fève *f*.

bear[1] *(animal)* ours *m*.

bear[2] **1** supporter *(une douleur)*: **I can't bear him/it** je ne peux pas le supporter/supporter ça. **2 to bear something in mind** tenir compte de quelque chose.

I bore, I have borne, I am bearing.

beard barbe *f*: **to have a beard** porter la barbe; **a man with a beard** un barbu.

beast *(animal)* bête *f*.

beat 1 battre: **don't beat your little sister!** ne bats pas ta petite sœur!; **we've beaten their team/our enemies** nous avons battu leur équipe/nos ennemis. **2** *(of heart)* battre.

I beat, I have beaten, I am beating.

beat someone up tabasser quelqu'un.

Attention: ce terme est familier.

beautiful beau *m* (belle *f*, beaux *m plural*): **beautiful flowers** de belles fleurs.

beau becomes **bel** before a vowel or silent h.

beauty beauté *f*.

because 1 parce que: **he didn't come because he was ill** il n'est pas venu parce qu'il était malade. **2 because of** à cause de; **I did it because of you** je l'ai fait à cause de toi.

become devenir: **to become a painter/doctor** devenir peintre/médecin.

I became, I have become, I am becoming.

bed lit *m*: **in bed** au lit, couché; **to get into bed** se mettre au lit; **to go to bed** aller se coucher; **to get out of bed** se lever.

bedclothes couvertures *f plural* et draps *m plural*.

bedroom chambre *f* à coucher.

bedtime: it's bedtime c'est l'heure d'aller se coucher; **when is your bedtime?** à quelle heure te couches-tu?

bee abeille *f*.

beef bœuf *m*: **I don't like beef** je n'aime pas le bœuf.

beehive ruche *f*.

been ▸ see **be**.

beer bière *f*.

beetle scarabée *m*; *(any beetle-like insect)* bestiole *f*.

before [1] avant: **before the end** avant la fin; **before him** avant lui.

before [2] **1** avant: **two days before** deux jours avant; **the day before** la veille; **before, I used to have long hair** avant, j'avais les cheveux longs.
2 *(already)* déjà: **I've told you before** je te l'ai déjà dit.

before [3]**: before doing something** avant de faire quelque chose; **I forgot to thank him before leaving** j'ai oublié de le remercier avant de partir; **don't come in before I call you** n'entrez pas avant que je vous appelle.

beg 1 *(in the street)* mendier; **to beg for money** mendier.
2 to beg for help/for a favour demander de l'aide/une faveur.
3 to beg someone to do something supplier quelqu'un de faire quelque chose.

beggar mendiant *m*, -ante *f*.

begin commencer: **to begin doing something** *or* **to do something** commencer à faire quelque chose; **to begin with something** commencer par quelque chose; **to begin by doing something** commencer par faire quelque chose.

I began, I have begun, I am beginning.

beginner débutant *m*, -ante *f*.

beginning début *m*, commencement *m*: **at** *or* **in the beginning** au début.

behave 1 se conduire, se comporter: **he behaved badly** il s'est mal conduit *or* comporté.
2 to behave oneself être sage; **the children behaved themselves** les enfants ont été sages; **behave yourself!, behave!** sois sage!, tiens-toi bien!

behavior *(mot américain)* = **behaviour**.

behaviour conduite *f*, comportement *m*.

behind [1] **1** derrière: **behind the chair** derrière la chaise. **2** *(in one's work or studies)* **I'm behind the others** je suis en retard par rapport aux autres.

behind [2] **1** derrière: **she's walking behind** elle marche derrière.
2 en arrière: **to look/stay behind** regarder/rester en arrière.
3 *(in one's work or studies)* en retard: **I'm behind in** *or* **with my work** je suis en retard dans mon travail.

being [1] ▸ see **be**.

being [2]**: human being** être *m* humain.

Belgian [1] *(town, student)* belge.

Belgian [2] Belge *m or f*: **she's a Bel-**

gian c'est une Belge.

Belgium Belgique *f*: **to go to Belgium** aller en Belgique; **to live in Belgium** vivre en Belgique.

believe croire: **I believed him** je l'ai cru; **I believe so** je crois que oui; **to believe in something** croire à quelque chose; **he believes in God** il croit en Dieu.

bell 1 *(large, of church)* cloche *f*; *(small, hand-held)* clochette *f*: **to ring the bell** faire tinter la cloche *or* la clochette.
2 *(on door, bicycle)* sonnette *f*; *(electric, in alarm clock)* sonnerie *f*; **to ring the bell** *(on someone's door)* sonner à la porte.

belly (*au pluriel* **bellies**) ventre *m*.

bellyache: to have a bellyache avoir mal au ventre.

Attention: ce mot est familier.

belong: to belong to someone appartenir à quelqu'un; **it doesn't belong to me** ça ne m'appartient pas, ce n'est pas à moi.

belongings affaires *f plural*.

below[1] au-dessous de: **below the knee** au-dessous du genou.

below[2] **1** en dessous: **the floor/the flat below** l'étage/l'appartement en dessous. **2** en bas: **in the street below** en bas dans la rue.

belt ceinture *f*.

bench *(seat)* banc *m*; *(work table)* établi *m*.

bend[1] **1** *(in road)* virage *m*: **there's a bend in the road** la route fait un virage. **2** *(in river, pipe)* coude *m*: **there's a bend in the river** le fleuve fait un coude.

bend[2] **1** courber: **you have to bend your head** il faut courber la tête.
2 plier: **to bend one's leg/arm** plier la jambe/le bras; **the branch bends** la branche plie.
3 tordre: **to bend a nail/an iron bar** tordre un clou/une barre de fer.
4 tourner: **the road bends** la route tourne.

I bent, I have bent, I am bending.

bend down se baisser, se courber.

bend over se pencher.

beneath 1 au-dessous de: **beneath the mountain** au-dessous de la montagne. **2** sous: **beneath the bed** sous le lit.

berry (*au pluriel* **berries**) baie *f*.

beside à côté de.

besides 1 *(in addition to)* en plus de: **besides chess, I play tennis** en plus des échecs, je joue au tennis; **there are ten of us besides my cousin** nous sommes dix sans compter mon cousin.
2 *(anyway)* d'ailleurs: **besides, you're my friend** d'ailleurs, tu es mon ami.

best[1] meilleur: **the best page in the book** la meilleure page du livre; **the best part of something** *(most of)* la plus grande partie de quelque chose; **it's best to wait/to refuse** le mieux, c'est d'attendre/de refuser.

best[2]**: the best, the best one** le meilleur, la meilleure; **you're one of the best** tu es l'un des meilleurs; **to do one's best** faire de son mieux.

best[3] le mieux: **to play/sing best** *or* **the best** jouer/chanter le mieux; **to like something/someone best** *or* **the best** aimer quelque chose/quelqu'un le plus.

bet[1] pari *m*: **to make a bet** faire un pari.

bet[2] parier (**that** que): **I bet he won't do it** je parie qu'il ne le fera pas.

I bet *or* betted, I have bet *or* betted, I am betting.

better[1] **1** meilleur: **this cake is better than the others** ce gâteau est meilleur que les autres.
2 mieux: **that's better** c'est mieux; **it's better to leave/to accept** il vaut mieux partir/accepter; **she's better/**

much better *(in health)* elle va mieux/bien mieux.

better[2] **1** mieux (**than** que): **she plays/sings better than me** elle joue/chante mieux que moi; **better dressed/known** mieux habillé/connu; **I had better go** il vaut mieux que je parte.
2 to get better after an illness se remettre d'une maladie; **get better soon!** remets-toi vite!; **the situation/the weather is getting better** la situation/le temps s'améliore.

between 1 entre: **between six and ten** entre six et dix.
2 in between entre; **in between something and something** entre quelque chose et quelque chose; **put them in between!** mettez-les entre les deux!

beyond au-delà de: **beyond the town** au-delà de la ville.

bib *(baby's)* bavoir *m*.

bible bible *f*: **in the Bible** dans la Bible.

bicycle bicyclette *f*: **by bicycle** à *or* en bicyclette.

big 1 grand: **big garden** grand jardin; **my big sister** *(older)* ma grande sœur. **2** *(dog, piece, package)* gros *m* (grosse *f*): **in big letters** en grosses lettres.

bike vélo *m*: **by bike** à *or* en vélo.

Attention: ce mot est familier.

bikini maillot *m* de bain deux-pièces, bikini *m*.

bill 1 *(for electricity, water, telephone)* facture *f*; *(in restaurant)* addition *f*: **the bill, please!** l'addition, s'il vous plaît! **2** *(banknote) (mot américain)* billet *m*.

bin *(for rubbish)* poubelle *f*.

bind *(to tie)* attacher, lier (**to** à).

I bound, I have bound, I am binding.

bingo (*au pluriel* **bingos**) bingo *m*, loto *m*: **to play bingo** jouer au bingo *or* au loto.

binoculars jumelles *f plural*.

bird oiseau *m* (-eaux *plural*).

biro® (*au pluriel* **biros**) stylo *m* à bille, Bic® *m*.

birth naissance *f*: **to give birth to** donner naissance à.

birthday anniversaire *m*: **happy birthday!** bon anniversaire!; **a birthday card/cake** une carte/un gâteau d'anniversaire.

biscuit biscuit *m*; *(mot américain)* petit pain *m* au lait.

bit[1] **1** morceau *m* (-eaux *plural*): **a bit of bread** un morceau de pain.
2 a bit of *(a little)* un peu de; **do you want a bit of cheese?** est-ce que tu veux un peu de fromage?
3 a bit *(a little)* un peu; **you're a bit late** tu es un peu en retard; **a bit too expensive** un peu trop cher; **I'm a tiny bit tired/quite a bit tired** je suis un petit peu fatigué/très fatigué.
4 not a bit pas du tout; **she wasn't a bit angry** elle n'était pas du tout en colère.

bit[2] ▸ *see* **bite**[2].

bite[1] **1** *(from a snake or dog)* morsure *f*; *(from an insect)* piqûre *f*. **2 to have a bite to eat** manger un morceau.

bite[2] mordre; *(of insect)* piquer: **a dog bit him in the leg** un chien l'a mordu à la jambe; **a mosquito bit him in the leg** un moustique l'a piqué à la jambe; **to bite one's nails** se ronger les ongles.

I bit, I have bitten, I am biting.

bitter amer *m* (amère *f*); *(cold, wind)* glacial (-als *or* -aux *m plural*).

black[1] noir: **a black hat** un chapeau noir; **he's black** il est noir; **black man** Noir *m*; **black woman** Noire *f*.

black[2] *(the colour)* noir *m*; *(black man)* Noir *m*; *(black woman)* Noire *f*: **black suits her** le noir lui va bien.

blackberry (*au pluriel* **blackberries**) mûre *f*.

blackbird merle *m*.

blackboard tableau *m* noir (tableaux

noirs *plural*): **on the blackboard** au tableau.

blackout *(power cut)* panne *f* d'électricité.

blade lame *f*.

blame: to blame someone for something reprocher quelque chose à quelqu'un; **to blame someone for doing something** reprocher à quelqu'un d'avoir fait quelque chose; **you're to blame!, I blame you!** c'est ta faute!, c'est de ta faute!; **don't blame me!** ce n'est pas ma faute!, ce n'est pas de ma faute!

blank: a blank page/sheet of paper une page/feuille blanche *or* vierge; **a blank tape/disk** une cassette/disquette vierge; **a blank screen** un écran vide.

blanket couverture *f*.

blast *(from bomb)* explosion *f*.

blaze[1] *(large fire)* incendie *m*.

blaze[2] **1** *(of fire)* flamber, brûler. **2** *(of lights)* **they left the lights blazing** ils ont laissé les lumières allumées.

blazer blazer *m*.

bleed saigner: **his nose is bleeding** il saigne du nez.

I bled, I have bled, I am bleeding.

blew ▸ see **blow**[1].

blind[1] aveugle: **a blind man** un aveugle; **a blind woman** une aveugle.

blind[2] *(on window)* store *m*.

blindfold[1] bandeau *m* (-eaux *plural*).

blindfold[2]**: to blindfold someone** bander les yeux à quelqu'un.

blink *(of person)* cligner des yeux.

blister ampoule *f (au pied)*.

block[1] **1 block of flats** immeuble *m*; **she lives in the same block** elle habite dans le même immeuble; **office block** immeuble de bureaux.
2 *(buildings between two streets)* pâté *m* de maisons.
3 *(lump of stone or wood)* bloc *m*.

block[2] bloquer *(une route, la circulation)*: **the exit was blocked** la sortie était bloquée.

block up boucher *(un trou, un tuyau)*.

blond (*or* **blonde**) blond: **to have blond** *or* **blonde hair** avoir les cheveux blonds.

blood sang *m*.

bloom[1]**: in bloom** en fleur, en fleurs.

bloom[2] fleurir.

blouse chemisier *m*.

blow[1] **1** *(of wind, person)* souffler: **I can hear the wind blowing** j'entends souffler le vent; **to blow something** *(of wind)* pousser quelque chose; **to blow smoke** *(of person)* souffler de la fumée; **to blow bubbles** faire des bulles; **to blow a whistle** siffler.
2 to blow one's nose se moucher.

I blew, I have blown, I am blowing.

blow[2] *(with fist, hammer)* coup *m*.

blow away: to blow something away *(of wind)* emporter quelque chose; **my hat blew away** mon chapeau s'est envolé.

blow down: to blow something down *(of wind)* faire tomber quelque chose; **the chimney blew down** la cheminée est tombée.

blow off = **blow away**.

blow out: to blow out a candle souffler une bougie.

blow up 1 *(to destroy)* faire sauter *(une maison, un pont)*. **2** *(to pump up)* gonfler *(un ballon)*.

blue[1] bleu (bleus *m plural*): **a blue shirt** une chemise bleue.

blue[2] *(the colour)* bleu *m* (bleus *plural*): **I like blue** j'aime le bleu.

blueberry (*au pluriel* **blueberries**) myrtille *f*.

blunt *(edge, knife)* émoussé; *(pencil)* mal taillé.

blurred *(photo)* flou.

blush rougir.

board[1] **1** *(piece of wood)* planche *f*.

2 *(for notices)* tableau *m* (-eaux *plural*), panneau *m* (-eaux *plural*).
3 *(blackboard)* tableau *m* (-eaux *plural*): **on the board** au tableau.
4 on board a ship/plane à bord d'un bateau/d'un avion; **to go on board** monter à bord.

board [2]**: to board a ship/plane** monter à bord d'un bateau/d'un avion; **to board a bus** monter dans un bus.

boarding school pensionnat *m*: **she's at boarding school** elle est interne, elle est en pension *or* au pensionnat.

boardwalk *(mot américain)* planches *f plural (aménagées pour la promenade)*.

boast se vanter (**about** de).

boat bateau *m* (-eaux *plural*): **by boat** en bateau.

body (*au pluriel* **bodies**) corps *m*; *(dead body)* cadavre *m*.

boil [1] *(pimple)* furoncle *m*.

boil [2] faire bouillir *(de l'eau, du lait)*; **to boil an egg** faire cuire un œuf *(à l'eau)*; **the water's boiling** l'eau bout; **the kettle's boiling** l'eau bout dans la bouilloire.

boiled: boiled potato pomme *f* de terre à l'eau; **boiled egg** œuf *m* à la coque.

boiling *(water)* bouillant; **boiling hot** bouillant; **the weather's boiling hot** il fait une chaleur infernale; **I'm boiling hot** je crève de chaleur.

Attention: les deux dernières expressions sont familières.

boil over *(of milk)* déborder.

bold intrépide.

bolt *(on door)* verrou *m*; *(for nut)* boulon *m*.

bomb [1] bombe *f*.

bomb [2] *(from the air)* bombarder *(une ville)*; *(of criminal)* faire sauter une bombe dans *(un immeuble, le métro)*.

bone *(of person or animal)* os *m*; *(of fish)* arête *f*.

bonfire *(with fireworks)* feu *m* de joie; *(for dead leaves)* feu.

book [1] livre *m*; *(of tickets, stamps, addresses)* carnet *m*.

book [2] réserver: **to book a seat/room** réserver une place/une chambre; **I haven't booked** je n'ai pas réservé.

bookcase bibliothèque *f*.

bookshop librairie *f*.

bookstore *(mot américain)* = **bookshop**.

boot 1 botte *f*; *(for football, walking)* chaussure *f*. **2** *(in car)* coffre *m*.

booth *(for phone)* cabine *f*.

border 1 *(edge)* bord *m*. **2** *(of country)* frontière *f*.

bore [1] ennuyer.

bore [2] ▸ see **bear** [2].

bored: to be bored, to get bored s'ennuyer; **I'm bored with that teacher** ce professeur m'ennuie.

boring ennuyeux *m* (-euse *f*).

born né: **to be born** naître; **I was born in London** je suis né à Londres.

borrow emprunter: **to borrow something from someone** emprunter quelque chose à quelqu'un.

Bosnia Bosnie *f*.

boss patron *m*, -onne *f*.

both [1] tous les deux *m plural*, toutes les deux *f plural*: **we're both ill, both of us are ill** nous sommes malades tous les deux; **both of the boys** les deux garçons.

both [2] les deux: **both boys came** les deux garçons sont venus.

both [3] *(at the same time)* à la fois: **she's both intelligent and attractive** elle est à la fois intelligente et belle; **both you and I** vous et moi.

bother [1] **1 to bother someone** *(to annoy)* ennuyer quelqu'un; *(to inconvenience)* déranger quelqu'un; *(to worry)* tracasser quelqu'un; **I'm not bothered** ça m'est égal.
2 *(to take the trouble)* **to bother to**

do something, to bother doing something se donner la peine de faire quelque chose; **I can't be bothered!** je n'en ai pas envie!

bother[2] *(inconvenience)* dérangement *m*; **it's no bother** ça ne me dérange pas.

bottle bouteille *f*.

bottom[1] *(of sea, box)* fond *m*; *(of page, hill)* bas *m*: **at the bottom of the bag** au fond du sac; **to be at the bottom of the class** être le dernier de la classe.

bottom[2] inférieur: **the bottom shelf/part** l'étagère/la partie inférieure; **the bottom floor** le rez-de-chaussée.

> The translation 'rez-de-chaussée' does not change in the plural. Do not add 's'.

bounce *(of ball)* rebondir; **to bounce a ball** faire rebondir une balle.

bound ▸ see **bind**.

bouquet *(of flowers)* bouquet *m*.

bow[1] **1** *(weapon)* arc *m*: **a bow and arrows** un arc et des flèches. **2** *(knot)* nœud *m*: **bow tie** nœud papillon.

bow[2] *(with knees bent)* révérence *f*.

bow[3] s'incliner (**to someone** devant quelqu'un).

bowl *(for soup, cereal)* bol *m*.

box[1] boîte *f*.

box[2] *(as sport)* boxer.

boxer 1 boxeur *m*. **2 boxer shorts** caleçon *m*.

boxing boxe *f*: **to like boxing** aimer la boxe.

Boxing Day le lendemain de Noël.

boy garçon *m*; **English boy** jeune Anglais *m*.

boyfriend petit ami *m*, copain *m*.

bra soutien-gorge *m* (soutiens-gorge *plural*).

bracelet bracelet *m*.

braces *(trouser straps)* bretelles *f plural*.

braid *(mot américain) (of hair)* natte *f*.

brain cerveau *m* (-eaux *plural*).

brake frein *m*.

branch 1 *(of tree)* branche *f*. **2** *(of shop, office)* succursale *f*; *(of bank)* agence *f*.

brand new tout neuf *m* (toute neuve *f*).

brave courageux *m* (-euse *f*).

bravery courage *m*.

Brazil Brésil *m*: **to** *or* **in Brazil** au Brésil.

bread pain *m*; **a loaf of bread** un pain; **a slice** *or* **piece of bread and butter** une tartine.

breadth largeur *f*.

break[1] casser: **he broke a plate** il a cassé une assiette; **she has broken her leg** elle s'est cassé la jambe; **the plate broke** l'assiette s'est cassée.

> I broke, I have broken, I am breaking.

break[2] **1** *(in an activity)* pause *f*: **to have** *or* **to take a break** faire une pause. **2** *(in school)* récréation *f*. **3** *(holiday)* **the Christmas/Easter break** les vacances de Noël/de Pâques.

break away se détacher.

break down 1 *(of car, machine)* tomber en panne. **2 to break down a door** enfoncer une porte.

breakdown *(in car)* panne *f*: **to have a breakdown** tomber en panne.

breakfast petit déjeuner *m*: **to have breakfast** prendre le petit déjeuner.

break in *(of thief)* entrer par effraction: **a burglar broke in during the night** un cambrioleur est entré pendant la nuit.

break into cambrioler *(une maison)*: **my house was broken into** ma maison a été cambriolée.

break off: to break something off détacher *or* casser quelque chose; **a bit broke off** un morceau s'est détaché.

break out *(of war)* éclater; *(of fire)* se déclarer; **to break out in a rash** faire une éruption de boutons.

break up 1 *(of crowd, group)* se disperser; *(of schoolchildren)* partir en vacances.
2 *(of couple)* rompre: **to break up with someone** rompre avec quelqu'un.
3 to break up a fight mettre fin à une bagarre.

breast sein *m*.

breath haleine *f*: **out of breath** essoufflé, hors d'haleine.

breathe respirer; **to breathe in** inspirer.

breeze brise *f*.

brick brique *f*: **a brick wall** un mur en briques.

bride mariée *f*: **the bride and groom** les mariés.

bridegroom marié *m*.

bridesmaid demoiselle *f* d'honneur.

bridge pont *m*.

brief bref *m* (brève *f*).

briefcase serviette *f*.

briefs slip *m (d'homme)*.

bright 1 *(star, eyes)* brillant; *(light, colour)* vif *m* (vive *f*); *(weather, room)* clair. **2** *(clever)* intelligent.

brightly: the sun is shining brightly le soleil est éclatant.

brilliant 1 *(light)* éclatant. **2** *(very clever)* brillant: **a brilliant idea** une idée brillante; **a brilliant student** un étudiant brillant. **3** *(fantastic)* génial (-aux *m plural*).

Attention: ce dernier sens est familier.

bring 1 apporter *(une chose)*: **to bring someone something** apporter quelque chose à quelqu'un; **bring it to me** apporte-le-moi; **to bring something to an end** mettre fin à quelque chose.
2 amener *(une personne)*: **I brought my sister** j'ai amené ma sœur.

I brought, I have brought, I am bringing.

bring about provoquer.

bring along: to bring something along emporter quelque chose; **to bring someone along** emmener quelqu'un.

bring back: to bring something back rapporter quelque chose; **to bring someone back** ramener quelqu'un.

bring down 1 to bring something down descendre quelque chose. **2 to bring down the price** faire baisser le prix.

bring in: to bring something in rentrer quelque chose.

bring up 1 to bring something up monter quelque chose. **2 to bring up a child** élever un enfant.

Britain Grande-Bretagne *f*: **to go to Britain** aller en Grande-Bretagne; **to live in Britain** vivre en Grande-Bretagne.

British britannique: **the British Isles** les îles Britanniques *f plural*; **the British** les Britanniques *m plural*.

broad 1 *(wide)* large. **2 in broad daylight** en plein jour.

broadcast diffuser: **to broadcast a programme/a match** diffuser une émission/un match.

I broadcast, I have broadcast, I am broadcasting.

broccoli brocolis *m plural*: **I'm eating broccoli** je mange des brocolis.

broil *(mot américain)* faire griller *(de la viande)*; **broiled chicken** du poulet grillé.

broke ▸ see **break**[1].

broken cassé: **to have a broken leg** avoir la jambe cassée. ▸ see **break**[1].

brooch broche *f*.

broom balai *m*.

brother frère *m*.

brother-in-law (*au pluriel* **brothers-in-law**) beau-frère *m* (beaux-frères *plural*).

brought ▸ see **bring**.

brown [1] marron; *(hair)* brun, châtain; *(eyes)* brun, marron; *(tanned)* bronzé.

The translation 'marron' does not change in the plural or in the feminine. Do not add 's' or 'ne'.

brown [2] *(the colour)* marron *m*; brun *m*: **I like brown** j'aime le marron *or* le brun.

bruise [1] bleu *m* (bleus *plural*).

bruise [2]**: to bruise one's knee/hand** se faire un bleu au genou/à la main.

bruised couvert de bleus.

brush [1] *(for hair, shoes, teeth)* brosse *f*.

brush [2] brosser: **to brush one's hair/teeth** se brosser les cheveux/les dents.

brush something away enlever quelque chose.

Brussels 1 Bruxelles *m or f*: **to go to Brussels** aller à Bruxelles; **to live in Brussels** vivre à Bruxelles. **2 Brussels sprouts** choux de Bruxelles *m plural*.

bubble [1] bulle *f*.

bubble [2] *(of boiling water)* bouillonner.

buck *(en américain)* dollar *m*.

Attention: ce mot est familier.

bucket seau *m* (seaux *plural*).

buckle [1] boucle *f*.

buckle [2] boucler *(une ceinture, une valise)*.

bud *(on tree)* bourgeon *m*; *(on flower)* bouton *m*.

Buddhist [1] *(faith, temple)* bouddhiste.

Buddhist [2] bouddhiste *m or f*: **she's a Buddhist** c'est une bouddhiste.

budgerigar perruche *f*.

buffalo (*au pluriel* **buffalos** *or* **buffalo**) buffle *m*; **American buffalo** bison *m*.

bug 1 *(any insect)* insecte *m*, bestiole *f*. **2** *(germ)* microbe *m*, virus *m*. **3** *(in computer program)* bogue *m*.

buggy (*au pluriel* **buggies**) *(folding pushchair)* poussette-canne *f* (poussettes-cannes *plural*); *(pram) (mot américain)* landau *m* (-aus *plural*).

build construire *(une maison, un mur)*.

I built, I have built, I am building.

build up *(to increase)* augmenter.

bulb 1 *(of lamp)* ampoule *f*. **2** *(of plant)* oignon *m*, bulbe *m*.

bull taureau *m* (-eaux *plural*).

bulldog bouledogue *m*.

bulldozer bulldozer *m*.

bullet balle *f* *(de pistolet)*.

bulletin board *(terme américain)* tableau *m or* panneau *m* d'affichage (tableaux *or* panneaux d'affichage *plural*).

bully (*au pluriel* **bullies**) *(in school)* grosse brute *f*.

bully brutaliser *(un enfant)*.

bump [1]**: to bump one's head/knee** se cogner la tête/le genou.

bump [2] **1** *(on road, body)* bosse *f*. **2** *(blow)* choc *m*, coup *m*.

bump into 1 *(of car, person)* rentrer dans: **to bump into a tree** rentrer dans un arbre; **she bumped into me** elle m'est rentrée dedans. **2** *(to meet by chance)* **to bump into someone** tomber sur quelqu'un.

bumpy *(road, ride)* cahoteux *m* (-euse *f*).

bun *(cake)* petit pain *m* au lait.

bunch: bunch of flowers bouquet *m* de fleurs; **bunch of friends** groupe *m* d'amis; **bunch of grapes** grappe *f* de raisin; **bunch of keys** trousseau *m* de clés (trousseaux de clés *plural*).

bundle *(of clothes, letters, newspapers)* paquet *m*; *(of wood)* fagot *m*.

bungalow bungalow *m*.

burger hamburger *m*.

burglar cambrioleur *m*, -euse *f*; **burglar alarm** alarme *f* antivol.

burglary (*au pluriel* **burglaries**) cambriolage *m*.

burn [1] brûlure *f*.

burn [2] **1** brûler: **she burnt her finger** elle s'est brûlé le doigt; **I burnt the cakes** j'ai laissé brûler les gâteaux; **the house is burning** la maison brûle.
2 (*to be switched on*) **the light is burning** la lampe est allumée.

I burned *or* burnt, I have burned *or* burnt, I am burning.

burn down (*of building*) être détruit par le feu.

burst crever: **the balloon/bubble/tyre burst** le ballon/la bulle/le pneu a crevé; **to burst a balloon/bubble/tyre** crever une bulle/un ballon/un pneu.

I burst, I have burst, I am bursting.

burst into: to burst into flames prendre feu; **to burst into tears** fondre en larmes.

bury enterrer.

bus autobus *m*, bus *m*; (*long-distance*) autocar *m*, car *m*: **by bus** en autobus, en autocar; **a bus driver/ticket** un conducteur/un billet d'autobus *or* d'autocar.

business 1 (*commerce*) affaires *f plural*: **business is good/bad** les affaires vont bien/mal; **he went to Paris on business** il est allé à Paris pour affaires; **a business meeting/trip** un rendez-vous/voyage d'affaires.
2 (*shop*) commerce *m*; (*company*) entreprise *f*.
3 (*important matter*) **that's my business** c'est mon affaire; **that's none of your business!** ça ne te regarde pas!; **mind your own business!** occupe-toi de tes affaires!

businessman (*au pluriel* **businessmen**) homme *m* d'affaires.

businesswoman (*au pluriel* **businesswomen**) femme *f* d'affaires.

bus shelter Abribus® *m*.

bus stop arrêt *m* d'autobus.

busy 1 (*person*) occupé: **I'm very busy** je suis très occupé; **to be busy doing something** être occupé à faire quelque chose.
2 a busy day une journée chargée; **a busy street** une rue animée.
3 (*telephone*) (*mot américain*) occupé: **the line's busy** la ligne est occupée.

but [1] mais: **he's rich but he's not happy** il est riche mais il n'est pas heureux.

but [2] (*except*) sauf: **any day but tomorrow** n'importe quel jour sauf demain; **no one but you** personne d'autre que toi.

butcher boucher *m*: **he's a butcher** il est boucher; **to go to the butcher's** aller chez le boucher.

butter [1] beurre *m*.

butter [2] beurrer (*une tartine*).

butterfly (*au pluriel* **butterflies**) papillon *m*.

button [1] bouton *m*; (*of phone*) touche *f*.

button [2] boutonner (*une veste, un col*).

buy acheter: **to buy someone something, to buy something for someone** acheter quelque chose à quelqu'un *or* pour quelqu'un; **to buy something from someone** acheter quelque chose à quelqu'un; **I've brought her a present, I've bought a present for her** je lui ai acheté un cadeau; **I bought this book from Anne** j'ai acheté ce livre à Anne.

I bought, I have bought, I am buying.

buzz bourdonner.

by [1] **1** par: **to be hit/chosen by** être frappé/choisi par; **by sea** par mer.
2 de: **to be surrounded/followed by** être entouré/suivi de; **by day/night** de jour/nuit; **a book/painting**

by someone un livre/un tableau de quelqu'un.
3 en: **by doing something** en faisant quelque chose; **by car** en voiture; **by bus** en autobus.
4 à: **by bicycle** à bicyclette; **one by one** un à un, un par un; **by the kilo** au kilo.
5 *(next to)* à côté de; *(near)* près de; **by the lake** au bord du lac.
6 *(before in time)* **by Friday** avant vendredi; **by 10 o'clock** avant 10 heures; **he should be here by now** il devrait déjà être arrivé.
7 to do something by oneself faire quelque chose tout seul; **by the way** à propos.

by²: close by tout près; **to go by, to pass by** passer; **to put something by** mettre quelque chose de côté.

bye! (*or* **bye-bye!**) salut!

Attention: ce mot est familier.

Cc

cab taxi *m*.

cabbage chou *m* (choux *plural*).

cabin *(on ship)* cabine *f*.

cable câble *m*; **cable TV** la télévision par câble.

cactus (*au pluriel* **cacti** *or* **cactuses**) cactus *m*.

café snack-bar *m*, café-restaurant *m* (cafés-restaurants *plural*); *(in France)* café *m*.

cage cage *f*.

cake gâteau *m* (-eaux *plural*); *(small)* pâtisserie *f*.

calculate calculer.

calculator calculatrice *f*.

calendar calendrier *m*.

calf (*au pluriel* **calves**) *(animal)* veau *m* (-eaux *plural*).

call¹ 1 *(on telephone)* appel *m*: **telephone call** communication *f*, appel téléphonique; **to make a call** téléphoner (**to** à); **to get** *or* **to receive a call** recevoir un appel.
2 *(shout)* cri *m*, appel *m*; **to give someone a call** appeler quelqu'un.

call² 1 appeler: **call your cousin!** appelle ton cousin!; **they called their daughter Martine** ils ont appelé leur fille Martine; **I'm calling from New York** j'appelle de New York.
2 traiter: **to call someone a liar/a fool** traiter quelqu'un de menteur/d'idiot.
3 *(to visit)* passer: **I called at his house** je suis passé chez lui.
4 to be called s'appeler; **what's that animal called?** comment s'appelle cet animal?

call back *(on phone)* rappeler.

call for 1 *(to go and get)* passer prendre. **2** *(to require)* demander.

call in 1 *(into room)* **to call someone in** faire entrer quelqu'un. **2** *(to visit)* **to call in on someone** passer chez quelqu'un.

call off *(to cancel)* annuler.

call out 1 *(to shout)* crier. **2 to call out the doctor** appeler le médecin.

call up *(terme américain)* **to call someone up** *(on the phone)* appeler quelqu'un.

calm calme: **I stayed very calm** je suis resté très calme; **keep calm!** du calme!

calm down se calmer: **calm down!** calme-toi!

camcorder caméscope® *m*.

came ▸ see **come**.

camel chameau *m* (-eaux *plural*).

camera appareil photo *m*; **TV** *or* **film camera** caméra *f*.

camp [1] camp *m*.

camp [2] camper.

camping le camping: **to go camping** faire du camping; **a camping site** un camping.

campsite camping *m*.

can [1] **1** *(to be able to)* pouvoir: **if I can** si je peux; **he can't walk** il ne peut pas marcher; **they couldn't help me** ils ne pouvaient pas m'aider; **she could do it tomorrow** elle pourrait le faire demain.
2 *(showing possibility)* pouvoir: **he could come at any moment** il pourrait arriver d'un moment à l'autre; **you could be wrong** vous avez peut-être tort.
3 *(to be allowed to)* pouvoir: **you can leave now** vous pouvez partir maintenant; **can I come in?** est-ce que je peux entrer?, puis-je entrer?
4 *(to know how to)* savoir: **she can swim** elle sait nager.
5 *(not translated)* **I can see her** je la vois; **I can't hear** je n'entends pas.

I can, I could.

can [2] *(for food)* boîte *f*; *(for beer)* canette *f*, cannette *f*; *(for petrol, oil, water)* bidon *m*.

Canada Canada *m*: **to go to Canada** aller au Canada; **to live in Canada** vivre au Canada.

Canadian [1] *(town, student)* canadien *m* (-ienne *f*).

Canadian [2] Canadien *m*, -ienne *f*: **she's a Canadian** c'est une Canadienne.

canal canal *m* (-aux *plural*).

canary (*au pluriel* **canaries**) canari *m*.

cancel annuler: **the flight is cancelled** le vol est annulé.

cancer cancer *m*: **to have cancer** avoir un cancer; **lung cancer** cancer des poumons.

candle bougie *f*.

candlestick bougeoir *m*.

candy (*au pluriel* **candies**) *(mot américain)* bonbon *m*: **do you want some candy?** tu veux un bonbon?, tu veux des bonbons?; **candy store** confiserie *f*.

cane *(for walking)* canne *f*.

canned en boîte: **canned salmon** du saumon en boîte; **canned food** conserves *f plural*.

cannot ▸ see **can** [1].

canoe canoë *m*.

can't = **cannot**.

canteen *(in school, factory)* cantine *f*.

cap 1 *(hat)* casquette *f*; *(for swimming)* bonnet *m*. **2** *(of plastic bottle, of tube)* bouchon *m*; *(of milk or beer bottle)* capsule *f*. **3** *(of pen)* capuchon *m*.

capable capable: **he's quite capable of telling lies!** il est bien capable de mentir!

capital 1 capital *or* **capital city** capitale *f*. **2 capital** *or* **capital letter** majuscule *f*; **to write in capitals** écrire en majuscules.

captain capitaine *m*.

capture prendre, capturer *(une personne, un animal)*; reprendre *(un prisonnier évadé, un animal qui s'est enfui)*.

car 1 voiture *f*: **by car** en voiture; **car radio** autoradio *m*. **2** *(of train)* *(en américain)* wagon *m*.

caravan caravane *f*: **caravan site** camping *m* pour caravanes.

card 1 carte *f*: **birthday card** carte d'anniversaire. **2 playing card** carte *f* à jouer; **to play cards** jouer aux cartes.

cardboard carton *m*: **cardboard box** boîte *f* en carton.

cardphone téléphone *m* à carte.

cardigan cardigan *m*, gilet *m*.

care [1] **1** *(attention)* soin *m*, soins *m plural*: **with care** avec soin.

2 to take care to do something prendre soin de faire quelque chose; **to take care not to do something** faire attention à ne pas faire quelque chose; **take care!** fais attention!
3 to take care of someone/something s'occuper de quelqu'un/de quelque chose; **to take care of oneself** *(to manage by oneself)* se débrouiller; *(to keep healthy)* faire attention à soi.

care [2] **1** *(to like)* aimer: **would you care to try?** aimeriez-vous essayer?
2 I don't care ça m'est égal; **he doesn't care** ça lui est égal; **who cares?** qu'est-ce que ça fait?

care about: to care about something se soucier de quelque chose.

care for 1 *(to like)* **would you care for a drink?** voulez-vous boire quelque chose?; **would you care for some tea?** voulez-vous du thé?
2 *(to look after)* **to care for someone** s'occuper de quelqu'un; **to care for a sick person** soigner un malade.

careful 1 *(thorough) (person)* soigneux *m* (-euse *f*); *(work)* soigné.
2 *(cautious)* prudent; **to be careful of something** faire attention à quelque chose; **to be careful not to do something** faire attention à ne pas faire quelque chose; **be careful!** fais attention!

careless *(person)* négligent; *(work)* peu soigné; **he's careless about his work** il est peu soigneux de son travail.

caretaker *(of building)* gardien *m*, -ienne *f*.

car ferry (*au pluriel* **car ferries**) ferry *m*.

cargo (*au pluriel* **cargoes,** *(en américain)* **cargos**) cargaison *f*.

Caribbean: the Caribbean les Antilles *f plural*; **to go to the Caribbean** aller aux Antilles.

carnival carnaval *m* (-als *plural*).

carol: Christmas carol chant *m* de Noël.

car park parking *m*.

carpenter menuisier *m*; *(on building site)* charpentier *m*.

carpet tapis *m*; *(wall-to-wall)* moquette *f*.

carpeting moquette *f*.

carriage *(of train)* wagon *m*.

carrier bag sac *m* en plastique.

carrot carotte *f*.

carry 1 porter: **she was carrying a suitcase** elle portait une valise. **2** *(of vehicle, plane)* transporter: **this train carries goods and passengers** ce train transporte des marchandises et des passagers.

carry on continuer: **carry on with your work!, carry on your work!** continue ton travail!; **to carry on doing something** continuer à *or* de faire quelque chose.

carry out exécuter *(un ordre, un travail)*; effectuer *(des changements, une réparation)*.

cart 1 *(pulled by a horse)* charrette *f*. **2** *(in supermarket) (mot américain)* chariot *m*.

carton *(cardboard box)* carton *m*; *(of milk, fruit juice)* brique *f*, carton *m*.

cartoon *(film)* dessin *m* animé; *(in newspaper)* dessin *m* humoristique; *(comic strip)* bande *f* dessinée.

carve 1 *(to cut)* sculpter, tailler (**out of something** dans quelque chose). **2 to carve** *or* **to carve up the meat/chicken** découper la viande/le poulet.

case [1] **1** cas *m*: **in that case** dans ce cas; **in some cases** dans certains cas; **in any case** en tout cas.
2 in case au cas où; **in case you fall** au cas où tu tomberais; **in case of an emergency** en cas d'urgence; **take an umbrella just in case** prends un parapluie au cas où *or* à tout hasard.

case [2] **1** *(suitcase)* valise *f*. **2** *(for glasses, camera)* étui *m*.

cash argent *m*, liquide *m*; **to pay in**

cash payer en liquide *or* en espèces.

cash desk caisse *f*.

cashier caissier *m*, -ière *f*.

cassette *(for tape recorder, video or VCR)* cassette *f*.

castle château *m* (-eaux *plural*).

cat chat *m*; *(female)* chatte *f*.

catapult lance-pierres *m*.

The translation does not change in the plural. Do not add 's'.

catch 1 attraper *(un voleur, une balle, un poisson, une maladie)*: **to catch the train/the bus** attraper *or* prendre le train/le bus; **to catch someone doing something** surprendre quelqu'un en train de faire quelque chose.
2 *(to understand)* saisir: **I didn't catch the last word** je n'ai pas saisi le dernier mot.
3 *(to get stuck)* **to catch one's finger in something** se prendre le doigt dans quelque chose; **her skirt got caught in the door** sa jupe s'est prise dans la porte.
4 to catch fire prendre feu.

I caught, I have caught, I am catching.

catching contagieux *m* (-euse *f*).

catch up: to catch up with someone, to catch someone up rattraper quelqu'un; **you must try and catch up** *(to make up for lost time)* tu dois essayer de rattraper ton retard.

caterpillar chenille *f*.

cathedral cathédrale *f*.

Catholic [1] *(faith, church)* catholique.

Catholic [2] catholique *m or f*: **she's a Catholic** c'est une catholique.

caught ▸ see **catch**.

cauliflower chou-fleur (choux-fleurs *plural*).

cause [1] cause *f*.

cause [2] causer *(un problème, des dépenses)*; provoquer *(un accident, un incendie)*.

cautious prudent.

cave grotte *f*, caverne *f*.

CD CD *m*.

The translation does not change in the plural. Do not add 's'.

CD-ROM CD-ROM *m*.

The translation does not change in the plural. Do not add 's'.

ceiling plafond *m*.

celebrate fêter *(une occasion, un anniversaire)*; **let's celebrate!** il faut fêter ça!; **they were celebrating** *(having a good time)* ils faisaient la fête.

celery céleri *m*.

cellar cave *f*.

cement ciment *m*.

cemetery (*au pluriel* **cemeteries**) cimetière *m*.

cent *(coin)* cent *m*.

center *(mot américain)* = **centre**.

centimeter *(mot américain)* = **centimetre**.

centimetre centimètre *m*.

centre centre *m*.

century (*au pluriel* **centuries**) siècle *m*.

cereal *(for breakfast)* céréales *f plural*.

ceremony (*au pluriel* **ceremonies**) cérémonie *f*.

certain [1] **1** *(sure)* certain: **I'm certain that** je suis certain que; **she's certain to come** c'est certain qu'elle viendra; **to be certain of something** être certain de quelque chose.
2 to make certain of a date/fact s'assurer d'une date/d'un fait; **to make certain of a seat** s'assurer une place.

certain [2] *(particular)* certain: **a certain person** une certaine personne; **certain people** certaines personnes.

certainly *(without doubt, of course)* certainement: **certainly not!** certainement pas!; **it's certainly going to rain** il va certainement pleuvoir.

certificate certificat *m*; *(from a uni-*

versity) diplôme *m*.

chain chaîne *f*: **gold chain** chaîne en or.

chair chaise *f*; *(armchair)* fauteuil *m*.

chalk craie *f*.

champion champion *m*, -onne *f*: **she's the champion** c'est la championne.

chance 1 *(possibility)* chances *f plural*, chance *f*: **I have a chance of winning** j'ai des chances de gagner; **they have no chance** ils n'ont aucune chance; **to take a chance** prendre un risque.
2 *(opportunity)* occasion *f*: **to have the chance to do something** avoir l'occasion de faire quelque chose.
3 *(luck)* hasard *m*: **by chance** par hasard.

change [1] **1** changement *m*; **for a change** pour changer; **a change of clothes** des vêtements de rechange.
2 *(money)* monnaie *f*: **to get change** faire de la monnaie.

change [2] **1** changer: **that changes everything** ça change tout; **to change dollars into francs** changer des dollars contre des francs *or* en francs; **you've really changed!** comme tu as changé!
2 changer de: **to change trains** changer de train; **she changed her skirt** elle a changé de jupe; **to change gear** changer de vitesse; **to change the subject** changer de sujet.
3 *(to exchange in a shop)* échanger: **to change something for something** échanger quelque chose contre quelque chose.
4 *(to change clothes)* se changer: **he's changing, he's getting changed** il est en train de se changer; **to change the baby** changer le bébé.

change over passer (**from** de, **to** à).

changing room *(for sport)* vestiaire *m*; *(in store)* cabine *f* d'essayage.

channel 1 *(on television)* chaîne *f*: **let's change channel** changeons de chaîne.
2 the Channel la Manche; **the Channel Tunnel** le tunnel sous la Manche.

chapter chapitre *m*.

character 1 caractère *m*: **it's in my character** c'est dans mon caractère.
2 *(in book, film or play)* personnage *m*.

charge [1] **1** *(cost)* prix *m*; *(expenses)* frais *m plural*; **to make a charge for something** faire payer quelque chose; **free of charge** gratuit.
2 to be in charge être responsable (**of** de); **the person in charge** le *or* la responsable.

charge [2] *(to ask for money)* prendre: **how much do you charge an hour?** combien prenez-vous de l'heure?; **to charge someone for something** faire payer quelque chose à quelqu'un.

charm charme *m*: **to have charm** avoir du charme.

charming charmant.

chart *(map)* carte *f*; *(table)* tableau *m* (-eaux *plural*).

chase poursuivre.

chase after someone courir après quelqu'un.

chase someone away chasser quelqu'un.

chat [1] petite conversation *f*; **to have a chat** bavarder (**with** avec).

chat [2] bavarder (**with** avec).

cheap bon marché: **cheap shoes** des chaussures bon marché; **it's cheaper** c'est moins cher; **this is the cheapest** c'est le moins cher.

> The translation 'bon marché' does not change in the plural or in the feminine. Do not add 's' or 'e'.

cheat [1] *(at games, in exams)* tricher: **don't cheat!** ne triche pas!; **to cheat someone** tromper quelqu'un.

cheat [2] tricheur *m*, -euse *f*: **she's a cheat** c'est une tricheuse.

cheater *(mot américain)* = **cheat** [2].

check[1] *(to examine)* vérifier *(un calcul, un instrument)*; *(to inspect)* contrôler *(un passeport, des bagages)*: **I'll check if the bus is leaving at six** je vais vérifier si l'autobus part à six heures.

check[2] **1** contrôle *m*, vérification *f*: **an identity/a security check** un contrôle d'identité/de sécurité; **to give something a check** vérifier quelque chose.
2 *(bill in restaurant) (mot américain)* addition *f*.
3 *(cheque) (mot américain)* chèque *m*.
4 *(tick) (mot américain)* croix *f*.

check[3] *(dress, shirt)* à carreaux.

checkers *m plural (mot américain)* jeu *m* de dames: **to play checkers** jouer aux dames.

check in *(at a hotel)* signer le registre; *(at an airport)* se présenter à l'enregistrement; **to check in one's luggage** enregistrer ses bagages.

check off *(terme américain) (on a list)* marquer, cocher.

check out *(at a hotel)* régler sa note.

checkout *(in a supermarket)* caisse *f*.

cheek joue *f*: **to kiss someone on both cheeks** embrasser quelqu'un sur les deux joues.

cheer applaudir.

cheerful gai.

cheerio! salut!

cheers *(shouts)* acclamations *f plural*, hourras *m plural*.

cheer up: to cheer someone up donner du courage à quelqu'un; **cheer up!** courage!, du courage!

cheese fromage *m*.

chemical[1] chimique.

chemical[2] produit *m* chimique.

chemist pharmacien *m*, -ienne *f*; **chemist's shop, chemist's** pharmacie *f*.

chemistry chimie *f*.

cheque chèque *m*.

cherry *(au pluriel* **cherries***)* cerise *f*.

chess échecs *m plural*: **to play chess** jouer aux échecs.

chest 1 *(part of body)* poitrine *f*. **2** *(box)* coffre *m*; **chest of drawers** commode *f*.

chew mâcher.

chewing-gum chewing-gum *m*.

chick poussin *m*.

chicken poulet *m*: **chicken leg** cuisse *f* de poulet; **chicken sandwich** sandwich *m* au poulet.

chickenpox varicelle *f*: **to have chickenpox** avoir la varicelle.

chief *(au pluriel* **chiefs***)* *(leader)* chef *m*.

chief *(most important)* principal *m* (-aux *m plural*).

child *(au pluriel* **children***)* enfant *m or f*.

childhood enfance *f*.

child minder nourrice *f*.

Chile Chili *m*: **to** *or* **in Chile** au Chili.

chill: to catch a chill prendre froid.

chilly froid: **it's chilly** il fait un peu froid.

chimney *(au pluriel* **chimneys***)* cheminée *f*.

chimpanzee chimpanzé *m*.

chin menton *m*.

china porcelaine *f*: **a china cup** une tasse en porcelaine.

China Chine *f*: **to go to China** aller en Chine; **to live in China** vivre en Chine.

Chinese[1] *(town, word)* chinois; **Chinese man** Chinois *m*; **Chinese woman** Chinoise *f*.

Chinese[2] **1** *(the language)* chinois *m*: **Chinese is hard** le chinois est difficile; **to speak Chinese** parler chinois. **2** *(the people)* **the Chinese** les Chinois *m plural*.

chip 1 *(French fry)* frite *f*: **he's eating some chips** il mange des frites.
2 *(crisp) (mot américain)* chips *f*: **a**

packet of chips un paquet de chips. **3** *(in a computer)* puce *f*.

chipped ébréché: **the cup's chipped** la tasse est ébréchée.

choc-ice Esquimau® *m* (-aux *plural*).

chocolate chocolat *m*: **a chocolate cake** un gâteau au chocolat; **a chocolate ice cream** une glace au chocolat.

choice choix *m*: **you have no choice** tu n'as pas le choix.

choir chœur *m*; *(in school)* chorale *f*.

choke *(to be unable to breathe)* s'étouffer: **to choke on something** s'étouffer en mangeant quelque chose.

choose choisir (**from** parmi).

I chose, I have chosen, I am choosing.

chop couper, couper en morceaux; **to chop meat/onions** hacher de la viande/des oignons.

chop down abattre *(un arbre)*.

Christian [1] *(faith, church)* chrétien *m* (-ienne *f*).

Christian [2] chrétien *m*, -ienne *f*: **he's a Christian** c'est un chrétien.

Christmas Noël *m*: **Merry Christmas!, Happy Christmas!** joyeux Noël!; **Father Christmas** le père Noël; **Christmas Day** le jour de Noël; **Christmas Eve** la veille de Noël; **a Christmas tree/card** un sapin/une carte de Noël.

chuck something away *(to throw away)* balancer quelque chose.

Attention: ce mot est familier.

church église *f*: **to go to church** aller à l'église.

cigar cigare *m*.

cigarette cigarette *f*.

cinema *(art, place)* cinéma *m*.

circle cercle *m*; **to sit in a circle** s'asseoir en rond.

circular circulaire.

circus cirque *m*.

citizen citoyen *m*, -enne *f*.

city *(au pluriel* **cities***)* ville *f*, grande ville; **city centre** centre-ville *m* (centres-villes *plural*).

clap *(to show one's pleasure)* applaudir; **to clap one's hands** battre *or* taper des mains, taper dans ses mains.

clapping applaudissements *m plural*.

class 1 *(of pupils)* classe *f*: **the whole class was there** toute la classe était là.

2 *(lesson)* cours *m*: **the French class** le cours de français.

3 to travel first/second class voyager en première/deuxième classe; **a first-class/second-class ticket** un billet de première/de deuxième classe.

classmate camarade *m or f* de classe.

classroom salle *f* de classe.

claw *(of cat, dog)* griffe *f*; *(of crab, lobster)* pince *f*.

clay argile *f*.

clean [1] propre: **clean hands** des mains propres.

clean [2]**: to give something a clean** nettoyer quelque chose.

clean [3] nettoyer *(une chambre, des chaussures, les mains)*; **to clean one's teeth** se brosser les dents.

cleaner 1 *(in house)* femme *f* de ménage. **2** *(shop for cleaning clothes)* **cleaner's** teinturerie *f*; **to take something to the cleaner** *or* **the cleaner's** porter quelque chose chez le teinturier.

cleaning *(housework)* **to do the cleaning** faire le ménage.

clear [1] **1** *(explanation, sound, water)* clair; *(photo, voice)* net *m* (nette *f*): **what you say is clear** ce que vous dites est clair; **it's clear that** il est évident *or* clair que; **to make oneself clear** se faire comprendre.

2 *(path, view, sky)* dégagé: **the road's clear** la route est dégagée.

clear [2] **1 to clear the road** dégager la route; **to clear the table** débarrasser la table. **2** *(of fog)* se dissiper.

clearly *(to write, to say)* clairement; *(to hear, to see)* distinctement.

clear out *(to empty)* vider; *(to remove)* enlever.

clear up 1 *(to tidy up)* ranger. **2 the weather is clearing up** le temps se remet au beau.

clerk 1 *(in office)* employé *m*, -ée *f*: **she's a clerk** elle est employée.
2 *(in store) (mot américain)* vendeur *m*, -euse *f*.

clever 1 *(bright)* intelligent; *(smart, shrewd)* astucieux *m* (-euse *f*); **he's clever at French** il est fort en français; **a clever solution** une solution astucieuse.
2 *(with one's hands)* habile (**at doing** à faire).

cliff falaise *f*.

climate climat *m*.

climb: to climb the stairs monter l'escalier; **to climb a hill** grimper une colline; **to climb a tree/ladder** grimper à *or* monter à un arbre/une échelle; **to climb a wall** escalader un mur; **the road climbs** la route monte.

climb down descendre: **to climb down a wall/ladder** descendre d'un mur/d'une échelle; **I'm climbing down** je descends.

climb over: to climb over a wall escalader un mur.

climb up monter *(l'escalier)*; grimper *(une colline)*; grimper à, monter à *(un arbre, une échelle)*: **I'm climbing up** je monte.

clinic *(health centre)* centre médical *m* (centres médicaux *plural*); *(private)* clinique *f*.

clip: to clip on a brooch fixer une broche; **to clip a brooch to** fixer une broche à; **to clip a letter to** attacher une lettre à.

cloakroom 1 *(for coats)* vestiaire *m*. **2** *(lavatory)* toilettes *f plural*.

clock *(large)* horloge *f*; *(small, on a table or wall or in a car)* pendule *f*: **the church clock** l'horloge de l'église; **the kitchen clock** la pendule de la cuisine; **alarm clock** réveil *m*.

close¹ 1 *(relative, friend)* proche: **I'm very close to her** je suis très proche d'elle.
2 *(nearby)* proche: **my house is close to the school** ma maison est proche de *or* près de l'école; **the closest shops** les magasins les plus proches; **she lives close by** elle habite tout près; **I'm close behind** je suis juste derrière.

close² 1 fermer: **close the door!** fermez la porte!; **the shop closes at six** le magasin ferme à six heures; **the window doesn't close properly** la fenêtre ne ferme pas bien.
2 se fermer: **the door closed** la porte s'est fermée; **his eyes closed** ses yeux se fermèrent.

closed fermé.

closely de près: **to follow/to examine closely** suivre/examiner de près.

closet *(mot américain) (cupboard)* placard *m*; *(wardrobe)* armoire *f*.

cloth 1 *(material)* tissu *m*. **2 a cloth** *(for dusting)* un chiffon; *(for drying dishes)* un torchon.

clothes 1 vêtements *m plural*; **to put one's clothes on** s'habiller; **to take one's clothes off** se déshabiller.
2 clothes line corde *f* à linge; **clothes peg,** *(en américain)* **clothes pin** pince *f* à linge.

clothing vêtements *m plural*.

cloud nuage *m*.

cloud over *(of sky)* se couvrir.

cloudy *(weather, sky)* couvert; **it's cloudy** le temps est couvert.

clown clown *m*.

club *(group of people)* club *m*: **tennis club** club de tennis.

clue 1 *(useful tip)* indication *f*; *(in crime)* indice *m*. **2 I don't have a clue** je n'en ai pas la moindre idée.

Attention: cette dernière expression

est familière.

clumsy maladroit.

coach car *m*, autocar *m*: **by coach** en car, en autocar; **a coach trip** une excursion en car *or* en autocar.

coal charbon *m*.

coast côte *f*: **on the coast** sur la côte.

coat 1 manteau *m* (-eaux *plural*); *(jacket)* veste *f*. **2 coat of paint** couche *f* de peinture.

coathanger cintre *m*.

cobweb toile *f* d'araignée.

cock *(rooster)* coq *m*.

cocoa cacao *m*.

coconut noix *f* de coco.

cod morue *f*.

code code *m*.

coffee café *m*: **to have a coffee** prendre un café; **white coffee, coffee with milk** café au lait; *(in a restaurant)* café crème.

coffee shop (*or* **coffee bar**) café *m*.

coffin cercueil *m*.

coin pièce *f* de monnaie: **a 50 pence coin** une pièce de 50 pence.

Coke® coca® *m*.

cold [1] froid: **a cold night** une nuit froide; **to be cold, to feel cold** avoir froid; **it's cold, the weather's cold** il fait froid; **it's getting cold** le temps se refroidit.

cold [2] **1** froid *m*: **I don't like the cold** je n'aime pas le froid; **to catch cold** prendre froid. **2** *(illness)* rhume *m*: **a nasty cold** un gros rhume; **I have a cold** je suis enrhumé.

collapse *(of person)* s'effondrer.

collar *(of shirt, jacket, coat)* col *m*; *(for dog)* collier *m*.

collect 1 *(to pick up, to gather)* ramasser *(des copies, du bois)*.
2 *(to call for, to go and get)* passer prendre, aller chercher: **I'll collect you at the airport** je passerai vous prendre *or* j'irai vous chercher à l'aéroport.
3 *(as a hobby)* collectionner *(des timbres)*.

collection *(of things, stamps)* collection *f*.

college *(university)* université *f*; **technical college** collège *m* technique; **he goes to college** il est étudiant.

collide *(of vehicle, plane, ship)* entrer en collision (**with** avec).

color *(mot américain)* = **colour.**

colour [1] couleur *f*: **what colour is it?** c'est de quelle couleur?; **a colour photo/film** une photo/une pellicule couleur *or* en couleur.

colour [2] = **colour in.**

coloured pencil crayon *m* de couleur.

colourful *(picture)* aux couleurs vives.

colour in colorier *(un dessin)*: **to colour in a drawing in green** colorier un dessin en vert.

colouring book album *m* à colorier.

column colonne *f*.

comb [1] peigne *m*.

comb [2]**: to comb one's hair** se peigner.

come 1 venir: **come and see me** viens me voir; **will you come with me?** tu viendras avec moi?; **to come from France/from Paris** venir de France/de Paris.
2 arriver: **to come first/second** *(in a race)* arriver premier/deuxième; **I've just come from London** j'arrive de Londres; **I'm coming!, coming!** j'arrive!; **the results have come** les résultats sont arrivés.

I came, I have come, I am coming.

come apart *(of two objects)* se séparer.

come around *(terme américain)* = **come round**.

come back revenir; *(to return home)* rentrer.

come down descendre; *(of the rain,*

of prices) tomber: **I'm coming down** je descends; **to come down the stairs** descendre l'escalier.

come down with attraper *(un rhume, un virus).*

come for something/someone venir chercher quelque chose/quelqu'un.

come in entrer.

come into entrer dans *(une pièce).*

come off 1 *(of button)* se détacher. **2 to come off something** *(to fall from)* tomber de quelque chose; *(to get down from)* descendre de quelque chose.

come on: come on! allez!

come out sortir.

come round 1 *(to visit)* passer, venir. **2** *(of an unconscious person)* reprendre connaissance.

come to s'élever à: **the damage comes to 300 dollars** les dégâts s'élèvent à 300 dollars; **how much does it come to?** ça fait combien?

come up monter: **I'm coming up** je monte; **to come up the stairs** monter l'escalier.

come up to *(to reach)* arriver jusqu'à.

comfort confort *m*.

comfortable 1 *(chair, shoes, car)* confortable. **2** *(in a chair, in bed)* à l'aise: **she's comfortable** elle est à l'aise; **make yourself comfortable!** mettez-vous à l'aise!

comic *(magazine)* bande *f* dessinée.

comic strip bande *f* dessinée.

comma virgule *f*.

command[1] commander à: **to command someone to do something** commander à quelqu'un de faire quelque chose.

command[2] ordre *m*.

commercial commercial (-aux *m plural*).

common 1 *(frequent)* courant: **a common mistake** une faute courante.

2 *(shared)* commun: **a common language** une langue commune.

3 in common en commun; **to have something in common with someone** avoir quelque chose en commun avec quelqu'un.

common sense bon sens *m*.

communicate communiquer (**with** avec).

communication communication *f*.

compact disc disque *m* compact.

compact disk *(terme américain)* = **compact disc**.

companion *(man, boy)* compagnon *m*; *(woman, girl)* compagne *f*.

company (*au pluriel* **companies**) **1** *(being with other people)* compagnie *f*: **to keep someone company** tenir compagnie à quelqu'un.

2 *(guests)* invités *m plural*, invitées *f plural*: **to expect company** attendre du monde, attendre des invités.

3 *(a business)* société *f*, compagnie *f*.

compare comparer (**to, with** à); **compared to** *or* **with** par rapport à.

comparison comparaison *f* (**avec** with): **let's make a comparison between a tiger and a lion** faisons la comparaison entre un tigre et un lion.

compartment *(in a train)* compartiment *m*.

compass 1 *(to find a direction)* boussole *f*. **2** *(for drawing) (mot américain)* compas *m*.

compasses *(for drawing)* compas *m*.

compete *(to take part)* participer: **to compete in** participer à *(une épreuve sportive)*; **to compete for something** *(prize, job, first place)* se disputer quelque chose; **we're competing against the French** nous sommes en compétition avec les Français.

competition *(contest)* concours *m*; *(in sport)* compétition *f*.

complain se plaindre (**that** que): **to**

complain to someone about something se plaindre à quelqu'un de quelque chose.

complaint plainte *f*; *(in a shop)* réclamation *f*: **to make a complaint** porter plainte (**against** contre).

complete[1] **1** *(whole, total)* complet *m* (-ète *f*): **a complete list** une liste complète; **a complete success** un succès complet.
2 *(finished)* terminé, achevé.

complete[2] **1** *(to finish)* terminer, achever.
2 *(to add what is missing to)* compléter: **to complete a sentence/one's collection** compléter une phrase/sa collection.

completely complètement.

complicated compliqué.

composition *(school essay)* rédaction *f*.

comprehensive school *(in Great Britain) (for ages 11 to 15)* collège *m*; *(for ages 16 to 18)* lycée *m*.

Remarquez que ces traductions sont des équivalents.

compulsory obligatoire.

computer ordinateur *m*: **to have something on computer** avoir quelque chose sur ordinateur; **she's in computers** elle est dans l'informatique; **a computer program/virus** un programme/un virus informatique; **a computer game** un jeu électronique.

concentrate *(to pay attention)* faire un effort d'attention, se concentrer; **to concentrate on doing something** s'appliquer à faire quelque chose.

concern *(to affect)* concerner.

concerned *(worried)* inquiet *m* (-iète *f*); **to be concerned about something** s'inquiéter à propos de quelque chose.

concert concert *m*.

conclusion conclusion *f*.

concrete béton *m*: **a concrete wall** un mur en béton.

condition 1 condition *f*: **I'll go with you on one condition** j'irai avec vous à une condition; **living conditions** les conditions de vie.
2 *(state)* état *m*: **in good/bad condition** en bon/mauvais état.

condo (*au pluriel* **condos**) *(mot américain)* = **condominium.**

condominium *(mot américain)* appartement *m* en copropriété.

conduct[1] *(behaviour)* conduite *f*.

conduct[2] diriger *(un orchestre)*.

conductor *(of orchestra)* chef *m* d'orchestre.

cone *(of ice cream)* cornet *m*.

confused *(situation, mind)* confus; **I'm confused** je m'y perds; **I'm confused** *or* **I'm getting confused about these figures/details** je me perds dans tous ces chiffres/tous ces détails; **she's confused about what to do now** elle ne sait pas du tout ce qu'elle doit faire maintenant.

confusing *(unclear)* difficile à comprendre; **it's confusing** on s'y perd.

confusion confusion *f*.

congratulate féliciter: **to congratulate someone on something/on doing something** féliciter quelqu'un de quelque chose/d'avoir fait quelque chose.

congratulations félicitations *f plural* (**on** pour).

connect 1 *(of road, bridge, bus)* relier: **this road connects the two towns** cette route relie les deux villes.
2 *(to attach)* brancher *(le téléphone, un ordinateur)*; raccorder *(des tubes, des tuyaux)*.

connection rapport *m* (**with** avec): **there's no connection between the two** il n'y a aucun rapport entre les deux.

conscience conscience *f*.

consider *(to think about)* considérer:

to consider that considérer que; **I'll consider it** j'y réfléchirai; **to consider doing something** envisager de faire quelque chose.

considerate plein d'égards (**to** pour); **it's very considerate of you** c'est très gentil de votre part.

considering étant donné: **considering your age** étant donné ton âge; **considering you're so young** étant donné que tu es si jeune.

consist of something être composé de quelque chose.

consonant consonne *f*.

constant *(noise, questions)* incessant; *(problem, worry)* permanent.

constantly sans arrêt.

contact contact *m*: **to be in contact with** être en contact avec.

contain contenir.

container récipient *m*.

contest concours *m*.

continent 1 continent *m*: **the African continent** le continent africain.
2 the Continent l'Europe *f* continentale; **she works on the Continent** elle travaille en Europe.

continual continuel *m* (-elle *f*).

continue 1 continuer: **continue your work!, continue with your work!** continue ton travail!; **continue!** continue!
2 *(after an interruption)* reprendre: **we continued work after lunch** nous avons repris notre travail après le déjeuner.
3 to continue doing something, to continue to do something continuer à *or* de faire quelque chose.

continuous continu.

control[1] 1 *(being in charge)* contrôle *m*: **to be in control of the situation/of one's car** être maître de la situation/de sa voiture; **to lose control of one's car** perdre le contrôle de sa voiture; **the situation is under control** je contrôle la situation, j'ai la situation en main; **everything's under control** tout est en ordre; **the situation is out of control** la situation est devenue incontrôlable.
2 the controls *(of a plane)* les commandes *f plural*; *(of a TV set)* les boutons *m plural*.

control[2] diriger *(une entreprise, un projet)*; régler *(la circulation, la température)*; maîtriser *(un animal, la foule)*; **to control the situation** être maître de la situation, contrôler la situation; **he can't control his pupils/his children** il ne tient pas ses élèves/ses enfants; **to control oneself** se maîtriser, se contrôler.

convenient 1 *(suitable, handy)* commode: **a convenient place/tool** un endroit/un outil commode.
2 to be convenient for someone convenir à quelqu'un; **if that's convenient** si ça vous convient.
3 *(well-situated)* bien situé: **it's convenient for the shops** c'est bien situé par rapport aux magasins.

conversation conversation *f*.

convince convaincre, persuader (**of** de).

cook[1] 1 *(of food)* cuire: **the carrots are cooking** les carottes sont en train de cuire.
2 *(of person)* faire la cuisine: **I like cooking** j'aime faire la cuisine; **to cook something** faire cuire quelque chose; **to cook a meal** préparer un repas (**for** à, pour).

cook[2] cuisinier *m*, -ière *f*: **she's a good cook** c'est une bonne cuisinière.

cookbook livre *m* de cuisine.

cooked cuit: **it's well cooked** c'est bien cuit.

cooker *(stove)* cuisinière *f*.

cookery book livre *m* de cuisine.

cookie *(mot américain)* biscuit *m*.

cooking cuisine *f*: **to do the cooking** faire la cuisine; **French cooking** la cuisine française.

cool 1 *(weather, place, water)* frais *m* (fraîche *f*): **a nice cool drink** une boisson bien fraîche; **it's cool, the weather's cool** il fait frais; **my tea/coffee is cool** mon thé/mon café n'est plus très chaud.
2 *(calm)* calme: **to stay** *or* **to keep cool** rester calme; **keep cool!** du calme!

cool down 1 *(of hot liquid)* refroidir. **2** *(of person, in a shower or with a drink)* se rafraîchir.

copy *(au pluriel* **copies***)* *(of letter, cassette)* copie *f*; *(of book, magazine)* exemplaire *m*.

copy copier: **to copy something from someone** *(in school)* copier quelque chose sur quelqu'un; **I didn't copy!** je n'ai pas copié!

cork 1 *(material)* liège *m*: **a cork notice board** un panneau en liège. **2** *(of bottle)* bouchon *m*.

corn 1 *(wheat)* blé *m*. **2** *(mot américain) (maize)* maïs *m*: **corn on the cob** épi *m* de maïs.

corner *(of box, room, street)* coin *m*; *(bend in road)* virage *m*: **the table in the corner** la table dans le coin; **on** *or* **at the corner of the street** au coin de la rue; **the school's around the corner** l'école se trouve tout près d'ici.

cornflakes corn flakes *m plural*.

Cornwall Cornouailles *f*: **to** *or* **in Cornwall** en Cornouailles.

correct[1] 1 *(right)* exact: **the correct time** l'heure exacte.
2 *(decision, choice, order)* bon *m* (bonne *f*): **in the correct order** dans le bon ordre.
3 *(of person)* **to be correct** avoir raison; **she's quite correct** elle a tout à fait raison.

correct[2] corriger *(une faute, un texte)*.

correspond 1 to correspond to something correspondre à quelque chose. **2** *(by letter)* correspondre (**with** avec).

correspondence correspondance *f*.

corridor couloir *m*.

Corsica Corse *f*: **to** *or* **in Corsica** en Corse.

cost[1] coûter: **how much does it cost?** ça coûte combien?; **it costs 50 dollars** ça coûte 50 dollars.

it cost, it has cost, it is costing.

cost[2] *(price)* prix *m*, coût *m*.

costume *(of actor, dancer)* costume *m*: **to wear national costume** porter le costume de son pays; **swimming costume** maillot *m* de bain.

cosy *(house, bed)* douillet *m* (-ette *f*); **we're nice and cosy here** on est bien ici.

cot lit *m* d'enfant.

cottage petite maison *f* de campagne.

cotton 1 coton *m*: **a cotton sheet** un drap en coton. **2 cotton wool,** *(en américain)* **absorbent cotton** ouate *f*, coton *m* hydrophile.

couch canapé *m*.

cough[1] toux *f*: **to have a cough** tousser; **to have a bad cough** avoir une mauvaise toux; **a cough medicine** *or* **mixture** un sirop contre la toux.

cough[2] tousser.

could, couldn't ▸ see **can[1]**.

count 1 compter: **she was counting her money** elle comptait son argent; **he doesn't know how to count** il ne sait pas compter.
2 *(to be important)* compter: **that doesn't count** ça ne compte pas.
3 *(to rely)* **you can count on me** vous pouvez compter sur moi.

counter *(in a shop)* comptoir *m*; *(in a bank)* guichet *m*.

country *(au pluriel* **countries***)* **1** pays *m*: **which country do you come from?** de quel pays venez-vous? **2 the country** la campagne; **to live in**

the country vivre à la campagne.

countryside: the countryside la campagne; *(the scenery)* le paysage.

county (*au pluriel* **counties**) *(in Great Britain)* comté *m*.

couple 1 *(two people)* couple *m*. **2 a couple of** deux ou trois; *(a few)* quelques; **he has a couple of problems** il a quelques problèmes.

courage courage *m*.

courgette courgette *f*.

course 1 *(lessons)* cours *m*: **a beginners' course** un cours pour débutants; **she's on a course** elle suit un cours.
2 *(of meal)* plat *m*: **the main course** le plat principal; **the first course** l'entrée.
3 of course! bien sûr!; **of course not!** bien sûr que non!

court 1 *(for judging criminals)* tribunal *m*: **to go to court** aller devant les tribunaux. **2 tennis court** court *m* de tennis.

cousin cousin *m*, -ine *f*: **she's my cousin** c'est ma cousine.

cover[1] **1** *(lid of saucepan or bowl)* couvercle *m*; *(of book)* couverture *f*; *(of furniture)* housse *f*; **the covers** *(on a bed)* les couvertures *f plural* et les draps *m plural*.
2 *(shelter)* abri *m*: **to take cover** se mettre à l'abri; **we're under cover** nous sommes à l'abri.

cover[2] **1** couvrir (**with** de): **to be covered with** *or* **in mud/flowers** être couvert de boue/de fleurs.
2 *(of snow, dust)* recouvrir: **the ground was covered with snow** le sol était recouvert de neige.

cover up *(with a blanket)* couvrir.

cow vache *f*.

coward lâche *m or f*: **he's a coward** il est lâche.

cowboy cow-boy *m*.

cozy *(mot américain)* = **cosy**.

crab crabe *m*.

crack[1] *(in glass, china, bone)* fêlure *f*; *(in wall, wood, rock)* fissure *f*.

crack[2] *(to break)* casser *(un œuf, une noisette, une tasse)*.

cracked *(glass)* fêlé; *(wall)* fissuré.

cradle berceau *m* (-eaux *plural*).

crane *(machine)* grue *f*.

crash[1] **1** *(accident)* accident *m*: **a plane/car crash** un accident d'avion/de voiture; **a train crash** un accident *or* une catastrophe ferroviaire. **2** *(loud noise)* fracas *m*.

crash[2] **1** *(of car, driver, train)* avoir un accident: **I don't want to crash** je ne veux pas avoir un accident; **to crash one's car** avoir un accident avec sa voiture; **to crash one's car into something** rentrer dans quelque chose avec sa voiture; **to crash into something** rentrer dans quelque chose.
2 *(of plane, pilot)* s'écraser: **the plane crashed** l'avion s'est écrasé.

crash helmet casque *m*.

crawl *(of baby)* marcher à quatre pattes; *(of insect, animal)* ramper.

crayon crayon *m* de couleur *(en cire)*.

crazy fou *m* (folle *f*); **to be crazy about something** être fana de quelque chose.

Attention: cette expression est familière.

cream crème *f*: **strawberries and cream** des fraises à la crème; **a cream cake** un gâteau à la crème.

create créer.

creature *(animal)* animal *m* (-aux *plural*).

credit crédit *m*: **on credit** à crédit; **credit card** carte *f* de crédit.

creep *(of animal)* ramper; *(of person)* se glisser furtivement: **the thief crept into the bedroom** le voleur s'est glissé dans la chambre.

I crept, I have crept, I am creeping.

crew *(of ship, plane)* équipage *m*.

crib *(mot américain)* lit *m* d'enfant.

cricket 1 *(game)* cricket *m*: **to play cricket** jouer au cricket. **2** *(insect)* grillon *m*.

cried ▸ see **cry** [1].

crime délit *m*; *(murder)* crime *m*.

criminal criminel *m*, -elle *f*: **he's a criminal** c'est un criminel.

crisps chips *f plural*: **a crisp** une chips; **a packet of crisps** un paquet de chips.

criticism critique *f*.

criticize critiquer.

Croatia Croatie *f*.

crocodile crocodile *m*.

crooked 1 *(bent) (stick)* recourbé; *(nose)* crochu.
2 *(not hanging straight) (picture)* de travers: **your tie's crooked** ta cravate est de travers.

cross [1] croix *f*.

cross [2] **1** traverser *(la rue, une rivière)*. **2 to cross one's legs** croiser les jambes.

cross [3] *(angry)* fâché (**with** contre).

crossing 1 *(by boat)* traversée *f*. **2 crossing** *or* **pedestrian crossing** passage *m* pour piétons.

cross out rayer, barrer.

cross over traverser *(la rue)*.

crossroads carrefour *m*.

crosswalk *(mot américain)* passage *m* pour piétons.

crossword mots croisés *m plural*: **I'm doing the crossword/a crossword** je fais les mots croisés/des mots croisés; **I like doing crosswords** j'aime les mots croisés.

crouch (*or* **crouch down**) s'accroupir: **he's crouching, he's crouching down** il est accroupi.

crow corbeau *m* (-eaux *plural*).

crowd 1 foule *f*: **to draw a crowd** attirer la foule. **2** *(in a sports stadium)* **the crowd** les spectateurs *m plural*.

crowded *(room, train)* bondé, plein; *(street)* plein de monde.

crown couronne *f*.

cruel cruel *m* (cruelle *f*): **cruel to someone** cruel envers *or* avec quelqu'un.

crumb miette *f*.

crumpet crêpe *f* épaisse grillée *(servie beurrée)*.

crunchy *(apple)* croquant; *(bread)* croustillant.

crush écraser *(une personne, une pomme)*; froisser *(un vêtement)*.

crust *(of bread)* croûte *f*.

crusty *(bread)* croustillant.

cry [1] pleurer: **don't cry!** ne pleure pas!

cry [2] *(shout)* cri *m*: **a cry of pain** un cri de douleur; **I heard his cries for help** je l'ai entendu crier au secours.

cry out 1 *(to shout loudly)* crier. **2** *(to say loudly)* s'écrier: **help me, she cried out** aidez-moi, s'écria-t-elle.

cub 1 *(scout)* louveteau *m* (-eaux *plural*). **2** *(of animal)* petit *m*.

cube cube *m*.

cucumber concombre *m*.

cuddle: to cuddle a child faire un câlin à un enfant.

cunning 1 *(smart, shrewd)* astucieux *m*, -euse *f*: **a cunning idea** une idée astucieuse. **2** *(sly)* rusé: **he's as cunning as a fox** il est rusé comme un renard.

cup 1 tasse *f*: **a cup of tea** une tasse de thé. **2** *(prize)* coupe *f*.

cupboard placard *m*; *(wardrobe)* armoire *f*.

curb *(mot américain)*: **the curb** le bord du trottoir.

cure [1] guérir *(une personne, une maladie)*: **to cure someone of** guérir quelqu'un de.

cure [2] remède *m* (**for** contre).

curious *(strange, inquisitive)* curieux *m* (-euse *f*): **I'm curious to know why** je suis curieux de savoir pourquoi.

curl *(of hair)* boucle *f*.

curly *(hair)* bouclé; *(with small tight curls)* frisé.

curry (*au pluriel* **curries**) curry *m* (currys *plural*).

curtain rideau *m* (-eaux *plural*): **to open/to close** *or* **draw the curtains** ouvrir/fermer *or* tirer les rideaux.

curve courbe *f*.

curved *(edge)* arrondi; *(line)* courbe.

cushion coussin *m*.

custom coutume *f*.

customer client *m*, cliente *f*.

customs la douane: **to go through customs** passer à la douane.

cut[1] couper: **I cut the paper** j'ai coupé le papier; **he's cut his finger** il s'est coupé le doigt; **this knife doesn't cut** ce couteau ne coupe pas.

I cut, I have cut, I am cutting.

cut[2] **1** *(on one's finger, one's arm)* coupure *f*. **2** *(haircut)* coupe *f*.

cut down: to cut down a tree abattre *or* couper un arbre.

cute *(pretty, sweet)* mignon *m* (-onne *f*).

Attention: ce mot est familier.

cutlery couverts *m plural*.

cut off 1 couper *(le téléphone, le gaz)*: **they cut off the electricity** on a coupé le courant. **2** *(to isolate)* couper, isoler (**from** de): **to feel cut off** se sentir isolé, se sentir coupé du monde.

cut out découper *(une photo, un article)*.

cut up *(into pieces)* couper en morceaux.

cycle aller en vélo (**to** à); **to go cycling** faire du vélo.

cyclist cycliste *m or f*.

Cypriot[1] *(town, student)* chypriote.

Cypriot[2] Chypriote *m or f*: **she's a Cypriot** c'est une Chypriote.

Cyprus Chypre *f*: **to go to Cyprus** aller à Chypre; **to live in Cyprus** vivre à Chypre.

Czech[1] *(town, word)* tchèque: **the Czech Republic** la République tchèque.

Czech[2] **1** *(person)* Tchèque *m or f*: **she's a Czech** c'est une Tchèque. **2** *(the language)* tchèque *m*.

Dd

dad 1 papa *m*: **where's dad?** où est papa? **2** père *m*: **my dad's a teacher** mon père est professeur.

daddy (*au pluriel* **daddies**) = **dad**.

Attention: ce mot familier est surtout employé par les enfants.

daffodil jonquille *f*.

daily[1] quotidien *m* (-ienne *f*): **a daily newspaper** un journal quotidien.

daily[2] tous les jours: **we see each other daily** on se voit tous les jours.

daisy (*au pluriel* **daisies**) *(wild)* pâquerette *f*; *(in a garden)* marguerite *f*.

dam *(on a river)* barrage *m*.

damage[1] dégâts *m plural*: **to cause damage** causer des dégâts.

damage[2] endommager *(un bâtiment, une machine)*; abîmer *(un jouet, un livre)*.

damp humide.

dance[1] **1** danse *f*: **a Spanish dance** une danse espagnole; **will you have a dance with me?** voulez-vous danser avec moi? **2** *(social event)* bal *m* (bals *plural*).

dance[2] danser: **to dance with some-**

one danser avec quelqu'un; **to dance the tango** danser le tango.

dancer danseur *m*, -euse *f*.

Dane *(man)* Danois *m*; *(woman)* Danoise *f*.

danger danger *m*: **a danger to the public** un danger pour le public; **in danger** en danger; **to be in danger of doing something** risquer de faire quelque chose.

dangerous dangereux *m* (-euse *f*).

Danish[1] *(town, word)* danois.

Danish[2] *(the language)* danois *m*: **to speak Danish** parler danois.

dare[1] oser: **to dare do something** oser faire quelque chose; **I dare not speak to him** je n'ose pas lui parler; **she didn't dare speak** elle n'osait pas parler.

I dare, he dare, I dared, he dared.

dare[2]**: to dare someone to do something** défier quelqu'un de faire quelque chose.

I dare, he dares, I dared, he dared.

daring audacieux *m* (-euse *f*).

dark[1] **1** *(room, street, night)* sombre, obscur: **it's dark** *(inside)* il fait sombre; *(outside)* il fait nuit, il fait noir; **it's getting dark** il commence à faire nuit *or* à faire noir.
2 *(colour, eyes)* foncé: **she's dark, she has dark hair** elle a les cheveux bruns *or* foncés; *(black hair)* elle a les cheveux noirs; **dark blue/green** bleu/vert foncé; **a dark blue shirt** une chemise bleu foncé; **dark glasses** lunettes noires *f plural*.

dark[2]**: the dark** le noir, l'obscurité *f*; **in the dark** dans le noir, dans l'obscurité; **before/after dark** avant/après la tombée de la nuit.

darling chéri *m*, -ie *f*: **yes darling** oui, mon chéri *or* ma chérie.

dart fléchette *f*: **to play darts** jouer aux fléchettes.

dartboard cible *f*.

dash *(rush)* se précipiter (**into** dans); **I must dash!** je dois filer!

dash off partir *or* filer en vitesse

date[1] **1** date *f*: **date of birth** date de naissance; **what's the date today?** le combien sommes-nous aujourd'hui?
2 out of date *(ticket, passport)* périmé; *(ideas, person)* dépassé.

date[2] *(fruit)* datte *f*.

datebook *(mot américain) (diary)* agenda *m*.

daughter fille *f*.

daughter-in-law (*au pluriel* **daughters-in-law**) belle-fille *f* (belles-filles *plural*).

dawn aube *f*: **at dawn** à l'aube.

day 1 jour *m*: **what day is it?** quel jour sommes-nous?
2 *(the whole day, until evening)* journée *f*: **all day, all day long** toute la journée; **to spend a day in the country** passer une journée à la campagne.
3 the day before la veille; **the day before the party** la veille de la fête; **the following day, the day after** le lendemain; **the day after the party** le lendemain de la fête.

daylight jour *m*, lumière *f* du jour: **it's daylight** il fait jour.

daytime journée *f*: **in the daytime** pendant la journée.

dead mort.

deaf sourd.

deal 1 it's a deal! d'accord! **2** *(a lot)* **a great deal, a good deal** beaucoup; **a great** *or* **a good deal of work** beaucoup de travail.

deal with something/someone s'occuper de quelque chose/de quelqu'un.

I dealt, I have dealt, I am dealing.

dear[1] **1** *(loved)* cher *m* (chère *f*): **my dearest friends** mes amis les plus chers. **2** *(expensive)* cher *m* (chère *f*): **it's too dear** c'est trop cher. **3 oh dear!** oh là là!

dear[2] *(darling)* chéri *m*, -ie *f*.

death mort *f*.

debt dette *f*: **to be in debt** avoir des dettes.

deceive tromper.

December décembre *m*: **in December** en décembre.

decide 1 *(to make a decision)* décider: **to decide to do something** décider de faire quelque chose; **it's up to you to decide** c'est à toi de décider; **I decided that I would stay at home** j'ai décidé de rester chez moi.
2 *(to make up one's mind)* se décider: **I can't decide** je n'arrive pas à me décider.

decision décision *f*: **to make a decision** prendre une décision.

deck *(of ship)* pont *m*.

deckchair chaise *f* longue.

decorate 1 décorer *(un gâteau, un arbre de Noël)*. **2** *(to paint)* peindre; *(to wallpaper)* tapisser *(une pièce)*.

deduct déduire (**from** de).

deep *(water, hole, wound)* profond; **to be 15 metres deep** avoir 15 mètres de profondeur; **how deep is the river?** quelle est la profondeur de la rivière?; **deep snow** une épaisse couche de neige.

deer cerf *m*.

On n'ajoute pas de 's' pour former le pluriel de **deer.**

defeat¹ battre, vaincre *(une équipe, des ennemis)*.

defeat² défaite *f*.

defend défendre.

definite 1 *(exact)* précis: **a definite date** une date précise; **definite plans** des projets précis.
2 *(clear)* net *m* (nette *f*): **a definite improvement** une nette amélioration.
3 *(certain)* certain: **it's definite that** il est certain que.

definitely 1 *(certainly)* certainement, sans aucun doute. **2** *(clearly, very much)* nettement: **she's definitely more intelligent** elle est nettement plus intelligente.

degree 1 *(of temperature, of an angle)* degré *m*: **it's 20 degrees** il fait 20 degrés. **2** *(from a university)* diplôme *m*; *(Bachelor's degree)* licence *f*.

delay¹ retarder *(son départ, une personne, les trains)*: **we were delayed by the fog** nous avons été retardés par le brouillard; **the flight was delayed by two hours** le vol a été retardé de deux heures.

delay² **1** *(lateness of a train, a plane)* retard *m*. **2 without delay** sans tarder.

delete *(on a computer)* supprimer, effacer; *(with a pen)* rayer.

deliberate *(mistake, lie)* délibéré; **that was deliberate!** c'était fait exprès!

deliberately exprès: **you did it deliberately!** tu l'as fait exprès!

delicate délicat.

delicious délicieux *m* (-euse *f*).

delighted ravi (**with** de): **I'm delighted to meet you** je suis ravi de faire votre connaissance; **I'm delighted you can come** je suis ravi que tu puisses venir.

delightful charmant.

deliver livrer *(des marchandises, le journal, le lait)*; **to deliver the mail** distribuer le courrier.

demand exiger *(une excuse, son argent)*: **I demand my money back** j'exige que mon argent me soit rendu; **she demanded to know the truth** elle a exigé de savoir la vérité.

Denmark Danemark *m*: **to go to Denmark** aller au Danemark; **to live in Denmark** vivre au Danemark.

dent *(in a car)* bosse *f*; **to make a dent in** cabosser.

dentist dentiste *m or f*: **she's a dentist** elle est dentiste; **to go to the dentist** *or* **dentist's** aller chez le dentiste.

depart *(of plane, train)* partir.

department 1 *(in an office, a hospital)* service *m*.
2 *(in a shop)* rayon: **the toy department** le rayon jouets.
3 *(in a university)* département *m*: **the French department** le département de français.

department store grand magasin *m*.

departure départ *m*.

depend 1 dépendre (**on** de): **it depends on the weather/on you** ça dépend du temps/de vous; **it depends, that depends** ça dépend.
2 *(to rely on)* **to depend on someone** compter sur quelqu'un.

depth profondeur *f*.

describe décrire.

description description *f*.

desert désert *m*.

deserve mériter: **he deserves to succeed** il mérite de réussir; **a well-deserved punishment** une punition bien méritée.

design[1] *(by drawing)* dessiner *(un vêtement, du papier peint)*; *(to come up with a plan for)* concevoir *(un produit)*.

design[2] *(pattern)* motif *m*; *(sketch)* plan *m*; *(idea)* conception *f*; *(type of dress or car)* modèle *m*.

desk 1 *(in a school) (for pupil)* table *f*; *(for teacher)* bureau *m* (-eaux *plural*).
2 *(in an office)* bureau *m* (-eaux *plural*); *(in a hotel)* réception *f*.

despite malgré.

dessert dessert *m*: **what do you have for dessert?** qu'est-ce que vous avez comme dessert?

destination destination *f*.

destroy détruire.

detail détail *m*: **in detail** en détail.

detective inspecteur *m* de police; **private detective** détective *m* privé.

determined: to be determined to do something être décidé à faire quelque chose.

develop 1 développer *(une photo, ses muscles)*. **2** *(of a child, the body)* se développer.

devil diable *m*.

diabetes diabète *m*: **to have diabetes** avoir du diabète.

diagram schéma *m*.

dial faire, composer *(un numéro)*.

diamond diamant *m*: **a diamond ring/necklace** une bague/une rivière de diamants.

diaper *(mot américain) (for baby)* couche *f*.

diary (*au pluriel* **diaries**) **1** *(calendar)* agenda *m*: **to write something in one's diary** noter quelque chose dans son agenda.
2 *(private)* journal *m* (-aux *plural*), journal intime: **to keep a diary** tenir un journal.

dice dé *m*: **to throw the dice** lancer le dé *or* les dés.

> On n'ajoute pas de 's' pour former le pluriel de **dice**.

dictionary (*au pluriel* **dictionaries**) dictionnaire *m*.

did, didn't ▸ see **do**[1] & [2].

die mourir (**of** de): **he died of cancer** il est mort d'un cancer.

die down *(of the wind)* tomber; *(of the storm, the noise)* se calmer.

die out *(of species, language)* disparaître.

diet *(for losing weight)* régime *m*: **to be on a diet** être au régime; **to go on a diet** se mettre au régime.

difference différence *f* (**between** entre): **a difference in age, an age difference** une différence d'âge; **it makes no difference** ça n'a pas d'importance.

different différent (**from, to** de).

difficult difficile: **this book is difficult to read** ce livre est difficile à lire; **it's difficult to read this book** il est difficile de lire ce livre.

difficulty (*au pluriel* **difficulties**) difficulté *f*: **they have difficulty with French** ils ont des difficultés en français; **to have difficulty doing something** avoir du mal à faire quelque chose.

dig 1 creuser *(un trou, un tunnel)*. **2 to dig the garden/the earth** *(with a spade)* bêcher le jardin/la terre.

I dug, I have dug, I am digging.

dig something into something *(to push)* enfoncer quelque chose dans quelque chose.

digital *(watch, clock)* à affichage numérique.

dig up *(from the ground)* déterrer *(un trésor)*; arracher *(des mauvaises herbes, des légumes)*.

dim 1 *(light)* faible; *(room)* sombre. **2** *(figure, shape)* vague.

dime *(in the United States and Canada)* dix cents *m plural*; *(the coin)* pièce *f* de dix cents.

din *(of machine, people)* vacarme *m*.

dining room salle *f* à manger.

dinner 1 *(evening meal)* dîner *m*; **to have dinner** dîner; **it's dinner time!** à table! **2** *(midday meal)* déjeuner *m*; **to have dinner** déjeuner.

dinosaur dinosaure *m*.

direct[1] **1** *(flight, route)* direct. **2 to fly direct from Paris to Chicago** prendre un vol direct de Paris à Chicago.

direct[2]**: to direct someone to the station/the airport** indiquer à quelqu'un le chemin de la gare/de l'aéroport.

direction direction *f*: **in the right/the wrong direction** dans la bonne/la mauvaise direction; **to go in the opposite direction** aller en sens inverse.

directions 1 *(instructions)* indications *f plural*; **the directions for use** le mode d'emploi.
2 *(to a place)* **to ask for directions** demander son chemin; **I asked him for directions** je lui ai demandé mon chemin.

directly *(to go somewhere)* directement.

dirt saleté *f*, crasse *f*; *(mud)* boue *f*: **covered in dirt** couvert de saleté *or* de crasse; couvert de boue.

dirty sale: **dirty socks** des chaussettes sales; **to get dirty** se salir; **to get something dirty** salir quelque chose.

disabled handicapé.

disadvantage désavantage *m*, inconvénient *m*.

disagree ne pas être d'accord (**with** avec): **I disagree!** je ne suis pas d'accord!

disagreement désaccord *m*.

disappear disparaître.

disappoint décevoir: **I'm disappointed** je suis déçu; **I'm disappointed with it** ça m'a déçu; **it's disappointing** c'est décevant.

disaster catastrophe *f*, désastre *m*.

disc disque *m*: **compact disc** disque compact.

disco (*au pluriel* **discos**) *(club)* discothèque *f*; *(party)* soirée *f* disco.

discover découvrir (**that** que).

discuss *(to talk about)* discuter de: **we'll discuss it** nous allons en discuter; **we want to discuss what to do** nous voulons discuter de ce qu'il faut faire.

disease maladie *f*.

disguise déguiser: **to be disguised as a soldier** être déguisé en soldat.

disgusted 1 dégoûté, écœuré; **I'm disgusted with his behaviour** je trouve son comportement écœurant.
2 *(annoyed)* **to be disgusted with someone** être fâché contre quelqu'un.

disgusting *(person, smell, behaviour)* dégoûtant, écœurant.

dish *(plate, food)* plat *m*: **a big round dish** un grand plat rond; **it's a dish I often make** c'est un plat que je prépare souvent; **to do** *or* **to wash the dishes** faire la vaisselle.

dishonest malhonnête.

dish up servir *(les légumes, le repas)*.

dishwasher lave-vaisselle *m*.

> The translation does not change in the plural. Do not add 's'.

disk 1 *(of computer)* disque *m*; *(floppy)* disquette *f*: **the hard disk** le disque dur; **a floppy disk** une disquette; **on disk** sur disquette. **2** *(mot américain)* = **disc**.

dislike ne pas aimer: **she dislikes chocolate** elle n'aime pas le chocolat; **I don't dislike him** il ne me déplaît pas; **I dislike doing that** je n'aime pas faire ça.

disobey: to disobey someone désobéir à quelqu'un.

dissolve *(of sugar)* fondre: **to dissolve sugar in some water** faire fondre du sucre dans un peu d'eau.

distance distance *f*: **at a distance of 100 kilometres** à une distance de 100 kilomètres; **in the distance** au loin; **it's within walking distance** on peut y aller à pied.

disturb déranger: **to disturb someone** déranger quelqu'un; **to disturb someone's things/books** déranger les affaires/les livres de quelqu'un.

ditch fossé *m*.

dive plonger (**into** dans).

> I dived, I have dived, I am diving; *(en américain)* I dove, I have dived, I am diving.

diver plongeur *m*, -euse *f*.

divide 1 diviser (**into** en): **I divided it into four parts** je l'ai divisé en quatre parties; **20 divided by 4 is 5** 20 divisé par 4 égale 5.
2 *(to share)* partager (**between** entre).

diving plongée *f*: **to go diving** faire de la plongée.

division division *f*.

divorced divorcé: **they're divorced** ils sont divorcés; **to get divorced** divorcer.

dizzy: to feel dizzy avoir la tête qui tourne.

do¹ 1 *(used in questions and negative sentences)* **do you know?** est-ce que vous savez?, savez-vous?; **what did he see?** qu'est-ce qu'il a vu?; **why does she refuse?** pourquoi est-ce qu'elle refuse?, pourquoi refuse-t-elle?; **I do not** *or* **I don't like it** je n'aime pas ça.
2 *(used in question tags:* 'don't you', 'doesn't he', 'didn't you' *etc)* **you know him, don't you?** tu le connais, n'est-ce pas?; **she wanted to meet you, didn't she?** elle voulait te rencontrer, n'est-ce pas?
3 *(used for emphasis)* **I** *did* **say so** je l'avais bien dit; **do stay!** reste donc!
4 *(used instead of another word)* **I like chocolate - so do I** j'aime le chocolat - moi aussi; **I don't like cakes - neither do I** je n'aime pas les gâteaux - moi non plus; **yes I do!** oui!; **no I don't!** non!

do² 1 faire: **to do the housework** faire le ménage; **what does she do?** *(usually)*, **what is she doing?** *(at this moment)* qu'est-ce qu'elle fait?; **she does nothing but sleep** elle ne fait que dormir; **what have you done with my book?** qu'est-ce que tu as fait de mon livre?; **you did well to leave** tu as bien fait de partir.
2 *(to get along)* marcher, aller: **business is doing well** les affaires marchent bien *or* vont bien; **how do you do?** *(when being introduced)* enchanté!
3 *(to be suitable)* faire l'affaire, aller: **that will do** ça fera l'affaire, ça ira.
4 to have something to do with

avoir quelque chose à voir avec; **that has nothing to do with me** ça n'a rien à voir avec moi.

I do, he does, I did, I have done, I am doing.

doctor médecin *m*: **she's a doctor** elle est médecin; **to go to the doctor** *or* **doctor's** aller chez le médecin.

dodge éviter *(une balle, un coup)*; **to dodge someone** éviter quelqu'un; *(escape from)* échapper à quelqu'un.

does ▸ see **do**[1] & [2].

doesn't = **does not**.

dog chien *m*; *(female)* chienne *f*; **dog food** pâtée *f*, nourriture *f* pour chien.

doghouse *(mot américain) (kennel)* niche *f*.

doll poupée *f*: **doll's house,** *(en américain)* **dollhouse** maison *f* de poupée.

dollar dollar *m*.

dolphin dauphin *m*.

domino *(au pluriel* **dominoes***)* domino *m*: **to play dominoes** jouer aux dominos.

done ▸ see **do**[1] & [2].

donkey *(au pluriel* **donkeys***)* âne *m*.

don't = **do not**.

door porte *f*.

doorbell sonnette *f*; **to ring the doorbell** sonner à la porte.

doorstep pas *m* de la porte.

doorway porte *f*: **the armchair's got stuck in the doorway** le fauteuil est resté coincé dans la porte.

dormitory *(au pluriel* **dormitories***)* dortoir *m*.

dot *(small round mark)* point *m*; *(on clothing, wallpaper)* pois *m*.

double[1] double: **sentence with a double meaning** phrase à double sens; **a double bed** un grand lit; **a double room** une chambre pour deux personnes.

double[2] **1** *(twice)* deux fois: **I'm double your age** je suis deux fois plus âgé que vous, j'ai le double de votre âge; **your room is double the size of mine** ta chambre est deux fois plus grande que la mienne; **I paid double** j'ai payé le double.
2 *(in two)* **to fold something double** plier quelque chose en deux.

double[3] doubler: **his salary doubled** son salaire a doublé; **they've doubled the prices** ils ont doublé les prix.

double-decker bus autobus *m* à impériale.

doubt[1] doute *m*: **there's no doubt about it** ça ne fait pas de doute; **I have no doubt about it** je n'en doute pas.

doubt[2]: **to doubt something** douter de quelque chose; **I doubt it** j'en doute; **I doubt whether** *or* **that she'll come** je doute qu'elle vienne.

doubtful: to be doubtful about something avoir des doutes sur quelque chose; **to be doubtful about doing something** hésiter à faire quelque chose; **it's doubtful that she'll come** ce n'est pas certain qu'elle vienne.

dough pâte *f*.

doughnut beignet *m*: **jam doughnut** beignet *m* à la confiture.

do up 1 boutonner *(une chemise, une veste)*; fermer *(une fermeture éclair®)*; refaire *(des lacets)*; lacer, faire les lacets de *(chaussures)*.
2 *(to repair)* refaire, retaper *(une maison)*; *(to decorate)* peindre et tapisser *(une pièce)*.

dove[1] *(mot américain)* ▸ see **dive**.

dove[2] colombe *f*.

do without something/someone se passer de quelque chose/de quelqu'un.

down[1] **1** *(below)* en bas: **down in the street** en bas dans la rue; **down below** en bas; **down there** là-bas; **to come** *or* **to go down** descendre.
2 *(on the ground)* par terre, à terre: **he**

fell down il est tombé par terre; **I threw it down** je l'ai jeté à terre.

down[2]**: to go** *or* **to come down the stairs/the street** descendre l'escalier/la rue; **to fall down the stairs** tomber en bas de l'escalier; **to live down the street** habiter plus loin dans la rue.

downstairs[1] en bas: **she's waiting for me downstairs** elle m'attend en bas; **to go** *or* **to come downstairs** descendre l'escalier.

downstairs[2] d'en bas: **the downstairs neighbours** les voisins d'en bas *or* du dessous; **there's a downstairs bathroom** il y a une salle de bain au rez-de-chaussée.

downtown *(mot américain)* en ville: **to go/to live downtown** aller/habiter en ville; **downtown Miami** le centre de Miami.

doze[1] petit somme *m*: **to have a doze** faire un petit somme.

doze[2] sommeiller.

doze off s'assoupir.

dozen: a dozen une douzaine; **two dozen** deux douzaines; **a dozen/two dozen bottles** une douzaine/deux douzaines de bouteilles.

Dr *(abbreviation of Doctor)* Dr.

draft *(mot américain)* = **draught**.

drag traîner.

dragon dragon *m*.

drain[1] *(sewer)* égout *m*; *(under the sink)* tuyau *m* d'écoulement.

drain[2] égoutter *(les légumes)*; vider *(l'eau)*.

drank ▸ see **drink**[2].

draught courant *m* d'air.

draughts dames *f plural*: **to play draughts** jouer aux dames.

draw 1 dessiner *(un train, une maison)*: **she can draw very well** elle sait très bien dessiner; **to draw a picture** faire un dessin; **to draw a picture of a car** dessiner une voiture; **to draw a circle/a line** tracer un cercle/une ligne.
2 to draw the curtains tirer les rideaux.
3 to draw someone's attention to something attirer l'attention de quelqu'un sur quelque chose.

I drew, I have drawn, I am drawing.

drawer tiroir *m*.

drawing dessin *m*.

drawing pin punaise *f*.

drawn ▸ see **draw**.

dread appréhender *(les examens)*.

dreadful épouvantable, affreux *m* (-euse *f*); **I feel dreadful** je ne me sens pas bien du tout.

dream[1] rêver: **to dream that** rêver que; **to dream of** *or* **about something/someone** rêver de quelque chose/de quelqu'un; **to dream of** *or* **about doing something** rêver de faire quelque chose.

I dreamed *or* dreamt, I have dreamed *or* dreamt, I am dreaming.

dream[2] rêve *m*: **to have a dream** faire un rêve; **to have a dream about something/someone** rêver de quelque chose/de quelqu'un.

dress[1] robe *f*.

dress[2] *(to put one's clothes on)* s'habiller; **to dress someone** habiller quelqu'un; **to get dressed** s'habiller.

dressed habillé: **dressed in black** habillé de noir; **he was dressed in a blue shirt** il portait une chemise bleue.

dresser *(mot américain)* coiffeuse *f*.

dressing *(for wound)* pansement *m*.

dressing gown robe *f* de chambre.

dressing table coiffeuse *f*.

dress up 1 *(to disguise oneself)* se déguiser: **dressed up as a pirate** déguisé en pirate. **2** *(to put on smart clothes)* s'habiller.

drew ▸ see **draw**.

dried *(fruit)* sec *m* (sèche *f*); *(flowers)*

séché.

drier = **dryer**.

drill [1] *(tool)* perceuse *f*.

drill [2] percer *(un trou)*.

drink [1] **1** boisson *f*: **a hot drink** une boisson chaude; **to have a drink** boire quelque chose; **to give someone a drink** donner à boire à quelqu'un.
2 *(glass of something alcoholic)* verre *m*: **to have a drink** prendre *or* boire un verre.

drink [2] boire: **to drink coffee** boire du café; **she's been drinking** elle a bu.

I drank, I have drunk, I am drinking.

drinking water eau *f* potable.

drip *(of water)* tomber goutte à goutte.

drive [1] **1** tour *m or* promenade *f* en voiture: **to go for a drive** faire un tour *or* une promenade en voiture; **it's an hour's drive** c'est à une heure de voiture.
2 *(path in front of a house)* allée *f*: **in the drive** dans l'allée.

drive [2] **1** conduire: **he knows how to drive** il sait conduire; **I'll drive you to the airport** je te conduirai à l'aéroport; **to drive a car/bus** conduire une voiture/un bus.
2 *(to go in one's car)* rouler: **to drive fast/slowly** rouler vite/lentement; **to drive on the left/on the right** rouler à gauche/à droite.
3 *(to travel by car)* aller en voiture: **I drove to Paris** je suis allé à Paris en voiture; **to drive away** *or* **off** partir en voiture.
4 to drive someone mad rendre quelqu'un fou.

I drove, I have driven, I am driving.

driver *(of car)* conducteur *m*, -trice *f*; *(of taxi, truck)* chauffeur *m*; **train driver** mécanicien *m*; **he's a taxi driver** il est chauffeur de taxi.

driver's license *(mot américain)* permis *m* de conduire.

driving conduite *f*: **a driving lesson** une leçon de conduite.

driving licence permis *m* de conduire.

driving test examen *m* du permis de conduire; **to take/to pass one's driving test** passer/réussir son permis.

drop [1] *(of liquid)* goutte *f*.

drop [2] **1** laisser tomber: **I dropped the plate** j'ai laissé tomber l'assiette; **the plate dropped** l'assiette est tombée.
2 *(from a vehicle)* déposer: **she dropped me at the school** elle m'a déposé devant l'école.
3 *(of prices)* baisser: **the prices haven't dropped** les prix n'ont pas baissé.

drop someone off *(from a vehicle)* déposer quelqu'un.

drove ▸ see **drive** [2].

drown se noyer: **help, I'm drowning!** au secours, je me noie!

drug 1 *(against illness)* médicament *m*.
2 *(dangerous substance taken to feel happy)* drogue *f*: **soft/hard drugs** drogues douces/dures; **drugs** la drogue; **the fight against drugs** la lutte contre la drogue; **to be on drugs, to take drugs** se droguer.

drug addict drogué *m*, -ée *f*: **he's a drug addict** c'est un drogué.

druggist *(mot américain)* pharmacien *m*, -ienne *f*: **she's a druggist** elle est pharmacienne.

drugstore *(mot américain)* drugstore *m*.

drum tambour *m*; **the drums** *(of an orchestra)* la batterie; **to play the drums** jouer de la batterie.

drumsticks baguettes *f plural*.

drunk [1] ▸ see **drink** [2].

drunk [2] ivre: **you're drunk!** tu es ivre!; **to get drunk** s'enivrer.

dry [1] **1** sec *m* (sèche *f*); *(river)* à sec; **to keep something dry** tenir quelque

chose au sec.
2 *(without rain)* **a dry day** une journée sans pluie; **tomorrow will be dry** demain il ne pleuvra pas.

dry [2] sécher: **it takes a long time to dry** ça met longtemps à sécher; **to dry oneself** se sécher; **to dry one's hair** se sécher les cheveux; **to dry the clothes** faire sécher les vêtements; **to dry the dishes** essuyer la vaisselle.

dry-cleaner's teinturerie *f*; **to take something to the dry-cleaner's** porter quelque chose chez le teinturier.

dryer *(for clothes)* séchoir *m*; *(tumble dryer)* sèche-linge *m*; *(for hair)* sèche-cheveux *m*.

The last two translations do not change in the plural. Do not add 's'.

duck canard *m*.

due to à cause de.

dug ▸ see **dig**.

dull 1 *(boring)* ennuyeux *m* (-euse *f*). **2** *(weather)* maussade. **3** *(colour)* terne.

dumb 1 muet *m* (muette *f*): **he's deaf but not dumb** il est sourd mais il n'est pas muet. **2** *(stupid)* idiot, bête.

dummy (*au pluriel* **dummies**) *(of baby)* tétine *f*.

dump [1]: **rubbish dump,** *(en américain)* **garbage dump** dépôt *m* d'ordures; *(untidy room)* dépotoir *m*.

dump [2] déposer *(des ordures)*.

during pendant: **during our stay** pendant notre séjour.

dusk crépuscule *m*.

dust [1] poussière *f*.

dust [2] essuyer la poussière de *(meuble)*; **I'm dusting** je fais les poussières.

dustbin poubelle *f*.

duster chiffon *m* à poussière.

dustman (*au pluriel* **dustmen**) éboueur *m*: **he's a dustman** il est éboueur.

dusty couvert de poussière, poussiéreux *m* (-euse *f*).

Dutch [1] *(town, student)* hollandais.

Dutch [2] **1** *(the language)* hollandais *m*: **to speak Dutch** parler hollandais. **2** *(the people)* **the Dutch** les Hollandais *m plural*.

Dutchman (*au pluriel* **Dutchmen**) Hollandais *m*.

Dutchwoman (*au pluriel* **Dutchwomen**) Hollandaise *f*.

duty (*au pluriel* **duties**) devoir *m*: **it's my duty to warn you** c'est mon devoir de vous avertir.

dwarf (*au pluriel* **dwarfs** *or* **dwarves**) nain *m*, naine *f*: **she's a dwarf** c'est une naine.

dying ▸ see **die**.

Ee

each [1] chaque: **each book** chaque livre.

each [2] **1** chacun *m*, -une *f*: **they each have a computer** ils ont chacun un ordinateur; **each of the girls** chacune des filles; **these peaches cost 25 pence each** ces pêches coûtent 25 pence chacune.
2 each other *(two people)* l'un l'autre, *(more than two people)* les uns les autres; **to hate each other** se détester mutuellement *or* l'un l'autre *or* les uns les autres; **we know each other** nous nous connaissons; **we write to each other** nous nous écrivons.

eager impatient; *(crowd, supporter)* enthousiaste; **to be eager to do something** tenir beaucoup à faire quelque chose.

eagle aigle *m*.

ear oreille *f*.

early[1] **1** *(in the day)* tôt: **to get up/to go to bed early** se lever/se coucher tôt *or* de bonne heure; **it's early** *(on the clock)* il est tôt; **earlier, earlier on** plus tôt.
2 *(ahead of time)* en avance: **to be/to arrive early** être/arriver en avance; **to be five minutes early** arriver avec cinq minutes d'avance.

early[2]: **to have an early night** se coucher tôt *or* de bonne heure; **in early summer** au début de l'été; **in the early morning** tôt le matin, le matin de bonne heure.

earn gagner: **they earn 50 dollars an hour** ils gagnent 50 dollars de l'heure.

earphones casque *m*.

earring boucle *f* d'oreille.

earth *(world, ground)* terre *f*.

earthquake tremblement *m* de terre.

easily facilement.

east[1] est *m*: **in the east of France** dans l'est de la France; **east of the town** à l'est de la ville; **the east coast** la côte est.

east[2]: **to travel east** voyager vers l'est.

Easter Pâques *m*: **at Easter** à Pâques.

easy facile: **it's easy to understand** c'est facile à comprendre; **it's easy to ride a bike** il est facile de faire du vélo.

eat manger.

I ate, I have eaten, I am eating.

eat out manger dehors.

EC *(European Community)* CE *f*.

echo *(au pluriel* **echoes***)* écho *m*.

edge bord; *(of knife)* tranchant *m*.

Edinburgh Édimbourg *m or f*.

educated instruit.

education éducation *f*; *(teaching)* enseignement *m*; **to continue one's education** poursuivre ses études.

eel anguille *f*.

effect effet *m* (**sur** on); **to take effect** *(of drug)* agir.

efficient *(person)* efficace.

effort effort *m*.

egg œuf *m*: **he has egg on his shirt** il a de l'œuf sur sa chemise.

Egypt Égypte *f*: **to go to Egypt** aller en Égypte; **to live in Egypt** vivre en Égypte.

Egyptian[1] *(town, student)* égyptien *m* (-ienne *f*).

Egyptian[2] Égyptien *m*, -ienne *f*: **he's an Egyptian** c'est un Égyptien.

eight huit.

See **ten** for usage.

eighteen dix-huit.

See **ten** for usage.

eighth huitième.

See **tenth** for usage.

eighty quatre-vingts; **eighty-one** quatre-vingt-un.

See **ten** for usage.

either[1] **1** *(one or the other)* l'un ou l'autre: **choose either, choose either of them** choisis l'un ou l'autre; **either book** l'un ou l'autre de ces deux livres.
2 *(with* not*)* ni l'un ni l'autre: **I don't know either of them** je ne connais ni l'un ni l'autre.
3 *(each)* chaque: **on either side** de chaque côté.

either[2] non plus: **she can't swim either** elle ne sait pas nager non plus; **I don't either, I haven't either, I can't either** moi non plus.

either[3]: **either... or...** soit... soit...; *(with* not*)* ni... ni...; **either today or tomorrow** soit aujourd'hui, soit demain; **it isn't either green or red** ce n'est ni vert ni rouge.

elastic band élastique *m*.

elbow coude *m*.

elder *(of two people)* aîné: **her elder brother** son frère aîné.

eldest[1] *(of more than two people)*

aîné: **her eldest brother** l'aîné de ses frères; **the eldest brother** le frère aîné.

eldest[2] aîné *m*, -ée *f*: **he's the eldest** il est l'aîné.

elderly âgé.

electric électrique.

electrician électricien *m*, -ienne *f*: **he's an electrician** il est électricien.

electricity électricité *f*.

electronic électronique.

elementary school *(terme américain)* école *f* primaire.

elephant éléphant *m*.

elevator *(mot américain)* ascenseur *m*.

eleven onze.

See **ten** for usage.

eleventh onzième.

See **tenth** for usage.

else d'autre: **somebody/nobody/nothing else** quelqu'un/personne/rien d'autre; **everybody else** tous les autres; **something else** autre chose; **anything else?** encore quelque chose?; **somewhere else** ailleurs; **or else** ou bien.

e-mail le courrier électronique.

embarrassed: to be embarrassed *(uncomfortable)* être gêné; *(ashamed)* avoir honte.

emergency urgence *f*: **it's an emergency** c'est urgent, c'est une urgence; **emergency exit** sortie *f* de secours.

employ: to employ someone employer quelqu'un.

employee employé *m*, -ée *f*.

employer employeur *m*.

empty[1] *(bottle, room)* vide.

empty[2] vider *(une boîte, de l'eau)*; **the theatre emptied quickly** le théâtre s'est vite vidé.

empty out = **empty**[2].

encourage encourager: **to encourage someone to do something** encourager quelqu'un à faire quelque chose.

encyclopedia encyclopédie *f*.

end[1] **1** *(of street, box, table)* bout *m*: **at the end of the corridor** au bout du couloir.
2 *(of meeting, month, book)* fin *f*: **at the end of the game** à la fin du jeu; **in the end** à la fin; **to put an end to something** mettre fin à quelque chose.

end[2] **1** finir: **it ends at two o'clock** ça finit à deux heures; **the meeting ended with a discussion** la réunion a fini par une discussion.
2 mettre fin à *(une guerre, une réunion)*; finir *(la journée, une phrase)*.

end up finir: **to end up doing something** finir par faire quelque chose; **to end up in** se retrouver à *(Paris, l'hôpital)*.

enemy (*au pluriel* **enemies**) ennemi *m*.

energy énergie *f*.

engaged 1 engaged *or* **engaged to be married** fiancé; **to get engaged** se fiancer (**to** avec). **2** *(phone, toilet)* occupé.

engine *(of vehicle)* moteur *m*; *(of train)* locomotive *f*.

engineer ingénieur *m*; *(repairer)* dépanneur *m*; *(train driver) (mot américain)* mécanicien *m*.

England Angleterre *f*: **to go to England** aller en Angleterre; **to live in England** vivre en Angleterre.

English[1] *(town, word)* anglais; **English teacher** professeur d'anglais.

English[2] **1** *(the language)* anglais *m*: **English is hard** l'anglais est difficile; **to speak English** parler anglais. **2** *(the people)* **the English** les Anglais *m plural*.

Englishman (*au pluriel* **Englishmen**) Anglais *m*: **he's an Englishman** c'est un Anglais.

Englishwoman (*au pluriel* **Englishwomen**) Anglaise *f*: **she's an Englishwoman** c'est une Anglaise.

enjoy 1 aimer: **to enjoy doing something** aimer faire quelque chose. **2 to enjoy oneself** s'amuser.

enormous énorme.

enough [1] assez: **we've suffered enough** nous avons assez souffert; **I've had enough** j'en ai assez; **she isn't big enough to do it** elle n'est pas assez grande pour le faire.

enough [2] assez de: **enough time/money** assez de temps/d'argent; **that's enough** ça suffit.

enter entrer dans *(une pièce)*; se présenter à *(un concours)*; **'do not enter'** 'défense d'entrer'.

entertain *(to amuse)* amuser.

entire entier *m*, -ière *f*.

entirely tout à fait, entièrement.

entrance entrée *f*: **entrance exam** examen *m* d'entrée.

entry entrée *f*: **'no entry'** 'entrée interdite'; *(sign showing one-way street)* 'sens interdit'.

envelope enveloppe *f*.

equal [1] égal (-aux *m plural*) (**to** à); **we're equal** *(in score)* nous sommes à égalité.

equal [2] égaler: **three plus two equals five** trois plus deux égalent cinq.

erase effacer.

eraser *(for pencil marks)* gomme *f*.

error erreur *f*.

escalator escalier *m* roulant.

escape 1 s'échapper: **to escape from the zoo** s'échapper du zoo; **to escape from prison** s'évader de prison. **2** échapper: **to escape from someone** échapper à quelqu'un.

especially 1 *(most of all)* surtout. **2** exprès: **she came especially to see you** elle est venue exprès pour vous voir.

essay *(in school)* rédaction *f*.

essential essentiel *m*, -ielle *f*.

estate: housing estate cité *f*, cité HLM.

EU *(European Union)* Union *f* européenne.

Europe Europe *f*: **to go to Europe** aller en Europe; **to live in Europe** vivre en Europe.

European [1] *(town, student)* européen *m* (-enne *f*).

European [2] Européen *m*, -enne *f*: **he's a European** c'est un Européen.

Eve: Christmas Eve la veille de Noël; **New Year's Eve** la Saint-Sylvestre.

even [1] **1** même: **I didn't even see him** je ne l'ai même pas vu; **even if** même si.
2 *(with* more *or* less*)* encore: **even more** encore plus; **that's even better** c'est encore mieux; **he's even less intelligent than her** il est encore moins intelligent qu'elle.

even [2] **1** *(flat, smooth)* uni, égal (-aux *m plural*). **2** *(regular)* régulier *m* (-ière *f*). **3 an even number** un nombre pair.

evening 1 soir: **he came in the evening** il est venu le soir; **she rides her bike in the evenings** elle fait du vélo le soir; **at seven in the evening** à sept heures du soir.
2 *(the whole evening)* soirée *f*: **all evening, all evening long** toute la soirée.

event 1 événement *m*. **2** *(sporting event)* épreuve *f*.

ever 1 jamais: **has he ever seen it?** l'a-t-il jamais vu?; **more than ever** plus que jamais; **nothing ever** jamais rien; **hardly ever** presque jamais.
2 ever since depuis; **ever since the accident** depuis l'accident; **ever since then** depuis ce moment-là; **ever since I saw her** depuis que je l'ai vue.

every chaque: **every time I go out**

chaque fois que je sors; **every one** chacun *m*, -une *f*; **every day/evening** tous les jours/soirs; **every Monday** tous les lundis; **every other day, every two days** tous les deux jours.

everybody (*or* **everyone**) tout le monde.

everyplace *(mot américain)* = **everywhere**.

everything tout: **I've seen everything** j'ai tout vu; **everything I have** tout ce que j'ai.

everywhere partout: **everywhere she goes** partout où elle va.

evil mauvais.

exact exact.

exactly exactement.

exaggerate exagérer.

exam examen *m*: **a French exam** un examen de français; **the exam results** les résultats de l'examen; **my exam results** mes résultats d'examen.

examination *(in school)* examen *m*.

examine examiner *(un objet, un malade)*.

example exemple *m*: **for example** par exemple.

excellent excellent.

except sauf: **except for** à part, sauf; **except that** sauf que.

exception exception *f* (**to** à).

exchange échanger (**for** contre).

excited *(child, crowd)* surexcité, excité; **to get excited** s'exciter, s'emballer.

exciting passionnant.

exclamation mark point *m* d'exclamation.

exclamation point *(terme américain)* = **exclamation mark**.

excuse [1] excuser: **to excuse someone for doing something** excuser quelqu'un d'avoir fait quelque chose *or* de faire quelque chose; **excuse me!** excusez-moi!

excuse [2] excuse *f* (**for doing** pour faire).

exercise [1] **1** *(written work)* exercice *m*. **2** *(to keep fit)* exercice *m*: **to take exercise** faire de l'exercice.

exercise [2] *(to take exercise)* faire de l'exercice; **to exercise the dog** promener le chien.

exercise book cahier *m*.

exhausted épuisé.

exhibition exposition *f*.

exist exister.

exit sortie *f*.

expect 1 *(to wait for)* attendre: **I'm expecting them any moment** je les attends d'un moment à l'autre; **she's expecting a baby** elle attend un bébé; **to expect someone to do something** s'attendre à ce que quelqu'un fasse quelque chose; **it was expected** c'était prévu.
2 *(to want)* **to expect to do something** compter faire quelque chose; **I expect you to come** je compte que vous viendrez.
3 *(to suppose)* penser, supposer (**that** que): **I expect so** je pense, je suppose.

expenses frais *m plural*.

expensive cher *m* (chère *f*).

experience expérience *f*: **you have experience** tu as de l'expérience.

experiment expérience *f (scientifique)*.

expert expert *m* (**in** en).

expired *(ticket, passport)* périmé.

explain expliquer (**that** que): **to explain something to someone** expliquer quelque chose à quelqu'un.

explanation explication *f*.

explode exploser.

explore explorer.

explosion explosion *f*.

express exprimer: **to express oneself** s'exprimer.

expression 1 *(phrase)* expression *f*. **2** *(look)* air *m*.

extra [1] *(train, hours)* supplémentaire; **it costs an extra 20 dollars** ça coûte 20 dollars de plus; **wine is extra** le vin est en supplément; **an extra charge** un supplément; **take these, they're extra!** ceux-ci sont en trop, prends-les!

extra [2]**: to pay extra** payer un supplément; **wine costs 3 francs extra** il y a un supplément de 3 francs pour le vin.

extremely extrêmement.

eye œil *m* (yeux *plural*); **to keep an eye on something/someone** surveiller quelque chose/quelqu'un.

eyebrow sourcil *m*.

eyelash cil *m*.

eyelid paupière *f*.

eyesight vue *f*.

Ff

face [1] *(of person)* visage *m*; **to make faces** *or* **funny faces** faire des grimaces.

face [2] *(to be opposite)* être en face de; *(to turn towards)* se tourner vers; **the window faces the garden** la fenêtre donne sur le jardin; **the house faces north** la maison est orientée au nord.

fact fait *m*: **in fact** en fait.

factory (*au pluriel* **factories**) usine *f*.

fade 1 *(of colour)* passer; *(of carpet, curtain)* se décolorer. **2** *(of light)* baisser.

fade away *(of noise)* diminuer.

fail 1 échouer: **to fail in an exam** échouer à un examen; **to fail an exam** rater un examen.
2 to fail to do something *(to forget)* manquer de faire quelque chose; *(not to be able)* ne pas arriver à faire quelque chose; **I fail to understand it** je n'arrive pas à comprendre cela; **the letter failed to arrive** la lettre n'est pas arrivée.

failure 1 échec *m*; **one's failure to do something** son incapacité à faire quelque chose. **2** *(person)* raté *m*, -ée *f*: **he's a failure** c'est un raté.

faint [1] *(voice, trace)* faible; **there's a faint smell of garlic** ça sent un peu l'ail.

faint [2] s'évanouir.

fair [1] foire *f*; *(funfair)* fête *f* foraine.

fair [2] **1** juste, équitable: **that's fair** c'est juste.
2 *(rather good)* assez bon *m* (bonne *f*); *(price)* raisonnable; **the weather's fair** il fait assez beau.
3 *(quite large)* assez grand; **a fair amount of** pas mal de.
4 *(hair, person)* blond; **to have fair skin** avoir la peau claire.

fairly *(quite)* assez: **fairly big** assez grand.

fairy fée *f*: **a fairy tale** un conte de fées.

faith foi *f*; **to have faith in someone** avoir confiance en quelqu'un.

faithful fidèle.

fall [1] **1** chute *f*: **to have a fall** faire une chute. **2** *(season) (mot américain)* automne *m*: **in the fall** en automne.

fall [2] **1** tomber: **I fell** je suis tombé; **to fall off a chair** tomber d'une chaise; **to fall down the stairs/a hole** tomber dans l'escalier/dans un trou; **to fall over a chair** tomber en butant contre une chaise; **to fall ill** tomber malade.
2 *(of price, temperature)* baisser; *(steeply)* chuter.

I fell, I have fallen, I am falling.

fall apart *(of machine)* tomber en morceaux.

fall down *(of person)* tomber; *(of building, wall)* s'effondrer.

fall off *(of leaves, hat)* tomber; *(of button)* se détacher.

fall out *(of hair, page)* tomber; **my tooth fell out** j'ai perdu une dent.

fall over *(of person)* tomber; *(of table, vase)* se renverser.

false faux *m* (fausse *f*).

familiar *(face, language)* familier *m* (-ière *f*): **he looks familiar, he looks familiar to me** je l'ai déjà vu quelque part; **to be familiar with** bien connaître.

family (*au pluriel* **families**) famille *f*.

famous célèbre.

fan 1 *(held in hand)* éventail *m*; *(electric)* ventilateur *m*.
2 *(of person)* fan *m or f*; *(of team)* supporter *m*; **I'm a jazz/rugby fan** je suis passionné de jazz/de rugby.

fancy: to fancy something/doing something avoir envie de quelque chose/de faire quelque chose.

fantastic formidable.

far 1 loin (**from** de): **they're too far away** ils sont trop loin; **far away in the distance** au loin; **how far is it to Dover?** combien y a-t-il d'ici à Douvres?; **how far is it from Bristol to Bath?** quelle est la distance entre Bristol et Bath?; **as far as Paris** jusqu'à Paris; **so far** *(in time)* jusqu'ici.
2 *(much)* beaucoup: **far bigger** beaucoup plus gros.

fare *(price)* prix *m* du billet; **half fare** demi-tarif *m*; **full fare** plein tarif *m*.

Far East Extrême-Orient *m*: **to** *or* **in the Far East** en Extrême-Orient.

farm ferme *f*: **on the farm** à la ferme; **on this farm** dans cette ferme.

farmer fermier *m*, -ière *f*: **he's a farmer** il est fermier.

farmhouse ferme *f*.

farming agriculture *f*.

fashion mode *f*: **in fashion** à la mode; **out of fashion** démodé.

fast[1] *(car, reply)* rapide; **to be a fast walker** marcher vite; **my watch is fast** ma montre avance.

fast[2] **1** *(quickly)* vite: **she drives fast** elle conduit vite. **2 to be fast asleep** être profondément endormi.

fasten 1 *(to fix)* attacher (**to** à). **2** *(to close)* attacher *(une ceinture)*; fermer *(une valise)*.

fast-forward mettre *(une cassette)* en avance rapide.

fat[1] *(on person, chicken)* graisse *f*; *(in cooking)* matière *f* grasse.

fat[2] **1** *(person, cheek)* gros *m* (grosse *f*): **a fat baby** un gros bébé; **to get fat** grossir. **2** *(food)* gras *m* (grasse *f*): **this meat's too fat** cette viande est trop grasse.

father père *m*.

father-in-law (*au pluriel* **fathers-in-law**) beau-père *m* (beaux-pères *plural*).

faucet *(mot américain)* robinet *m*.

fault 1 *(mistake)* faute *f*: **it's your fault** c'est de ta faute, c'est ta faute.
2 *(in machine)* défaut *m*.

favor *(mot américain)* = **favour**.

favour 1 *(kind action)* service *m*: **to do someone a favour** rendre un service à quelqu'un. **2 to be in favour of something** être pour quelque chose.

favourite *(colour, teacher)* préféré, favori *m* (-ite *f*): **that's her favourite toy, that toy is her favourite** c'est son jouet préféré *or* favori.

fax[1] *(message)* fax *m*, télécopie *f*; *(machine)* fax *m*: **by fax** par fax, par télécopie.

fax[2] faxer.

fear peur *f*, crainte *f*.

feast *(large meal)* festin *m*; *(to celebrate an event)* banquet *m*.

feather plume *f*.

February février *m*: **in February** en février.

fed up: to be fed up en avoir marre (**with something** de quelque chose, **with doing** de faire).

Attention: ce terme est familier.

feed donner à manger à *(un enfant, un animal)*; **to feed an animal on something** nourrir un animal de quelque chose; **to feed a baby** *(with a bottle)* donner le biberon à un bébé.

I fed, I have fed, I am feeding.

feel 1 se sentir: **to feel tired/old** se sentir fatigué/vieux; **I feel hot/sleepy** j'ai chaud/sommeil.
2 *(to be aware of)* sentir *(la chaleur, un caillou)*; éprouver *(de la joie, de la colère)*.
3 *(with one's hands)* toucher.
4 to feel like something/like doing something avoir envie de quelque chose/de faire quelque chose.

I felt, I have felt, I am feeling.

feeling *(emotion)* sentiment *m*; *(physical)* sensation *f*.

feet ▸ see **foot**.

fell ▸ see **fall** [2].

felt ▸ see **feel**.

female [1] femelle *f*: **the female of the tiger** la femelle du tigre.

female [2] **1** *(animal)* femelle: **a female elephant** un eléphant femelle. **2** *(body, name)* féminin; **a female student** une étudiante.

fence barrière *f*.

fern fougère *f*.

ferry (*au pluriel* **ferries**) ferry *m*: **to go by ferry** prendre le ferry.

fertile *(land)* fertile.

festival festival *m* (-als *plural*).

fetch: to fetch *or* **to go and fetch** aller chercher.

fever fièvre *f*: **to have a fever** avoir de la fièvre.

few [1] **1** *(not many)* peu de: **few teachers/houses** peu de professeurs/de maisons.
2 *(some)* **a few** quelques; **a few teachers** quelques professeurs; **quite a few books** un bon nombre de livres.

few [2] **1** *(not many)* peu: **few of them** peu d'entre eux.
2 *(some)* **a few** quelques-uns *m plural* (-unes *f plural*) (**of** de); **a few of us** quelques-uns d'entre nous.

fewer moins de: **I have fewer books than you** j'ai moins de livres que vous.

field champ *m*; *(for sport)* terrain *m*.

fierce *(animal)* féroce; *(attack, storm)* violent.

fifteen quinze.

See **ten** for usage.

fifth cinquième.

See **tenth** for usage.

fifty cinquante: **fifty-one** cinquante et un; **fifty-two** cinquante-deux.

See **ten** for usage.

fig figue *f*.

fight [1] **1** *(between people)* bagarre *f*. **2** *(argument)* dispute *f*. **3** *(struggle)* lutte *f* (**against** contre).

fight [2] **1** se battre (**with** avec): **stop fighting!, stop fighting each other!** arrêtez de vous battre!
2 *(to argue)* se disputer: **to fight over something** se disputer à propos de quelque chose.
3 *(to struggle)* lutter (**against** contre).

I fought, I have fought, I am fighting.

figure 1 *(number)* chiffre *m*. **2** *(shape of a person)* silhouette *f*; *(woman's body shape)* ligne *f*: **she has a nice figure** elle est bien faite.

file 1 *(information, papers)* dossier *m*.
2 *(folder)* chemise *f*; *(with loose leaves)* classeur *m*. **3** *(on computer)* fichier *m*. **4 in single file** en file indienne.

fill remplir (**with** de).

fill in (*or* **fill out**) **1 to fill in a hole** boucher un trou. **2 to fill in** *or* **to fill out a form** remplir un formulaire.

fill up 1 remplir (**with** de). **2** *(in a car)* faire le plein.

film film *m* (**about** sur); *(for camera)* pellicule *f*.

film star vedette *f* de cinéma: **he's** *or* **she's a film star** c'est une vedette de cinéma.

filthy sale.

fin *(of fish)* nageoire *f*.

final *(last)* dernier *m* (-ière *f*).

find *(by chance)* trouver; *(by searching for something or someone lost)* retrouver: **I can't find my keys** je ne trouve pas mes clés.

I found, I have found, I am finding.

find out 1 *(to discover)* découvrir, apprendre *(un secret, la vérité)*; **to find out about something** découvrir *or* apprendre quelque chose.
2 *(by asking questions)* se renseigner (**about** sur).

fine[1] *(as punishment)* amende *f*; *(for driving offence)* contravention *f*.

fine[2] **1** *(good)* excellent; **to feel fine** se sentir bien; **he's fine** il va bien; **fine!** *(okay)* bien!
2 *(weather)* beau: **it's fine** il fait beau.
3 *(line, hair)* fin.

fine[3] *(well)* très bien: **I'm managing fine** je me débrouille très bien.

finger doigt *m*: **the little finger** le petit doigt.

fingernail ongle *m*.

fingerprint empreinte *f* digitale.

finish[1] *(of race)* arrivée *f*.

finish[2] **1** finir, terminer: **I've finished** j'ai fini, j'ai terminé; **to finish doing something** finir de faire quelque chose; **it's finished** c'est fini, c'est terminé; **to have finished with something** ne plus avoir besoin de quelque chose.
2 *(of meeting, event)* finir, se terminer: **it finishes at noon** ça finit *or* ça se termine à midi.

finish up finir; **to finish up doing something** finir par faire quelque chose; **to finish up in** se retrouver à *(Londres, l'hôpital)*.

Finland Finlande *f*: **to** *or* **in Finland** en Finlande.

Finn Finlandais *m*, -aise *f*.

Finnish *(town, student)* finlandais.

fir sapin *m*.

fire[1] **1** feu *m* (feux *plural*); *(big blaze)* incendie *m*: **on fire** en feu; **to set fire to** mettre le feu à; **to light a fire** faire du feu; **fire!** au feu! ; **a fire broke out** un incendie s'est déclaré.
2 *(heater)* radiateur *m*.
3 fire alarm alarme *f* d'incendie; **fire brigade,** *(en américain)* **fire department** pompiers *m plural*; **fire engine** voiture *f* de pompiers; **fire fighter** pompier *m*; **fire station** caserne *f* de pompiers.

fire[2] *(to shoot)* tirer (**at** sur); **to fire a gun** tirer un coup de feu *or* de fusil; **to fire a bullet** tirer une balle.

fireman (*au pluriel* **firemen**) pompier *m*: **he's a fireman** il est pompier.

fireplace cheminée *f*.

firework fusée *f*; **the fireworks** *(display)* le feu d'artifice.

firm[1] *(company)* entreprise *f*.

firm[2] ferme: **to be firm with someone** être ferme avec quelqu'un.

first[1] **1** premier *m* (-ière *f*): **the first two days** les deux premiers jours. **2 first aid** premiers secours *m plural*.

first[2] *(firstly)* d'abord; *(for the first time)* pour la première fois; **at first** d'abord.

first[3]: **the first, the first one** le premier, la première; **I was the first** *or* **the first one to arrive** je suis arrivé le premier.

firstly premièrement.

fish[1] poisson *m*: **ten fish** dix poissons.

fish[2] pêcher.

fisherman (*au pluriel* **fishermen**) pêcheur *m*.

fishing la pêche: **to go fishing** aller à la pêche; **fishing rod** canne *f* à pêche.

fishmonger poissonnier *m*, -ière *f*.

fish shop poissonnerie *f*.

fist poing *m*.

fit [1] *(healthy)* en bonne santé; *(in good shape)* en forme; **to keep fit** se maintenir en forme.

fit [2] **1** *(of clothes)* **to fit someone** aller à quelqu'un, être à la taille de quelqu'un; **this shirt fits** cette chemise me va.
2 *(to put in)* poser *(une vitre, une moquette)*; **to fit something into** faire entrer quelque chose dans; **to fit something on to** poser quelque chose sur; **it fits into/on to** ça va dans/sur.

fitted carpet moquette *f*.

five cinq.

See **ten** for usage.

fix 1 *(to mend)* réparer. **2** *(to decide)* fixer *(une date)*. **3** *(to attach)* fixer (**to** à). **4** *(to cook)* préparer *(un repas)*.

fixed *(price)* fixe: **at a fixed time** à heure fixe.

flag drapeau *m* (-eaux *plural*).

flame flamme *f*.

flap: the bird is flapping its wings l'oiseau bat des ailes.

flash [1] *(light)* éclair *m*; **a flash of lightning** un éclair.

flash [2] *(of police car light, of sign)* clignoter; **he flashed his torch three times** il a allumé sa lampe de poche trois fois de suite.

flashlight *(mot américain)* lampe *f* de poche.

flask thermos® *f*.

flat [1] **1** *(surface, roof)* plat. **2** *(tyre)* à plat, dégonflé.

flat [2] *(place to live)* appartement *m*.

flavor *(mot américain)* = **flavour**.

flavour *(taste)* goût *m*; *(of ice cream, yoghurt)* parfum *m*.

flea puce *f*.

Flemish [1] *(town, word)* flamand.

Flemish [2] *(the language)* flamand *m*.

flesh chair *f*.

flew ▸ see **fly** [2].

flick *(to press down)* appuyer sur *(un bouton)*; **to flick on/off** allumer/éteindre *(la télé, la lumière)*.

flight 1 *(of plane, bird)* vol *m*. **2 flight of stairs** escalier *m*.

flippers *(for swimming)* palmes *f plural*.

float flotter (**on** sur).

flock *(of sheep)* troupeau *m* (-eaux *plural*).

flood inondation *f*.

flooded inondé.

floor 1 *(ground)* sol *m*; *(made of wood)* plancher *m*; **on the floor** par terre. **2** *(one level of a building)* étage *m*: **on the first floor** au premier étage, *(en américain)* au rez-de-chaussée.

floppy disk disquette *f*.

florist fleuriste *m or f*: **she's a florist** elle est fleuriste.

flour farine *f*.

flow 1 *(of river, liquid)* couler. **2** *(out of or through a pipe)* s'écouler: **the water can't flow** l'eau ne peut plus s'écouler.

flower fleur *f*.

flower pot pot *m* de fleurs.

flown ▸ see **fly** [2].

flu grippe *f*: **to have flu** *or* **the flu** avoir la grippe.

fluent: to be fluent in French parler couramment le français.

fluently couramment: **she speaks English fluently** elle parle anglais couramment.

flute flûte *f*: **to play the flute** jouer de la flûte.

fly [1] *(insect)* mouche *f*.

fly [2] *(of bird, plane)* voler; *(of passenger)* prendre l'avion; **to fly a plane** piloter un avion.

I flew, I have flown, I am flying.

fly away s'envoler.

flying 1 *(air travel)* l'avion *m*: **she's**

afraid of flying elle a peur de prendre l'avion. **2 flying saucer** soucoupe *f* volante.

flyover *(bridge)* toboggan *m*, pont routier *m*.

foal poulain *m*.

foam 1 *(on sea)* écume *f*; *(in bath)* mousse *f*. **2** *(rubber)* mousse *f*: **a foam mattress** un matelas en mousse.

fog brouillard *m*.

foggy: it's foggy il y a du brouillard; **foggy weather** temps *m* brumeux.

fold[1] *(in paper, cloth)* pli *m*.

fold[2] **1** plier: **to fold something in half** plier quelque chose en deux. **2 to fold one's arms** croiser les bras.

fold up plier *(une chaise, une table)*.

folder *(for papers)* chemise *f*.

follow suivre: **I followed him** je l'ai suivi; **tell me what followed** raconte-moi ce qui a suivi.

following *(next)* suivant: **the following week** la semaine suivante.

fond: to be fond of something/someone aimer beaucoup quelque chose/quelqu'un.

food nourriture *f*; **there's no food** il n'y a rien à manger; **to shop for food** acheter des provisions; **French food** la cuisine française.

fool imbécile *m or f*.

foolish bête.

foot *(au pluriel* **feet***)* **1** pied *m*; *(of animal)* patte *f*: **on foot** à pied; **at the foot of** en bas de *(la page, l'escalier)*. **2** *(measure)* **she's 5 feet tall** elle mesure 1 mètre 50.

football *(game)* football *m*; *(ball)* ballon *m*: **to play football** jouer au football.

footstep pas *m*: **to hear footsteps** entendre des pas.

for 1 pour: **for you** pour toi; **it's for eating** c'est pour manger; **what's it for?** ça sert à quoi?; **what's the Spanish for 'boy'?** comment dit-on 'garçon' en espagnol?
2 *(for a distance of)* pendant: **she walked for a kilometre** elle a marché pendant un kilomètre.
3 *(for a period of, in the past)* pendant: **he was away for a month** il a été absent pendant un mois.
4 *(for a period of, in the past, up to the present moment)* depuis: **I've been waiting for a month** j'attends depuis un mois; **I haven't seen her for a week** je ne l'ai pas vue depuis une semaine.
5 *(for a period of, in the future)* pour: **she's going to New York for two weeks** elle va à New York pour deux semaines.
6 *(before)* avant: **he won't be back for a month** il ne sera pas de retour avant un mois.

forbid interdire: **to forbid someone to do something** interdire à quelqu'un de faire quelque chose; **it's forbidden** c'est interdit.

I forbade, I have forbidden.

force[1] force *f*: **by force** de force.

force[2] **1 to force someone to do something** forcer *or* obliger quelqu'un à faire quelque chose; **to be forced to do something** être forcé *or* obligé de faire quelque chose.
2 to force something into faire entrer quelque chose de force dans; **to force open** forcer *(un coffre-fort, une porte)*.

forehead front *m*.

foreign étranger *m* (-ère *f*).

foreigner étranger *m*, -ère *f*: **she's a foreigner** c'est une étrangère.

forest forêt *f*.

forever *(to leave, to last)* pour toujours; *(continually)* sans cesse.

forget oublier: **they forgot it** ils l'ont oublié; **she forgot** elle a oublié; **to forget to do something** oublier de faire quelque chose.

I forgot, I have forgotten, I am forgetting.

forgive pardonner à *(une personne)*; pardonner *(une faute, un crime)*; **to forgive someone for doing something** pardonner à quelqu'un d'avoir fait quelque chose.

I forgave, I have forgiven, I am forgiving.

fork 1 *(for eating)* fourchette *f*. **2** *(for garden)* fourche *f*.

form [1] **1** *(in school)* classe *f*; **in the sixth form** en première. **2** *(shape, type)* forme *f*. **3** *(paper to fill out)* formulaire *m*.

form [2] *(to organize, to make)* former.

former *(previous)* ancien *m* (-ienne *f*): **a former pupil** un ancien élève.

fortnight: a fortnight quinze jours *m plural*.

fortunate: to be fortunate *(of person)* avoir de la chance; **it's fortunate that** heureusement que.

fortunately heureusement: **fortunately you were there** heureusement que tu étais là, heureusement tu étais là.

fortune fortune *f*: **to make one's fortune** faire fortune.

forty quarante: **forty-one** quarante et un; **forty-two** quarante-deux.

See **ten** for usage.

forward (*or* **forwards**) en avant; **to go forward, to move forward** avancer.

fought ▸ see **fight** [2].

found ▸ see **find**.

fountain fontaine *f*.

fountain pen stylo plume *m* (stylos plume *plural*).

four quatre.

See **ten** for usage.

fourteen quatorze.

See **ten** for usage.

fourth quatrième.

See **tenth** for usage.

fox renard *m*.

fragile fragile.

frame *(of picture, bicycle)* cadre *m*; **picture frame** cadre *m*.

France France *f*: **to go to France** aller en France; **to live in France** vivre en France.

free [1] **1** *(person, animal)* libre: **he's free to leave** il est libre de partir.
2 *(not taken)* libre: **this seat is free** cette place est libre.
3 free *or* **free of charge** gratuit; **a free ticket** un billet gratuit.

free [2] libérer.

freedom liberté *f*.

freeze 1 *(of water, pipe)* geler. **2** *(in a freezer)* congeler *(un poulet, des légumes)*.

I froze, I have frozen, I am freezing.

freezer congélateur *m*; *(in fridge)* freezer *m*.

freeze up *(of lock, pipe)* geler.

freezing *(weather, room)* glacial (-als *or* -aux *m plural*); *(hands, fingers)* gelé; **it's freezing here** on gèle ici; **I'm freezing** je suis gelé.

French [1] *(town, word)* français; **French teacher** professeur de français.

French [2] **1** *(the language)* français *m*: **French is hard** le français est difficile; **to speak French** parler français. **2** *(the people)* **the French** les Français *m plural*.

French fries frites *f plural*.

Frenchman (*au pluriel* **Frenchmen**) Français *m*: **he's a Frenchman** c'est un Français.

Frenchwoman (*au pluriel* **Frenchwomen**) Française *f*: **she's a Frenchwoman** c'est une Française.

frequent fréquent.

fresh 1 *(egg, fish, fruit)* frais *m* (fraîche *f*); **to get some fresh air** prendre l'air. **2** *(new)* nouveau *m* (nouvelle *f*).

Friday vendredi *m*: **it's Friday** nous

sommes vendredi; **she came on Friday** elle est venue vendredi; **I work on Fridays** je travaille le vendredi.

fridge frigo *m*.

Attention: ce mot est familier.

fried frit; **a fried egg** un œuf sur le plat.

friend ami *m*, amie *f*: **he's my friend** c'est mon ami; **we became friends** nous sommes devenus amis.

friendly *(person)* aimable, gentil *m* (-ille *f*); *(smile)* amical (-aux *m plural*); *(shop, town)* accueillant.

friendship amitié *f*.

fright peur *f*: **I had a fright** j'ai eu peur; **to give someone a fright** faire peur à quelqu'un.

frighten faire peur à.

frightened: to be frightened avoir peur (**of** de); **to be frightened of doing something** avoir peur de faire quelque chose.

fringe *(of hair)* frange *f*.

frog grenouille *f*.

from 1 de: **to come from** venir de; **where are you from?** d'où êtes-vous?
2 *(time or numbers onwards)* à partir de: **from today onwards** à partir d'aujourd'hui; **from 100 dollars** à partir de 100 dollars.
3 *(out of)* dans: **to take from a box** prendre dans une boîte; **to drink from a cup** boire dans une tasse.
4 *(on)* sur: **to take from a table** prendre sur une table.
5 *(cause)* par: **from habit** par habitude.
6 *(with* take, borrow, hide*)* à: **to borrow something from someone** emprunter quelque chose à quelqu'un.

front[1] **1** *(of house, shirt)* devant *m*; *(of vehicle)* avant *m*; **at the front of the book** au début du livre; **sitting in the front** *(in vehicle)* assis à l'avant; **a seat at the front of the train** une place en tête du train.
2 in front of devant; **he's in front of the door** il est devant la porte.
3 in front devant; **to go in front** passer devant; **to be in front** *(in race)* être en tête.

front[2] *(tooth)* de devant; **the front seat** le siège avant; **the front wheels** les roues avant; **the front page** la première page; **the front row** le premier rang; **the front door** la porte d'entrée.

frost gel *m*.

frosty: it's frosty il gèle.

frown froncer les sourcils.

froze ▸ see **freeze**.

frozen 1 ▸ see **freeze**. **2** *(vegetables, meat)* surgelé; **frozen foods** *or* **food** surgelés *m plural*.

fruit fruit *m*: **fruit, some fruit** *(one piece)* un fruit; *(more than one)* des fruits; **to like fruit** aimer les fruits; **fruit juice** jus *m* de fruit.

fry: to fry something faire frire quelque chose.

frying pan poêle *f*, poêle à frire.

fuel *(for vehicle, aircraft)* carburant *m*.

full 1 plein (**of** de): **to pay full fare** payer plein tarif.
2 *(bus, theatre, hotel)* **full** *or* **full up** complet *m* (-ète *f*).
3 *(after eating)* **to be full** *or* **full up** n'avoir plus faim.

full stop point *m*.

fun 1 that was fun c'était très amusant; **to have fun** s'amuser; **for fun** pour rire, pour s'amuser. **2 to make fun of someone** se moquer de quelqu'un.

funeral enterrement *m*.

funfair fête *f* foraine.

funny 1 *(amusing)* drôle. **2** *(strange)* bizarre.

fur fourrure *f*.

furious furieux *m* (-euse *f*) (**with** contre).

furnish meubler *(une pièce)*.

furniture meubles *m plural*; **a piece of furniture** un meuble.

further plus loin (**than** que): **they live further away** ils habitent plus loin.

furthest le plus loin: **I swam furthest** *or* **the furthest** c'est moi qui ai nagé le plus loin.

fuss: to make a fuss faire des histoires; **what a fuss!** quelle histoire!

future 1 avenir *m*: **in the future** dans l'avenir; **in future I won't be late** à l'avenir, je ne serai pas en retard. **2** *(in grammar)* futur *m*.

Gg

gain 1 to gain speed/weight prendre de la vitesse/du poids. **2 to gain a lot from something** *(to benefit from)* tirer profit de quelque chose.

gallon gallon *m* (= *4,5 litres, (en américain) = 3,8 litres*).

gallop galoper.

gamble jouer: **I don't gamble** je ne joue pas pour de l'argent; **he gambled 50 dollars** il a joué 50 dollars.

gambling le jeu *(avec de l'argent)*.

game 1 jeu *m* (jeux *m plural*): **they're playing a game** ils jouent à un jeu.
2 *(of football, cricket)* match *m*.
3 *(of cards, chess)* partie *f*.
4 *(in school)* **to have games** faire du sport.

gang *(of children, criminals)* bande *f*.

gap 1 *(empty space in wall, fence)* trou *m*. **2** *(in time)* intervalle *m*. **3** *(difference in age, wages)* différence *f*, écart *m* (**between** entre).

garage garage *m*.

garbage *(mot américain)* ordures *f plural*; **garbage can** poubelle *f*; **garbage man** éboueur *m*.

garden jardin *m*.

gardener jardinier *m*, -ière *f*: **he's a gardener** il est jardinier.

gardening jardinage *m*.

garlic ail *m*.

gas 1 gaz *m*: **gas cooker** *or* **stove** cuisinière *f* à gaz; **gas fire** *or* **heater** radiateur *m* à gaz. **2** *(mot américain)* *(gasoline)* essence *f*.

gas station *(mot américain)* station-service *f* (stations-service *plural*).

gate 1 *(of field)* barrière *f*. **2** *(metal, of garden or park)* grille *f*. **3** *(in airport)* porte *f*.

gather 1 *(of people)* se rassembler (**round someone/something** autour de quelqu'un/quelque chose); **gather round!** approchez-vous!; **to gather people** rassembler des personnes.
2 ramasser *(des cahiers, des livres)*; cueillir *(des fleurs)*.
3 to gather speed prendre de la vitesse.

gave ▸ see **give**.

gay homosexuel *m* (-elle *f*).

gaze: to gaze at regarder fixement, fixer du regard; **to gaze out of the window** regarder par la fenêtre.

GCE *(General Certificate of Education) (en Grande-Bretagne)* certificat *m* de fin d'études secondaires.

GCSE *(General Certificate of Secondary Education) (en Grande-Bretagne)* première partie *f* de l'examen de fin d'études secondaires.

geese see **goose**.

general [1] général (-aux *m plural*); **in general** en général.

general [2] *(in the army)* général *m* (-aux *plural*).

generally généralement.

generous généreux *m* (-euse *f*).

genius génie *m*: **he's a genius** c'est un génie.

gentle *(person, voice, slope)* doux (douce *f*); *(exercise, speed)* modéré; **a gentle breeze** une légère brise; **to be gentle to someone** traiter quelqu'un avec douceur.

gentleman (*au pluriel* **gentlemen**) monsieur *m*: **good evening, gentlemen!** bonsoir messieurs!

gents: the gents les toilettes *f plural* pour hommes.

geography géographie *f*.

germ microbe *m*.

German [1] *(town, word)* allemand; **German teacher** professeur d'allemand.

German [2] **1** *(person)* Allemand *m*, -ande *f*: **she's a German** c'est une Allemande.
2 *(the language)* allemand *m*: **German is hard** l'allemand est difficile; **to speak German** parler allemand.

Germany Allemagne *f*: **to go to Germany** aller en Allemagne; **to live in Germany** vivre en Allemagne.

get 1 *(to have)* avoir: **I've got a problem** j'ai un problème; **she got her visa** elle a eu son visa.
2 *(to receive)* recevoir: **I got your letter** j'ai reçu ta lettre.
3 *(to obtain)* obtenir: **you have to get permission** il faut obtenir la permission.
4 *(to buy)* acheter: **where did you get that car?** où as-tu acheté cette voiture?
5 *(to find)* trouver: **where did he get that stone?** où a-t-il trouvé ce caillou?
6 *(to catch)* attraper: **she got the flu** elle a attrapé la grippe; **to get the bus/train** prendre le bus/le train
7 *(to fetch)* aller chercher: **go and get my slippers!** va me chercher mes pantoufles!
8 *(to understand)* comprendre: **I didn't get what you said** je n'ai pas compris ce que vous avez dit.
9 *(to make)* **to get someone to do something** faire faire quelque chose à quelqu'un; **get him** *or* **her to read this letter** faites-lui lire cette lettre; **to get something done** faire faire quelque chose; **I got a house built** j'ai fait construire une maison.
10 *(to go)* aller: **he won't get far** il n'ira pas loin.
11 *(to arrive)* arriver: **we got to Nice at two** nous sommes arrivés à Nice à deux heures.
12 *(to become)* devenir: **you're getting tall** tu deviens grand; **to get killed** se faire tuer.
13 *(must)* **I've got to leave** je dois partir.

I got, I have got, *(en américain)* I have gotten, I am getting.

get about *or* **around** se déplacer.

get across traverser *(une rue)*.

get along with s'entendre avec.

get away *(to leave)* partir; *(to escape)* s'échapper.

get back 1 *(to recover)* récupérer. **2** *(to return)* revenir.

get down descendre: **get down!** descendez!; **to get down the stairs** descendre l'escalier.

get in 1 *(to bring in)* rentrer. **2** *(to come home)* rentrer; *(to go into a car or train)* monter; *(of plane, train)* arriver.

get into monter dans *(une voiture, un train)*.

get off *(from bus or train)* descendre; **to get off a bus** descendre d'un bus; **to get off a chair** se lever d'une chaise.

get on 1 mettre *(des vêtements)*.
2 *(on train or bus)* monter; **to get on a bus** monter dans un bus.
3 how are you getting on? ça va?
4 to get on with someone bien s'entendre avec quelqu'un.

get out 1 *(to go out)* sortir. **2** *(to bring out)* sortir.

get over 1 traverser *(une rue)*. **2** se remettre de *(maladie)*.

get through 1 *(to squeeze through)* passer; **to get through something** passer par quelque chose. **2 to get through an exam** être reçu à un examen.

get up 1 *(from bed, chair)* se lever. **2 to get up the stairs** monter l'escalier.

ghost fantôme *m*.

giant géant *m*, géante *f*.

gift *(present)* cadeau *m* (-eaux *plural*).

gigantic gigantesque.

giggle rire bêtement.

giraffe girafe *f*.

girl 1 *(very young)* fille *f*, petite fille: **little girl** petite fille, fillette *f*; **an English girl** une petite Anglaise.
2 *(teenager)* jeune fille *f*; **an English girl** une jeune Anglaise.
3 *(daughter)* fille *f*: **I've got a girl and a boy** j'ai une fille et un garçon.

girlfriend *(of boy)* petite amie *f*, copine *f*; *(of girl)* amie *f*.

give 1 donner: **to give someone something, to give something to someone** donner quelque chose à quelqu'un. **2** pousser *(un soupir, un cri)*.

I gave, I have given, I am giving.

give away *(free of charge)* donner.

give back rendre: **to give something back to someone** rendre quelque chose à quelqu'un.

give in 1 *(to surrender)* céder (**to** à). **2** *(to hand in)* remettre (**to** à); **to give in one's homework** rendre ses devoirs.

give off dégager *(une odeur)*.

give out *(to hand out)* distribuer.

give up 1 abandonner: **I give up!** j'abandonne!
2 abandonner *(un espoir, une activité)*; renoncer à *(une idée, un projet)*; **to give up one's seat** céder sa place; **to give up smoking** arrêter de fumer.

give way 1 *(of branch, person)* céder (**to** à). **2** *(in vehicle)* céder la priorité (**to** à).

glad content (**about** de): **glad to do something** content de faire quelque chose ; **I'm glad you've come** je suis content que tu sois venu.

glance jeter un coup d'œil (**at** à, sur).

glass verre *m*: **glass of water** verre d'eau; **it's glass** c'est du verre; **a glass bottle** une bouteille en verre.

glasses *(for eyes)* lunettes *f plural*.

glide 1 *(of plane, bird)* planer. **2** *(of boat, snake)* glisser.

glove gant *m*.

glow rougeoyer, briller.

glue[1] colle *f*.

glue[2] coller (**to** à).

go 1 aller: **she's gone to school** elle est allée à l'école; **let's go and watch TV** allons regarder la télé; **let's go!** allons-y!
2 *(to leave, to disappear)* partir: **are you going?** tu pars?; **she's gone** elle est partie; **it's all gone!** il n'y en a plus!
3 *(of vehicle, machine)* marcher: **my watch has stopped going** ma montre ne marche plus.
4 *(to happen in a certain way)* aller: **things are going badly** ça va mal; **it went well** *(of event)* ça s'est bien passé.
5 *(to become)* devenir: **his hair is going grey** ses cheveux deviennent gris.
6 *(showing an activity)* faire: **to go riding/on a trip** faire du cheval/un voyage.
7 *(showing an action about to happen)* aller: **I'm going to warn her** je vais la prévenir; **we're going to eat** nous allons manger.

I go, he goes, I went, I have gone, I am

going.

go (*au pluriel* **goes**) **1** *(attempt)* **to have a go at doing something** essayer de faire quelque chose; **in one go** d'un seul coup.
2 *(in game)* tour *m*: **it's your go** c'est ton tour.

go across *(to cross over)* traverser.

go ahead 1 avancer; **you go ahead!** partez devant! **2** *(to continue)* continuer; *(to start)* commencer; **go ahead!** allez-y!; **to go ahead with** poursuivre *(un travail, un projet)*.

goal but *m*: **to score a goal** marquer un but.

goalkeeper gardien *m* de but.

goat chèvre *f*.

go away partir, s'en aller: **go away!** va-t-en!

go back retourner; *(to go back home)* rentrer; *(to take a step back)* reculer.

god dieu *m* (dieux *plural*); **God** Dieu *m*.

go down 1 descendre: **go down!** descendez!; **to go down the stairs** descendre l'escalier.
2 *(of the sun)* se coucher.
3 *(of price, temperature)* baisser.
4 *(of balloon, tyre)* se dégonfler.

goes ▸ see **go**.

go in 1 entrer, rentrer. **2** *(of the sun)* se cacher.

go in for se présenter à *(un examen)*.

go into entrer dans *(une pièce)*.

gold or *m*: **a gold watch** une montre en or.

golden *(in colour)* doré.

goldfish poisson *m* rouge: **ten goldfish** dix poissons rouges.

golf golf *m*: **to play golf** jouer au golf.

gone ▸ see **go**.

good[1] **1** bon *m* (bonne *f*): **a good film** un bon film; **a good while** un bon moment; **to be good at history/French** être bon en histoire/en français.
2 bien: **I don't feel too good** je ne me sens pas très bien; **it's good for us** ça nous fait du bien.
3 beau *m*: **good weather** beau temps.
4 *(well-behaved)* sage: **a good child** un enfant sage.
5 *(kind)* gentil *m* (-ille *f*) (**to** avec): **that's good of you** c'est gentil de ta part.
6 *(fortunate)* **it's a good thing** *or* **job that** heureusement que.
7 *(in greetings)* **good morning!, good afternoon!** bonjour!; **good evening!** bonsoir!; **good night!** bonsoir!; *(before going to bed)* bonne nuit!

better (= more good), **best** (= most good).

good[2] **1 that's no good** *(that's useless)* ça ne vaut rien; *(that's bad)* ça ne va pas; **this book is no good** ce livre est nul.
2 it's no good crying ça ne sert à rien de pleurer.
3 it will do you good ça te fera du bien.
4 for good pour de bon.

goodbye! au revoir!

good-looking beau *m* (belle *f*).

goods marchandises *f plural*; *(for sale in a shop)* articles *m plural*: **leather goods** articles en cuir.

go off 1 *(of bomb)* exploser. **2** *(of alarm)* se déclencher; *(of alarm clock)* sonner. **3** *(of milk, meat)* tourner.

go on 1 continuer: **it's still going on** ça continue; **to go on doing something** continuer à faire quelque chose. **2** *(to happen)* se passer.

goose (*au pluriel* **geese**) oie *f*.

go out 1 sortir; **to go out with someone** sortir avec quelqu'un. **2** *(of light, fire)* s'éteindre.

go over *(to check)* examiner; *(to read)* relire.

gorilla gorille *m*.

go round 1 *(to turn)* tourner; **to go round the corner** tourner au coin de la rue. **2 there's enough to go round** il y en a assez pour tout le monde.

got ▸ *see* **get**.

go through 1 *(to squeeze through)* passer; **to go through something** passer par quelque chose. **2** *(to check)* examiner; *(to read)* relire. **3** *(to search)* fouiller dans *(une poche, un tiroir)*.

gotten *(mot américain)* ▸ see **get**.

go up *(of person, price)* monter; **to go up the stairs** monter l'escalier.

government gouvernement *m*.

gown robe *f*.

grab: to grab *or* **to grab hold of** saisir; **to grab something from someone** arracher quelque chose à quelqu'un.

grade 1 *(in exam)* note *f*. **2** *(school class) (mot américain)* classe *f*: **he's in sixth grade** il est en sixième.

grade school *(mot américain)* école *f* primaire.

gradually peu à peu.

grain *(of wheat, rice)* grain *m*.

gram (*or* **gramme**) gramme *m*.

grammar grammaire *f*.

grand *(palace)* magnifique.

grandad papi *m*.

grandchild (*au pluriel* **grandchildren**) *(boy)* petit-fils *m*; *(girl)* petite-fille *f*; **grandchildren** petits-enfants *m plural*.

granddad papi *m*.

granddaughter petite-fille *f* (petites-filles *plural*).

grandfather grand-père *m* (grands-pères *plural*).

grandma mamie *f*.

grandmother grand-mère *f* (grands-mères *plural*).

grandparents grands-parents *m plural*.

grandson petit-fils *m* (petits-fils *plural*).

granny (*au pluriel* **grannies**) mamie *f*.

grape grain *m* de raisin; **to eat grapes** manger du raisin; **to like grapes** aimer le raisin.

grapefruit pamplemousse *m*.

grass herbe *f*; *(lawn)* pelouse *f*.

grasshopper sauterelle *f*.

grateful reconnaissant (**to** à, **for** de).

grave tombe *f*.

gravy jus *m* de viande.

gray *(mot américain)* = **grey**.

graze écorcher: **to graze oneself** s'écorcher; **to graze one's knee** s'écorcher le genou.

grease *(oil, fat)* graisse *f*.

greasy *(hair, food)* gras *m* (grasse *f*); **greasy hands** des mains pleines de graisse.

great 1 *(heat, friend, success)* grand: **a great man** un grand homme. **2** *(excellent)* formidable, génial (-aux *m plural*).

Greece Grèce *f*: **to go to Greece** aller en Grèce; **to live in Greece** vivre en Grèce.

greedy 1 *(for food)* gourmand. **2** *(for money)* avide.

Greek [1] *(town, word)* grec *m* (grecque *f*).

Greek [2] **1** *(person)* Grec *m*, Grecque *f*: **he's a Greek** c'est un Grec. **2** *(the language)* grec *m*: **to speak Greek** parler grec.

green [1] vert: **a green dress** une robe verte.

green [2] **1** *(the colour)* vert *m*: **I like green** j'aime le vert. **2** *(vegetables)* **greens** légumes verts *m plural*.

greengrocer marchand *m* de fruits et légumes.

greenhouse serre *f*.

greet *(with a hello, a nod)* saluer; *(to welcome)* accueillir.

greetings vœux *m plural*: **greetings card** carte *f* de vœux.

grew ▸ see **grow**.

grey gris; **to be going grey** grisonner.

grill faire griller *(de la viande)*; **grilled chicken** du poulet grillé.

grin large sourire *m*.

grind moudre *(du café, du poivre)*.

I ground, I have ground, I am grinding.

grip *(to grab)* saisir; *(to hold)* tenir serré.

groan gémir.

grocer épicier *m*, -ière *m*: **he's a grocer** il est épicier; **grocer's shop** épicerie *f*.

grocery (*au pluriel* **groceries**) **1** *(mot américain)* **grocery store** épicerie *f*. **2** *(food)* **groceries** provisions *f plural*.

ground [1] sol *m*, terre *f*; *(for camping, football)* terrain *m*; **to sit on the ground** s'asseoir par terre.

ground [2] ▸ see **grind**.

ground floor rez-de-chaussée *m*: **on the ground floor** au rez-de-chaussée.

The translation does not change in the plural. Do not add 's'.

group groupe *m*.

grow 1 *(of person, animal)* grandir: **she has grown 4 cm** elle a grandi de 4 cm.
2 *(of plant, hair)* pousser: **it's growing well** ça pousse bien; **to grow a plant** faire pousser une plante; **to grow a beard** se laisser pousser la barbe.
3 *(to increase)* augmenter.

I grew, I have grown, I am growing.

grow into devenir.

growl *(of dog, bear)* grogner.

grown-up grande personne *f*, adulte *m or f*.

grow up devenir adulte; **when you grow up** quand tu seras grand.

grunt *(of pig)* grogner.

guard [1] **1** *(soldier, security guard)* garde *m*. **2** *(in prison)* gardien *m*, -ienne *f*. **3** *(on train)* chef *m* de train.

guard [2] *(watch over)* garder *(un palais, un prisonnier)*.

guess [1] **1** deviner: **guess what I did** devine ce que j'ai fait; **I can't guess** je ne peux pas deviner; **to guess right** deviner juste.
2 *(mot américain) (to suppose)* supposer; *(to think)* croire (**that** que).

guess [2] supposition *f*: **to have** *or* **to take a guess** essayer de deviner.

guest invité *m*, -ée *f*; *(in hotel)* client *m*, -ente *f*.

guide [1] **1** *(person, book)* guide *m*. **2 guide** *or* **girl guide** éclaireuse *f*.

guide [2] guider; **a guided tour** une visite guidée.

guilty coupable (**of something** de quelque chose, **of doing** d'avoir fait): **to be found guilty** être reconnu coupable.

guinea pig *(pet)* cochon *m* d'Inde.

guitar guitare *f*: **to play the guitar** jouer de la guitare.

gum *(for chewing)* chewing-gum *m*.

gums *(in mouth)* gencives *f plural*.

gun pistolet *m*, revolver *m*; *(rifle)* fusil *m*; *(big gun)* canon *m*.

gunshot coup *m* de feu.

guy *(man)* type *m*.

Attention: ce mot est familier.

gym 1 *(gymnasium)* gymnase *m*. **2** *(gymnastics)* gym *f*, gymnastique *f*: **to do gym** faire de la gym.

Hh

habit habitude *f*: **to get into/out of the habit of doing something** prendre/perdre l'habitude de faire quelque chose.

had ▸ see **have**.

haddock *(fish)* églefin *m*, aiglefin *m*.

hadn't = **had not**.

hail[1] grêle *f*.

hail[2] grêler: **it's hailing** il grêle.

hair 1 *(on head)* cheveux *m plural*: **to have short hair** avoir les cheveux courts; **a hair** un cheveu; **to do one's hair** se coiffer.
2 *(on body, of animal)* poils *m plural*; **a hair** un poil; **cat hairs** des poils de chat.

hairbrush brosse *f* à cheveux.

haircut coupe *f* de cheveux; **to have a haircut** se faire couper les cheveux.

hairdresser coiffeur *m*, -euse *f*: **he's a hairdresser** il est coiffeur.

hairdryer *(held in hand)* sèche-cheveux *m*.

The translation does not change in the plural. Do not add 's'.

hairstyle coiffure *f*.

hairy poilu.

half (*au pluriel* **halves**) **1** moitié *f*: **half of the apple, half the apple** la moitié de la pomme; **half an apple** une moitié de pomme.
2 demi *m*, -ie *f*: **ten and a half** dix et demi; **she waited an hour and a half** elle a attendu une heure et demie; **it's half past two** il est deux heures et demie; **half a day** une demi-journée; **half a dozen** une demi-douzaine.
3 to cut something in half couper quelque chose en deux.

half 1 demi: **a half day** une demi-journée; **at half price** à moitié prix.
2 à demi, à moitié: **half full** à demi plein, à moitié plein; **to be half asleep** dormir à moitié.

half-hour demi-heure *f*.

halfway à mi-chemin (**between** entre); **to fill something halfway** remplir quelque chose à moitié.

hall 1 *(big room)* salle *f*. **2** *(house entrance)* entrée *f*.

hallo! = **hello!**

halve couper en deux *(une pomme)*; réduire de moitié *(un nombre)*.

ham jambon *m*: **a ham sandwich** un sandwich au jambon.

hamburger hamburger *m*.

hammer[1] marteau *m* (-eaux *m plural*).

hammer[2]: **to hammer a nail into something** enfoncer un clou dans quelque chose.

hamster hamster *m*.

hand[1] **1** main *f*: **I have it in my hand** je l'ai à la main; **hands up if you know the answer** levez la main si vous savez la réponse; **hands off!** pas touche!; **to give** *or* **to lend someone a hand** donner un coup de main à quelqu'un.
2 *(of watch, clock)* aiguille *f*.

hand[2] *(to give)* donner (**to** à).

handbag sac *m* à main.

handicapped handicapé.

hand in remettre *(un billet, un objet trouvé)* (**to** à); **to hand in one's homework** rendre ses devoirs.

handkerchief mouchoir *m*.

handle[1] **1** *(of door, suitcase)* poignée *f*. **2** *(of knife, broom)* manche *m*. **3** *(of cup, bucket)* anse *f*. **4** *(of saucepan)* queue *f*.

handle[2] **1** *(to touch)* manipuler, manier. **2 to know how to handle**

someone savoir s'y prendre avec quelqu'un.

handlebars guidon *m*.

hand out distribuer.

hand over remettre (**to** à).

handsome beau *m* (belle *f*).

handwriting écriture *f*.

handy 1 *(practical)* pratique; *(useful)* utile: **it comes in very handy** c'est très utile. **2** *(within reach)* sous la main: **I keep it handy** je l'ai sous la main.

hang[1] **1** *(to put on a hook, a coathanger)* accrocher, suspendre, pendre (**on** à); *(to attach with string or rope)* suspendre, pendre.
2 to hang *or* **to be hanging** être accroché, être suspendu, pendre; *(of hair, washing)* pendre; **the picture was hanging on the wall** le tableau était accroché *or* suspendu *or* pendu au mur.

I hung, I have hung, I am hanging.

hang[2] pendre *(un bandit)*: **he was hanged** il a été pendu.

hang about *or* **around** *(to waste time)* traîner.

hangar hangar *m*.

hang down pendre.

hanger *(for coats)* cintre *m*.

hang out 1 *(of tongue, shirt)* pendre. **2 to hang out the washing** étendre le linge.

hang up 1 accrocher *(un tableau, un manteau)*. **2** *(on the phone)* raccrocher.

happen *(to take place)* arriver, se passer; *(of accident, disaster)* arriver: **what's happening?** qu'est-ce qui se passe?; **what happened to your teacher?** qu'est-ce qui est arrivé à ton professeur?

happiness bonheur *m*.

happy 1 *(person, face, life)* heureux *m* (-euse *f*): **to be happy to do something** être heureux de faire quelque chose.
2 *(satisfied)* content (**with someone/something** de quelqu'un/quelque chose): **I'm so happy you came** je suis vraiment content que tu sois venu.
3 Happy New Year! bonne année!

harbor *(mot américain)* = **harbour**.

harbour port *m*.

hard[1] **1** *(not soft)* dur.
2 *(difficult)* difficile, dur: **this question is too hard for me** cette question est trop difficile *or* dure pour moi; **a hard word/choice** un mot/un choix difficile.
3 *(harsh)* dur: **she's hard on me** elle est dure avec moi.

hard[2]**: to work hard** travailler dur.

hardly 1 à peine: **he hardly talks** il parle à peine. **2** presque: **hardly anyone** presque personne; **hardly ever** presque jamais.

hardware *(of computer)* matériel *m*.

hard-working travailleur *m* (-euse *f*).

hare lièvre *m*.

harm[1] mal *m*: **it won't do you any harm** ça ne te fera pas de mal.

harm[2]**: to harm someone** faire du mal à quelqu'un.

harmful *(chemical)* nocif (-ive *f*); *(insect)* nuisible; *(medicine)* dangereux *m* (-euse *f*).

harmless inoffensif *m* (-ive *f*).

harmonica harmonica *m*: **to play the harmonica** jouer de l'harmonica.

harsh *(tone, parents)* dur; *(climate)* rude; *(rules)* sévère.

harvest *(of wheat)* moisson *f*; *(of fruit)* récolte *f*.

has ▸ see **have**.

hasn't = **has not**.

hat chapeau *m* (-eaux *plural*); *(of child)* bonnet *m*; *(cap)* casquette *f*.

hatch *(of chick, egg)* éclore.

hate détester: **to hate doing something** détester faire quelque chose.

have[1] **1** avoir: **to have done something** avoir fait quelque chose; **I haven't eaten yet** je n'ai pas encore mangé; **have you finished?** as-tu terminé?
2 *(with* arriver, monter, sortir *etc and pronominal verbs)* être: **she has gone** elle est partie; **I've cut myself** je me suis coupé.
3 *(in questions and answers)* **he's finished, hasn't he?** il a terminé, n'est-ce pas?, il a terminé, non?; **he has!** oui!; **he hasn't!** non!
4 to have to do something devoir faire quelque chose; **I have to leave, I've got to leave** je dois partir.
5 to have something done faire faire quelque chose; **I had a house built** j'ai fait construire une maison.

> **to have** s'emploie comme auxiliaire, pour aider à conjuguer d'autres verbes.

have[2] **1** avoir: **she has a red car, she's got a red car** elle a une voiture rouge; **I have one brother, I've got one brother** j'ai un frère; **to let someone have something** donner quelque chose à quelqu'un.
2 prendre: **to have a shower/a drink/a lesson** prendre une douche/un verre/une leçon.
3 faire: **to have a walk/a fall/a dream** faire une promenade/une chute/un rêve.

> I have, he has, I had, I have had, I am having.

haven't = **have not**.

hay foin *m*.

he il: **he left** il est parti; **he's a teacher** il est professeur, c'est un professeur.

head 1 *(of person, animal)* tête *f*: **he had a hat on his head** il avait un chapeau sur la tête; **at the head of the government** à la tête du gouvernement.
2 *(leader)* chef *m*: **head of state** chef d'État; **head of the family** chef de famille.

headache: to have a headache avoir mal à la tête.

head for se diriger vers *(un lieu)*.

headlight phare *m*.

headmaster *(of school)* directeur *m*; *(of secondary school or collège)* principal *m* (-aux *plural*); *(of high school or lycée)* proviseur *m*.

headmistress *(of school)* directrice *f*; *(of secondary school or collège)* principale *f*; *(of high school or lycée)* proviseur *m*.

headphones casque *m*, écouteurs *m plural*.

heal *(of wound)* se cicatriser; *(of bruise, scratch)* disparaître.

health santé *f*.

healthy *(person)* en bonne santé; *(food, body, life)* sain.

heap tas *m*: **a heap of stones** un tas de pierres; **I put them in a heap** je les ai mis en tas.

hear 1 entendre: **I heard him come in** *or* **coming in** je l'ai entendu entrer; **I can't hear** je n'entends pas.
2 to hear that entendre dire que, apprendre que; **to hear the news** apprendre la nouvelle; **to hear about someone's death** apprendre la mort de quelqu'un; **we've heard about him** *or* **of him** nous avons entendu parler de lui; **to hear from someone** recevoir des nouvelles de quelqu'un.

> I heard, I have heard, I am hearing.

heart cœur *m*; **to know/to learn something by heart** savoir/apprendre quelque chose par cœur.

heart attack crise *f* cardiaque.

heat[1] chaleur *f*.

heat[2] chauffer: **let's heat the house** il faut chauffer la maison; **a heated pool** une piscine chauffée.

heater radiateur *m*.

heating chauffage *m*: **central heating** chauffage central.

heat up 1 faire chauffer *(du lait)*; *(to*

reheat) réchauffer *(une pizza)*. **2** chauffer: **the water's heating up** l'eau chauffe.

heat wave vague *f* de chaleur.

heaven ciel *m*, paradis *m*.

heavy 1 lourd: **it's too heavy** c'est trop lourd.
2 we had heavy rain nous avons eu beaucoup de pluie; **he's a heavy drinker** il boit beaucoup.
3 *(busy)* chargé: **a heavy day** une journée chargée.

Hebrew *(the language)* hébreu *m*.

he'd = **he had** *or* **he would**.

hedge haie *f*.

hedgehog hérisson *m*.

heel talon *m*.

height *(of wall, tree)* hauteur *f*; *(of person)* taille *f*; *(of plane, mountain)* altitude *f*.

held ▸ see **hold** [2].

helicopter hélicoptère *m*.

hell enfer *m*.

he'll = **he will**.

hello! bonjour!; *(when answering the phone)* allô!

helmet casque *m*.

help [1] aide *f*: **to walk with the help of a stick** marcher à l'aide d'une canne.

help [2] **1** aider: **to help someone do something** *or* **to do something** aider quelqu'un à faire quelque chose; **help!** au secours!
2 to help oneself to something se servir de quelque chose; **help yourself!** servez-vous!
3 I can't help laughing je ne peux pas m'empêcher de rire.

helpful utile: **you were very helpful** vous m'avez été très utile, vous m'avez bien rendu service.

hen poule *f*.

her [1] **1** la, *(before a vowel or silent h)* l': **I know her** je la connais; **I saw her** je l'ai vue; **help her** aidez-la.
2 elle: **with her** avec elle; **he's taller than her** il est plus grand qu'elle; **it's her** c'est elle.
3 her *or* **to her** lui; **give her the newspaper, give the newspaper to her** donne-lui le journal; **I'll give it to her** je le lui donnerai.

her [2] **1** son *m*, sa *f*, ses *plural*: **her umbrella** son parapluie; **her plate** son assiette; **her house** sa maison; **her clothes** ses vêtements.
2 *(= 'se' + 'le', 'la' or 'les' with parts of the body)* **she washes her hands** elle se lave les mains.

sa becomes **son** before a vowel or silent h.

herd troupeau *m* (-eaux *plural*).

here 1 ici: **it was here** c'était ici.
2 here is, here are voici; **here's my house** voici ma maison; **here are my pencils** voici mes crayons; **here I am** me voici.

hero *(au pluriel* **heroes***)* héros *m*.

heroine héroïne *f*.

hers le sien, la sienne, les siens, les siennes: **this toy is hers** ce jouet est à elle *or* est le sien; **my sister and hers** ma sœur et la sienne.

herself 1 elle-même: **she did it herself** elle l'a fait elle-même.
2 se, *(before a vowel or silent h)* s': **she cut herself** elle s'est coupée.
3 elle: **she thinks of herself** elle pense à elle.

he's = **he is** *or* **he has**.

hesitate hésiter (**to do** à faire).

hi! salut!

Attention: ce mot est familier.

hiccups: to have hiccups avoir le hoquet.

hide 1 cacher: **to hide something from someone** cacher quelque chose à quelqu'un. **2** se cacher: **he hid under the table** il s'est caché sous la table.

I hid, I have hidden, I am hiding.

hiding place cachette *f*.

hi-fi chaîne *f* hi-fi (chaînes hi-fi *plural*).

high 1 *(tree, mountain)* haut; **this wall is 3 metres high** ce mur fait 3 mètres de haut.
2 *(price, level, number)* élevé.
3 to have a high temperature avoir beaucoup de température.
4 a high voice une voix aiguë.
5 at high speed à grande vitesse.

higher *(number, quality)* supérieur (**than** à).

high school *(in the United States)* lycée *m*; *(in Great Britain)* collège *m*.

Remarquez que ces traductions sont des équivalents.

highway *(mot américain)* autoroute *f*.

hill colline *f*.

him 1 le, *(before a vowel or silent h)* l': **I know him** je le connais; **I saw him** je l'ai vu; **help him** aidez-le.
2 lui: **with him** avec lui; **she's taller than him** elle est plus grande que lui; **it's him** c'est lui.
3 him *or* **to him** lui; **give him the newspaper, give the newspaper to him** donne-lui le journal; **I'll give it to him** je le lui donnerai.

himself 1 lui-même: **he did it himself** il l'a fait lui-même.
2 se, *(before a vowel or silent h)* s': **he cut himself** il s'est coupé.
3 lui: **he thinks of himself** il pense à lui.

Hindu [1] *(faith, temple)* hindou.

Hindu [2] Hindou *m*, -oue *f*: **she's a Hindu** c'est une Hindoue.

hip hanche *f*.

hippopotamus hippopotame *m*.

hire louer *(une voiture)*.

his [1] **1** son *m*, sa *f*, ses *plural*: **his umbrella** son parapluie; **his plate** son assiette; **his house** sa maison; **his clothes** ses vêtements.
2 *(= 'se' + 'le', 'la' or 'les' with parts of the body)* **he washes his hands** il se lave les mains.

sa becomes **son** before a vowel or silent h.

his [2] le sien, la sienne, les siens, les siennes: **this toy is his** ce jouet est à lui *or* est le sien; **my sister and his** ma sœur et la sienne.

history histoire *f*: **French history** l'histoire de France.

hit 1 *(to strike)* frapper: **don't hit her!** ne la frappe pas!; **I hit my head on the ceiling** je me suis cogné la tête au plafond.
2 *(to bump into)* heurter *(un mur, une voiture)*; **a car hit him** une voiture l'a renversé.
3 *(of bullet, arrow)* atteindre, toucher *(une personne, une cible)*.

I hit, I have hit, I am hitting.

hive ruche *f*.

hobby *(au pluriel* **hobbies***)* passe-temps *m*: **that's my hobby** c'est mon passe-temps favori.

The translation does not change in the plural. Do not add 's'.

hockey hockey *m*: **to play hockey** jouer au hockey.

hold [1]**: to get hold of** *(to grab)* saisir, prendre; *(to find)* trouver: **she got** *or* **took** *or* **caught hold of my arm** elle m'a saisi *or* pris par le bras; **this book is difficult to get hold of** ce livre est difficile à trouver.

hold [2] **1** tenir: **they were holding hands** ils se tenaient par la main.
2 *(to contain)* contenir: **this bottle holds 3 litres** cette bouteille contient 3 litres.
3 *(to arrange)* organiser *(une fête, une exposition)*.
4 to hold one's breath retenir son souffle.

I held, I have held, I am holding.

hold on 1 *(to wait)* attendre: **hold on!** attendez!; *(on the phone)* ne quitttez pas!
2 *(to hold tightly)* **to hold on to** tenir *(la rampe, son chien)*; **hold on!** tenez

bon!
3 *(to keep)* **to hold on to** garder, conserver *(un emploi, un tableau)*.

hold out: to hold out one's hand/arm tendre la main/le bras.

hold up 1 to hold up one's hand lever la main.
2 *(to make late)* **to hold someone up** retarder *or* retenir quelqu'un.
3 *(to support)* soutenir *(une étagère)*.
4 *(to rob)* attaquer *(une banque, une personne)*.

hold-up 1 *(attack)* hold-up *m*. **2** *(traffic jam)* bouchon *m*. **3** *(delay)* retard *m*.

hole trou *m*.

holiday 1 holiday *or* **holidays** vacances *f plural*; **I'm on holiday** je suis en vacances; **to go on holiday** partir en vacances; **the school holidays** les vacances scolaires.
2 *(day off work)* congé *m*: **two days' holiday** deux jours de congé.
3 *(public holiday)* jour *m* férié; **tomorrow is a holiday** c'est férié demain.

Holland Hollande *f*: **to go to Holland** aller en Hollande; **to live in Holland** vivre en Hollande.

hollow creux *m* (creuse *f*).

holy saint.

home[1] **1** *(one's house)* maison *f*: **at home** à la maison; **make yourself at home!** mettez-vous à l'aise!
2 foyer *m*: **most homes have TV** la plupart des foyers ont la télévision.
3 *(one's country)* pays *m*, pays natal.

home[2] *(at or to one's house)* à la maison: **to go** *or* **to come home** rentrer, rentrer à la maison; **he's home** *(at home)* il est à la maison; *(now back home)* il est rentré.

homeless: to be homeless être sans abri.

home town ville *f* natale.

homework devoirs *m plural*: **my French homework** mes devoirs de français.

homosexual[1] *(person, community)* homosexuel *m* (-elle *f*).

homosexual[2] homosexuel *m*, -elle *f*: **he's a homosexual** c'est un homosexuel.

honest *(telling the truth)* franc *m* (franche *f*); *(decent, trustworthy)* honnête.

honesty honnêteté *f*.

honey miel *m*.

honk *(in car)* klaxonner.

honor *(mot américain)* = **honour.**

honour honneur *m*.

hood *(of coat)* capuchon *m*, capuche *f*.

hoof (*au pluriel* **hoofs** *or* **hooves**) sabot *m*.

hook crochet *m*; *(on clothes)* agrafe *f*; *(to catch fish)* hameçon *m*.

hooky (*or* **hookey**): *(mot américain)* **to play hooky** sécher les cours.

hoot *(in car)* klaxonner.

hoover®[1] aspirateur *m*.

hoover[2]**: to hoover a room/carpet** passer l'aspirateur dans une pièce/sur un tapis.

hop *(on one leg)* sauter à cloche-pied; *(of bird)* sautiller.

hope[1] espoir *m*.

hope[2] espérer (**that** que): **to hope to do something** espérer faire quelque chose; **to hope for something** espérer quelque chose; **I hope so** je l'espère, j'espère bien; **I hope not** j'espère que non.

hopeful optimiste; **to be hopeful that** avoir bon espoir que.

hopefully on espère que: **hopefully, it will be nice tomorrow** j'espère qu'il fera beau demain.

hopeless 1 *(person, work)* nul *m* (nulle *f*). **2** *(impossible, useless)* **it's hopeless!** ça ne sert à rien!

horizon horizon *m*: **on the horizon** à l'horizon.

horn 1 *(on animal)* corne *f*. **2** *(on car)*

klaxon® *m*.

horrible horrible.

horror horreur *f*.

horse cheval *m* (-aux *plural*).

horseback: on horseback à cheval.

hose *(of fireman)* tuyau *m* (-aux *plural*); *(for garden)* tuyau d'arrosage.

hospital hôpital *m* (-aux *plural*): **in hospital,** *(en américain)* **in the hospital** à l'hôpital.

host *(who receives guests)* hôte *m*.

hostess *(on plane, for guests)* hôtesse *f*.

hot 1 chaud: **I'm hot** j'ai chaud; **it's hot, the weather's hot** il fait chaud.
2 *(pepper, curry)* épicé.

hot dog hot dog *m*.

hotel hôtel *m*.

hour heure *f*: **a quarter of an hour** un quart d'heure; **half an hour** une demi-heure.

house maison *f*; **at my house** chez moi; **to go/to come to someone's house** aller/venir chez quelqu'un.

housewife (*au pluriel* **housewives**) femme *f* au foyer, ménagère *f*.

housework ménage *m*: **to do the housework** faire le ménage.

hovercraft aéroglisseur *m*.

how 1 comment: **how are you?** comment allez-vous?; **how do you do?** *(when being introduced)* enchanté!; **how long/how high is... ?** quelle est la longueur/la hauteur de... ?
2 how much? combien?; **how much time/money?** combien de temps/ d'argent?
3 how many? combien?; **how many students/apples?** combien d'étudiants/de pommes?

however *(yet)* cependant.

howl hurler.

hug [1] serrer dans ses bras.

hug [2]**: to give someone a hug** serrer quelqu'un dans ses bras.

huge énorme.

hullo! = **hello!**

hum *(of person)* fredonner.

human humain: **a human being** un être humain.

humor *(mot américain)* = **humour**.

humour *(fun)* humour *m*.

hump *(on camel)* bosse *f*.

hundred 1 a hundred cent; **a hundred pounds** cent livres; **two hundred pounds** deux cents livres; **two hundred and five pounds** deux cent cinq livres.
2 hundreds of des centaines de.

See **ten** for usage.

hundredth centième.

See **tenth** for usage.

hung ▸ see **hang** [1].

Hungary Hongrie *f*.

hunger faim *f*.

hungry: to be hungry avoir faim; **to make someone hungry** donner faim à quelqu'un.

hunt 1 chasser: **he hunts foxes** il chasse le renard; **she likes hunting** elle aime chasser. **2 to hunt a criminal** poursuivre un criminel. **3 to hunt for something** chercher quelque chose.

hunter chasseur *m*, -euse *f*.

hurricane ouragan *m*.

hurry [1]**: to be in a hurry** être pressé (**to do** de faire); **to do something in a hurry** faire quelque chose à la hâte; **there's no hurry** rien ne presse.

hurry [2] **1** se dépêcher (**to do** de faire).
2 bousculer: **don't hurry me!** ne me bouscule pas!

hurry up se dépêcher: **hurry up!** dépêche-toi!

hurt 1 *(causing pain)* faire mal à: **he hurt her** il lui a fait mal; **my arm hurts** mon bras me fait mal, j'ai mal au bras; **she has hurt herself, she is hurt** elle s'est fait mal; **it hurts** ça fait mal.
2 *(causing an injury)* blesser: **I've**

hurt my leg je me suis blessé à la jambe; **he hurt himself** *(with a knife)* il s'est blessé.
3 *(of words)* blesser: **this remark hurt me** *or* **hurt my feelings** cette remarque m'a blessé.

I hurt, I have hurt, I am hurting.

husband mari *m*.

hut cabane *f*.

hypermarket hypermarché *m*.

hyphen trait *m* d'union.

Ii

I **1** je, *(before a vowel or silent h)* j': **I am** je suis; **I have** j'ai. **2** *(stressed)* moi: **she and I** elle et moi.

ice glace *f*; *(on road)* verglas *m*.

ice-cold *(water, drink, hands)* glacé.

ice cream glace *f*: **strawberry ice cream** glace à la fraise.

ice cube glaçon *m*.

Iceland Islande *f*.

icing *(on cake)* glaçage *m*.

icy **1** *(ice-cold)* glacé; *(weather)* glacial. **2 the roads are icy** il y a du verglas sur les routes.

I'd = **I had** *or* **I would**.

idea idée *f*: **a good idea** une bonne idée.

ideal idéal (-als *or* -aux *m plural*).

identical identique (**to** à).

idiot idiot *m*, idiote *f*.

if si, *(before* il *or* ils*)* s': **if she comes** si elle vient; **if he comes** s'il vient; **even if** même si; **if only I had a brother** si seulement j'avais un frère; **...if not I'll do it later** ...sinon, je le ferai plus tard.

ignore **1 to ignore something** ne tenir aucun compte de quelque chose, ne prêter aucune attention à quelque chose. **2 to ignore someone** ignorer quelqu'un.

ill malade: **to be taken ill** tomber malade.

I'll = **I will**.

illness maladie *f*.

I'm = **I am**.

imagination imagination *f*.

imagine *(to see in one's mind, to suppose)* imaginer: **just imagine my surprise** imagine un peu mon étonnement; **I imagine so** j'imagine.

imitate imiter.

immediate immédiat.

immediately tout de suite, immédiatement.

impatient impatient.

importance importance *f*.

important important.

impossible impossible: **it's impossible to say** c'est impossible à dire; **it's impossible for me to come** il m'est impossible de venir.

impression impression *f*.

improve **1** améliorer *(une situation, un résultat, son anglais)*.
2 *(of weather, health)* s'améliorer; **your French has improved** tu as fait des progrès en français.
3 to improve on améliorer *(un résultat)*.

improvement amélioration *f*; *(of student, patient)* progrès *m plural*: **there's been a lot of improvement in his work** il a fait des progrès dans son travail.

in[1] **1** dans: **in the train/the book** dans le train/le livre; **I can't find anything in here** *or* **in there** je ne trouve rien là-dedans.
2 à: **in school** à l'école; **in Montreal** à Montréal; **in Japan** au Japon; **in ink** à l'encre; **the man in the black hat**

l'homme au chapeau noir.

3 en: **in Italy** en Italie; **in summer** en été; **in July** en juillet; **in Spanish** en espagnol; **in 1998** en 1998; **in black** en noir.

4 de: **in a gentle voice** d'une voix douce; **the best in the class** le meilleur de la classe; **five o'clock in the morning** cinq heures du matin.

5 *(time in the future)* dans: **in two months, in two months' time** dans deux mois.

6 *(within a period of time)* en: **I read the paper in two hours** j'ai lu le journal en deux heures.

7 in the morning/the evening le matin/le soir; **one in ten** un sur dix; **in tens** dix par dix.

in [2]**: to be in** *(at home, in work)* être là; **the train is in** le train est en gare; **to ask someone in** inviter quelqu'un à entrer.

inch pouce *m* (= 2,54 *cm*).

include comprendre: **to be included** être compris (**in** dans).

including 1 y compris: **everyone, including the queen** tout le monde, y compris la reine.

2 compris: **including service** service compris; **not including service** service non compris; **not including the children** sans compter les enfants.

income revenu *m*.

inconvenient: to be inconvenient for someone déranger quelqu'un; **if it's inconvenient** si ça vous dérange.

incorrect 1 *(number, result, answer)* faux *m* (fausse *f*), inexact.

2 *(choice, order, solution)* mauvais: **the incorrect date** la mauvaise date.

3 *(person)* **to be incorrect** avoir tort.

increase [1] augmenter: **they increased his pocket money** ils ont augmenté son argent de poche; **the prices are going to increase** les prix vont augmenter.

increase [2] augmentation *f* (**in** de).

incredible incroyable.

indeed 1 *(certainly)* en effet; **yes indeed!** bien sûr!

2 *(with* very*)* vraiment: **very big indeed** vraiment très grand; **thank you very much indeed!** merci infiniment!

independence indépendance *f*.

independent indépendant.

India Inde *f*: **to go to India** aller en Inde; **to live in India** vivre en Inde.

Indian [1] *(town, student)* indien *m* (-ienne *f*).

Indian [2] Indien *m*, -ienne *f*: **he's an Indian** c'est un Indien.

individual *(work)* individuel *m* (-elle *f*); *(case)* particulier *m* (-ière *f*).

indoor: indoor games *(played in the house)* jeux d'intérieur *m plural*; **indoor pool** piscine *f* couverte.

indoors à l'intérieur; **to go** *or* **to come indoors** rentrer.

industry (*au pluriel* **industries**) industrie *f*.

infant *(baby)* bébé *m*.

infant school *(in Great Britain)* école *f* maternelle *(5-7 ans)*.

infect infecter; **to get infected** s'infecter.

infection infection *f*: **you'll get an infection in your cut** ta coupure va s'infecter.

influence [1] influence *f* (**on** sur).

influence [2] influencer.

inform informer (**of** de, **that** que); **to keep someone informed** tenir quelqu'un au courant.

information renseignements *m plural* (**about** sur); **a piece of information** un renseignement; **to give someone some information** renseigner quelqu'un (**about** sur).

ingredient ingrédient *m*.

inhabitant habitant *m*, -ante *f*.

initials initiales *f plural*.

injection piqûre *f*.

injure blesser: **I injured my leg** je me

suis blessé à la jambe; **she's injured** elle est blessée.

injured: the injured les blessés *m plural*.

injury (*au pluriel* **injuries**) blessure *f*: **head injury** blessure à la tête.

ink encre *f*: **an ink stain** une tache d'encre.

inn auberge *f*.

innocent innocent.

insane fou *m* (folle *f*).

insect insecte *m*.

inside[1] **1** à l'intérieur: **look inside** regarde à l'intérieur; **to go** *or* **to come inside** rentrer; **inside out** *(sock, shirt)* à l'envers.
2 à l'intérieur de: **inside the box** à l'intérieur de la boîte.

inside[2] intérieur *m*: **the inside of the house** l'intérieur de la maison.

insist insister: **to insist on doing something** insister pour faire quelque chose.

inspect examiner de près; **to inspect a ticket/passport** contrôler un billet/un passeport.

inspector inspecteur *m*, -trice *f*; **ticket inspector** contrôleur *m*, -euse *f*.

instant immédiat; *(soup, drink)* instantané; **instant coffee** café *m* soluble, nescafé® *m*.

instead 1 *(showing a preference)* plutôt: **I'll come tomorrow instead** je viendrai plutôt demain.
2 *(instead of someone)* à sa place (à ta place, à leur place *etc*): **take me instead** emmenez-moi à sa place.
3 *(instead of something)* à la place: **use a hammer instead** utilisez un marteau à la place.
4 instead of something au lieu de quelque chose; **instead of someone** à la place de quelqu'un; **I went instead of her** j'y suis allé à sa place; **instead of doing something** au lieu de faire quelque chose.

instinct instinct *m*.

instruct: to instruct someone to do something charger quelqu'un de faire quelque chose.

instructions *(for use)* mode *m* d'emploi.

instrument instrument *m*: **to play an instrument** jouer d'un instrument.

insult[1] insulte *f*.

insult[2] insulter.

insurance assurance *f* (**against** contre).

intelligence intelligence *f*.

intelligent intelligent.

intend: to intend to do something avoir l'intention de faire quelque chose.

interest[1] intérêt *m*: **to show interest in something** montrer de l'intérêt pour quelque chose; **to take an interest in something** s'intéresser à quelque chose; **my interest is painting** ce qui m'intéresse, c'est la peinture.

interest[2] intéresser; **to be interested in something/someone** s'intéresser à quelque chose/quelqu'un; **I'd be interested in meeting her** ça m'intéresserait de la rencontrer.

interesting intéressant.

interfere with toucher à *(une machine)*.

international international (-aux *m plural*).

Internet Internet *m*: **on the Internet** sur Internet.

interrupt interrompre.

into 1 dans: **I put it into the box** je l'ai mis dans la boîte.
2 en: **to translate into French** traduire en français; **to break something into pieces** mettre quelque chose en morceaux.

introduce: to introduce someone to someone présenter quelqu'un à quelqu'un; **to introduce oneself** se présenter.

invalid *(ill person)* malade *m or f*; *(disabled person)* infirme *m or f*.

invent inventer.

invention invention *f*.

inverted commas guillemets *m plural*: **in inverted commas** entre guillemets.

investigate *(of police)* enquêter sur *(un crime)*.

investigation *(by police)* enquête *f* (**into** sur).

invisible invisible.

invitation invitation *f*.

invite inviter (**to** à): **to invite someone in** inviter quelqu'un à entrer.

Iran Iran *m*: **to** *or* **in Iran** en Iran.

Iraq Irak *m*: **to** *or* **in Iraq** en Irak.

Ireland Irlande *f*: **to go to Ireland** aller en Irlande; **to live in Ireland** vivre en Irlande.

Irish [1] *(town, word)* irlandais.

Irish [2] **1** *(the language)* irlandais *m*. **2** *(the people)* **the Irish** les Irlandais *m plural*.

Irishman (*au pluriel* **Irishmen**) Irlandais *m*: **he's an Irishman** c'est un Irlandais.

Irishwoman (*au pluriel* **Irishwomen**) Irlandaise *f*: **she's an Irishwoman** c'est une Irlandaise.

iron [1] **1** fer *m*: **an iron bar** une barre de fer. **2** *(for clothes)* fer *m*, fer à repasser.

iron [2] repasser *(une chemise, un pantalon)*.

ironing repassage *m*: **to do the ironing** faire le repassage; **ironing board** planche *f* à repasser.

is ▸ see **be**.

Islamic islamique.

island île *f*.

isn't = **is not**.

isolated isolé.

Israel Israël *m*: **to** *or* **in Israel** en Israël.

Israeli [1] *(town, student)* israélien *m* (-ienne *f*).

Israeli [2] Israélien *m*, -ienne *f*: **she's an Israeli** c'est une Israélienne.

it 1 *(masculine subject in French)* il: **where's my hat? - it's on the bed** où est mon chapeau? - il est sur le lit. **2** *(feminine subject)* elle: **the car is old but it's my own** c'est une vieille voiture mais elle est à moi. **3** *(masculine or impersonal object)* le, *(before a vowel or silent h)* l': **here's the book - you must read it** voici le livre - tu dois le lire; **I did it** je l'ai fait. **4** *(feminine object)* la, *(before a vowel or silent h)* l': **my letter, have you seen it?** ma lettre, est-ce que tu l'as vue?; **do you see it?** est-ce que tu la vois? **5** *(impersonal subject)* il; ce; ça: **it's snowing** il neige; **it's hot** il fait chaud; **it's good** c'est bon; **who is it?** qui est-ce?; **it depends** ça dépend; **how's it going?** ça va bien? **6 to it** lui; **give some milk to it** *(to the cat)* donne-lui du lait. **7 of it, from it, about it** en; **he died of it** il en est mort; **to talk about it** en parler.

Italian [1] *(town, word)* italien *m* (-ienne *f*); **Italian teacher** professeur d'italien.

Italian [2] **1** *(person)* Italien *m*, -ienne *f*: **she's an Italian** c'est une Italienne. **2** *(the language)* italien *m*: **Italian is hard** l'italien est difficile; **to speak Italian** parler italien.

Italy Italie *f*: **to go to Italy** aller en Italie; **to live in Italy** vivre en Italie.

itch démanger: **my leg itches** j'ai la jambe qui me démange, ma jambe me démange; **it itches** ça me démange.

itchy: I have an itchy hand j'ai la main qui me démange, ma main me démange.

it'd = **it had** *or* **it would**.

it'll = **it will**.

its son *m*, sa *f*, ses *plural*: **its fur** son poil; **its tail** sa queue; **its wings** ses ailes.

it's = **it is** *or* **it has**.

itself 1 *(masculine)* lui-même; *(feminine)* elle-même: **the house itself** la maison elle-même. **2** se, *(before a vowel or silent h)* s': **the dog hurt itself** le chien s'est fait mal.

I've = **I have**.

Jj

jacket 1 veste *f*. **2 jacket potato** pomme *f* de terre en robe des champs.

jail [1] prison *f*: **in jail** en prison; **to send to jail** mettre en prison; **to go to jail** aller en prison.

jail [2] emprisonner.

jam 1 confiture *f*: **raspberry jam** confiture de framboises. **2 traffic jam** embouteillage *m*.

jammed 1 *(machine, drawer, person)* coincé; **the window got jammed** la fenêtre s'est coincée. **2** *(with people)* bourré de monde. **3** *(with traffic)* embouteillé.

January janvier *m*: **in January** en janvier.

Japan Japon *m*: **to go to Japan** aller au Japon; **to live in Japan** vivre au Japon.

Japanese [1] *(town, word)* japonais; **Japanese man** Japonais *m*; **Japanese woman** Japonaise *f*.

Japanese [2] 1 *(the language)* japonais *m*: **Japanese is hard** le japonais est difficile; **to speak Japanese** parler japonais. **2** *(the people)* **the Japanese** les Japonais *m plural*.

jar *(for jam, honey)* pot *m*; *(large)* bocal *m* (-aux *plural*).

jaw mâchoire *f*.

jealous jaloux *m* (-ouse *f*) (**of** de).

jeans jean *m*; **a pair of jeans** un jean.

jeep® jeep® *f*.

jello® *(mot américain)* gelée *f (de fruits)*.

jelly (*au pluriel* **jellies**) *(dessert, jam)* gelée *f*.

jersey (*au pluriel* **jerseys**) tricot *m*.

jet jet *m*, avion *m* à réaction.

Jew *(man)* Juif *m*; *(woman)* Juive *f*: **he's a Jew** c'est un Juif.

jewel bijou *m* (-oux *plural*).

jeweller bijoutier *m*, -ière *f*; **jeweller's shop** bijouterie *f*.

jewellery bijoux *m plural*.

jewelry *(mot américain)* bijoux *m plural*; **jewelry store** bijouterie *f*.

Jewish juif *m* (juive *f*).

jigsaw puzzle *m*.

job 1 *(task)* travail *m* (-aux *plural*); **to have a hard job doing something** avoir du mal à faire quelque chose.
2 *(employment)* emploi *m*: **out of a job** sans emploi.

jog pousser: **he jogged my elbow** il m'a poussé le coude.

jogging jogging *m*: **to go jogging** faire du jogging.

join 1 to join someone *(to meet up with)* rejoindre quelqu'un; *(to go or come with)* aller *or* venir avec quelqu'un.
2 *(to become a member of)* s'inscrire à *(un club)*.
3 *(to put together)* joindre *(des bouts)*; raccorder *(des fils)*; relier *(des villes, des mots)*; **to join hands** se donner la main.

join in participer: **to join in something** participer à *or* prendre part à quelque chose.

joke [1] plaisanterie *f*.

joke [2] plaisanter.

jolly gai, enjoué.

Jordan Jordanie *f*: **to** *or* **in Jordan** en Jordanie.

journey (*au pluriel* **journeys**) **1** (*long*) voyage *m*: **to go on a journey** faire un voyage.
2 (*of short distance*) trajet *m*: **a bus journey** un trajet en bus.

joy joie *f*.

judge[1] juge *m*.

judge[2] juger.

jug (*for milk, water*) pot *m*; (*big-bellied*) cruche *f*.

juggle jongler.

juice jus *m*: **pineapple juice** jus d'ananas.

juicy (*fruit*) juteux *m* (-euse *f*).

July juillet *m*: **in July** en juillet.

jump[1] saut *m*; **jump rope** (*terme américain*) corde *f* à sauter.

jump[2] **1** sauter: **to jump off something/over something** sauter de quelque chose/par-dessus quelque chose; **to jump rope** (*terme américain*) sauter à la corde.
2 (*from surprise*) sursauter: **you made me jump** tu m'as fait sursauter.

jumper pull *m*, pull-over *m*.

June juin *m*: **in June** en juin.

jungle jungle *f*.

junior (*in British school*) écolier *m*, -ière *f* (*entre 7 et 11 ans*).

junior high school (*in the United States*) collège *m*.

junior school (*in Great Britain*) école *f* élémentaire (*7-11 ans*).

junk (*unwanted things*) bric-à-brac *m*; (*inferior goods*) camelote *f*.

just 1 (*exactly, only*) juste: **just before/after** juste avant/après; **just enough** juste assez; **just one** un seul, une seule; **just over ten** un peu plus de dix; **just about** à peu près; (*almost*) presque; **I just missed it** je l'ai manqué de peu.
2 (*with* as) **just as big** tout aussi grand (**as** que).
3 to have just done venir de faire; **she has/had just left** elle vient de/venait de partir.

justice justice *f*.

Kk

kangaroo (*au pluriel* **kangaroos**) kangourou *m* (-ous *plural*).

keen enthousiaste; **he's a keen sportsman** c'est un passionné de sport; **to be keen on** aimer beaucoup (*la musique, le sport*); **to be keen on doing something** (*to like*) aimer beaucoup faire quelque chose; **to be keen to do something** (*to want*) tenir beaucoup à faire quelque chose.

keep 1 garder: **keep it!** gardez-le!; **he kept his hat on** il a gardé son chapeau.
2 to keep a diary/a promise tenir un journal/une promesse.
3 (*to continue*) continuer: **to keep doing** *or* **to keep on doing something** continuer à faire quelque chose; **he keeps** *or* **keeps on complaining** il n'arrête pas de se plaindre.
4 (*to prevent*) empêcher: **to keep someone from doing something** empêcher quelqu'un de faire quelque chose; **to keep someone in/out** empêcher quelqu'un de sortir/d'entrer.
5 (*to remain*) rester: **to keep awake** rester éveillé; **to keep left** tenir sa gauche; **keep away!** ne vous approchez pas!; **'keep out'** 'défense d'entrer'.

I kept, I have kept, I am keeping.

keep up 1 *(to continue)* continuer *(ses études)*; entretenir *(son anglais)*. **2 to keep up with someone** *(in work)* suivre quelqu'un; *(in walking, running)* aller aussi vite que quelqu'un.

kennel niche *f*.

kerb: the kerb le bord du trottoir.

kettle bouilloire *f*; **the kettle's boiling** l'eau bout.

key clé *f*, clef *f*; *(of piano, computer)* touche *f*.

keyboard clavier *m*.

kick [1] coup *m* de pied.

kick [2] donner un coup de pied à *(une personne)*; donner un coup de pied dans *(un ballon, une porte)*; **she was kicking** elle donnait des coups de pied.

kid *(child)* gosse *m or f*; **my kid brother** mon petit frère.

Attention: ce mot est familier.

kidney (*au pluriel* **kidneys**) rein *m*.

kill tuer; **he got killed** il s'est fait tuer.

killer *(murderer)* meutrier *m*, -ière *f*; *(professional)* tueur *m*, -euse *f*.

kilo (*au pluriel* **kilos**) kilo *m*: **70 pence a kilo** 70 pence le kilo.

kilogram (*or* **kilogramme**) kilogramme *m*.

kilometre kilomètre *m*.

kind [1] sorte *f*: **a kind of** une sorte de; **all kinds of** toutes sortes de; **what kind of dog is it?** qu'est-ce que c'est comme chien?

kind [2] *(friendly)* gentil *m* (-ille *f*) (**to** avec).

kindergarten *(mot américain)* maternelle *f*.

kindness gentillesse *f*.

king roi *m*.

kingdom royaume *m*.

kiosque 1 *(stand)* kiosque *m*. **2** *(for phone)* cabine *f*.

kiss [1] baiser *m*.

kiss [2] **1 to kiss someone** embrasser quelqu'un. **2** *(to kiss each other)* s'embrasser: **they kissed** ils se sont embrassés.

kitchen cuisine *f*.

kite *(toy)* cerf-volant *m* (cerfs-volants *plural*).

kitten chaton *m*.

knee genou *m* (-oux *plural*): **to be on one's knees** être à genoux.

kneel (*or* **kneel down**) se mettre à genoux, s'agenouiller; **to be kneeling** *or* **kneeling down** être à genoux.

I knelt *or* kneeled, I have knelt *or* kneeled, I am kneeling.

knew ▸ see **know**.

knickers *(women's underwear)* slip *m*; *(longer)* culotte *f*.

knife (*au pluriel* **knives**) couteau *m* (-eaux *plural*).

knight chevalier *m*.

knit tricoter: **I knitted her some gloves** je lui ai tricoté des gants.

knitting tricot *m*: **to do knitting** faire du tricot.

knob *(on door)* bouton *m*.

knock [1] frapper: **to knock at** *or* **on the door** frapper à la porte; **to knock one's head** se cogner la tête (**on** contre).

knock [2] coup *m*; **there was a knock at the door** on a frappé à la porte.

knock down 1 renverser: **he was knocked down by a car** il a été renversé par une voiture. **2** abattre, démolir *(un mur)*.

knock in enfoncer *(un clou)*.

knock out *(to hit on the head)* **to knock someone out** assommer quelqu'un; *(in boxing)* mettre quelqu'un K.-O.

knock over renverser *(un vase, un verre)*.

knot nœud *m*.

know 1 connaître *(une personne, un lieu, un métier, les règles)*: **I know a**

good doctor je connais un bon médecin; **to get to know someone** apprendre à connaître quelqu'un.
2 savoir: **to know that** savoir que; **to know if/why/how/when** savoir si/pourquoi/comment/quand; **I know what she wants** je sais ce qu'elle veut; **to know how to swim/to knit** savoir nager/tricoter; **to know French** savoir parler français; **I know!** je sais!; **I don't know!** je ne sais pas!; **I'll let you know** je vous le ferai savoir.
3 to know about something *(to have heard about)* être au courant de quelque chose; **to know about cars/sewing** *(to be an expert in)* s'y connaître en voitures/en couture.

I knew, I have known.

knowledge connaissance *f*, savoir *m*.

known *(well-known)* connu: **he isn't known in France** il n'est pas connu en France.

Kuwait Koweït *m*: **to** *or* **in Kuwait** au Koweït.

Ll

label étiquette *f*.

labourer ouvrier *m*, -ière *f*, manœuvre *m*; *(on farm)* ouvrier *m* agricole.

lace 1 dentelle *f*: **a lace curtain** un rideau en dentelle. **2** *(for shoes)* lacet *m*.

lack manque *m* (**of** de).

lad garçon *m*.

ladder échelle *f*: **to climb up a ladder** monter à une échelle.

lady *(au pluriel* **ladies**) **1** dame *f*; **a young lady** une jeune fille; *(married)* une jeune femme; **a lady doctor** une femme médecin.
2 the ladies' room, the ladies les toilettes pour dames; **ladies' clothes** vêtements pour dames.

ladybird coccinelle *f*.

ladybug *(mot américain)* = **ladybird**.

lake lac *m*.

lamb agneau *m* (-eaux *plural*).

lame: to be lame boiter.

lamp lampe *f*.

lamppost lampadaire *m*, réverbère *m*.

land¹ 1 terre *f*; *(piece of land)* terrain *m*. **2** *(country)* pays *m*.

land² *(of plane)* atterrir.

landing 1 atterrissage *m*. **2** *(at top of stairs)* palier *m*.

landscape paysage *m*.

lane 1 *(in the country)* chemin *m*. **2** *(part of road)* voie *f*, file *f*.

language 1 *(of a country)* langue *f*: **a language teacher** un professeur de langues. **2** *(way of expressing oneself)* langage *m*.

lap genoux *m plural*: **on my lap** sur mes genoux.

large *(in size)* grand; *(in volume)* gros *m* (grosse *f*).

lark *(bird)* alouette *f*.

laser laser *m*.

last¹ dernier *m* (-ière *f*): **the last paragraph** le dernier paragraphe; **last month** le mois dernier; **the last three numbers** les trois derniers chiffres; **the last one, the last** le dernier, la dernière.

last² 1 pour la dernière fois: **when did you last see her?** quand l'as-tu vue pour la dernière fois?; **when I saw her last** la dernière fois que je l'ai vue.
2 *(last of all)* **to do something last** faire quelque chose en dernier; **she arrived last** elle est arrivée la dernière *or* en dernier.

3 at last enfin.

last[3] durer: **it lasted three months** ça a duré trois mois.

late[1] **1** *(not on time)* en retard: **to be/ to arrive late** être/arriver en retard; **you're late for school** tu ne seras pas à l'école à l'heure; **to be an hour late** avoir une heure de retard; **to make someone late** mettre quelqu'un en retard.
2 *(in the day)* tard: **it's late** il est tard; **it's getting late** il se fait tard; **later, later on** plus tard.

late[2]: **to have a late night** se coucher tard; **in late summer** à la fin de l'été.

lately ces derniers temps.

Latin *(the language)* latin *m*.

laugh[1] rire *m*.

laugh[2] rire: **you make me laugh** tu me fais rire; **to laugh at someone** se moquer de quelqu'un.

laundry (*au pluriel* **laundries**) **1** *(clothes)* linge *m*; **to do the laundry** faire la lessive. **2** *(place)* blanchisserie *f*.

lavatory (*au pluriel* **lavatories**) toilettes *f plural*.

law 1 *(rule, rules)* loi *f*; **against the law** illégal. **2** *(study)* le droit.

lawn pelouse *f*.

lawnmower tondeuse *f*, tondeuse à gazon.

lay[1] **1** *(to put)* poser; *(to spread out)* étendre; **to lay the table** mettre la table. **2** *(of bird)* pondre *(un œuf)*.

I laid, I have laid, I am laying.

lay[2] ▸ see **lie**[3].

lay down *(to put down)* poser; *(to put flat)* coucher *(un bébé)*.

lazy paresseux *m* (-euse *f*).

lead[1] **1** *(metal)* plomb *m*. **2** *(in pencil)* mine *f*.

lead[2] **1** mener: **to lead someone to** mener quelqu'un à; **this road leads to the town** cette route mène à la ville; **to lead a happy life** mener une vie heureuse; **to lead by two goals to one** mener par deux buts à un.
2 diriger *(une équipe)*.
3 to lead the way montrer le chemin.
4 *(of runner in race)* être en tête.

I led, I have led, I am leading.

lead[3] **1 to be in the lead** *(of runner)* être en tête; *(of team)* mener. **2** *(strap for dog)* laisse *f*.

leader *(of team, group)* chef *m*; *(of country, party)* dirigeant *m*, -ante *f*.

lead to *(to cause)* causer.

leaf (*au pluriel* **leaves**) feuille *f*.

leak[1] *(of water)* fuite *f*: **gas leak** fuite de gaz.

leak[2] *(of gas, water, tap)* fuir: **the bath is leaking** la baignoire fuit.

lean 1 *(of person)* s'appuyer: **to lean on/against something** s'appuyer sur/contre quelque chose.
2 to lean *or* **to lean over** *(of person)* se pencher; *(of tree, wall)* pencher; **to lean out of the window** se pencher par la fenêtre.
3 *(to place)* appuyer: **lean your head on my shoulder** appuie ta tête sur mon épaule; **the bicycle was leaning against the wall** la bicyclette était appuyée contre le mur.

I leant *or* leaned, I have leant *or* leaned, I am leaning.

lean forward se pencher en avant.

leap bondir, sauter.

I leapt *or* leaped, I have leapt *or* leaped, I am leaping.

learn apprendre: **to learn to do something** *or* **how to do something** apprendre à faire quelque chose; **to learn about something** *(to study)* étudier quelque chose.

I learnt *or* learned, I have learnt *or* learned, I am learning.

learner débutant *m*, -ante *f*.

least[1]: **the least** le moins de; *(the slightest)* le moindre; **she has the least money** c'est elle qui a le moins d'argent; **the least effort** le moindre effort.

least[2] **1 the least** le moins; **I have the least** c'est moi qui en ai le moins. **2 at least** du moins; *(with prices, amounts)* au moins.

least[3] *(to work, to pay)* le moins: **I like that least** *or* **the least** c'est ça que j'aime le moins; **the least intelligent/expensive** le moins intelligent/cher.

leather cuir *m*: **a leather bag** un sac en cuir.

leave 1 *(not to take something, to let something stay)* laisser: **I left my scarf at home** j'ai laissé mon écharpe à la maison; **he left the window open** il a laissé la fenêtre ouverte.
2 *(to forget)* oublier: **I left it in the car** je l'ai oublié dans la voiture.
3 *(to go away from)* quitter: **to leave the house** quitter la maison.
4 *(to go away)* partir: **I'm leaving** je pars.

I left, I have left, I am leaving.

leave behind *(not to take)* laisser.

leave out oublier *(un accent, un mot)*.

Lebanon Liban *m*: **to** *or* **in Lebanon** au Liban.

leek poireau *m* (-eaux *plural*).

left[1] *(remaining)* **to be left** rester; **there's no bread left** *or* **left over** il ne reste plus de pain; **we have ten minutes left** il nous reste dix minutes.

left[2] **1** *(hand, side, glove)* gauche. **2** à gauche: **to turn/to look left** tourner/regarder à gauche.

left[3]**: the left** la gauche; **on the left** à gauche; **it's to the left of the armchair** c'est à gauche du fauteuil.

left-hand *(window, drawer)* de gauche; **on the left-hand side** à gauche.

leg 1 jambe *f*; *(of animal)* patte *f*. **2 chicken leg** cuisse *f* de poulet. **3 table leg** pied *m* de table.

leisure: leisure *or* **leisure time** loisirs *m plural*.

lemon citron *m*: **a lemon tea** un thé au citron.

lemonade *(fizzy)* limonade *f*; *(still)* citronnade *f*.

lend prêter (**to** à).

I lent, I have lent, I am lending.

length longueur *f*.

lens *(of glasses)* verre *m*; **contact lens** lentille *f*, lentille de contact.

leopard léopard *m*.

less[1] moins de: **less time/money** moins de temps/d'argent (**than** que).

less[2] **1** moins: **she has less than me** elle en a moins que moi; **a bit less** un peu moins.
2 less than *(with amounts, numbers)* moins de; **less than a kilo** moins d'un kilo; **less than ten** moins de dix.

less[3] *(to work, to pay)* moins: **I like that less** j'aime moins ça; **less intelligent/expensive** moins intelligent/cher (**than** que); **less and less** de moins en moins; **one less** un de moins.

lesson leçon *f*.

let 1 *(to allow)* laisser: **to let someone do something** laisser quelqu'un faire quelque chose; **to let someone have something** donner quelque chose à quelqu'un; **to let go of someone, to let someone go** lâcher quelqu'un; **to let someone in/out** laisser entrer/sortir quelqu'un.
2 *(making suggestions)* **let's stay here** restons ici; **let's go for a walk** allons nous promener; **let's go!** allons-y!
3 'house to let' 'maison à louer'.

I let, I have let, I am letting.

let down *(to disappoint)* décevoir.

letter lettre *f*.

letterbox boîte à *or* aux lettres.

lettuce laitue *f*.

level[1] **1** *(flat)* plat; *(not sloping)* horizontal (-aux *m plural*). **2** *(equal in score)* à égalité.

level² niveau *m* (-eaux *plural*).

liar menteur *m*, -euse *f*.

library (*au pluriel* **libraries**) bibliothèque *f*

lick lécher.

lid (*of box*) couvercle *m*.

lie¹ (*not to tell the truth*) mentir (**to** à): **you're lying!** tu mens!

I lied, I have lied, I am lying.

lie² mensonge *m*.

lie³: to lie *or* **to lie down** s'allonger (**on** sur); **to be lying** *or* **lying down** être allongé.

I lay, I have lain *(rare)*, I am lying.

lie around traîner: **to leave something lying around** laisser traîner quelque chose.

life (*au pluriel* **lives**) vie *f*.

lifebelt bouée *f* de sauvetage.

lifeboat canot *m* de sauvetage.

life jacket gilet *m* de sauvetage.

life preserver (*terme américain*) bouée *f* de sauvetage.

lift¹ soulever (*une boîte, une personne*).

lift² **1** (*elevator*) ascenseur *m*. **2 to give someone a lift** emmener quelqu'un en voiture (**to** à).

lift up lever (*le bras*); soulever (*une boîte*).

light¹ **1** lumière *f*; (*lamp*) lampe *f*; (*headlight*) phare *m*; **the lights** (*traffic lights*) les feux *m plural*; **to switch on/off a light** allumer/éteindre une lumière.
2 (*fire*) feu *m*: **to set light to** mettre le feu à; **have you got a light?** avez-vous du feu?

light² allumer (*une allumette, un feu, le gaz*).

I lit, I have lit, I am lighting.

light³ **1** (*not heavy*) léger *m* (-ère *f*). **2** (*not dark, bright*) clair: **a light green/blue jacket** une veste vert clair/bleu clair; **this room is very light** cette pièce est très claire.

light bulb ampoule *f*.

lighter (*for cigarettes*) briquet *m*.

lighthouse phare *m*.

lightning **1** (*flashes*) éclairs *m plural*: **there's lightning** il y a des éclairs; **a flash of lightning** un éclair.
2 la foudre: **to be struck by lightning** être frappé par la foudre.

like¹ comme: **like her** comme elle; **like that** comme ça; **what's he like?** comment est-il?; **to look like someone/something** ressembler à quelqu'un/quelque chose.

like² **1** aimer: **I like/I don't like chocolate** j'aime/je n'aime pas le chocolat; **I like music** j'aime *or* j'aime bien la musique; **I like playing chess, I like to play chess** j'aime *or* j'aime bien jouer aux échecs.
2 aimer bien (*une personne*): **I like you** je vous aime bien.
3 I would like je voudrais; **I'd like a kilo of apples** je voudrais un kilo de pommes; **I'd like to leave** je voudrais partir; **would you like an apple?** voulez-vous une pomme?; **if you like** si vous voulez.
4 I would like j'aimerais; **I would like to go to the theatre** j'aimerais aller au théâtre; **I would like him to come** j'aimerais qu'il vienne.

likely probable: **it's likely she'll come** il est probable qu'elle viendra; **she's likely to come** elle viendra probablement.

limb membre *m*.

limit¹ limite *f*.

limit² limiter (**to** à).

limp boiter.

line **1** ligne *f*; (*for highlighting or crossing out*) trait *m*; (*of poem*) vers *m*: **to draw a line** tracer une ligne, tirer un trait.
2 (*of people, cars*) file *f*; **to stand in line** faire la queue; **to cut in line** (*terme américain*) resquiller.
3 (*rails for train*) voie *f*.

linen *(sheets)* linge *m*.

line up *(of people)* se mettre en file.

link [1] lien *m* (**between** entre).

link [2] *(to connect)* relier (**to** à).

lino (*au pluriel* **linos**) lino *m*, linoléum *m*.

lion lion *m*.

lip lèvre *f*.

lipstick rouge *m* à lèvres.

liquid liquide *m*.

list [1] liste *f*.

list [2] faire la liste de.

listen écouter; **to listen to something/someone** écouter quelque chose/quelqu'un.

lit: **this room is well/badly lit** cette pièce est bien/mal éclairée. ▸ *see* **light** [2].

liter *(mot américain)* = **litre**.

litre litre *m*.

litter *(in street)* détritus *m plural*; *(papers)* papiers *m plural*.

litter bin poubelle *f*.

little [1] petit: **a little house** une petite maison.

little [2] **1** *(not much)* peu de: **very little time** très peu de temps.
2 peu: **she eats very little** elle mange très peu.
3 *(a small amount)* **a little** un peu de: **a little money** un peu d'argent.
4 a little un peu: **do you want some water? - yes, a little** tu veux de l'eau? - oui, un peu; **a little tired** un peu fatigué; **I work a little** je travaille un peu.
5 little by little peu à peu.

live [1] **1** *(to exist)* vivre: **he lives in poverty** il vit dans la pauvreté.
2 *(to live in a place)* habiter, vivre: **she lives in London** elle habite Londres *or* à Londres, elle vit à Londres.

live [2] en direct: **a live broadcast** une émission en direct.

lively *(person, street)* vivant.

liver foie *m*.

living [1] vie *f*: **to earn** *or* **to make a living** gagner sa vie; **he makes a good living** il gagne bien sa vie.

living [2] *(animal, being)* vivant.

living room salon *m*, salle *f* de séjour.

lizard lézard *m*.

load 1 *(something carried)* charge *f*. **2 loads of** *or* **a load of people/money** un tas de gens/d'argent.

Attention: cette dernière expression est familière.

load (*or* **load up**) charger *(un camion, un navire)* (**with** de).

loaf (*au pluriel* **loaves**) pain *m*; **a French loaf** une baguette.

loan *(money borrowed)* emprunt *m*: **to take out a loan** faire un emprunt; **I asked him for a loan** je lui ai demandé de l'argent; **she gave me a loan** elle m'a prêté de l'argent.

lobster homard *m*.

local local (-aux *m plural*); *(of the neighbourhood)* du quartier, de quartier; **the doctor is local** le médecin est tout près d'ici.

locally *(to live)* dans le quartier.

lock [1] **1** fermer à clé *(une porte)*. **2 to lock someone in** enfermer quelqu'un; **to lock someone out** enfermer quelqu'un dehors.

lock [2] *(on door)* serrure *f*.

locker room vestiaire *m*.

lock up fermer à clé.

loft grenier *m*.

log *(for the fire)* bûche *f*.

logical logique.

lollipop sucette *f*.

lolly (*au pluriel* **lollies**) **lolly** *or* **ice lolly** glace *f* à l'eau.

London Londres *m or f*.

lonely *(person)* seul; *(life)* solitaire; *(place)* isolé.

long [1] **1** *(in size)* long (longue *f*); **this wall is 5 metres long** ce mur a *or* fait 5 mètres de long.
2 *(in time)* long (longue *f*); **I waited a**

long time j'ai attendu longtemps; **I've been waiting a long time** j'attends depuis longtemps; **how long has she been here?** depuis combien de temps est-elle ici?; **the film is three hours long** le film dure trois heures.

long [2] **1** longtemps: **she won't stay long** elle ne restera pas longtemps; **I won't be long** je n'en ai pas pour longtemps; **don't be long!** dépêche-toi!
2 as long as aussi longtemps que, tant que; *(provided that)* du moment que; *(since)* puisque.

long [3]**: to long to do something** avoir très envie de faire quelque chose.

longer: no longer ne plus; **she no longer swims** elle ne nage plus.

loo toilettes *f plural*.

Attention: ce mot est familier.

look [1] **1 to have** *or* **to take a look** jeter un coup d'œil (**at** à); **let me have a look** fais voir; **to have a look for something** chercher quelque chose.
2 *(appearance, expression)* air *m*.

look [2] **1** regarder: **look!** regarde!
2 *(to seem)* avoir l'air: **she looks tired** elle a l'air fatiguée; **it looks dangerous** ça a l'air dangereux; **you look as if you've drunk too much** tu as l'air d'avoir trop bu; **you look like a doctor** vous avez l'air d'un médecin; **she looks like her mother** *(family likeness)* elle ressemble à sa mère.

look after 1 *(to deal with)* s'occuper de *(quelque chose, quelqu'un)*; soigner *(un malade)*. **2** *(to keep safely)* garder (**for someone** pour quelqu'un).

look around 1 regarder autour de soi; *(to have a look)* jeter un coup d'œil. **2** *(to visit)* visiter; *(to walk around)* faire un tour.

look at regarder.

look down baisser les yeux.

look for chercher.

look forward to attendre avec impatience.

look on to *(of window)* donner sur *(la rue, la mer)*.

look out faire attention (**for** à): **look out!** attention!

look over *or* **through** examiner; *(quickly)* parcourir *(un journal)*.

look round 1 *(to turn one's head)* se retourner. **2** = **look around**.

look up 1 lever les yeux. **2 to look up a word** chercher un mot.

loose *(knot, belt)* desserré; *(tooth)* qui bouge; *(page)* détaché; *(clothes)* ample.

loosen desserrer *(un nœud)*.

lord seigneur *m*.

lorry *(au pluriel* **lorries**) camion *m*.

lose perdre; **to get lost** *(of person)* se perdre; **the ticket got lost** on a perdu le billet.

I lost, I have lost, I am losing.

loss perte *f*.

lost perdu.

lot 1 a lot of, lots of beaucoup de; **a lot of** *or* **lots of people/money** beaucoup de gens/d'argent.
2 a lot beaucoup; **I read a lot** je lis beaucoup; **he has a lot** il en a beaucoup; **the lot** *(everything)* le tout.
3 quite a lot of pas mal de; **quite a lot of books** pas mal de livres; **I have quite a lot** j'en ai pas mal.
4 such a lot tellement (**of** de).

lottery *(au pluriel* **lotteries**) loterie *f*.

loud *(sound, voice, TV)* fort: **it's too loud** c'est trop fort.

lousy *(food, weather, mood)* infect; *(film, trip)* affreux *m* (-euse *f*).

Attention: ce mot est familier.

love [1] amour *m*; **to be in love with someone** être amoureux de quelqu'un; **they're in love** ils s'aiment.

love [2] **1** aimer *(une personne)*: **he loves her** il l'aime; **she loves her parents** elle aime ses parents.

2 *(to like very much)* aimer beaucoup, adorer *(une personne, le chocolat)*: **to love doing something** *or* **to do something** aimer beaucoup faire *or* adorer faire quelque chose.

lovely *(pleasant)* agréable; *(very good)* excellent; *(beautiful)* beau *m* (belle *f*); *(charming)* charmant.

low[1] bas *m* (basse *f*); *(speed, income)* faible.

low[2] bas: **to fly low** voler bas; **put it lower** *or* **lower down** mettez-le plus bas.

low-fat *(cheese, yoghurt)* allégé.

luck chance *f*: **good luck!** bonne chance!; **it brings me luck ça me porte bonheur.**

lucky: to be lucky avoir de la chance (**to do** de faire); **it's lucky I was there** heureusement que j'étais là.

luggage bagages *m plural*.

lump 1 *(piece)* morceau *m* (-eaux *plural*). **2** *(bump)* bosse *f*.

lunch déjeuner *m*; **to have lunch** déjeuner.

lunchbox *(child's)* boîte *f* à sandwichs.

lung poumon *m*.

luxury luxe *m*.

lying ▸ see **lie**[1] & [3].

Mm

mac *(raincoat)* imper *m*, imperméable *m*.

Attention: ce mot est familier.

macaroni macaronis *m plural*.

machine machine *f*.

mad 1 *(crazy)* fou *m* (folle *f*): **to drive someone mad** rendre quelqu'un fou. **2** *(angry)* furieux *m* (-euse *f*) (**at** contre).
3 to be mad about tennis/music *(to like very much)* adorer le tennis/la musique.

Attention: ce dernier sens est familier.

madam madame *f*.

made: it's made of wood/gold c'est en bois/en or. ▸ see **make**.

madman (*au pluriel* **madmen**) fou *m* (fous *plural*).

madness folie *f*: **it's madness** c'est de la folie.

magazine magazine *m*, revue *f*.

magic[1] magie *f*: **as if by magic** comme par magie.

magic[2] magique: **a magic wand** une baguette magique; **a magic trick** un tour de magie.

magician *(entertainer)* prestidigitateur *m*, -trice *f*; *(wizard)* magicien *m*, -ienne *f*.

magnet aimant *m*.

magnifying glass loupe *f*.

maid *(in house)* domestique *f*; *(live-in)* bonne *f*; *(in hotel)* femme *f* de chambre.

mail[1] **1** *(letters)* courrier *m*. **2** *(service)* la poste: **by mail** par la poste.

mail[2] poster *(une lettre)*.

mailbox boîte à *or* aux lettres.

mailman (*au pluriel* **mailmen**) *(mot américain)* facteur *m*.

main principal (-aux *m plural*); **that's the main thing** c'est l'essentiel; **a main road** une route à grande circulation.

mainly surtout.

maize maïs *m*.

majority majorité *f* (**of** de); **the majority of the time** la plupart du temps.

make[1] **1** faire *(du bruit, un gâteau,*

une faute): **to make the bed** faire le lit; **to make friends** se faire des amis; **six and four make ten** six et quatre font dix; **to make someone do something** *(to force someone)* obliger quelqu'un à faire quelque chose; **to make someone laugh/wait** faire rire/attendre quelqu'un.
2 *(to produce)* fabriquer *(une voiture, un outil)*.
3 *(to earn)* gagner: **to make money** gagner de l'argent.
4 préparer *(un repas, un café)* (**for** à).
5 *(to cause to be)* **to make someone happy/ill** rendre quelqu'un heureux/malade; **to make oneself useful** se rendre utile.

I made, I have made, I am making.

make[2] *(of car)* marque *f*.

make out 1 *(to see)* distinguer. **2** *(to understand)* comprendre. **3** *(to write)* faire *(une liste, un chèque)*.

make up 1 inventer *(une histoire, une excuse)*; écrire *(un poème)*.
2 *(to form)* former *(une équipe)*; faire *(une liste)*; **to be made up of** se composer de.
3 to make up *or* **to make it up** *(of friends)* se réconcilier.

make-up: to put on make-up *or* **one's make-up** se maquiller.

male[1] mâle *m*: **in the male** chez le mâle.

male[2] **1** *(animal)* mâle: **a male elephant** un éléphant mâle. **2** *(clothes, body)* masculin; **a male student** un étudiant.

mall: mall *or* **shopping mall** centre commercial *m* (centres commerciaux *plural*).

Malta Malte *f*: **to** *or* **in Malta** à Malte.

man *(au pluriel* **men**) homme *m*; **men's clothes** des vêtements d'homme.

manage 1 *(to succeed)* y arriver; **I'll manage!** j'y arriverai!; **to manage to do something** réussir à *or* arriver à faire quelque chose.
2 *(to deal with a situation, to get by)* se débrouiller; **to manage to do something** *(to try to do it by being smart)* se débrouiller pour faire quelque chose.
3 *(to run)* diriger *(une entreprise, une équipe)*.

manager *(of company)* directeur *m*, -trice *f*; *(of shop, store, café)* gérant *m*, -ante *f*.

maniac fou *m*, folle *f*.

manner 1 *(way)* manière *f*: **in a responsible manner** d'une manière responsable.
2 *(behaviour)* **manners** manières *f plural*; **to have good manners** avoir de bonnes manières; **it's bad manners to do that** il est mal élevé de faire cela.

many 1 beaucoup de: **I don't have many books** *or* **very many books** je n'ai pas beaucoup de livres; **many times** bien des fois; **she has as many books as me** elle a autant de livres que moi; **a good many people** un grand nombre de gens.
2 beaucoup: **I don't have many** *or* **very many** je n'en ai pas beaucoup.

map *(of country, region)* carte *f*; *(of town)* plan *m*.

marble *(glass ball)* bille *f*: **to play marbles** jouer aux billes.

march *(of soldiers)* défiler.

March mars: **in March** en mars.

mare jument *f*.

margarine margarine *f*.

mark[1] **1** *(stain)* tache *f*; *(trace)* trace *f*; *(sign)* marque *f*. **2** *(for school exercise)* note *f*.

mark[2] **1** *(with sign, trace)* marquer; *(to stain)* tacher. **2** *(of teacher)* corriger: **to mark a paper/an exam** corriger une copie/un examen.

market marché *m*.

marmalade confiture *f* d'oranges.

marriage mariage *m*.

married marié: **she's married** elle est

mariée; **to get married** se marier (**to** avec).

marry épouser.

mashed potatoes purée *f (de pommes de terre).*

mask masque *m.*

mass 1 a mass of *(many)* une foule de *(gens, questions)*; **a mass of snow/dust** une masse de neige/de poussière. **2** *(church service)* messe *f.*

massive énorme.

mast *(of ship)* mât *m.*

master maître *m*; *(secondary school teacher)* professeur *m.*

mat 1 *(on floor)* petit tapis *m*; *(at door of house)* paillasson *m.* **2 mat** *or* **table mat** set *m* de table.

match [1] **1** allumette *f*: **a box of matches** une boîte d'allumettes. **2** *(of soccer, baseball)* match *m*: **boxing match** match de boxe.

match [2] *(to go with each other)* aller bien ensemble, être assortis; **to match something** *(of clothes, colour)* aller bien avec quelque chose.

matchbox boîte *f* d'allumettes.

matching *(dress, shirt)* assorti.

material 1 matière *f*: **raw materials** matières premières. **2** *(cloth)* tissu *m.*

math *(mot américain)* = **maths.**

mathematics mathématiques *f plural.*

maths maths *f plural.*

matter [1] **1** *(question)* affaire *f*, question *f.*
2 what's the matter? qu'est-ce qu'il y a?; **what's the matter with you?** qu'est-ce que tu as?; **there's something the matter** il y a quelque chose qui ne va pas; **there's something the matter with my arm** j'ai quelque chose au bras.

matter [2] être important; **it doesn't matter if/when/who** peu importe si/quand/qui; **it doesn't matter** ça n'a pas d'importance; *(I don't care)* ça ne fait rien.

mattress matelas *m.*

may 1 *(possibility)* pouvoir: **she may** *or* **might come at any moment** elle peut *or* pourrait arriver d'un moment à l'autre; **I may** *or* **might come** je viendrai peut-être; **she may** *or* **might be ill** elle est peut-être malade; **we may** *or* **might as well leave** on ferait aussi bien de partir.
2 *(permission)* pouvoir: **may I come in?** est-ce que je peux entrer?; **you may come in** vous pouvez entrer; **may I?** *(smoke, open the window)* vous permettez?

May mai *m*: **in May** en mai.

maybe peut-être: **maybe he's tired** peut-être qu'il est fatigué; **maybe not** peut-être que non.

me 1 me, *(before a vowel or silent h)* m': **he knows me** il me connaît; **he saw me** il m'a vu.
2 moi: **with me** avec moi; **you're taller than me** tu es plus grand que moi; **it's me** c'est moi; **help me** aidez-moi.
3 me *or* **to me** moi; **give me the ball, give the ball to me** donnez-moi le ballon; **she'll give it to me** elle me le donnera.

meadow pré *m.*

meal repas *m*: **to have a meal** prendre un repas; **to make** *or* **to cook a meal** préparer un repas.

mean [1] **1** vouloir dire: **what does that mean?** qu'est-ce que ça veut dire?; **what do you mean by that?** que voulez-vous dire par là?
2 *(to intend)* **to mean to do something** avoir l'intention de faire quelque chose; **I mean it!** je suis sérieux!; **I didn't mean to!** je ne l'ai pas fait exprès; **these flowers are meant for you** ces fleurs sont pour vous; **you're meant to be standing** tu es censé rester debout.

I meant, I have meant.

mean [2] **1** *(with money)* avare. **2** *(nasty)* méchant (**to** avec).

meaning sens *m*.

means *(way)* moyen *m* (**to do, of doing** de faire, pour faire); **by means of** au moyen de *(clé, échelle)*.

meanwhile *(while something else is happening)* en attendant; *(during this time)* pendant ce temps.

measles rougeole *f*.

measure mesurer *(la longueur, une personne)*; **the carpet measures 3 metres by 2** le tapis mesure 3 mètres sur 2.

measurement *(of room, furniture)* dimension *f*; **chest/waist measurement** tour *m* de poitrine/de taille.

meat viande *f*.

mechanic mécanicien, -ienne *m or f*.

mechanism mécanisme *m*.

medal médaille *f*.

medical médical *m* (-aux *m plural*); *(student)* en médecine; *(studies)* de médecine.

medicine 1 *(drug)* médicament *m*. **2** *(science)* médecine *f*.

Mediterranean 1 *(country, climate)* méditerranéen *m* (-enne *f*). **2 the Mediterranean** la Méditerranée.

medium *(size, height)* moyen *m* (-enne *f*); **a medium-sized town** une ville moyenne.

meet 1 *(to bump into by chance)* rencontrer: **to meet someone** rencontrer quelqu'un.
2 *(to bump into each other)* se rencontrer: **we met** nous nous sommes rencontrés.
3 *(to arrange to see)* retrouver: **to meet someone** retrouver quelqu'un; **I'm meeting a friend** j'ai rendez-vous avec un ami.
4 *(to arrange to see each other)* se retrouver: **we met** nous nous sommes retrouvés.
5 *(to go and get)* aller chercher.
6 *(to be introduced to)* faire la connaissance de.

I met, I have met, I am meeting.

meeting 1 *(in business, of club)* réunion *f*.
2 *(between two people, between groups)* rencontre *f*.
3 *(arranged)* rendez-vous *m*: **I have a meeting with a friend/the boss** j'ai rendez-vous avec un ami/le patron.

melon melon *m*.

melt *(of ice, butter)* fondre: **my ice cream is melting** ma glace est en train de fondre.

member *(of group)* membre *m*.

memory (*au pluriel* **memories**) **1** mémoire *f*: **to have a good memory** avoir bonne mémoire.
2 *(something remembered)* souvenir *m*: **I have pleasant memories of...** j'ai gardé un bon souvenir de... .

men ▸ see **man**.

mend réparer *(une voiture, un meuble)*; raccommoder *(un vêtement)*.

mention faire mention de *(projet, fait)*; **to mention something to someone** parler de quelque chose à quelqu'un; **to mention that** dire que.

menu menu *m*: **on the menu** au menu.

merry: Merry Christmas! joyeux Noël!

mess 1 *(untidy state)* désordre *m*, pagaille *f*: **in a mess** en désordre; **to make a mess** mettre du désordre.
2 *(dirt)* saleté *f*, saletés *f plural*: **to make a mess** faire des saletés.

mess about *or* **around** faire l'idiot; *(to waste time, to have fun)* s'amuser; **to mess about** *or* **around with something** s'amuser avec quelque chose.

message message *m*.

messy *(untidy)* en désordre; *(dirty)* sale; **it's a messy job** c'est salissant.

metal métal *m* (-aux *plural*): **a metal chair** une chaise en métal.

meter 1 *(parking meter)* parcmètre *m*. **2** *(mot américain)* = **metre**.

method méthode *f*.

meter mètre *m*.

mice ▸ *see* **mouse**.

microchip puce *f*.

microphone micro *m*.

microscope microscope *m*.

microwave micro-ondes *m*: **in the microwave** au micro-ondes; **microwave oven** four *m* à micro-ondes.

midday midi *m*.

middle milieu *m* (-eux *plural*): **in the middle of** au milieu de; **the middle shelf** l'étagère du milieu.

midnight minuit *m*.

might ▸ *see* **may**.

mild *(weather, temperature)* doux *m* (douce *f*): **it's mild** il fait doux.

mile mile *m* (= *1,6 kilomètres*); **to walk for miles** marcher pendant des kilomètres.

milk lait *m*.

milkman (*au pluriel* **milkmen**) laitier *m (qui livre le lait à domicile)*.

mill *(for flour)* moulin *m*.

millimetre millimètre *m*.

million: a million un million; **a million people** un million de personnes; **two million** deux millions.

millionaire millionnaire *m or f*.

mind[1] **1** esprit *m*: **to have a quick mind** avoir l'esprit vif.
2 to change one's mind changer d'avis; **to make up one's mind** se décider; **I have something on my mind** il y a quelque chose qui me préoccupe.

mind[2] **1** *(to look after)* garder *(un enfant, une valise)*.
2 *(to be bothered about)* **do you mind if I smoke?** ça vous gêne si je fume?; **do you mind if I go home?** ça ne vous fait rien si je rentre chez moi?; **I don't mind!** ça m'est égal!; **never mind!** *(it doesn't matter)* ça ne fait rien!; *(don't worry)* ne vous en faites pas!
3 *(to dislike)* **I wouldn't mind a cup of tea** j'aimerais bien une tasse de thé.

mind! attention!; **mind the step/the car!** attention à la marche/à la voiture!

mine[1] le mien, la mienne, les miens, les miennes: **this hat is mine** ce chapeau est à moi *or* est le mien; **her aunt and mine** sa tante et la mienne.

mine[2] mine *f*: **coal mine** mine de charbon; **gold mine** mine d'or.

minister *(in government)* ministre *m*.

minus moins: **it's minus five, it's minus five degrees** il fait moins cinq; **10 minus 4 equals 6** 10 moins 4 égale 6.

minute minute *f*: **just a minute!** une minute!; **he won't be a minute** il sera là dans un instant.

miracle miracle *m*.

mirror glace *f*, miroir *m*; *(in car)* rétroviseur *m*.

mischief bêtises *f plural*: **that child's getting into mischief** *or* **is up to mischief** cet enfant fait des bêtises.

mischievous *(playful)* malicieux *m* (-euse *f*), coquin; *(naughty)* vilain.

miserable *(unhappy)* malheureux *m* (-euse *f*), triste.

miss[1] **1** manquer, rater *(le train, une cible, sa chance)*; **he missed!** *(did not hit the target)* il a manqué *or* raté son coup.
2 she misses him il lui manque; **I miss her** elle me manque; **they miss their friends** leurs amis leur manquent.

miss[2] *(woman)* mademoiselle *f*; **Miss Adams** Mademoiselle *or* Mlle Adams.

missing 1 *(lost)* **to be missing** avoir disparu; **my pen/my son is missing** mon stylo/mon fils a disparu; **to go missing** disparaître.
2 *(short)* **to be missing** manquer; **there are some pages missing** il manque quelques pages; **the missing pages** les pages qui manquent.

miss out *(to leave out)* sauter *(un paragraphe).*

mist brume *f.*

mistake [1] **1** *(in spelling, grammar)* faute *f*: **to make a mistake** faire une faute.
2 *(in a calculation, one's judgment)* erreur *f*: **by mistake** par erreur; **to make a mistake** faire une erreur.
3 to make a mistake *(by being confused)* se tromper; **I made a mistake about the date** je me suis trompé de date.

mistake [2]: **to mistake someone/something for...** prendre quelqu'un/quelque chose pour...; **to be mistaken** se tromper.

I mistook, I have mistaken, I am mistaking.

mistress maîtresse *f*; *(secondary school teacher)* professeur *m.*

misty brumeux *m* (-euse *f*).

mix 1 mélanger *(des ingrédients).* **2 to mix with** se mêler à *(des gens).*

mixture mélange *m.*

mix up 1 mettre le désordre dans, mélanger *(des papiers).* **2** *(to mistake)* confondre (**with** avec). **3 I'm getting mixed up** je ne sais plus où j'en suis.

moan 1 *(to groan)* gémir. **2** *(to complain)* râler.

Attention: ce dernier sens est familier.

mobile phone téléphone *m* portable.

model 1 *(of something bigger)* modèle *m* réduit, maquette *f*: **model plane** modèle réduit d'avion, maquette d'avion.
2 *(of car, dress)* modèle *m*: **the latest model** le dernier modèle.

modern moderne.

mold *(mot américain)* = **mould.**

mom *(mot américain)* = **mum.**

moment 1 moment *m*: **at the moment** en ce moment; **at that moment** à ce moment-là; **the moment she leaves** dès qu'elle partira.
2 instant *m*: **just a moment!** un instant!; **for the moment** pour l'instant; **in a moment** dans un instant; **she won't be a moment** elle sera là dans un instant.

Monday lundi *m*: **it's Monday** nous sommes lundi; **I came on Monday** je suis venu lundi; **they work on Mondays** ils travaillent le lundi.

money argent *m*: **to earn money** *or* **some money** gagner de l'argent.

monk moine *m.*

monkey singe *m.*

monster monstre *m.*

month mois *m.*

monthly mensuel *m* (-elle *f*).

Montreal Montréal *m or f.*

mood humeur *f*: **to be in a good/bad mood** être de bonne/mauvaise humeur.

moon lune *f.*

moonlight le clair de lune.

mop [1] *(for floor)* balai *m* à franges; *(sponge-type)* balai-éponge *m* (balais-éponges *plural*).

mop [2] laver *(le plancher).*

moped vélomoteur *m*, cyclomoteur *m.*

mop up éponger *(du liquide).*

more [1] **1** plus de: **more time/books** plus de temps/de livres (**than** que); **more Italians than English people get married** il y plus d'Italiens que d'Anglais qui se marient.
2 encore: **a few more weeks** encore quelques semaines.
3 encore de: **some more sugar** encore du sucre; **some more carrots** encore des carottes; **any more carrots?** encore des carottes?
4 no more ne...plus; **I don't have any more money, I have no more money** je n'ai plus d'argent.

more [2] **1** plus: **she has more than him** elle en a plus que lui; **a bit more** un peu plus; **much more, many more** beaucoup plus.

2 more than *(with amounts, numbers)* plus de; **more than a kilo** plus d'un kilo; **more than seven** plus de sept.
3 encore: **do you want any more** *or* **some more?** tu en veux encore?

more[3] **1** *(to work, to pay)* plus: **I read more than you** je lis plus que toi; **more tired** plus fatigué (**than** que); **more quickly** plus vite; **more or less** plus ou moins; **more and more** de plus en plus.
2 de plus: **take one more** prenez-en un de plus; **five hours more** cinq heures de plus.
3 not any more ne...plus; **he isn't young any more** il n'est plus jeune.

morning 1 matin *m*: **I'd prefer to see them in the morning** j'aimerais mieux les voir le matin; **see you in the morning!** à demain matin!; **she rides her bike in the mornings** elle fait du vélo le matin; **at six in the morning** à six heures du matin.
2 *(the whole morning)* matinée *f*: **all morning, all morning long** toute la matinée.

Moslem ▸ see **Muslim**.

mosque mosquée *f*.

mosquito (*au pluriel* **mosquitoes**) moustique *m*.

moss mousse *f (plante)*.

most[1] **1** la plupart des: **most people/houses** la plupart des gens/des maisons.
2 the most le plus de; **I have the most books** c'est moi qui ai le plus de livres.

most[2] **1** la plus grande partie: **most of the cake/day** la plus grande partie du gâteau/de la journée.
2 la plupart: **most of the people/houses** la plupart des gens/des maisons; **most of the time** la plupart du temps; **most of them** la plupart d'entre eux.
3 the most le plus; **I have the most** c'est moi qui en ai le plus.
4 at most tout au plus.

most[3] *(to work, to pay)* le plus: **I like that most** *or* **the most** c'est ça que j'aime le plus; **the most intelligent/expensive** le plus intelligent/cher; **most of all** surtout.

motel motel *m*.

moth papillon *m* de nuit; *(in clothes)* mite *f*.

mother mère *f*; **Mother's Day** la fête des Mères.

mother-in-law (*au pluriel* **mothers-in-law**) belle-mère *f* (belles-mères *plural*).

motor *(engine)* moteur *m*.

motorbike (*or* **motorcycle**) moto *f*.

motorist automobiliste *m or f*.

motorway autoroute *f*.

mountain montagne *f*.

mouse (*au pluriel* **mice**) **1** *(animal)* souris *f*. **2** *(of computer)* souris *f*.

moustache moustache *f*.

mouth *(of person)* bouche *f*; *(of cat, dog, lion)* gueule *f*.

move[1] **1** *(turn in a game)* tour *m*: **it's my move** c'est mon tour. **2 to get a move on** *(to hurry)* se dépêcher.

move[2] **1** bouger: **don't move!** ne bougez pas!; **to move one's finger/head** bouger *or* remuer le doigt/la tête.
2 *(to change the place of)* déplacer *(un meuble, une virgule)*; transporter *(un malade)*.
3 *(to change seats)* changer de place.
4 to move *or* **to move forward** avancer; **move a bit!, move forward a bit!** avance un peu!; **I moved the chair forward slightly** j'ai avancé un peu la chaise.
5 to move *or* **to move house** déménager.

move about *or* **around** se déplacer.

move back *(to step back)* reculer; **to move something back** *(to push it back)* reculer quelque chose.

move in emménager: **to move into a house** emménager dans une maison.

movement mouvement *m*; *(of hand)* geste *m*.

move out *(out of house)* déménager.

move over *or* **up** se pousser.

movie film *m* (**about** sur).

moving *(car, train)* en marche.

mow: to mow the lawn tondre la pelouse.

Mr Monsieur: **Mr Brown** Monsieur *or* M. Brown.

Mrs Madame: **Mrs Brown** Madame *or* Mme Brown.

Ms *(married or unmarried)* Madame: **Ms Brown** Madame *or* Mme Brown.

much [1] **1** beaucoup de: **I don't have much time** *or* **very much time** je n'ai pas beaucoup de temps; **I have as much bread as you** j'ai autant de pain que vous; **twice as much bread** deux fois plus de pain.
2 beaucoup: **I don't have much** *or* **very much** je n'en ai pas beaucoup; **I have much more than him** j'en ai beaucoup plus que lui.
3 not much, not very much pas grand-chose; **she doesn't say much** *or* **very much** elle ne dit pas grand-chose; **there isn't much to do** il n'y a pas grand-chose à faire.

much [2] beaucoup: **I like music very much** j'aime beaucoup la musique; **I don't like tennis much** *or* **very much** je n'aime pas beaucoup le tennis; **much bigger** beaucoup plus grand; **much more tired** beaucoup plus fatigué; **much better** beaucoup mieux.

mud boue *f*.

muddy *(water, road)* boueux *m* (-euse *f*); *(hands, shoes)* couvert de boue.

mug [1] *(for coffee, tea)* grande tasse *f*.

mug [2] *(in street)* agresser, attaquer.

multiply multiplier.

mum 1 maman *f*: **where's mum?** où est maman? **2** mère *f*: **my mum's a doctor** ma mère est médecin.

mummy (*au pluriel* **mummies**) = **mum**.

> Attention: ce mot familier est surtout employé par les enfants.

mumps oreillons *m plural*.

murder [1] meurtre *m*.

murder [2] assassiner.

murderer meurtrier *m*, -ière *f*.

muscle muscle *m*.

museum musée *m*.

mushroom champignon *m*.

music musique *f*.

musical: musical instrument instrument *m* de musique; **she's very musical** elle est très musicienne.

musician musicien *m*, -ienne *f*.

Muslim [1] *(faith, custom)* musulman *m*, -ane *f*.

Muslim [2] musulman *m*, -ane *f*: **he's a Muslim** c'est un musulman.

must 1 *(necessity, obligation)* devoir: **you must obey** tu dois obéir, il faut que tu obéisses; **I must refuse** je dois refuser; **you mustn't touch!** il ne faut pas toucher!
2 *(probability)* devoir: **she must be clever** elle doit être intelligente; **I must have seen it** j'ai dû le voir.
3 *(suggestion)* **we must go out for a drink** il faut que nous allions boire un verre.

mustache *(mot américain)* moustache *f*.

mutton mouton *m (viande)*.

my 1 mon *m*, ma *f*, mes *plural*: **my father** mon père; **my plate** mon assiette; **my car** ma voiture; **my books** mes livres.
2 *(= 'me' + 'le', 'la' or 'les' with parts of the body)* **I wash my hands** je me lave les mains.

> **ma** becomes **mon** before a vowel or silent h.

myself 1 moi-même: **I did it myself** je l'ai fait moi-même.

2 me, *(before a vowel or silent h)* m': **I cut myself** je me suis coupé.
3 moi: **I'm thinking of myself** je pense à moi.

mysterious mystérieux *m* (-euse *f*).

mystery *(au pluriel* **mysteries**) mystère *m*.

Nn

nail 1 *(of finger, toe)* ongle *m*. **2** *(for fixing)* clou *m*.

nail (*or* **nail down**) clouer.

naked nu.

name[1] nom *m*: **first name** prénom *m*; **last name** nom de famille; **what's your name?** quel est votre nom?, comment vous appelez-vous?; **my name is...** je m'appelle... .

name[2] **1** *(to call)* appeler, nommer. **2** *(to say the name of)* citer le nom de: **name a famous actor** cite-moi le nom d'un acteur célèbre.

nap somme *m*: **to take** *or* **to have a nap** faire un petit somme.

napkin *(at table)* serviette *f*, serviette de table.

nappy (*au pluriel* **nappies**) *(for baby)* couche *f*.

narrow étroit.

nasty 1 *(bad)* mauvais. **2** *(unfriendly, mean)* méchant (**to** avec).

nation nation *f*.

national national (-aux *m plural*).

natural naturel *m* (-elle *f*).

nature *(the natural world, character)* nature *f*.

naughty vilain, méchant: **you naughty boy!** vilain garçon!

near[1] **1** près: **he lives quite near** il habite tout près; **too near** trop près; **nearer** plus près; **near to** près de; **come nearer to me** approche-toi.
2 the nearest le *or* la plus proche; **the nearest supermarkets** les supermarchés les plus proches.

near[2] près de: **near the window** près de la fenêtre; **near here** près d'ici; **near the end** vers la fin.

nearby[1] tout près: **their school is nearby** leur école est tout près; **they live nearby** ils habitent tout près d'ici.

nearby[2] proche: **a nearby house** une maison toute proche.

nearly presque: **it's nearly six o'clock** il est presque six heures; **I nearly fell/missed the train** j'ai failli tomber/rater le train.

neat *(clothes, work, writing)* soigné; *(room, drawer)* bien rangé.

neatly *(to put back, to write)* soigneusement.

necessary nécessaire: **it's necessary for you to come** il faut que tu viennes, il est nécessaire que tu viennes.

necessity: that's a necessity c'est indispensable.

neck cou *m*.

necklace collier *m*.

nectarine nectarine *f*.

need[1] **1** besoin *m*: **to be in need of something** avoir besoin de quelque chose.
2 there's no need to do something *(it's not necessary)* il n'est pas nécessaire de faire quelque chose; *(there's no reason for it)* ce n'est pas la peine de faire quelque chose, il est inutile de faire quelque chose.

need[2] **1** avoir besoin de: **I need more time, more time is needed** j'ai besoin de plus de temps; **I need it** j'en ai besoin; **it needs courage to say that** il faut du courage pour dire cela.
2 to need to do something *(to want,*

to require) avoir besoin de faire quelque chose; (*to have to*) devoir faire quelque chose; **I need to change the baby** il faut que je change le bébé, je dois changer le bébé; **the baby needs changing** il faut changer le bébé.
3 you needn't worry *(there's no reason to)* ce n'est pas la peine de t'inquiéter; **you needn't make so much noise** *(you don't have to)* tu n'es pas obligé de faire tout ce bruit.

needle aiguille *f*.

neighbor *(mot américain)* = **neighbour**.

neighbour voisin *m*, -ine *f*.

neither[1]**: neither... nor...** ni... ni...; **he neither sings nor dances** il ne chante ni ne danse.

neither[2] aucun (*or* aucune) des deux: **neither boy came** aucun des deux garçons n'est venu; **neither of them** aucun (*or* aucune) des deux, ni l'un (*or* l'une) ni l'autre.

neither[3] *(not either)* non plus: **neither can I swim** je ne sais pas nager non plus; **neither do I, neither will I, neither have I** *etc* moi non plus, ni moi non plus.

nephew neveu *m* (-eux *plural*).

nerve nerf *m*: **you're getting on my nerves** tu me tape sur les nerfs.

nervous 1 *(anxious, tensed up)* nerveux *m* (-euse *f*); *(ill at ease)* mal à l'aise.
2 *(worried)* inquiet *m* (-ète *f*) (**about** à propos de).
3 *(afraid)* **to be nervous** avoir peur; **I'm nervous about flying** j'ai peur de voyager en avion.
4 *(before an exam)* **to be nervous** avoir le trac.

nest nid *m*.

net *(of fisherman, in tennis)* filet *m*.

never 1 ne...jamais: **I never tell lies** je ne mens jamais; **he's never seen me** il ne m'a jamais vu.
2 jamais: **help me! - never!** aidez-moi! - jamais!; **never again** plus jamais.
3 *(not)* **she never knew it** elle ne le savait pas.

new 1 nouveau *m* (nouvelle *f*, nouveaux *m plural*): **the new teacher** le nouveau professeur.
2 *(brand new)* neuf *m* (neuve *f*): **a new car** une voiture neuve.
3 *(another)* **a new glass/pen** un autre verre/stylo.

> **nouveau** becomes **nouvel** before a vowel or silent h.

news: 1 the news la nouvelle, les nouvelles; **news, some news** des nouvelles; **a piece of news, some news** une nouvelle.
2 *(on the radio)* **the news** les informations *f plural*.
3 *(on TV)* **the news** le journal.

newsagent marchand *m* de journaux.

newspaper journal *m* (-aux *plural*).

New Zealand Nouvelle-Zélande *f*: **to** *or* **in New Zealand** en Nouvelle-Zélande.

next[1] **1** prochain *m* (-aine *f*): **next month** le mois prochain; **next time** la prochaine fois; **the next time you come** la prochaine fois que tu viendras *or* que tu viens.
2 *(following)* suivant: **the next page** la page suivante; **the next day** le lendemain; **the next morning** le lendemain matin; **the next one** le suivant, la suivante; **next!** au suivant!; **who's next?** à qui le tour?
3 the next room/house la pièce/la maison d'à côté.
4 to live next door habiter à côté (**to** de); **the house next door** la maison d'à côté; **the next-door neighbour** le voisin d'à côté

next[2] **1** *(afterwards)* ensuite. **2** *(now)* maintenant. **3** *(the next time)* la prochaine fois: **when you come next** la prochaine fois que tu viendras.

next to à côté de: **sit next to me** asseyez-vous à côté de moi.

nib *(of pen)* plume *f*.

nice 1 *(pleasant)* agréable; *(good)* bon *m* (bonne *f*); **it's a nice day** il fait beau; **it's nice here** c'est bien ici; **the water's nice and warm** l'eau est bien chaude.
2 *(pretty)* joli.
3 *(kind)* gentil *m* (-ille *f*) (**to** avec).

nickel *(in the United States and Canada)* cinq cents *m plural*; *(the coin)* pièce *f* de cinq cents.

nickname *(funny name)* surnom *m*; *(short form)* diminutif *m*.

niece nièce *f*.

Nigeria Nigéria *m*.

night 1 nuit *f*: **at night** *(to work, to go out)* la nuit; **in the middle of the night** en pleine nuit; **to have an early night** se coucher tôt.
2 *(evening)* soir *m*: **at night** le soir; **last night** hier soir.

nightdress (*or* **nightie**) chemise *f* de nuit.

Attention: **nightie** est familier.

nightmare cauchemar *m*: **to have a nightmare** faire un cauchemar.

night-time nuit *f*.

nil zéro *m*.

nine neuf.

See **ten** for usage.

nineteen dix-neuf.

See **ten** for usage.

nineth neuvième.

See **tenth** for usage.

ninety quatre-vingt-dix; **ninety-one** quatre-vingt-onze.

See **ten** for usage.

no [1] non: **no!** non!; **no thank you!** non merci!

no [2] **1** *(not any)* pas de: **she has no money** elle n'a pas d'argent; **no problem!** pas de problème!; **no two doctors agree** il n'y a pas deux médecins qui soient d'accord.
2 *(none at all)* aucun *m* (-une *f*): **I have no idea/no family** je n'ai aucune idée/aucune famille.
3 *(not allowed)* **no smoking** défense de fumer; **no parking** stationnement interdit.
4 no one = **nobody**.
5 no more ne...plus; **I have no more time** je n'ai plus de temps; **no more money** plus d'argent.
6 *(not)* pas: **no later/earlier than** pas plus tard/plus tôt que; **no more than ten/than a kilo** pas plus de dix/d'un kilo; **no less** *or* **fewer than 30 people** pas moins de 30 personnes.

nobody 1 ne...personne: **I saw nobody** je n'ai vu personne; **nobody came** personne n'est venu.
2 personne: **who's there? - nobody!** qui est là? - personne!

nod faire un signe de tête.

noise bruit *m*: **to make a noise** faire du bruit.

noisy bruyant.

none 1 aucun *m*, -une *f*: **none of these books have** *or* **has been chosen** aucun de ces livres n'a été choisi; **none of us** aucun d'entre nous; **she has none of them** elle n'en a aucun.
2 *(not a single one)* pas un seul, pas une seule: **do you have any apples? - none!** vous avez des pommes? - pas une seule!; **none came** pas un seul n'est venu.
3 *(not a single part)* pas une seule partie (**of** de); **none of the cake** pas un seul morceau de gâteau; **none of the water** pas une seule goutte d'eau; **I have none at all** je n'en ai pas du tout; **there's none left** il n'y en a plus.

nonsense bêtises *f plural*: **to talk nonsense** dire des bêtises; **that's nonsense** c'est absurde.

non-stop *(all the time)* sans arrêt: **he works non-stop** il travaille sans arrêt.

noodles nouilles *f plural*.

noon midi *m*: **at noon** à midi.

no-one = **nobody**.

nor 1 neither... nor... ni... ni...; **neither you nor me** ni toi ni moi; **she neither drinks nor smokes** elle ne fume ni ne boit.
2 nor do I, nor am I, nor can I *etc* moi non plus, ni moi non plus.

normal normal (-aux *m plural*); **at the normal time** à l'heure habituelle.

normally normalement.

north [1] nord *m*: **in the north of France** dans le nord de la France; **north of the town** au nord de la ville; **the north coast** la côte nord.

north [2]**: to travel north** voyager vers le nord.

North America Amérique *f* du Nord.

North American *(city, student)* nord-américain.

north-east nord-est *m*.

northern: northern England le nord de l'Angleterre; **Northern Ireland** l'Irlande *f* du Nord.

north-west nord-ouest *m*.

Norway Norvège *f*: **to** *or* **in Norway** en Norvège.

Norwegian [1] *(town, student)* norvégien *m* (-ienne *f*).

Norwegian [2] Norvégien *m*, -ienne *f*: **she's a Norwegian** c'est une Norvégienne.

nose nez *m*: **her nose is bleeding** elle saigne du nez.

nostril narine *f*.

not 1 ne...pas: **he's not there, he isn't there** il n'est pas là.
2 pas: **not yet** pas encore; **not at all** pas du tout; **why not?** pourquoi pas?; **not one reply** pas une seule réponse.
3 non: **are you coming or not?** tu viens ou non?; **I hope not** j'espère que non; **I'm afraid not!** hélas, non!

note 1 note *f*: **to take notes** prendre des notes; **to make a note of** noter.
2 *(message)* mot *m*, petit mot: **to write someone a note** envoyer un mot à quelqu'un.
3 *(in music)* note *f*.
4 *(banknote)* billet *m*.

note (*or* **note down**) noter *(une date, une idée)*.

notebook carnet *m*.

nothing 1 ne...rien: **I have nothing to eat** je n'ai rien à manger.
2 rien: **what are you doing? - nothing!** que faites-vous? - rien!; **nothing big** rien de grand; **nothing at all** rien du tout; **nothing much** pas grand-chose; **for nothing** pour rien; **to have nothing on** être tout nu.

notice [1] **1** *(sign)* pancarte *f*, affiche *f*. **2 to take no notice of someone/something** ne pas faire attention à quelqu'un/quelque chose.

notice [2] remarquer (**that** que).

notice board tableau *m or* panneau *m* d'affichage (tableaux *or* panneaux d'affichage *plural*).

nought zéro *m*.

noun *(in grammar)* nom *m*.

novel roman *m*.

November novembre *m*: **in November** en novembre.

now [1] maintenant: **from now on** à partir de maintenant; **for now** pour le moment; **just now, right now** en ce moment; **I saw her just now** *(a moment ago)* je viens de la voir; **now then!** bon!, voyons!

now [2]**: now that** maintenant que; **now you're older, you can...** maintenant que tu es plus âgé, tu peux... .

nowadays *(today)* aujourd'hui; *(now)* maintenant.

nowhere nulle part: **nowhere else** nulle part ailleurs; **nowhere near the house** *(a long way from)* loin de la maison.

nudge: to nudge someone donner un coup de coude à quelqu'un.

nuisance: that's a nuisance c'est embêtant; **he's being a nuisance** il nous embête (*or* il m'embête), il embête tout le monde.

number 1 *(figure, quantity)* nombre *m*: **the number 10** le nombre 10; **a large number of** un grand nombre de; **a number of** un certain nombre de.
2 *(of page, house, phone)* numéro *m*.
3 *(written symbol)* chiffre *m*: **a list of numbers** une liste de chiffres.

nun religieuse *f*.

nurse infirmière *f*; **male nurse** infirmier *m*: **she's a nurse** elle est infirmière.

nursery (*au pluriel* **nurseries**) **1 nursery** *or* **day nursery** crèche *f*, garderie *f*; **nursery school** maternelle *f*, école *f* maternelle.
2 *(room in house)* chambre *f* d'enfants.
3 nursery rhyme comptine *f*.

nut 1 *(walnut)* noix *f*; *(hazelnut)* noisette *f*; *(peanut)* cacahouète *f*.
2 *(for bolt)* écrou *m*.

Oo

oak chêne *m*.

oar aviron *m*.

oats avoine *f*; **porridge oats** flocons *m plural* d'avoine.

obedient obéissant.

obey obéir: **to obey someone** obéir à quelqu'un; **to be obeyed** être obéi.

object *(thing)* objet *m*.

observe *(to watch, to notice)* observer.

obstacle obstacle *m*.

obtain obtenir.

occasion *(time, event)* occasion *f*; **on that occasion** cette fois-là.

occupation *(job)* métier *m*.

occupied *(toilet, men's room)* occupé: **this seat is occupied** cette place est occupée.

occupy 1 occuper *(une maison, un espace)*. **2 to keep someone occupied** *(busy)* occuper quelqu'un.

ocean océan *m*.

o'clock: it's five o'clock il est cinq heures; **at five o'clock** à cinq heures.

October octobre *m*: **in October** en octobre.

octopus pieuvre *f*.

odd 1 *(strange)* bizarre.
2 an odd number un nombre impair.
3 *(not matching)* dépareillé: **odd socks** des chaussettes dépareillées.

of 1 de, *(before a vowel or silent h)* d' (de + le = du, de + les = des): **the start of the month** le début du mois; **the roof of the house** le toit de la maison; **a woman of 50** une femme de 50 ans; **he's afraid of the cars** il a peur des voitures; **a friend of his** un de ses amis; **that's nice of you** c'est gentil de ta part.
2 five of you cinq d'entre vous; **there are five of us** nous sommes cinq.
3 of it, of them en; **he died of it** il en est mort; **she has six of them** elle en a six; **I have a lot of it** *or* **of them** j'en ai beaucoup.

of course! bien sûr! : **of course not!** bien sûr que non!

off[1] **1** *(light, radio)* éteint; *(gas, tap)* fermé.
2 *(milk, meat)* tourné.
3 *(cancelled)* annulé: **the concert's off** le concert est annulé.
4 *(gone away)* parti: **to be off, to go off** partir.
5 *(not at work)* **a day off** un jour de congé; **time off** du temps libre; **he's off sick** il est en congé de maladie.

off [2] **1 off something** de quelque chose; **to get off the bus** descendre du bus.
2 off something sur quelque chose; **I took it off the table** je l'ai pris sur la table.

offer [1] proposition *f*.

offer [2] offrir, proposer (**someone something** quelque chose à quelqu'un): **to offer someone a drink** offrir quelque chose à boire à quelqu'un; **he offered to drive us to the station** il a proposé de nous conduire à la gare.

office bureau *m* (-eaux *plural*); **office block,** *(en américain)* **office building** immeuble *m* de bureaux.

officer 1 officer *or* **police officer** agent *m* de police. **2** *(in the army)* officier *m*.

official officiel *m* (-ielle *f*).

often souvent: **how often do you see him?** vous le voyez souvent?; **not often!** pas souvent!; **how often do the trains leave?** les trains partent tous les combien?

oil *(in cooking, for machines)* huile *f*; *(from the ground)* pétrole *m*.

OK *or* **okay** ▸ see **all right** [1] & [2].

old 1 vieux *m* (vieille *f*, vieux *m plural*): **old man** vieillard *m*, vieil homme *m*; **old woman** vieille femme *f*; **to get old** vieillir; **old age** la vieillesse.
2 âgé: **old people** les personnes âgées; **he's older than me** il est plus âgé que moi.
3 older, oldest aîné; **her older brother** son frère aîné; **the oldest son** le fils aîné.
4 how old is she? quel âge a-t-elle?; **she's ten years old** elle a dix ans.
5 *(former)* ancien *m* (-ienne *f*): **my old school** mon ancienne école.

In meaning **1, vieux** becomes **vieil** before a vowel or silent h.

old-fashioned 1 *(clothes)* démodé. **2** *(person)* vieux jeu: **your sisters are old-fashioned** tes sœurs sont vieux jeu.

olive olive *f*.

omelette omelette *f*.

on [1] **1** sur: **on the table** sur la table; **on floppy disk** sur disquette.
2 à: **on foot** à pied; **to have a blister on one's foot** avoir une ampoule au pied; **on the blackboard** au tableau; **on page 15** à la page 15.
3 en: **I went there on the train/bus** j'y suis allé en train/en bus; **on strike** en grève.
4 dans: **on the train/bus** *(inside)* dans le train/le bus.
5 to be on a course suivre un cours; **to be on a team** être membre *or* faire partie d'une équipe.
6 *(time)* **on Tuesday** mardi; **on Tuesdays** le mardi; **on my birthday** le jour de mon anniversaire.
7 *(about)* sur: **a book on** un livre sur.

on [2] **1** *(light, radio)* allumé; *(gas, tap)* ouvert; *(machine)* en marche.
2 *(wearing)* **to have one's gloves/coat on** avoir mis ses gants/son chapeau; **he's got something/nothing on** il est habillé/tout nu.
3 what's on? *(on TV)* qu'y a-t-il à la télé?; *(in theatre, cinema)* qu'est-ce qu'on joue?
4 *(continuing)* **to play on/sing on** continuer à jouer/à chanter; **on and on** sans cesse.

once [1] **1** une fois: **once a month** une fois par mois; **once again, once more** encore une fois
2 *(in the past)* autrefois: **once there were no cars** autrefois, il n'y avait pas de voitures.
3 at once *(straight away)* tout de suite; *(at the same time)* à la fois.

once [2] une fois que, dès que: **once she's arrived** une fois qu'elle *or* dès qu'elle sera arrivée.

one [1] **1** un *m* (une *f*): **one kilo** un kilo; **one woman** une femme; **page one** la page un.
2 *(only)* seul: **my one friend** mon seul

ami.

one [2] **1** un *m*, une *f*: **do you want one?** tu en veux un *or* une?; **take a big one** prenez-en un grand *or* une grande; **one of them** l'un d'eux, l'une d'elles; **that one** celui-là, celle-là; **the one who** *or* **which** celui qui, celle qui; **another one** un autre, une autre.
2 *(the number)* un *m*: **one and one are two** un et un font deux.
3 *(people)* on: **one never knows** on ne sait jamais; **one's family** sa famille; **one's clothes** ses vêtements.

oneself 1 soi-même: **to do something oneself** faire quelque chose soi-même.
2 se, *(before a vowel or silent h)* s': **to cut oneself** se couper.
3 soi: **one thinks of oneself** on pense à soi.

onion oignon *m*.

only [1] **1** seul: **the only boy** le seul garçon; **the only one** le seul, la seule.
2 unique: **to be an only child** être enfant unique.

only [2] **1** seulement: **only five dollars** seulement cinq dollars; **not only is she young but she's beautiful as well** non seulement elle est jeune mais en plus elle est belle.
2 seulement, ne...que: **I only have six** je n'en ai que six, j'en ai six seulement.

only [3] *(but)* mais: **the film was interesting, only too long** le film était intéressant mais trop long.

onto = **on to**.

onwards: from...onwards à partir de; **from tomorrow onwards** à partir de demain.

open [1] *(shop, door, mouth)* ouvert.

open [2] ouvrir: **to open the door** ouvrir la porte; **go and open!, go and open up!** allez ouvrir!; **the shop doesn't open today** le magasin n'ouvre pas aujourd'hui; **the door opens** la porte s'ouvre.

opening ouverture *f*: **opening times** heures d'ouverture *f plural*.

operate: to operate on someone opérer quelqu'un

operation opération *f*: **to have an operation** se faire opérer, subir une opération.

operator opérateur *m*, -trice *f*: **the operator** *(on telephone)* l'opérateur.

opinion opinion *f* (**on** sur).

opportunity (*au pluriel* **opportunities**) occasion *f* (**to do, of doing** de faire).

opposite [1] **1** opposé: **in the opposite direction** dans la direction opposée; **on the opposite side of the street** de l'autre côté de la rue.
2 en face: **she lives opposite** elle habite en face; **the house opposite** la maison d'en face.
3 en face de: **opposite the station** en face de la gare; **sitting opposite someone** assis en face de quelqu'un.

opposite [2]: **the opposite** le contraire (**of** de).

optician opticien *m*, -ienne *f*.

or ou: **or else** ou bien; **he doesn't drink or smoke** il ne boit ni ne fume.

orange [1] *(fruit)* orange *f*.

orange [2] *(colour)* orange: **orange shirts** des chemises orange.

> The translation does not change in the plural. Do not add 's'.

orchard verger *m*.

orchestra orchestre *m*.

order [1] **1** ordre *m*: **to give orders** donner des ordres; **in alphabetical order** par ordre alphabétique.
2 *(for food in restaurant, for goods)* commande *f*: **to put in an order** passer une commande.
3 out of order *(machine)* en panne.
4 in order to do something pour faire quelque chose.

order [2] **1** ordonner: **to order someone to do something** ordonner à quelqu'un de faire quelque chose.

2 *(to buy)* **to order something** commander quelque chose; **I'm ready to order** je suis prêt à commander.

ordinary *(usual)* ordinaire; **he's just an ordinary tourist/man** c'est un touriste/un homme comme les autres.

organ *(in body)* organe *m*.

organization organisation *f*.

organize organiser.

originally *(to begin with)* au départ.

orphan orphelin *m*, -ine *f*.

ostrich autruche *f*.

other[1] autre: **the other skirt** l'autre jupe; **other teachers** d'autres professeurs; **the other one** l'autre *m or f*.

other[2]: **the other** l'autre *m or f*; **the others** les autres; **I'll choose some others** j'en choisirai d'autres; **some do, others don't** les uns le font, les autres pas.

otherwise 1 *(differently)* autrement: **I can't do otherwise** je ne peux pas faire autrement.
2 *(or else)* sinon: **don't do it again, otherwise I'm leaving** ne le refais plus, sinon je m'en vais.

ouch! aïe!

ought 1 *(obligation)* devoir: **you ought to leave** tu devrais partir; **I ought to have done it** j'aurais dû le faire.
2 *(probability)* devoir: **it ought to be ready** ça devrait être prêt.

ounce once *f* (= *28,35 grammes*).

our 1 notre *m or f*, nos *plural*: **our newspaper** notre journal; **our books** nos livres.
2 (= 'nous' + 'le', 'la' *or* 'les' *with parts of the body*) **we wash our hands** nous nous lavons les mains.

ours le nôtre, la nôtre, les nôtres: **this book is ours** ce livre est à nous *or* est le nôtre; **their friends and ours** leurs amis et les nôtres.

ourselves 1 nous-mêmes: **we did it ourselves** nous l'avons fait nous-mêmes.
2 nous: **we cut ourselves** nous nous sommes coupés; **we think of ourselves** nous pensons à nous.

out 1 *(outside)* dehors; *(not at home)* sorti; **he's out a lot, he goes out a lot** il sort beaucoup; **to have a day out** sortir pour la journée; **out there** *(outside)* dehors; *(over there)* là-bas; **out in the open** en plein air.
2 *(light, fire)* éteint.
3 the tide's out la marée est basse.

out of 1 en dehors de: **out of the country** en dehors du pays; **she's out of town** elle n'est pas en ville; **out of the water** hors de l'eau.
2 par: **out of the window** par la fenêtre; **out of pity** par pitié.
3 *(with* to drink, to take, to copy*)* dans: **to drink out of a cup** boire dans une tasse.
4 avec: **to make something out of a box** faire quelque chose avec une boîte; **it's made out of wood** c'est en bois.
5 sur: **four out of five** quatre sur cinq.

outdoor *(pool, market)* en plein air; *(sports)* de plein air.

outdoors *(outside)* dehors.

outer space l'espace *m* intersidéral.

outing excursion *f*, sortie *f*: **to go on an outing** faire une excursion *or* une sortie.

out-of-date *(ticket)* périmé.

outside[1] dehors: **he's waiting for you outside** il vous attend dehors; **to go outside** sortir.

outside[2] **1** en dehors de: **outside the country** en dehors du pays. **2** *(in front of)* devant: **outside my house** devant ma maison.

outside[3] *(of house, box)* **the outside** l'extérieur *m*; **the outside wall** le mur extérieur.

oven four *m*.

over[1] **1** *(on)* sur; *(above)* au-dessus de; **to jump/to go over something**

sauter/passer par-dessus quelque chose; **over it** *(on it)* dessus; *(above it)* au-dessus; **to jump over it** sauter par-dessus.
2 all over Italy *(everywhere in)* dans toute l'Italie; **all over the carpet** *(everywhere on)* partout sur le tapis.
3 *(on the other side of)* de l'autre côté de: **to live over the road** habiter de l'autre côté de la rue.
4 *(more than)* plus de: **over ten days** plus de dix jours; **women over fifty** les femmes de plus de cinquante ans.
5 *(during)* pendant: **over the summer** pendant l'été; **over Easter, over the Easter holidays** pendant les vacances de Pâques.

over [2] **1 over here** ici; **over there** là-bas; **all over** *(everywhere)* partout.
2 *(to someone's house)* **to come** *or* **to go over** passer; **to ask someone over** inviter quelqu'un.
3 *(finished)* fini, terminé: **it's all over** c'est fini, c'est terminé.
4 *(more)* plus: **a kilo or over** un kilo ou plus.
5 *(left over)* **she has five over** il lui en reste cinq.
6 *(repeating something)* **to do something all over again** refaire quelque chose; **over and over again** bien des fois, plusieurs fois.

overcoat pardessus *m*.

overflow *(of bath, river)* déborder.

overlook 1 *(of window, hotel)* donner sur *(la cour, la mer)*. **2** *(not to notice)* ne pas remarquer, ne pas voir.

overpass *(mot américain) (for cars)* toboggan *m*, pont *m* routier.

overseas [1] *(abroad)* à l'étranger.

overseas [2] *(visitor, student)* étranger *m* (-ère *f*).

overtake dépasser, doubler *(une voiture)*; **don't overtake on a bend** ne double pas dans les virages.

I overtook, I have overtaken, I am overtaking.

owe devoir: **to owe someone money/100 dollars** devoir de l'argent/100 dollars à quelqu'un.

owl hibou *m* (-oux *plural*).

own [1] propre: **my own house** ma propre maison.

own [2] **1 it's my own** c'est à moi; **a house of my own** ma propre maison.
2 on one's own tout seul; **they did it all on their own** ils l'ont fait tout seuls.
3 to get one's own back se venger.

own [3] posséder, avoir *(une voiture, une maison)*; **who owns this ball?** à qui appartient cette balle?

owner propriétaire *m or f*.

own up avouer: **to own up to something** avouer quelque chose.

ox *(au pluriel* **oxen***)* bœuf *m*.

oxygen oxygène *m*.

oyster huître *f*.

Pp

Pacific: the Pacific le Pacifique.

pacifier *(mot américain) (of baby)* tétine *f*.

pack [1] **1** *(packet)* paquet *m*. **2** *(on one's back)* sac *m* à dos. **3** *(of beer, milk)* pack *m*: **a four-pack** un pack de quatre. **4 pack of cards** jeu *m* de cartes.

pack [2] **1 to pack** *or* **to pack one's cases** faire ses valises; **to pack something into a case** mettre quelque chose dans une valise.
2 *(to squeeze together)* **to pack into a hall** s'entasser dans une salle.

package paquet *m*.

packed 1 packed *or* **packed with**

people *(room, train)* bondé, plein. **2 packed lunch** repas *m* froid, panier-repas *m* (paniers-repas *plural*).

packet paquet *m*.

paddle *(to walk in the water)* barboter.

page *(of book)* page *f*.

paid ▸ see **pay**.

pail seau *m* (seaux *plural*).

pain douleur *f*; **to be in pain** souffrir; **I have a pain in my leg** j'ai mal à la jambe, j'ai une douleur dans la jambe.

painful douloureux *m* (-euse *f*).

paint[1] peinture *f*; **a box of paints** une boîte de couleurs.

paint[2] peindre: **to paint something yellow** peindre quelque chose en jaune; **to paint a picture of something** peindre quelque chose.

paintbrush pinceau *m* (-eaux *plural*).

painter peintre *m*.

painting *(activity)* peinture *f*; *(picture)* tableau *m* (-eaux *plural*), peinture *f*.

pair *(of shoes, scissors)* paire *f*; **in pairs** deux par deux.

pajamas *(mot américain)* = **pyjamas**.

Pakistan Pakistan *m*: **to** *or* **in Pakistan** au Pakistan.

pal copain *m*, copine *f*.

Attention: ce mot est familier.

palace palais *m* *(château)*.

pale pâle: **you look pale** tu es tout pâle; **a pale green skirt** une jupe vert pâle.

palm 1 *(of hand)* paume *f*. **2 palm tree** palmier *m*.

pan *(saucepan)* casserole *f*; *(frying pan)* poêle *f*.

pancake crêpe *f*.

pane: pane *or* **pane of glass** vitre *f*.

panic[1] panique *f*.

panic[2] paniquer; **don't panic!** pas de panique!

pant souffler, haleter.

panties *(women's underwear)* slip *m*; *(longer)* culotte *f*.

pants 1 *(men's briefs)* slip *m*; *(boxer shorts)* caleçon *m*; **a pair of pants** un slip; un caleçon.
2 *(trousers) (mot américain)* pantalon *m*; **a pair of pants** un pantalon.

paper 1 papier *m*: **a paper bag** un sac en papier; **a paper plate/cup** une assiette/un gobelet en carton. **2** *(newspaper)* journal *m* (-aux *plural*).

parachute parachute *m*.

paragraph paragraphe *m*.

parakeet *(mot surtout américain)* perruche *f*.

parcel colis *m*, paquet *m*.

pardon[1]: **pardon?** *(not hearing)* pardon?, comment?; **I beg your pardon** je vous prie de m'excuser; *(not hearing)* vous dites?

pardon[2]: **pardon me!** *(sorry)* pardon!

parents *(father and mother)* parents *m plural*; **ask one of your parents, ask a parent** demandez à votre père ou à votre mère; **when he becomes a parent** quand il deviendra père.

parents-in-law beaux-parents *m plural*.

Paris Paris *m or f*.

park[1] **1** *(garden)* parc *m*. **2 car park** parking *m*.

park[2] *(of driver)* se garer; *(to remain parked)* stationner; **to park one's car** garer sa voiture; **I'll park outside the shop** je vais me garer devant le magasin; **you can't park here** vous ne pouvez pas stationner ici.

parking stationnement *m*: **no parking** stationnement interdit; **parking lot** *(terme américain)* parking *m*; **parking meter** parcmètre *m*; **parking space** place *f* de parking.

parrot perroquet *m*.

part[1] **1** partie *f*: **to be a part of something** faire partie de quelque chose.

2 *(in film, play)* rôle *m.*
3 *(in hair) (mot américain)* raie *f.*
4 to take part in something participer à quelque chose.

part[2] *(of two people)* se quitter.

particular 1 *(case, reason, attention)* particulier *m*, -ière *f*; **this particular book** ce livre-ci. **2 in particular** *(specially)* en particulier.

parting *(in hair)* raie *f.*

partly en partie.

partner *(in sports, games)* partenaire *m or f*; *(boyfriend, husband)* compagnon *m*; *(girlfriend, wife)* compagne *f.*

party (*au pluriel* **parties**) **1** *(for birthday, Christmas)* fête *f*: **to have a party** faire *or* donner une fête.
2 *(formal evening occasion)* soirée *f*: **to have a party** donner une soirée.
3 *(political)* parti *m.*

pass[1] **1 to get a pass** être reçu (**in an exam** à un examen); **he got a pass in French** il a été reçu en français. **2 bus pass** carte *f* d'abonnement de bus.

pass[2] **1** passer: **pass the salt** passez-moi le sel; **time is passing** le temps passe; **to pass through something** passer par quelque chose; **to pass around** *or* **round** faire passer *(des gâteaux)*.
2 *(in exam)* être reçu; **to pass an exam** être reçu à un examen.
3 *(to go past)* passer devant *(un immeuble, la gare)*; **to pass someone** *(in the street)* croiser quelqu'un.
4 *(to overtake in a car) (mot américain)* dépasser, doubler.

passage 1 *(piece of writing)* passage *m.* **2** *(in building)* couloir *m.*

pass by *(to go past)* passer; **to pass by something** passer devant quelque chose.

passenger passager *m*, -ère *f*; *(on train, bus)* voyageur *m*, -euse *f.*

pass out *(to faint)* s'évanouir.

passport passeport *m.*

past[1] **1** *(in front of)* devant: **to go past something, to walk** *or* **to drive past something** passer devant quelque chose; **to go** *or* **to walk** *or* **to drive past** passer.
2 *(beyond)* après: **it's past the station** c'est après la gare.
3 *(after in time)* **it's past four o'clock** il est quatre heures passées; **it's five past three** il est trois heures cinq; **it's half past two** il est deux heures et demie.

past[2] **1** *(just gone by)* dernier *m* (-ière *f*): **these past months** ces derniers mois; **in past times** autrefois. **2** *(in grammar)* **the past tense** le passé.

pasta pâtes *f plural.*

paste[1] *(glue)* colle *f.*

paste[2] *(to stick)* coller.

pastime passe-temps *m.*

> The translation does not change in the plural. Do not add 's'.

pastry (*au pluriel* **pastries**) *(dough)* pâte *f*; *(cake)* pâtisserie *f.*

pat tapoter *(une joue, une personne)*; caresser *(un animal)*.

patch *(piece of material)* pièce *f*; *(over injured eye)* bandeau *m* (-eaux *plural*).

path sentier *m*, chemin *m*; *(in park)* allée *f.*

patience patience *f.*

patient[1] patient: **a patient teacher** un professeur patient.

patient[2] *(of doctor)* patient *m*, -ente *f.*

patiently avec patience.

pattern motif *m*, dessin *m.*

pavement trottoir *m.*

paw patte *f (de chien, chat)*.

pay payer *(une dette, une somme)*; **to pay someone** payer quelqu'un (**to do something** pour faire quelque chose); **to pay by cheque** payer *or* régler par chèque.

> I paid, I have paid, I am paying.

pay back rembourser *(une personne, une dette)*.

pay for payer *(une voiture, un service)*; **to pay someone for something** payer quelque chose à quelqu'un; **she paid 500 pounds for it** elle l'a payé 500 livres; **I paid a lot for it** je l'ai payé cher.

payment paiement *m*.

PC *(personal computer)* PC *m*.

pea petit pois *m*: **chicken and peas** du poulet aux petits pois.

peace 1 paix *f*: **in peace** en paix. **2 peace** *or* **peace and quiet** le calme, la tranquillité.

peaceful *(quiet)* calme, paisible.

peach pêche *f*.

peacock paon *m*.

peak *(of mountain)* sommet *m*.

peanut cacahuète *f*, cacahouète *f*: **peanut butter** beurre *m* de cacahuètes.

pear poire *f*.

pearl perle *f*.

pebble caillou *m* (-oux *plural*); *(on beach)* galet *m*.

peck *(of bird)* donner un coup de bec à *(une personne)*; picorer *(une miette de pain)*.

pedal[1] pédale *f*.

pedal[2] *(to ride a bicycle)* **to pedal** *or* **to pedal a bicycle** rouler en vélo.

pedestrian piéton *m*; **pedestrian crossing** passage *m* pour piétons.

peek = **peep**.

peel[1] *(of orange, lemon)* écorce *f*; *(of potato, apple)* peau *f*.

peel[2] éplucher *(des légumes, fruits)*.

peel off décoller, enlever *(une étiquette)*.

peep: to peep at regarder furtivement; **no peeping!** on ne regarde pas!

peg 1 *(for tent)* piquet *m*.
2 *(for clothes)* pince *f* à linge.
3 *(for hanging coat, hat)* portemanteau *m* (-eaux *plural*).

pen *(for writing)* stylo *m*.

pence ▸ see **penny**.

pencil crayon *m*: **in pencil** au crayon; **pencil case** trousse *f (d'écolier)*; **pencil sharpener** taille-crayon *m*.

penguin pingouin *m*.

penknife (*au pluriel* **penknives**) canif *m*.

penny (*au pluriel* **pennies**) *(coin) (in Great Britain)* penny *m*; *(in the United States and Canada)* cent *m*.

penny (*au pluriel* **pence**) *(in Great Britain) (value)* penny *m*.

people 1 gens *m plural*: **a lot of people, lots of people** beaucoup de gens.
2 *(individual persons)* personnes *f plural*: **three people** trois personnes.
3 English people les Anglais *m plural*; **blind people** les aveugles *m plural*.
4 on: **people think that...** on pense que... .

pepper 1 *(spice)* poivre *m*. **2** *(vegetable)* poivron *m*: **green pepper** poivron vert.

per cent pour cent: **five per cent** cinq pour cent.

perfect parfait *m* (-aite *f*).

perform 1 jouer *(une pièce)*. **2** exécuter *(un travail)*. **3** faire *(un miracle)*.

performance *(of play)* représentation *f*; *(of film)* séance *f*.

perfume parfum *m (liquide)*.

perhaps peut-être: **perhaps not** peut-être que non.

period 1 *(time)* période *f*; *(historical)* époque *f*; *(in school)* heure *f* de cours; **a French period** un cours de français.
2 *(full stop) (en américain)* point *m*.

permission permission *f*: **to have/to ask permission** avoir/demander la permission (**to do** de faire).

permit permettre: **to permit some-**

one to do something permettre à quelqu'un de faire quelque chose; **smoking isn't permitted** il est interdit de fumer.

person personne *f*.

personal 1 personnel *m* (-elle *f*). **2 personal stereo** baladeur *m*.

persuade persuader: **to persuade someone to do something** persuader quelqu'un de faire quelque chose.

pest 1 animal *m or* insecte *m* nuisible. **2** *(annoying person)* **to be a pest** être casse-pieds.

Attention: cette dernière expression est familière.

pet animal *m (de compagnie)*: **no pets allowed** les animaux ne sont pas admis.

petal pétale *m*.

petrol essence *f*; **petrol station** station-service *f* (stations-service *plural*).

pharmacy (*au pluriel* **pharmacies**) pharmacie *f*.

phone 1 téléphone *m*: **to be on the phone** être au téléphone; **she told me over the phone** elle me l'a dit au téléphone.
2 phone booth cabine *f* téléphonique; **phone call** coup *m* de fil; **to make a phone call** téléphoner (**to** à); **phone number** numéro *m* de téléphone.

phone (*or* **phone up**) **1** téléphoner à *(une personne, le bureau)*. **2** téléphoner: **who phoned?** qui a téléphoné?; **to phone for a taxi** appeler un taxi.

phone back rappeler.

phonecard télécarte® *f*, carte *f* de téléphone.

photo (*au pluriel* **photos**) photo *f*: **in the photo** sur la photo; **to take a photo** prendre une photo; **to take a photo of someone/something** prendre quelqu'un/quelque chose en photo.

photocopy (*au pluriel* **photocopies**) photocopie *f*.

photograph photo *f*.

photographer photographe *m or f*.

phrase expression *f*.

physical *(education)* physique.

physics physique *f*.

pianist pianiste *m or f*.

piano (*au pluriel* **pianos**) piano *m*: **to play the piano** jouer du piano.

pick [1]: **to take one's pick** faire son choix.

pick [2] **1** *(to choose)* choisir. **2** cueillir *(des fleurs, des fruits)*.

pickle *(mot américain)* cornichon *m*.

pick out choisir.

pick up 1 *(from the ground)* ramasser; **to pick up a person/chair** *(after falling over)* relever une personne/une chaise.
2 *(to fetch, to collect)* aller *or* venir chercher, passer prendre; **to pick up passengers** prendre des voyageurs.
3 *(to learn)* apprendre.

picnic pique-nique *m*: **to have a picnic** faire un pique-nique.

picture 1 *(painting)* tableau *m* (-eaux *plural*).
2 *(drawing)* dessin *m*: **to draw a picture** faire un dessin.
3 *(photo)* photo *f*.
4 *(on TV, in children's book)* image *f*; *(illustrating text)* illustration *f*.
5 to go to the pictures aller au cinéma.

Attention: cette dernière expression est familière.

pie *(open)* tarte *f*; *(with pastry on top)* tourte *f*: **apple pie** tarte aux pommes.

piece 1 morceau *m* (-eaux *plural*): **in pieces** en morceaux. **2** *(coin)* pièce *f*. **3** *(of machine, jigsaw)* pièce *f*. **4 a piece of news** une nouvelle; **a piece of advice** un conseil.

pier jetée *f*.

pierce percer.

pig cochon *m*.

pigeon pigeon *m*.

pile [1] *(untidy)* tas *m*; *(neatly arranged)* pile *f*.

pile [2] *(tidily)* empiler; *(untidily)* entasser.

pile up *(of debts, work)* s'accumuler.

pill pilule *f*: **to be on the pill** prendre la pilule.

pillow oreiller *m*.

pilot pilote *m (d'avion)*.

pimple bouton *m*.

pin 1 épingle *f*. **2** *(drawing pin)* punaise *f*.

pinch 1 *(with fingers)* pincer. **2** *(to steal)* piquer (**from** à).

Attention: ce dernier sens est familier.

pine tree pin *m*.

pineapple ananas *m*.

pink [1] rose: **a pink dress** une robe rose.

pink [2] *(the colour)* rose *m*: **I like pink** j'aime le rose.

pint 1 pinte *f* (= *0,57 litres, (en américain) = 0,47 litres*). **2** *(of beer)* **I'm going out for a pint** je vais prendre une bière.

pip *(in fruit)* pépin *m*.

pipe 1 *(for water, gas) (inside house)* tuyau *m* (-aux *plural*); *(main pipe underground)* conduite *f*.
2 *(of smoker)* pipe *f*: **to smoke a pipe** fumer la pipe.

pirate pirate *m*.

pistol pistolet *m*: **water pistol** pistolet à eau.

pit *(mot américain) (stone of fruit)* noyau *m* (-aux *plural*); *(smaller)* pépin *m*.

pity 1 pitié *f*: **out of pity** par pitié.
2 *(shame)* **what a pity!** quel dommage!; **it's a pity!** c'est dommage!; **it's a pity you didn't come** c'est dommage que tu ne sois pas venu.

pizza pizza *f*.

place [1] **1** endroit *m*: **here's the place he left it** voici l'endroit où il l'a laissé.
2 *(seat, space)* place *f*: **to change places** changer de place (**with** avec); **she put it back in its place** elle l'a remis à sa place; **to take the place of** remplacer.
3 *(house)* maison *f*; *(flat)* appartement *m*; **at my place, to my place** chez moi.
4 to take place avoir lieu.

place [2] *(to put)* placer, mettre.

plain [1] **1** *(clear, obvious)* clair, évident; *(simple)* simple; **to make it plain to someone that** faire comprendre à quelqu'un que.
2 *(without a pattern)* uni: **a plain fabric** un tissu uni.
3 *(without any special flavour)* nature: **plain yoghurts** des yaourts nature.

The translation 'nature' does not change in the plural. Do not add 's'.

plain [2] plaine *f*.

plait *(of hair)* natte *f*.

plan [1] **1** projet *m*: **to make plans** faire des projets. **2** *(of house, course of action)* plan *m*.

plan [2] **1** *(to decide on)* prévoir: **as planned** comme prévu; **to plan for something** prévoir quelque chose; **to plan to do something** avoir l'intention de faire quelque chose.
2 *(to organize)* organiser.
3 *(to prepare)* préparer.

plane avion *m*: **by plane** en avion.

planet planète *f*.

plank planche *f*.

plant [1] plante *f*.

plant [2] planter *(une fleur)*.

plaster 1 *(for wall, broken arm)* plâtre *m*: **in plaster** dans le plâtre. **2 sticking plaster** pansement *m* adhésif.

plastic plastique *m*: **a plastic bottle** une bouteille en plastique.

plate *(dish)* assiette *f*.

platform 1 *(at train station)* quai *m*. **2**

(for speaker, actor) estrade *f*.

play[1] *(in theatre)* pièce *f*, pièce de théâtre.

play[2] **1** jouer (**with** avec): **to play tennis/cards** jouer au tennis/aux cartes; **to play the violin/an instrument** jouer du violon/d'un instrument; **to play a tune/a part/a game of chess** jouer un air/un rôle/une partie d'échecs; **to play a team** jouer contre une équipe.
2 *(to put on)* mettre, passer *(un disque, une cassette)*; *(to listen to)* écouter *(de la musique)*.

play back repasser *(une cassette, un film)*.

player 1 joueur *m*, -euse *f*; **piano player** pianiste *m or f*. **2 cassette player** lecteur *m* de cassettes.

playful *(kitten, puppy)* joueur *m* (-euse *f*).

playground *(in school)* cour *f* de récréation; *(in park, town)* terrain *m* de jeux.

playschool halte-garderie *f* (haltes-garderies *plural*).

playtime *(in school)* récréation *f*.

pleasant agréable.

please[1] *(polite form)* s'il vous plaît; *(familiar form)* s'il te plaît.

please[2]: **to please someone** faire plaisir à quelqu'un; **do as you please** fais comme tu veux.

pleased content (**with** de); **to be pleased to do something** être content de faire quelque chose; **I'm pleased she came** je suis content qu'elle soit venue; **pleased to meet you!** enchanté!

pleasure plaisir *m*.

plenty 1 plenty of beaucoup de *(livres, courage)*.
2 beaucoup: **she eats plenty** elle mange beaucoup; **I have plenty** j'en ai beaucoup; **plenty more** beaucoup plus.
3 assez: **that's plenty** c'est assez.

pliers pince *f (outil)*.

plimsolls chaussures de tennis *f plural*, tennis *m or f plural*.

plough[1] charrue *f*.

plough[2] labourer *(un champ)*.

plow *(mot américain)* = **plough**.

plug 1 *(electrical)* prise *f*, prise de courant. **2** *(for bath, sink)* bonde *f*.

plug in brancher *(la télévision, une lampe)*.

plum prune *f*.

plumber plombier *m*.

plural pluriel *m*: **in the plural** au pluriel.

plus plus: **seven plus three are ten** sept plus trois font dix.

p.m. de l'après-midi; *(evening)* du soir: **it's three p.m.** il est trois heures de l'après-midi.

pocket poche *f*: **pocket money** argent *m* de poche.

poem poème *m*.

poet poète *m*: **she's a poet** elle est poète.

point[1] **1** *(position, score)* point *m*: **to score a point** marquer un point.
2 *(of knife, needle, pencil)* pointe *f*.
3 *(decimal point)* virgule *f*: **six point five** (= **6.5**) six virgule cinq (= 6,5).
4 *(moment)* moment *m*: **at one point** à un moment donné; **at that point** à ce moment-là.
5 *(meaning)* sens *m*; **what's the point?** à quoi bon?; **what's the point doing something?** à quoi bon faire quelque chose?; **there's no point doing something** ça ne sert à rien de faire quelque chose.
6 point of view point *m* de vue.

point[2] **1 to point one's finger at** montrer du doigt; **don't point!** ne montre pas du doigt!; **to point at** *or* **to someone/something** *(with finger)* montrer quelqu'un/quelque chose.
2 to point a gun at braquer un revolver sur.

pointed pointu.

pointless inutile.

point out 1 *(to show)* indiquer, montrer. **2** *(to mention)* signaler (**that** que).

poison [1] poison *m*.

poison [2] empoisonner.

poisonous *(fumes, chemicals)* toxique; *(plant)* vénéneux *m* (-euse *f*); *(snake)* venimeux *m* (-euse *f*).

Poland Pologne *f*: **to** *or* **in Poland** en Pologne.

polar bear ours *m* blanc *or* polaire.

pole 1 *(stick fixed in ground)* poteau *m* (-eaux *plural*). **2 North/South Pole** pôle *m* Nord/Sud.

Pole Polonais *m*, -aise *f*: **he's a Pole** c'est un Polonais.

police police *f*: **police car** voiture *f* de police; **police station** commissariat *m* de police.

policeman (*au pluriel* **policemen**) agent *m*, agent de police: **his father's a policeman** son père est agent de police.

policewoman (*au pluriel* **policewomen**) femme *f* policier.

polish [1] cirer *(des chaussures, un meuble)*.

polish [2] *(for shoes)* cirage *m*; *(for furniture, floor)* cire *f*.

Polish [1] *(town, word)* polonais.

Polish [2] *(the language)* polonais *m*.

polite poli (**to** avec).

political politique.

politician homme *m* politique, femme *f* politique.

politics politique *f*.

pond 1 *(large)* étang *m*; *(stagnant)* mare *f*. **2** *(man-made, in garden or park)* bassin *m*.

pony (*au pluriel* **ponies**) poney *m*.

poodle caniche *m*.

pool 1 *(for swimming)* piscine *f*. **2** *(puddle)* flaque *f*. **3** *(small pond)* mare *f*.

poor 1 *(not rich, deserving pity)* pauvre. **2** *(bad)* mauvais.

pop [1] pop: **pop music/singer** musique/chanteur pop.

> The translation 'pop' does not change in the feminine or plural. Do not add 'e' or 's'.

pop [2] **1** *(to put)* mettre (**into** dans). **2** *(to go)* **to pop in/out** entrer/sortir un instant; **to pop round to the baker's** passer chez le boulanger.

> Attention: ce mot est familier.

popcorn pop-corn *m*.

poppy (*au pluriel* **poppies**) coquelicot *m*.

Popsicle® *(mot américain)* glace *f* à l'eau.

popular populaire; **to be popular with someone** plaire beaucoup à quelqu'un; **he's a popular boy** c'est un garçon qui a beaucoup d'amis.

population population *f*.

porch porche *m*; *(mot américain)* véranda *f*.

pork *(meat)* porc *m*.

porridge porridge *m* *(bouillie de flocons d'avoine)*.

port *(harbour)* port *m*.

porter *(at station)* porteur *m*.

portion 1 *(part)* partie *f*. **2** *(of meal)* portion *f*.

portrait portrait *m*.

Portugal Portugal *m*: **to** *or* **in Portugal** au Portugal.

Portuguese [1] *(town, word)* portugais; **Portuguese man** Portugais *m*; **Portuguese woman** Portugaise *f*.

Portuguese [2] **1** *(the language)* portugais *m*. **2** *(the people)* **the Portuguese** les Portugais *m plural*.

position position *f*.

positive 1 *(sure)* certain (**of** de). **2** *(tone, message)* positif *m* (-ive *f*).

possibility (*au pluriel* **possibilities**) possibilité *f*.

possible 1 possible: **it's possible for him to do it** il lui est possible de le faire; **it's possible she's ill** il est possible qu'elle soit malade; **if possible** si possible.
2 as quickly as possible le plus rapidement possible; **to work as much/ as little as possible** travailler le plus/ le moins possible; **as many details as possible** le plus de détails possible; **as far as possible** autant que possible.

post[1] 1 *(letters)* courrier *m*; *(service)* la poste: **by post** par la poste. **2** *(pole)* poteau *m* (-eaux *plural*). **3** *(job)* poste *m*.

post[2] poster (*une lettre*).

postage tarif *m* postal, affranchissement *m*.

postbox boîte à *or* aux lettres.

postcard carte *f* postale.

poster *(for advertising)* affiche *f*.

postman (*au pluriel* **postmen**) facteur *m*.

post office poste *f*, bureau *m* de poste (bureaux de poste *plural*).

postpone remettre, remettre à plus tard: **to postpone until/for** remettre à/de.

pot 1 *(for cooking)* marmite *f*; **the pots and pans** les casseroles *f plural*.
2 *(for plant, paint)* pot *m*. **3 a pot of tea** un thé *(servi dans une théière)*.

potato (*au pluriel* **potatoes**) pomme *f* de terre.

poultry la volaille.

pound 1 *(weight)* livre *f* (*= 453,6 grammes*). **2** *(money)* livre *f*: **a pound coin** une pièce d'une livre.

pour 1 verser *(de l'eau, du vin)*; **to pour someone a drink** servir un verre à quelqu'un.
2 it's pouring *or* **it's pouring with rain** il pleut à verse; **in the pouring rain** sous une pluie battante.

pour out 1 verser. **2** *(to empty out)* vider *(une tasse, un verre)*.

poverty pauvreté *f*.

powder poudre *f*.

power 1 *(authority)* pouvoir *m*. **2** *(strength)* puissance *f*. **3** *(energy)* énergie *f*. **4** *(electric)* courant *m*: **a power cut** une coupure de courant.

powerful puissant.

practical *(tool, clothes)* pratique.

practically *(almost)* pratiquement.

practice 1 *(exercises)* exercices *m plural*; *(sports training)* entraînement *m*: **to be out of practice** manquer d'entraînement.
2 *(mot américain)* = **practise**.

practise 1 *(of musician)* s'exercer (**doing something** à faire quelque chose); **to practise the piano/flute** travailler le piano/la flûte.
2 *(of sportsman)* s'entraîner.
3 to practise a language s'exercer à parler une langue, pratiquer une langue.

praise 1 to praise someone for something/for doing something féliciter quelqu'un de quelque chose/ d'avoir fait quelque chose.
2 faire l'éloge de *(livre, action)*.

pram landau *m* (-aus *plural*).

pray prier: **to pray for good weather/a miracle** prier pour avoir du beau temps/pour un miracle.

prayer prière *f*.

precious précieux *m* (-euse *f*).

prefer préférer (**to** à): **to prefer to do something** préférer faire quelque chose.

pregnant enceinte *f*: **she's eight months pregnant** elle est enceinte de huit mois.

prepare préparer *(une chambre, un repas)*; **to prepare for** se préparer à *(un voyage, un événement)*; **to prepare for an exam** préparer un examen; **to prepare to do something** se préparer à faire quelque chose.

prepared: to be prepared to do something être prêt à faire quelque chose; **to be prepared for some-**

thing *(to expect)* s'attendre à quelque chose.

prescription *(of doctor)* ordonnance *f*.

presence présence *f*: **in the presence of** en présence de.

present [1] **1** *(not absent)* présent (**at** à). **2** *(year, job, house)* actuel *m* (-elle *f*).

present [2] **1** *(gift)* cadeau *m* (-eaux *plural*). **2** *(time)* **the present** le présent; **for the present** pour le moment; **at present** à présent.

president *(of country)* président *m*, -ente *f*.

press 1 appuyer sur *(une sonnette)*: **I pressed** *or* **I pressed down the button** j'ai appuyé sur le bouton; **she pressed too hard** elle a appuyé trop fort.
2 *(to squeeze)* presser *(une éponge, un tube)*.

pretend faire semblant (**to do** de faire); **he pretended he didn't hear** il a fait semblant de ne pas avoir entendu.

pretty [1] joli.

pretty [2] **1** *(quite, rather)* assez: **it's pretty hard** c'est assez difficile. **2** *(really)* vraiment: **it's pretty hard** c'est vraiment difficile.

prevent empêcher: **to prevent someone doing something** *or* **from doing something** empêcher quelqu'un de faire quelque chose; **I couldn't prevent him** je n'ai pas pu l'en empêcher.

previous *(year, page)* précédent.

price prix *m*; **price list** tarif *m*, liste *f* des prix.

prick piquer: **to prick one's finger** se piquer le doigt.

pride fierté *f*.

priest prêtre *m*.

primary school école *f* primaire.

Prime Minister Premier ministre *m*.

prince prince *m*.

princess princesse *f*.

principal *(of school)* directeur *m*, -trice *f*; *(of secondary school or collège)* principal *m* (-aux *plural*), principale *f*; *(of high school or lycée)* proviseur *m*.

print 1 imprimer *(un livre)*. **2** *(to write)* écrire en caractères d'imprimerie.

printer *(of computer)* imprimante *f*.

prison prison *f*: **in prison** en prison; **to send to prison** mettre en prison; **to go to prison** aller en prison.

prisoner prisonnier *m*, -ière *f*: **to take someone prisoner** faire quelqu'un prisonnier.

private *(school, life, property)* privé; *(lesson, bathroom)* particulier *m* (-ière *f*).

prize prix *m*; *(in lottery)* lot *m*.

probable probable (**that** que).

probably probablement.

problem problème *m*: **no problem!** pas de problème!; **to have a problem doing something** avoir du mal à faire quelque chose.

produce *(to make, to cause)* produire.

product produit *m*.

profession profession *f*.

professional professionnel *m* (-elle *f*).

profit bénéfice *m*, profit *m*.

program 1 *(of computer)* programme *m*. **2** *(mot américain)* = **programme**.

programme 1 émission *f*: **radio/TV programme** émission de radio/de télévision.
2 *(planned activities or shows, booklet for play)* programme *m*.

progress progrès *m plural*: **to make progress** faire des progrès.

project *(mot américain)* **housing project** cité *f* HLM.

promise [1] promesse *f*: **to keep one's promise** tenir sa promesse.

promise [2] promettre (**that** que): **to**

promise someone something promettre quelque chose à quelqu'un; **to promise to do something** promettre de faire quelque chose; **I promise!** je te le promets!

pronounce prononcer *(un mot)*.

pronunciation prononciation *f*.

proof preuve *f*; **I need proof** il me faut des preuves.

proper 1 *(suitable)* qui convient, approprié: **the proper tool** l'outil qui convient, l'outil approprié.
2 *(real)* vrai: **a proper meal** un vrai repas.
3 *(correct)* bon *m* (bonne *f*): **the proper address** la bonne adresse.

properly comme il faut; *(dressed, equipped)* convenablement.

property *(au pluriel* **properties**) propriété *f*.

protect protéger (**from** de).

Protestant[1] *(faith, church)* protestant.

Protestant[2] protestant *m*, -ante *f*: **she's a Protestant** c'est une protestante.

proud 1 fier *m* (fière *f*) (**of** de). **2** *(feeling better than others)* orgueilleux *m* (-euse *f*).

prove prouver (**that** que).

proverb proverbe *m*.

provide *(to supply)* fournir: **to provide someone with something** fournir quelque chose à quelqu'un.

prune pruneau *m* (-eaux *plural*).

pub pub *m*.

public[1] **1** public *m* (-ique *f*); *(library)* municipal (-aux *m plural*). **2 public school** école *f* privée; *(en américain)* école publique.

public[2]**: the public** le public; **open to the public** ouvert au public; **in public** en public.

publish publier.

pudding *(dish)* pudding *m*; **rice pudding** riz *m* au lait.

puddle flaque *f*, flaque d'eau.

pull[1]**: to give something a pull** tirer quelque chose.

pull[2] tirer: **to pull on something** tirer sur quelque chose.

pull down 1 baisser *(son pantalon)*. **2** *(to knock down)* démolir.

pull off *(to remove)* enlever *(une chaussure, une étiquette)*.

pull out 1 arracher *(une dent, des cheveux)*; enlever *(une épingle, un bouchon)*. **2 to pull something out of one's pocket** retirer quelque chose de sa poche.

pull up 1 remonter *(ses chaussettes, son pantalon)*. **2** arracher *(un arbre, une mauvaise herbe)*. **3** *(in car)* s'arrêter.

pulse pouls *m*.

pump pompe *f*: **bicycle pump** pompe à vélo.

pumpkin citrouille *f*, potiron *m*.

pump up gonfler *(un pneu)*.

punch[1] *(blow)* coup *m* de poing.

punch[2] donner un coup de poing à *(une personne)*.

punctual: to be punctual être à l'heure.

punish punir (**for something** de quelque chose): **to punish someone for doing something** punir quelqu'un pour avoir fait quelque chose.

punishment punition *f*.

pup *(dog)* chiot *m*.

pupil 1 *(in school)* élève *m or f*. **2** *(of eye)* pupille *f*.

puppet marionnette *f*.

puppy *(au pluriel* **puppies**) *(dog)* chiot *m*.

pure pur.

purple violet *m* (-ette *f*).

purpose 1 *(aim)* but *m*: **for this purpose** dans ce but. **2 on purpose** exprès.

purse 1 *(for coins)* porte-monnaie *m*. **2** *(handbag) (mot américain)* sac *m* à main.

The translation 'porte-monnaie' does not change in the plural. Do not add 's'.

push[1]**: to give someone a push** pousser quelqu'un.

push[2] pousser: **push!** poussez!; **to push a button** appuyer sur un bouton; **to push one's finger/a knife into something** enfoncer son doigt/un couteau dans quelque chose.

pushchair poussette *f*.

push in *(in queue, line)* resquiller.

push over renverser *(un vase, un verre)*.

put mettre (**on** sur, **in** dans).

I put, I have put, I am putting.

put away ranger *(des livres, jouets)*.

put back 1 *(in its place)* remettre. **2 to put back the clocks by an hour** retarder les pendules d'une heure.

put down 1 *(on the ground, a table)* poser. **2** *(to write down)* noter *(une idée)*; inscrire *(son nom)*. **3** fermer *(un parapluie)*. **4** baisser *(la tête)*.

put in poser *(une vitre)*; installer *(une douche)*.

put off 1 *(to delay)* remettre: **to be put off until tomorrow** être remis à demain.
2 *(to switch off)* éteindre *(la lumière)*.
3 to put someone off something dégoûter quelqu'un de quelque chose.

put on 1 *(to wear)* mettre *(un vêtement, des lunettes, son maquillage)*.
2 *(to switch on)* allumer, mettre *(la télévision, le chauffage)*.
3 *(to play)* mettre, passer *(un disque, une cassette)*.
4 *(to show)* passer *(un film)*.
5 *(to cook)* **to put the potatoes on** mettre les pommes de terre à cuire.
6 to put on weight grossir; **she's put on a lot of weight** elle a beaucoup grossi.
7 to put on the clocks by an hour avancer les pendules d'une heure.

put out 1 éteindre *(un feu, la lumière)*. **2 to put out one's hand** *(to beg, shake someone's hand)* tendre la main.

put up 1 lever: **to put up one's hand** lever la main.
2 *(on the wall)* mettre *(une affiche)*; accrocher *(un tableau)*.
3 *(to fix up, to build)* dresser *(une tente, une statue)*; construire *(un bâtiment)*; installer *(une étagère)*.
4 ouvrir *(un parapluie)*.
5 augmenter *(les prix)*.
6 *(to accept)* **to put up with** supporter; **I can't put up with the noise** je ne supporte pas ce bruit.

puzzle[1] **1 puzzle** *or* **jigsaw puzzle** puzzle *m*. **2** *(mystery)* mystère *m*.

puzzle[2]**: to puzzle someone** laisser quelqu'un perplexe; **I was puzzled** j'étais perplexe.

pyjamas pyjama *m*; **a pair of pyjamas** un pyjama.

Qq

quality qualité *f*.

quantity *(au pluriel* **quantities***)* quantité *f*.

quarrel[1] dispute *f*: **to have a quarrel** se disputer (**with** avec).

quarrel[2] se disputer (**with** avec).

quarter 1 quart *m*: **a quarter of a pound/of a chicken** un quart de livre/de poulet; **three quarters of the cake** les trois quarts du gâteau; **to divide something into quarters** diviser quelque chose en quatre.

2 a quarter of an hour un quart

d'heure; **two and a quarter hours** deux heures et quart; **it's a quarter past two,** *(en américain)* **it's a quarter after two** il est deux heures et quart; **a quarter to two** deux heures moins le quart.
3 *(money, in the United States and Canada)* pièce *f* de vingt-cinq cents.

quay (*au pluriel* **quays**) *(in harbour)* quai *m*.

queen reine *f*.

question[1] question *f*: **to ask someone a question** poser une question à quelqu'un.

question[2] interroger, questionner (**about** à propos de).

question mark point *m* d'interrogation.

queue queue *f*: **to form a queue** faire la queue.

queue (*or* **queue up**) faire la queue.

quick *(glance, decision)* rapide; **be quick!** fais vite!; **to have a quick meal** manger en vitesse; **quick!** vite!

quickly vite.

quiet 1 *(peaceful)* tranquille; **a quiet child/corner** un enfant/un coin tranquille.
2 *(not noisy)* silencieux *m* (-euse *f*): **a quiet car** une voiture silencieuse; **in a quiet voice** à voix basse; **quiet!** silence!; **to be** *or* **to keep quiet** *(to stop talking)* se taire; *(to make no noise)* ne pas faire de bruit.

quietly *(gently, not loudly)* doucement; *(silently)* silencieusement.

quite 1 *(rather)* assez: **quite big/small** assez grand/petit.
2 *(entirely)* tout à fait: **I'm quite happy** je suis tout à fait heureux.
3 *(really)* vraiment: **she's quite beautiful** elle est vraiment belle; **it was quite good!** c'était pas mal!, c'était pas mal du tout!
4 quite a lot of pas mal de *(gens, livres)*; **I read/travel quite a lot** je lis/je voyage beaucoup; **she goes there quite a lot** elle y va souvent.

quiz *(on TV)* jeu-concours *m* (jeux-concours *plural*).

quotation marks guillemets *m plural*.

quote citer.

Rr

rabbit lapin *m*.

race[1] **1** *(competition)* course *f*: **cycle race** course cycliste; **the races** *(with horses)* les courses. **2** *(group of people)* race *f*: **the human race** la race humaine.

race[2] *(to run)* courir; **to race someone** faire la course avec quelqu'un.

racing *(with cars, animals)* la course; *(with horses)* les courses *f plural*; **racing car** voiture *f* de course.

rack 1 *(set of shelves)* étagère *f*. **2** *(on train or bus, for luggage)* porte-bagages *m*.

The translation 'porte-bagages' does not change in the plural. Do not add 's'.

racket *(for tennis)* raquette *f*.

radiator *(for central heating)* radiateur *m*.

radio (*au pluriel* **radios**) radio *f*: **to switch the radio on/off** allumer/éteindre la radio; **on** *or* **over the radio** à la radio.

radish radis *m*.

rag 1 *(for dusting)* chiffon *m*. **2 to be in rags, to be dressed in rags** être en haillons.

rail 1 *(on stairs)* rampe *f*; *(on balcony)* balustrade *f*.

2 *(for train)* rail *m*; **to travel by rail** voyager par le train; **to send something by rail** envoyer quelque chose par chemin de fer.

railings *(fence)* grille *f*.

railroad *(mot américain)* = **railway**.

railway 1 chemin *m* de fer; **railway station** gare *f*. **2 railway** *or* **railway line** ligne *f* de chemin de fer. **3 railway** *or* **railway track** voie *f* ferrée.

rain[1] pluie *f*: **in the rain** sous la pluie.

rain[2] pleuvoir: **it's raining** il pleut.

rainbow arc-en-ciel *m* (arcs-en-ciel *plural*).

raincoat imperméable *m*.

rainy pluvieux *m* (-euse *f*).

raise 1 *(to lift)* lever *(la main, le rideau)*.
2 *(to increase)* augmenter *(les prix, un salaire)*; améliorer *(le niveau)*.
3 **to raise one's voice** *(in anger)* élever la voix.
4 **to raise funds** réunir des fonds.

raisin raisin *m* sec.

rake râteau *m* (-eaux *plural*).

ran ▸ see **run**[2].

ranch ranch *m*.

rang ▸ see **ring**[2].

range 1 *(of sizes, colours)* choix *m*. **2** *(stove) (mot américain)* cuisinière *f*.

rare rare.

rash *(on skin) (red area)* rougeurs *f plural*; *(spots)* boutons *m plural*.

raspberry *(au pluriel* **raspberries***)* framboise *f*.

rat rat *m*.

rather 1 *(quite)* plutôt: **rather pleasant** plutôt agréable; **rather a lot** = **quite a lot** ▸ see **quite 4**.
2 *(preferring something)* **rather than** plutôt que; **we should go to the museum rather than stay at home** on devrait aller au musée plutôt que de rester à la maison; **I'd rather stay** j'aimerais mieux rester.

rattle *(baby's toy)* hochet *m*.

raw 1 *(meat, fish, vegetables)* cru. **2 raw materials** matières premières *f plural*.

ray *(of sun)* rayon *m*.

razor rasoir *m*.

reach 1 *(to arrive at)* arriver à *(un endroit)*; atteindre *(un niveau, une cible, une vitesse)*.
2 *(by stretching one's arm)* **to reach something for someone** passer quelque chose à quelqu'un; **to reach** *or* **to reach out for something** étendre le bras pour prendre quelque chose; **I can't reach!** je n'y arrive pas!
3 *(to touch)* toucher: **he can reach the ceiling** il peut toucher le plafond.
4 *(to get in touch with over the phone)* **to reach someone** joindre quelqu'un.

reaction réaction *f*.

read lire: **to read something to someone** lire quelque chose à quelqu'un; **to read to someone** faire la lecture à quelqu'un; **she can read** elle sait lire; **to read about something** lire quelque chose sur quelque chose.

I read, I have read, I am reading.

reader lecteur *m*, -trice *f*.

reading lecture *f*: **she likes reading** elle aime la lecture.

ready 1 prêt (**to do** à faire).
2 to get ready se préparer (**for** pour); **to get ready to do something** se préparer à faire quelque chose; **to get something ready** préparer quelque chose.

real 1 *(true)* vrai, véritable: **the real reason** la vraie raison; **the real boss** le véritable patron.
2 *(not imitated)* véritable, vrai: **it's real leather** c'est du cuir véritable, c'est du vrai cuir.
3 *(world, life, fact)* réel *m* (réelle *f*).

realize: to realize something se rendre compte de quelque chose; **to realize that** se rendre compte que; **to realize why/how** comprendre pourquoi/comment; **I didn't realize**

je ne savais pas.

really vraiment: **she's really nice** elle est vraiment gentille; **is it really true?** est-ce bien vrai?; **really?** *(showing surprise)* vraiment?, c'est vrai?

rear *(back)* arrière: **the rear tyres/wheels** les pneus/roues arrière.

The translation 'arrière' does not change in the plural. Do not add 's'.

reason raison *f*: **what's the reason for your being late?** quelle est la raison de ton retard?; **for what reason?** pour quelle raison?; **the reason why I...** la raison pour laquelle je... .

reasonable 1 *(sensible)* raisonnable. **2** *(not good but okay)* passable: **the film/the weather was reasonable** le film/le temps était passable.

receipt reçu *m*.

receive recevoir *(une lettre, un cadeau)*.

recent récent; **in recent years** ces dernières années.

recently récemment; **until very recently** jusqu'à ces derniers temps.

recipe recette *f (de cuisine)*.

recite réciter *(un poème)*.

reckon 1 *(to think)* penser (**that** que). **2** *(to calculate)* **to reckon** *or* **to reckon up** calculer.

Attention: le premier sens est familier.

recognize reconnaître (**by** à).

recommend recommander (**to** à).

record [1] 1 disque *m*: **to put on a record** mettre un disque. **2** *(in sport)* record *m*: **to break a record** battre un record.

record [2] *(on tape)* enregistrer *(une chanson, un film)*; **the video is recording** le magnétoscope est en train d'enregistrer.

recorder flûte *f* à bec: **to play the recorder** jouer de la flûte à bec.

recover: to recover from se remettre de *(maladie, blessure)*.

rectangle rectangle *m*.

red [1] 1 rouge: **a red skirt** une jupe rouge; **a red light** *(traffic light)* un feu rouge. **2 to have red hair** avoir les cheveux roux.

red [2] *(the colour)* rouge *m*: **I like red** j'aime le rouge.

red-haired roux *m* (rousse *f*).

redo refaire *(un devoir, une pièce)*.

I redid, I have redone, I am redoing.

reduce réduire (**by** de).

reflection *(in mirror)* image *f*, reflet *m*.

refreshing *(drink, shower)* rafraîchissant.

refreshments *(drinks)* rafraîchissements *m plural*; *(food)* petites choses à grignoter *f plural*.

refrigerate *(to keep in the fridge)* conserver au frais.

refrigerator réfrigérateur *m*.

refuse refuser (**to do** de faire): **to refuse someone something** refuser quelque chose à quelqu'un; **I refused** j'ai refusé.

region région *f*.

register *(in school)* **to call** *or* **to take the register** faire l'appel; **she was absent for the register** elle a manqué à l'appel.

regular 1 *(steady, even)* régulier *m* (-ière *f*); **to take regular exercise** faire de l'exercice régulièrement. **2** *(usual)* habituel *m* (-elle *f*). **3** *(price, size, portion)* normal (-aux *m plural*).

regularly régulièrement.

reign [1] règne *m*: **in the reign of** sous le règne de.

reign [2] régner (**over** sur).

reindeer renne *m*.

On n'ajoute pas de 's' pour former le pluriel de **reindeer.**

related *(by family)* **to be related to someone** être parent de quelqu'un.

relation parent *m*, -ente *f*: **my close relations** mes proches parents; **he**

has relations in Toronto il a de la famille à Toronto.

relative = **relation**.

relax *(to rest)* se détendre; **relax!** *(calm down)* du calme! ; *(don't worry)* rassure-toi!

relaxed décontracté.

release *(to set free)* libérer.

reliable *(person)* sérieux *m* (-euse *f*); *(machine, car)* fiable.

religion religion *f*.

religious *(education, faith)* religieux *m* (-euse *f*); *(person)* croyant.

rely on compter sur: **you can rely on me** tu peux compter sur moi.

remain rester.

remaining *(money, food)* qui reste (*or* qui restent); **the remaining tourists** *(the rest of them)* le reste des touristes.

remark remarque *f*.

remember 1 to remember something se souvenir de quelque chose, se rappeler quelque chose; **to remember that** se rappeler que, se souvenir que; **to remember doing something** se souvenir d'avoir fait quelque chose, se rappeler avoir fait quelque chose; **I don't** *or* **I can't remember!** je ne m'en souviens pas!
2 to remember someone se souvenir de quelqu'un; **I remember him/them** je me souviens de lui/d'eux.
3 *(not to forget)* **to remember something/to do something** penser à quelque chose/à faire quelque chose, ne pas oublier quelque chose/de faire quelque chose.

remind 1 to remind someone of something rappeler quelque chose à quelqu'un; **you remind me of my uncle** tu me rappelles mon oncle, tu me fais penser à mon oncle.
2 to remind someone that rappeler à quelqu'un que.
3 to remind someone to do something faire penser à quelqu'un à faire quelque chose; **remind me to take my gloves** fais-moi penser à prendre mes gants.

remove enlever (**from something** de quelque chose).

rent[1] loyer *m*.

rent[2] louer: **I rented a house** j'ai loué une maison; **I'm renting a house to students** je loue une maison à des étudiants.

repair[1] réparation *f*.

repair[2] réparer: **my dishwasher is being repaired** mon lave-vaisselle est en réparation; **to take something in to be repaired** donner quelque chose à réparer.

repeat répéter *(une question)*: **to repeat that** répéter que; **repeat after me** répétez après moi.

replace 1 *(to take the place of)* remplacer (**with** par). **2** *(to put back in its place)* remettre.

reply[1] réponse *f* (**to** à); **there's no reply** *(on the phone)* ça ne répond pas.

reply[2] répondre (**to** à, **that** que).

report[1] **1** *(description)* récit *m*: **to give a report on** faire le récit de *(ses vacances)*; **an official report** un rapport officiel.
2 *(of schoolboy or schoolgirl)* bulletin *m* scolaire.

report[2] **1** signaler: **to report something to the police** signaler quelque chose à la police; **to report someone to the headmaster** signaler quelqu'un au directeur.
2 *(in newspaper)* **to be reported in the papers** être annoncé dans les journaux; **it wasn't reported in the papers** les journaux n'en ont pas parlé.

report card *(terme américain)* = **report**[1] **2**.

reporter journaliste *m or f*, reporter *m*.

represent représenter.

reptile reptile *m*.

request[1] demande *f*.

request[2] demander (**someone to do** à quelqu'un de faire); **'you are requested not to smoke'** 'prière de ne pas fumer'.

rescue[1] *(help)* secours *m*: **to come to/to go to someone's rescue** venir/aller au secours de quelqu'un.

rescue[2] *(from danger)* sauver (**from** de).

reserve réserver *(une table)*: **this seat is reserved** cette place est réservée.

resist résister à *(la tentation, ses ennemis)*; **I couldn't resist** je n'ai pas pu résister.

respect[1] respect *m* (**for** pour).

respect[2] respecter.

responsible responsable (**for** de); **a responsible job** un poste à responsabilités.

rest[1] **1** repos *m*; **to have** *or* **to take a rest** se reposer.
2 *(what is left)* **the rest** le reste; **the rest of the story** le reste de l'histoire.
3 *(the others)* **the rest, the rest of them** les autres *m or f plural*; **the rest of the women** les autres femmes.

rest[2] **1** *(to have a rest)* se reposer; **to rest one's legs** reposer ses jambes.
2 *(to lean)* **to rest something** appuyer quelque chose (**on** sur, **against** contre); **the ladder was resting against the wall** l'échelle était appuyée contre le mur.

restaurant restaurant *m*.

rest room *(terme américain)* toilettes *f plural*.

result résultat *m*.

retire *(from work)* prendre sa retraite; **to be retired** être à la retraite, être retraité; **a retired doctor** un médecin à la retraite; **a retired person** un retraité, une retraitée.

return[1] **1** retour *m*; **the return flight/trip** le vol/le voyage de retour.
2 a return, a return ticket un aller et retour, un aller retour (**to** pour).
3 in return en échange (**for** de).

return[2] **1** *(to come back)* revenir (**to** à); *(to go back)* retourner (**to** à); *(to go or to come back home)* rentrer.
2 *(to give back)* rendre; *(to put back)* remettre; *(to send back)* renvoyer.

revenge: to get one's revenge se venger (**on someone** de quelqu'un).

reverse *(in a car)* faire marche arrière; **to reverse in/out** rentrer/sortir en marche arrière.

revise réviser *(ses cours)*; **to revise for one's exams** réviser pour ses examens.

reward[1] récompense *f*.

reward[2] récompenser (**for something** pour quelque chose); **to be rewarded for doing something** être récompensé d'avoir fait quelque chose.

rewind rembobiner *(une cassette)*.

I rewound, I have rewound, I am rewinding.

rhinoceros rhinocéros *m*.

rhubarb rhubarbe *f*.

rhyme rimer (**with** avec).

rib *(in body)* côte *f*.

ribbon ruban *m*.

rice riz *m*.

rich *(person, country)* riche.

rid: to get rid of something/someone se débarrasser de quelque chose/quelqu'un.

riddle devinette *f*: **to ask someone a riddle** poser une devinette à quelqu'un.

ride[1] **1** *(on bicycle, by car, on horse)* promenade *f*: **to go for a ride** faire une promenade *(en voiture, en vélo, à cheval)*; **to give someone a ride** emmener quelqu'un faire une promenade; **give me a ride on your back!** porte-moi sur ton dos!
2 *(journey)* trajet *m*: **the bus ride** le trajet en bus.

ride[2] **1** *(to go)* aller: **to ride a bicycle**

to aller en vélo à; **I was riding on the right** je roulais à droite.
2 *(as activity)* **to ride** *or* **to ride a horse** monter à cheval, faire du cheval; **to ride** *or* **to ride a bicycle** faire du vélo.
3 *(showing position)* être: **I was riding a bicycle, I was riding on a bicycle** j'étais en vélo.
4 *(to go on or in as passenger)* **to ride on** *or* **in** prendre: **he's never ridden in a taxi** il n'a jamais pris le taxi; **to ride on the bus** prendre le bus.
5 *(to travel a distance)* faire: **I rode 100 kilometres** j'ai fait 100 kilomètres *(en vélo, à cheval)*.

I rode, I have ridden, I am riding.

rider *(on horse)* cavalier *m* (-ière *f*); *(on bicycle)* cycliste *m or f*; *(on motorcycle)* motocycliste *m or f*.

ridiculous ridicule.

riding: to go riding *or* **horse riding** faire du cheval.

rifle fusil *m*.

right [1] **1** *(correct)* bon *m* (bonne *f*): **the right choice** le bon choix; **the right road** la bonne route; **right!** bon!, bien!; **that's right** c'est ça.
2 *(time on the clock)* exact, juste: **what's the right time?** quelle est l'heure exacte *or* juste?; **the clock's right** la pendule est à l'heure.
3 *(person)* **to be right** avoir raison (**to do** de faire); **you're right!** tu as raison!
4 *(what should be done)* bien: **it's not right to steal** ce n'est pas bien de voler; **she did the right thing** elle a bien fait.
5 *(fair)* juste: **that isn't right!** ce n'est pas juste!

right [2] **1** *(straight)* tout droit: **he came right to me** il est allé tout droit vers moi; **right now, right away** tout de suite.
2 *(all the way)* tout: **right around** tout autour.
3 *(correctly)* correctement: **to answer right** répondre correctement; **you did right!** tu as bien fait!

right [3] **1** *(hand, side, glove)* droit. **2** à droite: **to turn/to look right** tourner/regarder à droite.

right [4] **1 the right** la droite; **on the right** à droite; **it's to the right of the table** c'est à droite de la table.
2 right and wrong le bien et le mal.
3 the right to do something le droit de faire quelque chose.

right-hand *(window, drawer)* de droite; **on the right-hand side** à droite.

ring [1] **1** *(on finger, curtain)* anneau *m* (-eaux *plural*); *(with jewel)* bague *f*: **a diamond ring** une bague de diamants.
2 *(circle of people, chairs)* cercle *m*.
3 *(sound of a doorbell)* coup *m* de sonnette; *(of telephone, alarm clock)* sonnerie *f*; **there was a ring** *(at the door)* on a sonné; **to give someone a ring** *(on the phone)* passer un coup de fil à quelqu'un.

ring [2] *(of bell, phone, person at the door)* sonner; **to ring the bell** *or* **the doorbell** sonner, sonner à la porte.

I rang, I have rung, I am ringing.

ring (or **ring up**) *(to phone)* téléphoner; **to ring someone, to ring someone up** téléphoner à quelqu'un.

ring back rappeler.

ring off *(after phoning)* raccrocher.

rinse rincer.

rip 1 déchirer *(un vêtement, une page)*.
2 se déchirer: **it rips easily** ça se déchire facilement.

ripe *(fruit)* mûr.

rip up déchirer *(une lettre)*.

rise [1] **1** *(of price, temperature)* monter, augmenter. **2** *(of sun, curtain)* se lever. **3** *(of smoke, balloon)* monter, s'élever.

it rose, it has risen, it is rising.

rise [2] *(in price, temperature)* hausse *f*.

risk risque *m*: **to take a risk** prendre

un risque.

river rivière *f*; *(flowing into the sea)* fleuve *m*.

road 1 route *f* (**to** de): **by road** par la route; **a road accident** un accident de la route; **a road sign** un panneau (-eaux *plural*).
2 *(street in town)* rue *f*: **over the road, across the road** *(opposite)* de l'autre côté de la rue, en face.

roam *(of animals)* errer; **to roam the streets** *(of children, beggars)* traîner dans les rues.

roar *(of lion, person)* rugir; *(of thunder, car)* gronder.

roast 1 rôtir: **the meat is roasting** la viande est en train de rôtir.
2 faire rôtir: **to roast a piece of meat** faire rôtir une viande; **some roast chicken** du poulet rôti; **some roast beef** un rôti de bœuf.

rob 1 to rob someone voler quelqu'un; **to rob someone of something** voler quelque chose à quelqu'un. **2** dévaliser *(une banque)*; cambrioler *(une maison)*.

robber voleur *m*, -euse *f*.

robbery (*au pluriel* **robberies**) vol *m*.

robin rouge-gorge *m* (rouges-gorges *plural*).

robot robot *m*.

rock[1] **1** *(big block of stone)* rocher *m*; *(substance)* roche *f*; *(stone) (mot américain)* pierre *f*. **2** *(music)* rock *m*: **a rock concert** un concert de rock.

rock[2] **1 to rock a baby** bercer un enfant. **2** *(to move backwards and forwards)* se balancer.

rocket fusée *f*.

rod: fishing rod canne *f* à pêche.

rode ▸ see **ride**[2].

roll[1] **1** *(of paper, film)* rouleau *m* (-eaux *plural*). **2** *(small loaf of bread)* petit pain *m*.

roll[2] *(of ball, coin)* rouler: **to roll something** rouler quelque chose; **to roll up a carpet/a map** rouler un tapis/une carte.

roller-skate patin *m* à roulettes; **to go roller-skating** faire du patin à roulettes.

roll over *(of car, person)* se retourner.

Roman romain: **Roman numerals** chiffres romains.

Romania Roumanie *f*: **to** *or* **in Romania** en Roumanie.

roof (*au pluriel* **roofs**) toit *m*.

room 1 *(in house)* pièce *f*; *(bedroom)* chambre *f*; *(in school, large room for public events)* salle *f*.
2 *(space)* place *f*: **there's no room** il n'y a pas de place.
3 *(termes américains)* **men's room, ladies' room** toilettes *f plural*.

root racine *f*.

rope corde *f*.

rose[1] *(flower)* rose *f*.

rose[2] ▸ see **rise**[1].

rot pourrir.

rotten 1 *(fruit)* pourri; **to go rotten** pourrir. **2** *(food, weather, mood)* infect; *(film, trip)* affreux *m* (-euse *f*).

Attention: ce dernier sens est familier.

rough 1 *(surface)* rugueux *m* (-euse *f*); *(road, ride)* cahoteux *m* (-euse *f*).
2 *(tough, harsh, bad) (treatment, behaviour)* brutal (-aux *m plural*); *(winter, life)* rude; *(weather)* mauvais; *(neighbourhood)* mal fréquenté; **a rough child** un enfant dur.
3 the sea is rough la mer est agitée.
4 *(calculation, idea)* approximatif *m* (-ive *f*).

roughly *(more or less)* à peu près.

round[1] *(in shape)* rond.

round[2] **1** autour de: **round the tree** autour de l'arbre; **round the corner** *(nearby)* tout près; **to go round the world/a museum** faire le tour du monde/d'un musée; **to go round the shops** faire les boutiques.
2 *(more or less)* **round about** environ; **round about 500 dollars** environ 500 dollars; **round here,**

round about here par ici.

round [3] **1** autour: **there's a wall all round** il y a un mur tout autour; **they're all round** *(everywhere)* ils sont partout.
2 to go round to someone passer chez quelqu'un; **to ask someone round** inviter quelqu'un chez soi.

round [4] *(in competition or game)* manche *f*.

round trip *(terme américain)* aller et retour *m*, aller retour *m*.

route *(road, way)* chemin *m*; *(of traveller)* itinéraire *m*.

row [1] **1** *(of people, chairs)* rang *m*; *(of houses, trees)* rangée *f*: **in the front row** au premier rang.
2 *(one behind the other)* file *f*.
3 four hours/days in a row quatre heures/jours de suite *or* d'affilée.

row [2] *(in boat)* ramer.

royal royal (-aux *m plural)*.

rub frotter: **to rub one's hands/eyes** se frotter les mains/les yeux.

rubber 1 caoutchouc *m*: **a rubber ball** une balle en caoutchouc. **2** *(eraser)* gomme *f*. **3 rubber band** élastique *m*.

rubbish 1 *(waste)* ordures *f plural*; *(junk)* camelote *f*, saletés *f plural*; **rubbish bin** poubelle *f*.
2 *(nonsense)* bêtises *f plural*.
3 it's rubbish *(useless)* ça ne vaut rien; **this book is rubbish** ce livre est nul.

rub out *(with eraser)* effacer.

rude *(not polite)* impoli; *(joke, gesture)* grossier *m* (-ière *f*): **to be rude to someone** *(insolent)* être grossier avec *or* envers quelqu'un.

rug *(carpet)* petit tapis *m*.

rugby rugby *m*: **to play rugby** jouer au rugby.

ruin 1 *(to spoil)* gâcher *(un événement, un plaisir, un repas)*; abîmer *(un vêtement)*. **2** *(to destroy)* ruiner *(une personne, une ville, la santé)*.

ruins: the house is in ruins la maison est en ruine *or* en ruines.

rule [1] *(of game, grammar)* règle *f*; **it's against the rules,** *(en américain)* **it's against the rule** c'est contraire au règlement; **as a rule** en règle générale.

rule [2] *(of king, queen)* régner (**over** sur).

ruler *(for measuring)* règle *f*.

run [1]**: to go for a run** courir, aller courir; **a 20 kilometre run** une course de 20 kilomètres.

run [2] **1** courir: **to run down/across the street** descendre/traverser la rue en courant; **to run in the 800 metres, to run the 800 metres** courir le 800 mètres; **to run after someone** courir après quelqu'un.
2 *(of tap, nose, tears)* couler; **to run a bath** faire couler un bain.
3 *(of machine)* marcher; *(of car engine)* tourner.
4 *(of buses, trains)* circuler.
5 diriger *(une entreprise, un pays)*.
6 *(to drive)* **to run someone to** conduire quelqu'un à; **to run someone home** reconduire quelqu'un chez lui.
7 to run courses organiser des cours.
8 to run a temperature avoir de la température

I ran, I have run, I am running.

run along! filez!

run away s'enfuir (**from** de).

rung [1] *(of ladder)* barreau *m* (-eaux *plural*).

rung [2] ▸ see **ring** [2].

run into 1 *(to meet)* tomber sur. **2** *(to crash into)* rentrer dans, heurter.

runner *(athlete)* coureur *m*, -euse *f*.

running *(on foot)* la course; **to go running** courir, faire de la course.

run out: to run out of ne plus avoir de *(temps, argent)*; **we've run out of coffee** nous n'avons plus de café; **we've run out** nous n'en avons plus; **the coffee/the money is running out** il ne reste plus beaucoup de café/

d'argent.

run over *(to kill in a car)* écraser; *(to injure in a car)* renverser: **to get run over** se faire écraser; se faire renverser.

runway piste *f (pour avions).*

rush [1] = **hurry** [1].

rush [2] **1** = **hurry** [2]. **2** *(to move forward)* se précipiter: **to rush to the door/into someone's arms** se précipiter à la porte/dans les bras de quelqu'un.

Russia Russie *f*: **to go to Russia** aller en Russie; **to live in Russia** vivre en Russie.

Russian [1] *(town, word)* russe.

Russian [2] *(the language)* russe *m*: **to speak Russian** parler russe.

Russian Russe *m or f*: **he's a Russian** c'est un Russe.

rust rouille *f*.

rusty *(nail, iron)* rouillé; **my Spanish is a bit rusty** je suis un peu rouillé en espagnol.

Ss

sack 1 *(big bag)* sac *m*: **sack of coal** sac de charbon. **2 to get the sack** *(from one's job)* se faire virer.

Attention: ce dernier sens est familier.

sad triste.

saddle selle *f*.

safe [1] **1** *(not in danger)* en sécurité, hors de danger; **to feel safe** se sentir en sécurité; **to come home safe** rentrer sain et sauf.
2 *(not dangerous) (toy, chemical)* sans danger; *(car)* sûr; *(ladder, bridge)* solide; *(driver)* prudent; **it's safe to go out** on peut sortir sans danger; **this toy isn't safe** ce jouet est dangereux.

safe [2] *(for money)* coffre-fort *m* (coffres-forts *plural*).

safely *(to work, to play)* en toute sécurité; *(to drive)* prudemment; **to go home safely** rentrer sain et sauf; **to land safely** atterrir sans problème; **to put something away safely** mettre quelque chose en lieu sûr.

safety 1 sécurité *f*. **2 safety pin** épingle *f* de nourrice *or* de sûreté.

said ▸ *see* **say**.

sail [1] **1** *(of boat, person)* naviguer; **to sail round the world** faire le tour du monde en bateau; **to sail a boat** piloter un bateau.
2 *(to leave)* partir, prendre la mer.
3 *(to go sailing)* faire de la voile.

sail [2] voile *f*.

sailing *(as sport)* voile *f*: **to go sailing** faire de la voile.

sailor marin *m*.

saint saint *m*, sainte *f*: **Saint Peter** saint Pierre.

salad salade *f*: **cheese salad** salade au fromage.

salary (*au pluriel* **salaries**) salaire *m*.

sale 1 vente *f*: **to be on sale** *or* **for sale** être en vente (**at** chez); **a house for sale** une maison à vendre.
2 *(at reduced prices)* **the sales** les soldes *m plural*; **to go to the sales** faire les soldes; **in the sales,** *(en américain)* **on sale** en solde.

salesclerk *(mot américain)* vendeur *m*, -euse *f*.

salesman (*au pluriel* **salesmen**) **1** *(who travels)* représentant *m*. **2** *(in shop)* vendeur *m*.

saleswoman (*au pluriel* **saleswomen**) **1** *(who travels)* représentante *f*. **2** *(in shop)* vendeuse *f*.

salmon saumon *m*.

salt sel *m*.

salty salé.

same [1] même: **the same house as** la même maison que.

same [2] **1** *(same one)* **the same** le même, la même (les mêmes *plural*): **she has the same** *(same toy)* elle a le même.
2 *(same thing)* la même chose: **it's the same for me** c'est la même chose pour moi; **they look the same** ils sont pareils; **to do the same as someone** faire comme quelqu'un.

sand sable *m*.

sandal sandale *f*.

sandwich sandwich *m*: **cheese sandwich** sandwich au fromage.

sang ▸ see **sing**.

sank ▸ see **sink** [2].

Santa Claus le père Noël.

sardine sardine *f*.

sat ▸ see **sit**.

satellite satellite *m*: **satellite TV** la télévision par satellite.

satisfy satisfaire *(une personne)*; **to be satisfied** être satisfait (**with** de).

Saturday samedi *m*: **it's Saturday** nous sommes samedi; **she left on Saturday** elle est partie samedi; **we play tennis on Saturdays** nous jouons au tennis le samedi.

sauce sauce *f*.

saucepan casserole *f*.

saucer soucoupe *f*.

Saudi Arabia Arabie saoudite *f*.

sausage *(for cooking)* saucisse *f*; *(cold, for slicing)* saucisson *m*.

save 1 *(to rescue)* sauver (**from** de).
2 *(to keep)* garder: **save this one for later** garde celui-ci pour plus tard.
3 *(with money)* économiser: **I've saved 50 pounds** j'ai économisé 50 livres; **this will save you a lot of money** cela te fera économiser beaucoup d'argent.
4 *(with time)* gagner: **to save time** gagner du temps; **you'll save time if...** tu gagneras du temps si...; **a car would save you time** une voiture te ferait gagner du temps.
5 that will save you the bother of going ça t'évitera d'y aller.
6 *(to put onto computer disk)* sauvegarder *(un fichier)*.

save up 1 faire des économies (**for something, to buy something** pour acheter quelque chose). **2** économiser, mettre de côté *(de l'argent)*.

savings économies *f plural*.

saw [1] scie *f*.

saw [2] scier.

> I sawed, I have sawn *or* sawed, I am sawing.

saw [3] ▸ see **see**.

say 1 dire (**that** que); **to say something to someone** dire quelque chose à quelqu'un; **to say something again** répéter quelque chose; **they are said to be rich** on dit qu'ils sont riches.
2 *(of clock, sign)* indiquer: **the clock said five** la pendule indiquait cinq heures.

> I said, I have said, I am saying.

saying dicton *m*, proverbe *m*.

scale *(of musical notes)* gamme *f*.

scales *(for weighing)* balance *f*; **bathroom scales** pèse-personne *m* (pèse-personne *or* pèse-personnes *plural*).

Scandinavia Scandinavie *f*: **to** *or* **in Scandinavia** en Scandinavie.

Scandinavian scandinave.

scar cicatrice *f*.

scare faire peur à; **to be scared** avoir peur (**of** de).

scarf (*au pluriel* **scarves**) écharpe *f*; *(square, for head)* foulard *m*.

scatter 1 éparpiller *(des jouets, des papiers)*; répandre *(des graines)*. **2** *(of crowd)* se disperser.

scene 1 *(view from window)* vue *f*.
2 *(part of play)* scène *f*.

3 *(place of action in story)* **the scene is Paris, the scene is set in Paris** l'action se passe à Paris.
4 *(place of crime, accident)* lieu *m*.

scenery 1 *(landscape)* paysage *m*. **2** *(for play)* décors *m plural*.

scent *(smell)* parfum *m*.

school 1 école *f*: **in school, at school** à l'école; **to go to school** aller à l'école; **she's away from school, she's off school** *(because of illness)* elle n'est pas allée à l'école.
2 school book/work/friend livre *m*/travail *m*/camarade *m or f* de classe; **school trip/year** voyage *m*/année *f* scolaire; **school yard** *(terme américain)* cour *f* de récréation.
3 *(mot américain)* université *f*.

schoolbag cartable *m*.

schoolboy écolier *m*.

schoolgirl écolière *f*.

schoolteacher *(primary)* instituteur *m*, -trice *f*; *(secondary)* professeur *m*.

science science *f*: **to study science** étudier les sciences.

scientific scientifique.

scientist scientifique *m or f*, savant *m*.

scissors ciseaux *m plural*: **a pair of scissors** une paire de ciseaux.

scooter *(child's)* trottinette *f*.

score [1] *(in sport, quiz)* score *m*: **what's the score?** quel est le score?

score [2]: to score a goal/a point marquer un but/un point; **he scored** *(in soccer)* il a marqué un but.

Scot Écossais *m*, -aise *f*: **she's a Scot** c'est une Écossaise.

scotch tape® *(terme américain)* scotch® *m*.

Scotland Écosse *f*: **to go to Scotland** aller en Écosse; **to live in Scotland** vivre en Écosse.

Scottish *(town, student)* écossais *m* (-aise *f*).

scout: scout *or* **boy scout** scout *m*, éclaireur *m*.

scrape 1 *(to graze)* **to scrape one's knee/arm** s'écorcher le genou/le bras.
2 *(to damage)* rayer, érafler *(un meuble)*.
3 *(to clean)* gratter *(des légumes)*; décrotter *(des chaussures)*; **to scrape off the mud** enlever la boue *(en grattant)*.

scratch [1] *(injury)* écorchure *f*.

scratch [2] 1 *(so as to get rid of an itch)* gratter; **to scratch one's leg** se gratter la jambe.
2 se gratter: **don't scratch!** arrête de te gratter!
3 *(of cat)* **to scratch someone** griffer quelqu'un.
4 *(to damage)* rayer *(du verre, un meuble)*.

scream [1] cri *m*, hurlement *m*.

scream [2] crier, hurler.

screen écran *m*.

screw vis *f*.

screw on visser *(un bouchon)*.

screwdriver tournevis *m*.

scribble griffonner.

scrub frotter, nettoyer à la brosse *(un parquet)*.

scuba diving la plongée sous-marine.

sculpture sculpture *f*.

sea mer *f*: **by the sea, beside the sea** au bord de la mer; **by sea** en bateau, par mer; **at sea** en mer.

seagull mouette *f*.

seal *(animal)* phoque *m*.

search 1 *(to go through)* fouiller *(une maison, les bois)* (**for** pour trouver); **to search through** fouiller dans *(un tiroir, ses poches)*.
2 *(to look for)* **to search for something** chercher quelque chose; **I've searched everywhere** j'ai cherché partout.

seashell coquillage *m*.

seaside: the seaside le bord de la mer; **at** *or* **by the seaside** au bord de la mer.

season saison *f*.

seat 1 *(place to sit)* place *f*; **to take a seat** s'asseoir. **2** *(in car, bus, train)* siège *m*; *(bench-like)* banquette *f*; *(bench in park)* banc *m*.

seatbelt ceinture *f* de sécurité.

seaweed algues *f plural*.

second [1] deuxième: **it's the second time** c'est la deuxième fois.

second [2] **1 the second, the second one** le *or* la deuxième, **he was the second** *or* **the second one to arrive** il est arrivé le deuxième.
2 *(part of a minute)* seconde *f*: **wait a second!** attendez une seconde!

secondary *(school)* secondaire.

secret [1] *(code, door)* secret *m* (-ète *f*).

secret [2] secret *m*: **to keep a secret** garder un secret.

secretary (*au pluriel* **secretaries**) secrétaire *m or f*.

section 1 *(of town, book)* partie *f*; *(of machine, furniture)* élément *m*.
2 *(department in store)* rayon *m*.

see 1 voir: **I can't see anything** je ne vois rien; **let's go and see the teacher** allons voir le professeur; **let me see!** *(show me)* fais voir!; **we'll see!** on verra!; **see you soon!** à bientôt!; **see you later!** à tout à l'heure!
2 to see to something s'occuper de quelque chose; **to see to it that** *(to check that)* s'assurer que.

I saw, I have seen, I am seeing.

seed graine *f*; *(in grape)* pépin *m*.

seek chercher.

I sought, I have sought, I am seeking.

seem sembler: **she seems to be right** elle semble avoir raison; **you seem sad** tu as l'air triste, tu sembles triste; **you seem sad to me** tu me sembles triste; **it seems that she's right** *(general impression)* il semble qu'elle a raison *or* qu'elle ait raison; **it seems that she's ill** *(rumour)* il paraît qu'elle est malade.

seen ▸ see **see**.

see someone off accompagner quelqu'un *(à la gare, à l'aéroport)*; *(to say goodbye)* dire au-revoir à quelqu'un.

seesaw bascule *f*, tapecul *m*.

seize *(to grab)* saisir; **to seize something from someone** arracher quelque chose à quelqu'un.

seldom rarement.

select choisir (**from** parmi).

selfish égoïste.

self-service *(shop)* libre-service (libres-services *plural*); **self-service restaurant** self-service *m* (self-services *plural*), self *m*.

sell 1 vendre: **to sell someone something, to sell something to someone** vendre quelque chose à quelqu'un.
2 *(of goods)* se vendre: **it sells well** ça se vend bien.
3 to have sold out of something n'avoir plus de quelque chose; **all the tickets are sold out** tous les billets ont été vendus.

I sold, I have sold, I am selling.

sell-by date date *f* limite de vente.

sellotape® scotch® *m*.

send envoyer (**to** à): **to send someone for something** *or* **to get something** envoyer quelqu'un chercher quelque chose.

I sent, I have sent, I am sending.

send back renvoyer.

send for appeler *(un médecin, un taxi)*.

send off envoyer *(une lettre, un paquet)*.

send out 1 envoyer *(une invitation, une lettre)*. **2 to send someone out for something** envoyer quelqu'un chercher quelque chose.

senior 1 *(in American school)* élève *m or f* de terminale. **2** *(in UK school)* **the seniors** les élèves des grandes classes.

sense 1 *(meaning)* sens *m*: **that doesn't make sense** ça n'a pas de sens; **that makes sense** c'est logique; **does this sentence make sense?** est-ce que cette phrase veut dire quelque chose?
2 intelligence *f*: **to have the sense to do something** avoir l'intelligence de faire quelque chose.

sensible *(wise)* raisonnable.

sensitive 1 *(person, skin)* sensible (**to** à). **2 to be sensitive about something** être susceptible à propos de quelque chose.

sent ▸ see **send**.

sentence *(in grammar)* phrase *f*.

separate [1] 1 *(not joined)* **separate from** indépendant de.
2 *(apart, one's own)* à part: **he has a separate room** il a une chambre à part, il a sa chambre à lui; **we have separate rooms** nous avons chacun notre chambre.
3 *(different)* autre; différent: **that's a separate problem** c'est un autre problème; **the two problems are separate** les deux problèmes sont différents.

separate [2] 1 séparer (**from** de). **2** *(of man and woman)* se séparer.

September septembre *m*: **in September** en septembre.

Serbia Serbie *f*.

series série *f* (**of** de).

serious 1 *(student, book)* sérieux *m* (-euse *f*). **2** *(illness, mistake)* grave.

seriously 1 sérieusement.
2 seriously ill/injured gravement malade/ blessé.

servant domestique *m or f*.

serve servir *(un client, un maître)*; **to serve someone something** servir quelque chose à quelqu'un.

service *(in a restaurant)* service *m*: **service not included** service non compris; **service charge** service *m*; **there's a service charge** le service n'est pas compris.

serviette serviette *f* de table.

set [1] 1 jeu *m* (jeux *plural*): **a set of keys** un jeu de clés; **a chess set** un jeu d'échecs. **2** poste *m*: **a TV** *or* **television set** un poste de télévision.

set [2] *(ready)* **to be all set** être tout prêt (**to do** à faire).

set [3] 1 *(to put)* mettre, placer; **to set down** poser.
2 to set the alarm clock for six o'clock mettre le réveil à six heures.
3 to set a record établir un record.
4 donner: **to set someone some homework** donner à quelqu'un des devoirs à faire.
5 fixer: **to set a date** fixer une date.
6 to set someone free libérer quelqu'un.
7 to be set *(of story, film)* se passer; **the novel is set in Montreal** le roman se passe à Montréal.
8 se coucher: **the sun is setting** le soleil se couche.

I set, I have set, I am setting.

set off 1 *(to leave)* partir. **2** faire exploser *(une bombe)*.

set out *(to leave)* partir.

settee canapé *m*.

settle 1 régler *(un problème, une dispute)*. **2 it's settled, it's all settled** c'est décidé. **3** *(to go and live)* s'installer.

settle down 1 *(in a chair)* s'installer.
2 *(to calm down)* se calmer.

settle up with someone *(to pay)* régler quelqu'un.

seven sept.

See **ten** for usage.

seventeen dix-sept.

See **ten** for usage.

seventh septième.

See **tenth** for usage.

seventy soixante-dix: **seventy-one** soixante et onze; **seventy-two** soixante-douze.

See **ten** for usage.

several plusieurs: **several times** plusieurs fois; **several of my friends** plusieurs de mes amis; **I have several of them** j'en ai plusieurs.

sew coudre: **to sew a button, to sew on a button** coudre un bouton.

I sewed, I have sewn *or* sewed, I am sewing.

sewing couture *f*: **we like sewing** nous aimons faire de la couture; **sewing machine** machine *f* à coudre.

sh! chut!

shabby *(clothes)* râpé, miteux *m* (-euse *f*).

shade 1 *(cool place)* ombre *f*: **in the shade** à l'ombre. **2** *(of colour)* nuance *f*. **3** *(terme américain)* **window shade** store *m*.

shadow ombre *f (de personne, d'objet).*

shady *(place)* ombragé; *(tree)* qui donne de l'ombre.

shake 1 secouer *(un arbre, un tapis)*; **to shake a bottle** agiter une bouteille; **to shake one's head** faire non de la tête.
2 to shake hands with someone serrer la main à quelqu'un; **we shook hands** nous nous sommes serré la main.
3 *(to tremble)* trembler (**with** de).

I shook, I have shaken, I am shaking.

shall *(in questions)* **shall I leave?** veux-tu que je parte?; **shall we leave?** on part?; **let's go for a swim, shall we?** si on allait nager?, allons nager!

shallow *(water, river)* peu profond.

shame 1 *(feeling)* honte *f*.
2 *(pity)* **it's a shame** c'est dommage; **it's a shame you didn't come** c'est dommage que tu ne sois pas venu; **what a shame!** quel dommage!

shampoo shampooing *m*.

shan't = **shall not.**

shape forme *f*.

shaped: to be shaped like something avoir la forme de quelque chose.

share [1] *(portion)* part *f* (**of** de).

share [2] **1** partager *(une chambre, un repas)* (**with** avec).
2 *(to divide up)* **to share something, to share something out** partager quelque chose (**between** entre); **they shared out the cakes** ils se sont partagé les gâteaux; *(they gave them out)* ils ont distribué les gâteaux.

shark requin *m*.

sharp 1 *(knife, blade)* tranchant; *(pencil, needle)* pointu. **2** *(bend, movement)* brusque. **3** *(mind)* vif *m* (vive *f*); *(person)* intelligent. **4** *(eyes)* perçant.

sharpen tailler *(un crayon)*.

shave [1]**: to have a shave** se raser.

shave [2] **1** *(to have a shave)* se raser; **to shave one's legs/head** se raser les jambes/la tête; **to shave off one's beard** se raser la barbe. **2 shaving cream** crème *f* à raser.

she elle: **she left** elle est partie; **she's a doctor** elle est médecin, c'est un médecin.

shed *(in garden)* abri *m*, cabane *f*; *(for goods)* hangar *m*.

she'd = **she had** *or* **she would.**

sheep mouton *m*.

On n'ajoute pas de 's' pour former le pluriel de **sheep.**

sheet 1 *(on bed)* drap *m*. **2 sheet of paper** feuille *f* de papier.

shelf (*au pluriel* **shelves**) étagère *f*; *(in cupboard, library)* rayon *m*.

shell *(of egg, nut, snail)* coquille *f*; *(of lobster, turtle)* carapace *f*; *(on beach)* coquillage *m*.

she'll = **she will.**

shelter[1] abri *m*: **to take shelter** se mettre à l'abri (**from** de).

shelter[2] s'abriter (**from the rain** de la pluie).

shepherd berger *m*.

she's = **she is** *or* **she has.**

shield *(of soldier)* bouclier *m*.

shift *(to move)* déplacer *(un meuble, une voiture)*.

shin tibia *m*.

shine 1 *(of sun, light)* briller. **2 to shine a light on something** éclairer quelque chose.

I shone, I have shone, I am shining.

shiny brillant.

ship bateau *m* (-eaux *plural*); *(larger)* navire *m*: **to go by ship** prendre le bateau.

shipwreck naufrage *m*.

shirt chemise *f*; *(woman's)* chemisier *m*.

shiver *(with cold)* grelotter.

shock 1 *(nasty surprise)* choc *m*: **to get a shock** avoir un choc. **2** *(electric)* décharge *f*: **to get a shock** recevoir une décharge.

shocked 1 *(upset)* choqué. **2** *(surprised)* stupéfait.

shocking *(bad)* affreux *m* (-euse *f*).

shoe chaussure *f*; **shoe polish** cirage *m*; **shoe shop** magasin *m* de chaussures.

shoelace lacet *m*.

shone ▸ see **shine**.

shook ▸ see **shake**.

shoot 1 *(to kill)* abattre; *(to wound)* blesser *(d'une balle)*; **to shoot a gun/an arrow** tirer un coup de feu/une flèche; **to shoot at someone** tirer sur quelqu'un; **don't shoot!** ne tirez pas!
2 *(to move fast)* **to shoot past/in** passer/entrer en flèche.

I shot, I have shot, I am shooting.

shop[1] magasin *m*; **to go to the baker's shop** aller à la boulangerie, aller chez le boulanger; **shop assistant** vendeur *m*, -euse *f*; **shop window** vitrine *f*.

shop[2] faire ses courses (**at** chez).

shopkeeper commerçant *m*, -ante *f*.

shopping *(goods)* courses *f plural*; **to go shopping** faire des *or* les courses; **shopping bag** sac *m* à provisions; **shopping centre** centre *m* commercial (centres commerciaux *plural*).

shore *(of sea, lake)* rivage *m*.

short 1 *(legs, visit, life)* court; *(person, distance)* petit: **to get one's hair cut short** se faire couper les cheveux court; **a short time ago** il y a peu de temps; **a short cut** *(path, road)* un raccourci.
2 to be short of something manquer de quelque chose; **we're short of ten men** il nous manque dix hommes; **money is short** nous manquons d'argent.
3 to be short for something être l'abréviation de quelque chose.

shorten abréger *(un mot)* (**to** en).

shortly *(soon)* bientôt; **shortly after/before** peu après/avant.

shorts short *m*: **to be in shorts** être en short; **a pair of shorts** un short.

shot 1 *(from gun)* coup *m* de feu. **2** *(injection)* piqûre *f*. **3** ▸ see **shoot**.

should 1 *(ought to)* devoir: **you should do it** vous devriez le faire; **I should have stayed** j'aurais dû rester.
2 *(probability)* devoir: **that should be Daniel** ça doit être Daniel.
3 *(would)* **I should like to** j'aimerais bien.
4 *(with* if*)* **if she should come** si elle vient.

shoulder épaule *f*.

shouldn't = **should not.**

shout[1] cri *m*.

shout[2] crier: **he shouted to her not to move** il lui a crié de ne pas bouger; **to shout at someone** crier après quelqu'un.

shovel pelle *f*.

show [1] **1** montrer: **to show someone something, to show something to someone** montrer quelque chose à quelqu'un; **to show someone the way** indiquer le chemin à quelqu'un.
2 présenter *(son passeport, un billet)*.
3 passer *(un film, une cassette vidéo)*: **this programme will be shown tomorrow** cette émission passera demain.
4 *(to guide)* **to show someone to** accompagner quelqu'un à *(sa chambre)*; **to show someone in** faire entrer quelqu'un; **to show someone out** accompagner quelqu'un à la porte; **to show someone around the house** faire visiter la maison à quelqu'un.

I showed, I have shown, I am showing.

show [2] **1** *(in theatre)* spectacle *m*: **to go to a show** aller au spectacle. **2** *(on TV)* émission *f*. **3** *(exhibition)* exposition *f*; *(for cars)* salon *m*.

shower 1 douche *f*: **to have** *or* **to take a shower** prendre une douche; **to be in the shower** être sous la douche. **2** *(of rain)* averse *f*.

show off crâner.

show up *(of person)* arriver.

shrink *(of clothes)* rétrécir: **to shrink in the wash** rétrécir au lavage.

it shrank, it has shrunk, it is shrinking.

shut [1] **1** fermer: **shut the door!** fermez la porte!; **the shop shuts at six** le magasin ferme à six heures.
2 se fermer: **the door shut** la porte s'est fermée.

I shut, I have shut, I am shutting.

shut [2] *(door, window)* fermé.

shut off fermer, couper *(le gaz)*; arrêter, couper *(le moteur)*.

shut someone out enfermer quelqu'un dehors.

shuttle: the space shuttle la navette spatiale.

shut up 1 fermer *(un magasin)*. **2** *(to be quiet)* se taire: **shut up!** tais-toi!

Attention: ce dernier sens est familier.

shy timide.

sick 1 *(ill)* malade. **2 to be sick** *(to vomit)* vomir; **to feel sick** avoir mal au cœur. **3 to be sick of something** en avoir assez de quelque chose.

side 1 côté *m*: **on this side** de ce côté (**of** de); **on the other side** de l'autre côté (**of** de); **by my side, by the side of me** à côté de moi; **side by side** l'un à côté de l'autre.
2 *(of road, river)* bord *m*; *(of hill)* flanc *m*.
3 *(team)* équipe *f*.
4 to take sides with someone *(to support)* se ranger du côté de quelqu'un; **I'm on your side** je suis de ton côté.

sideboard buffet *m*.

sidewalk *(mot américain)* trottoir *m*.

sideways: to walk sideways marcher de côté.

sigh [1] soupir *m*.

sigh [2] soupirer.

sight 1 *(thing seen)* spectacle *m*: **a familiar sight** un spectacle familier; **the sights** *(places worth seeing)* les attractions touristiques.
2 vue *f*: **he's losing his sight** il perd la vue; **in sight** en vue, visible; **out of sight** hors de vue; *(hidden)* caché; **to catch sight of** apercevoir.

sightseeing tourisme *m*: **to go sightseeing** faire du tourisme.

sign [1] **1** *(showing what will happen, mark, gesture)* signe *m* (**of** de).
2 *(notice, on road, gate)* panneau *m* (-eaux *plural*); *(over shop)* enseigne *f*.
3 *(signal)* signal (-aux *m plural*).
4 *(trace)* trace *f*: **there's no sign of...** il n'y a aucune trace de... .

sign [2] signer *(une lettre)*.

signal signal *m* (-aux *plural*); **to be a signal that** indiquer que; **traffic signals** feux de signalisation *m plural*.

signature signature *f*.

signpost poteau *m* indicateur (poteaux indicateurs *plural*).

silence silence *m*.

silent silencieux *m* (-euse *f*); **to keep** *or* **to remain silent** garder le silence (**about** sur).

silk soie *f*: **a silk tie** une cravate en soie.

silly bête; **to do something silly** faire une bêtise; **silly fool** imbécile *m or f*.

silver argent *m*: **a silver spoon** une cuillère en argent.

similar semblable (**to** à).

simple *(easy, plain)* simple.

sin péché *m*.

since [1] depuis: **she's been waiting since this morning** elle attend depuis ce matin; **since then** depuis ce moment-là.

since [2] **1** depuis que: **since I arrived** depuis que je suis arrivé; **it's a year since she's seen them** ça fait un an qu'elle ne les a pas vus; **I haven't seen him since** je ne l'ai pas revu depuis.
2 *(because)* puisque, comme: **since they're ill** puisqu'ils *or* comme ils sont malades.

sincere sincère.

sing chanter.

I sang, I have sung, I am singing.

singer chanteur *m*, -euse *f*.

single [1] **1** *(only one)* seul: **a single flower** une seule fleur; **not a single book** pas un seul livre; **not a single one** pas un seul; **a single ticket** un aller simple (**to** pour).
2 *(for one person)* **a single room** une chambre pour une personne; **a single bed** un lit d'une personne.
3 *(not married)* célibataire: **a single parent** un père *or* une mère célibataire.

single [2] *(ticket)* aller *m* (**to** pour).

singular singulier *m*: **in the singular** au singulier.

sink [1] *(in kitchen)* évier *m*; *(in bathroom)* lavabo *m*.

sink [2] **1** *(of boat, swimmer)* couler. **2 to sink into** s'enfoncer dans *(la boue, le sable)*.

I sank, I have sunk, I am sinking.

sip boire à petites gorgées.

sir monsieur *m*.

siren *(of police car)* sirène *f*.

sister sœur *f*.

sister-in-law (*au pluriel* **sisters-in-law**) belle-sœur *f* (belles-sœurs *plural*).

sit s'asseoir: **I sat** *or* **sat down on the bed** je me suis assis sur le lit; **to be sitting** *or* **sitting down** être assis; **sit down!** asseyez-vous!; **to sit up straight** se tenir droit.

I sat, I have sat, I am sitting.

sitting room salon *m*.

situated situé.

situation situation *f*.

six six.

See **ten** for usage.

sixteen seize.

See **ten** for usage.

sixth sixième.

See **tenth** for usage.

sixty soixante: **sixty-one** soixante et un; **sixty-two** soixante-deux.

See **ten** for usage.

size 1 *(of person, clothes)* taille *f*; *(of shoes)* pointure *f*; **chest/waist size** tour *m* de poitrine/de taille; **what size are you?** quelle taille faites-vous?
2 *(of room, furniture)* dimensions *f plural*.
3 *(of town, sum)* importance *f*.

skate [1] patin *m*.

skate [2] faire du patin.

skating: to go skating faire du patin.

skeleton squelette *m*.

ski [1] ski *m (objet)*.

ski [2] faire du ski, skier.

skid déraper.

skiing le ski: **to go skiing** faire du ski.

skill habileté *f* (**at doing** à faire); *(knowledge)* connaissances *f plural*; *(practical)* technique *f*.

skimmed milk lait *m* écrémé.

skin peau *f*.

skip 1 *(to hop about)* sautiller. **2** *(with rope)* sauter à la corde; **skipping rope** corde *f* à sauter. **3** *(to miss)* sauter *(un repas, un mot)*.

skirt jupe *f*.

skull crâne *m*.

sky ciel *m*.

skyscraper gratte-ciel *m*.

The translation does not change in the plural. Do not add 's'.

slam 1 claquer, faire claquer *(une porte)*. **2** claquer: **the door slammed** la porte a claqué.

slap: to slap someone donner une claque *or* une tape à quelqu'un; *(in the face)* gifler quelqu'un.

slave esclave *m or f*.

sleep [1] sommeil *m*; **to get some sleep** dormir; **to go to sleep, to get to sleep** s'endormir.

sleep [2] **1** dormir: **he's sleeping** il dort. **2** *(to spend the night)* coucher (**at someone's house** chez quelqu'un, **with someone** avec quelqu'un); **sleeping bag** sac *m* de couchage.

I slept, I have slept, I am sleeping.

sleepy: to be sleepy, to feel sleepy avoir sommeil.

sleeve *(of shirt)* manche *f*.

slept ▸ see **sleep** [2].

slice [1] tranche *f*.

slice [2] couper en tranches.

slide [1] **1** *(for children)* toboggan *m*.

slide [2] glisser (**on** sur); **to slide something** *(to put)* glisser quelque chose (**into** dans); *(to move)* faire glisser quelque chose.

I slid, I have slid, I am sliding.

slight *(mistake, problem)* léger *m* (-ère *f*), petit.

slightly un peu, légèrement.

slim mince.

slip [1] **1** *(woman's underwear)* combinaison *f*. **2 a slip of paper** un bout de papier.

slip [2] **1** *(of person, knife)* glisser: **to slip on something** glisser sur quelque chose; **to slip out of someone's hands** glisser des mains de quelqu'un; **to slip something into** glisser quelque chose dans.
2 *(to go)* **to slip out** *(quickly)* sortir un instant; *(quietly)* sortir discrètement.

slipper pantoufle *f*.

slippery glissant; **it's slippery** *(on the ground)* ça glisse.

slope [1] pente *f*.

slope [2]**: to slope** *or* **to be sloping** être en pente.

slow [1] **1** lent: **you're slow** tu es lent. **2** *(of watch)* **to be slow** retarder; **to be three minutes slow** retarder de trois minutes.

slow [2] lentement: **to go slow** aller lentement.

slow down ralentir.

slowly lentement.

smack donner une tape à *(un enfant)*.

small petit.

smart 1 *(person, clothes)* élégant, chic. **2** *(clever)* intelligent.

The translation 'chic' does not change in the plural or in the feminine, eg 'des vêtements chic'.

smash *(to break)* briser: **to smash a glass** briser un verre; **the glass smashed** le verre s'est brisé; **to smash** *or* **to smash down a door** enfoncer une porte.

smash into something *(of car)* rentrer dans quelque chose.

smell [1] **1** odeur *f*. **2** *(ability to smell)* odorat *m*.

smell [2] **1** sentir: **I can't smell anything** je ne sens rien.
2 *(to have a smell)* avoir une odeur: **this flower doesn't smell** cette fleur n'a pas d'odeur *or* ne sent rien; **to smell good/bad** sentir bon/mauvais; **to smell of smoke/roses** sentir la fumée/la rose.
3 *(to have a bad smell)* sentir mauvais.

I smelt *or* smelled, I have smelt *or* smelled, I am smelling.

smile [1] sourire *m*: **to give someone a smile** faire un sourire à quelqu'un.

smile [2] sourire (**at someone** à quelqu'un).

smoke [1] fumée *f*.

smoke [2] fumer: **to smoke a cigarette** fumer une cigarette; **I don't smoke** je ne fume pas.

smoky: this room is smoky il y a beaucoup de fumée dans cette pièce.

smooth 1 *(surface, skin)* lisse. **2** *(flight, journey)* agréable.

snack *(meal)* casse-croûte *m*; **snacks** *(small things to eat)* petites choses à grignoter *f plural*; *(sweets, candies)* friandises *f plural*.

The translation 'casse-croûte' does not change in the plural. Do not add 's'.

snail escargot *m*.

snake serpent *m*.

snap 1 casser *(avec un bruit sec)*; **I snapped it in two** je l'ai cassé en deux; **the rope snapped** la corde a cassé net.
2 se casser: **the ruler snapped in two** la règle s'est cassée en deux.

snatch *(to grab)* saisir *(d'un geste vif)*; **to snatch something from someone** arracher quelque chose à quelqu'un.

sneakers chaussures de tennis *f plural*.

sneeze éternuer.

sniff renifler; *(of dog)* flairer: **it sniffed** *or* **sniffed at my hand** il m'a flairé la main.

snore ronfler.

snow [1] neige *f*.

snow [2] neiger: **it's snowing** il neige.

snowball boule *f* de neige.

snowflake flocon *m* de neige.

snowman (*au pluriel* **snowmen**) bonhomme *m* de neige.

snowstorm tempête *f* de neige.

so [1] **1** *(to such a degree)* si, tellement: **don't run so fast!** ne cours pas si vite!; **he's so big** il est si *or* tellement grand (**that** que); **he's not so big!** il n'est pas si grand que ça!
2 so that pour que; **he sat down so that I could see better** il s'est assis pour que je puisse mieux voir.
3 *(yes)* **if so** si oui; **I think so** je le pense, je pense que oui; **is that so?** c'est vrai?
4 *(also)* aussi: **so am I, so do I** *etc* moi aussi; **so can she, so will she** *etc* elle aussi.
5 or so *(about)* environ; **ten or so** environ dix, une dizaine.
6 so much, so many tellement de, tant de; **so much work/money** tellement de travail/d'argent, tant de travail/d'argent; **so many people/apples** tellement de gens/de pommes, tant de gens/de pommes; **they've never seen so much money/so many apples** ils n'ont jamais vu autant d'argent/de pommes.
7 so much *(to work, to suffer)* tellement, tant; **it rained so much** il a tellement *or* tant plu (**that** que); **it's never rained so much** il n'a jamais plu autant, il n'a jamais tant plu.

so [2] **1** *(therefore)* donc, alors; **...so I missed my train** ...donc *or* alors j'ai raté mon train.
2 *(well then)* alors: **so are you coming?** alors, tu viens?; **so what** et alors?

soak tremper: **I'm soaked, I'm soaking, I'm soaking wet** je suis trempé.

soap savon *m*.

sob sangloter.

soccer football *m*: **to play soccer** jouer au football.

society (*au pluriel* **societies**) *(community)* société *f*.

sock chaussette *f*.

soda *(mot américain)* soda *m*.

sofa canapé *m*.

soft *(gentle, not stiff)* doux *m* (douce *f*); *(butter, ground, bed)* mou *m* (molle *f*); *(wood)* tendre.

software logiciel *m*.

soil *(earth)* terre *f*.

sold ▸ see **sell**.

soldier soldat *m*.

sole *(of shoe)* semelle *f*.

solid *(car, bridge)* solide.

solve résoudre *(un problème)*.

some[1] **1** *(amount, number)* du *m*, de la *f*, des *plural* (du *and* de la *become* de l' *before a vowel or silent h*): **some wine** du vin; **some jam** de la confiture; **some water** de l'eau; **some pictures** des tableaux; **some pretty pictures** de jolis tableaux.
2 *(some or other)* un *m*, une *f*: **some man** un homme; **some man or other** un homme quelconque.
3 *(a certain)* un certain *m*, une certaine *f*: **after some time** après un certain temps.
4 *(a little)* un peu de: **he does have some money** il a un peu d'argent.
5 *(in contrast to others)* certains: **some books are difficult to read** certains livres sont difficiles à lire; **some people** certaines personnes.
6 *(a few)* quelques: **I have some apples** j'ai quelques pommes.

some[2] **1** *(a certain quantity of it or them)* en: **I want some** j'en veux; **I want some of it** j'en veux un peu.
2 *(number)* quelques-uns *m plural*, quelques-unes *f plural*: **some of my friends** quelques-uns de mes amis; **I saw some of them** j'en ai vu quelques-uns.
3 *(in contrast to others)* certains: **some are small** certains sont petits; **some of them are Spanish** certains d'entre eux sont espagnols.

somebody = **someone.**

somehow 1 *(in some way)* d'une manière ou d'une autre. **2** *(for some reason)* on ne sait pas pourquoi.

someone quelqu'un; **someone small** quelqu'un de petit.

someplace *(mot américain)* = **somewhere.**

something quelque chose; **something strange** quelque chose de bizarre.

sometimes quelquefois.

somewhere quelque part; **I need somewhere quiet** j'ai besoin d'un endroit calme.

son fils *m*.

song chanson *f*.

son-in-law (*au pluriel* **sons-in-law**) gendre *m*.

soon 1 bientôt: **see you soon!** à bientôt!
2 *(quickly)* vite: **she soon forgot** elle a vite oublié; **soon after** peu après.
3 *(early)* tôt: **I arrived too soon** je suis arrivé trop tôt; **sooner or later** tôt ou tard; **as soon as possible** le plus tôt possible, aussitôt *or* dès que possible.
4 as soon as *(when)* aussitôt que, dès que; **as soon as she leaves** aussitôt *or* dès qu'elle partira.
5 *(preferring something)* **I'd sooner stay** j'aimerais mieux rester; **we'd just as soon stay** nous aimerions autant rester.

sore 1 *(painful)* douloureux *m* (-euse *f*); **to have a sore throat** avoir mal à la gorge; **I'm still sore** j'ai encore mal.
2 *(angry) (mot américain)* fâché (**at** contre).

sorrow chagrin *m*.

sorry 1 to be sorry être désolé (**to do** de faire); **I'm sorry I'm late, I'm sorry to be late** je suis désolé d'être en retard.

2 to be sorry that regretter que; **I'm sorry she can't come** je regrette qu'elle ne puisse pas venir; **she'll be sorry!** elle le regrettera!

3 sorry! *(excuse me)* pardon!; **sorry for** *or* **about the delay!** excusez-moi pour ce retard!; **sorry?** *(not hearing properly)* pardon?

4 to feel sorry for someone plaindre quelqu'un.

sort *(kind)* sorte *f*: **a sort of** une sorte de; **all sorts of** toutes sortes de; **what sort of drink is it?** qu'est-ce que c'est comme boisson?

sort out 1 *(to tidy)* ranger. **2** *(to separate)* séparer (**from** de). **3** *(to choose)* choisir. **4** *(to deal with)* s'occuper de.

sound[1] *(of voice, on TV)* son *m*; *(noise of bell, car, footsteps, wind)* bruit *m*.

sound[2] **1 to sound one's horn** klaxonner; **to sound the alarm** sonner l'alarme.

2 *(to seem)* sembler: **it sounds as if she might be right** il semble qu'elle ait raison; **that sounds dangerous** ça a l'air dangereux; **it sounds like the Beatles** on dirait les Beatles; **you sound like my father!** on dirait mon père qui parle!

soup soupe *f*, potage *m*.

sour aigre.

south[1] sud *m*: **in the south of France** dans le sud de la France; **south of the town** au sud de la ville; **the south coast** la côte sud.

south[2]**: to travel south** voyager vers le sud.

South Africa Afrique *f* du Sud: **to** *or* **in South Africa** en Afrique du Sud.

South African *(city, student)* sud-africain.

South America Amérique *f* du Sud: **to** *or* **in South America** en Amérique du Sud.

South American *(city, student)* sud-américain.

south-east sud-est *m*.

southern: southern England le sud de l'Angleterre.

south-west sud-ouest *m*.

souvenir souvenir (**of** de): **a souvenir shop** une boutique de souvenirs.

sow semer *(des graines)*.

I sowed, I have sown *or* sowed, I am sowing.

space 1 espace *m*: **I've left a space** j'ai laissé un espace; **space travel** les voyages *m plural* dans l'espace.

2 *(room)* place *f*; **to take up space** prendre de la place; **a parking space** une place de parking.

spaceship vaisseau *m* spatial (vaisseaux spatiaux *plural*).

spacesuit combinaison *f* spatiale.

spade bêche *f*; *(child's)* pelle *f*.

spaghetti spaghettis *m plural*, spaghetti *m plural*.

Spain Espagne *f*: **to go to Spain** aller en Espagne; **to live in Spain** vivre en Espagne.

Spaniard Espagnol *m*, -ole *f*: **he's a Spaniard** c'est un Espagnol.

Spanish[1] *(town, word)* espagnol; **Spanish teacher** professeur d'espagnol.

Spanish[2] *(the language)* espagnol *m*: **Spanish is hard** l'espagnol est difficile; **to speak Spanish** parler espagnol.

spare 1 *(extra)* en trop: **take these, they're spare!** ceux-ci sont en trop, prends-les!

2 *(available)* disponible: **a spare seat** une place disponible; **a spare room** une chambre d'amis.

3 spare time loisirs *m plural*.

sparkle étinceler.

sparrow moineau *m* (-eaux *plural*).

speak 1 parler (**to** à, **about** de); **to speak French** parler français; **she doesn't speak a word of German** elle ne parle pas un mot d'allemand.

2 dire: **the baby spoke a few words** le bébé a dit quelques mots.

I spoke, I have spoken, I am speaking.

special spécial (-aux *m plural*); *(care, attention, reason)* particulier *m* (-ière *f*).

specially 1 *(chosen, designed)* spécialement; **he came specially to see you** il est venu exprès pour vous voir. **2** *(in particular)* particulièrement; *(most of all)* surtout.

speech discours *m* (**on, about** sur).

speed vitesse *f*: **at top speed** à toute vitesse.

speed up *(of person)* aller plus vite.

spell[1] *(magic trick)* sort *m*: **to put a spell on someone** jeter un sort à quelqu'un.

spell[2] **1** *(to write)* écrire: **how do you spell it?, how is it spelled?** comment est-ce que ça s'écrit?; **he can't spell** il n'est pas très bon en orthographe.
2 *(to say aloud)* épeler: **can you spell that for me?** pouvez-vous me l'épeler?

I spelt *or* spelled, I have spelt *or* spelled, I am spelling.

spelling orthographe *f*.

spend 1 dépenser *(de l'argent)* (**on** pour). **2** passer *(du temps)*: **I spent three hours waiting** j'ai passé trois heures à attendre.

I spent, I have spent, I am spending.

spice épice *f*.

spicy épicé.

spider araignée *f*.

spill 1 renverser *(du café, un verre)*. **2** se répandre: **the wine spilled** or **got spilled on her dress** le vin s'est répandu sur sa robe.

I spilt *or* spilled, I have spilt *or* spilled, I am spilling.

spin (*or* **spin round**) **1** faire tourner *(une roue)*. **2** tourner: **the wheel is spinning** *or* **is spinning round** la roue tourne.

I spun, I have spun, I am spinning.

spinach épinards *m plural*: **I'm eating spinach** je mange des épinards.

spine colonne *f* vertébrale.

spire flèche *f* *(d'église)*.

spit cracher; **to spit something out** cracher quelque chose.

I spat, I have spat, I am spitting.

spite: in spite of malgré.

splash éclabousser (**with** de).

splendid magnifique.

splinter *(in one's finger)* écharde *f*.

split 1 déchirer *(un vêtement)*; fendre *(le bois)*. **2** se déchirer; se fendre: **her dress split** sa robe s'est déchirée; **the wood split** le bois s'est fendu.

I split, I have split, I am splitting.

split (*or* **split up**) **1** *(to divide up)* partager *(l'argent, le travail)* (**between** entre); **to split up the children into groups** répartir les enfants en plusieurs groupes.
2 *(of group)* se disperser; *(of man and woman)* se séparer.

spoil 1 gâcher *(un événement, un plaisir)*. **2** abîmer *(des vêtements)*. **3** gâter *(un enfant)*.

I spoilt *or* spoiled, I have spoilt *or* spoiled, I am spoiling.

spoke, spoken ▸ see **speak**.

sponge éponge *f*.

spoon cuillère *f*.

spoonful cuillerée *f*.

sport sport *m*: **to play sport,** *(en américain)* **to play sports** faire du sport; **a sports car** une voiture de sport; **a sports club** un club sportif.

sportsman (*au pluriel* **sportsmen**) sportif *m*.

sportswoman (*au pluriel* **sportswomen**) sportive *f*.

spot 1 *(stain, mark)* tache *f*. **2** *(dot)* point *m*; *(in pattern)* pois *m*. **3** *(pimple)* bouton *m*. **4** *(place)* endroit *m*.

sprang ▸ see **spring**².

spray¹ *(can)* bombe *f*.

spray² **1** vaporiser *(du parfum)*; arroser *(une plante)*; **to spray someone with water** asperger quelqu'un d'eau. **2** *(to write with a spray)* écrire à la bombe.

spread 1 étendre *(une nappe, une carte)*; étaler *(du beurre)*.
2 écarter *(ses jambes)*.
3 répandre *(une nouvelle, un mensonge)*; **the news spread** la nouvelle s'est répandue *or* s'est propagée.
4 *(of fire)* se propager.

I spread, I have spread, I am spreading.

spread out 1 étendre *(une nappe, une carte)*. **2** *(of people)* se disperser.

spring¹ **1** *(season)* printemps *m*: **in spring, in the spring** au printemps. **2** *(piece of metal)* ressort *m*. **3** *(of water)* source *f*.

spring² **1** *(to leap)* bondir, sauter. **2** *(of box, door)* **to spring open** s'ouvrir brusquement.

I sprang, I have sprung, I am springing.

springtime printemps *m*.

spun ▸ see **spin**.

sprouts: sprouts *or* **Brussels sprouts** choux de Bruxelles *m plural*.

spy espion *m*, -onne *f*.

spy on someone espionner quelqu'un.

square¹ carré: **a square metre** un mètre carré.

square² carré *m*: **she's drawing a square** elle dessine un carré.

squash écraser *(un insecte, un chapeau)*: **you're squashing me!** vous m'écrasez!

squat (*or* **squat down**) s'accroupir; **he's squatting** il est accroupi.

squeak 1 *(of mouse)* pousser un petit cri. **2** *(of door)* grincer.

squeeze 1 presser *(un fruit, une éponge)*; **to squeeze someone's wrist/arm** serrer le poignet/le bras de quelqu'un.
2 *(to force)* **to squeeze something into** faire entrer quelque chose de force dans; **to squeeze into** *(to force oneself)* se glisser dans; **to squeeze in** trouver un peu de place; **to squeeze up** se serrer (**against** contre).

squirrel écureuil *m*.

stable *(for horses)* écurie *f*.

stack *(neat)* pile *f*; *(untidy)* tas *m*.

stadium stade *m*.

staff *(employees)* personnel *m*; *(of school)* professeurs *m plural*.

stag cerf *m*.

stage *(for plays)* scène *f*.

stain¹ *(mark)* tache *f*.

stain² tacher (**with** de).

staircase escalier *m*.

stairs: the stairs l'escalier *m*, les escaliers *m plural*.

stale *(bread, cake)* rassis.

stalk *(of plant)* tige *f*.

stall *(for newspapers, flowers)* kiosque *m*; *(in market)* étalage *m*.

stamp¹ **1** *(for postage)* timbre *m*. **2 rubber stamp** tampon *m*.

stamp²: **to stamp one's foot** taper du pied.

stand¹ *(for newspapers)* kiosque *m*.

stand² **1 to stand** *or* **to be standing** être *or* se tenir debout.
2 to stand *or* **to remain standing** rester debout.
3 *(to get up)* se lever.
4 *(to bear)* supporter *(une douleur, la chaleur)*: **I can't stand her!** je ne peux pas la supporter!

I stood, I have stood, I am standing.

standard *(level)* niveau *m* (-eaux *plural*).

stand back reculer.

stand for *(to mean)* signifier.

stand up 1 to be standing up être *or* se tenir debout. **2** *(to get up)* se lever.

3 to stand something up mettre quelque chose debout.

stand up for défendre.

star 1 *(in the sky)* étoile *f*. **2** *(famous person)* vedette *f*.

stare: to stare at fixer, regarder fixement.

start[1] **1** début *m*: **at the start** au début; **to make a start on something** commencer quelque chose. **2** *(of race)* départ *m*.

start[2] commencer: **to start doing something** *or* **to do something** commencer à faire quelque chose; **to start with something** commencer par quelque chose; **to start by doing something** commencer par faire quelque chose.

start (*or* **start up**) faire démarrer, démarrer *(une voiture, un moteur)*; **the car won't start** la voiture ne veut pas démarrer.

start out *(to leave)* partir (**for** pour).

starve *(to go hungry)* souffrir de la faim; *(to die)* mourir de faim; **I'm starving!** je meurs de faim!

state[1] *(condition)* état *m*.

state[2] déclarer (**that** que); indiquer *(son âge, son nom)*.

State 1 *(country)* État *m*. **2 the States** les États-Unis *m plural*.

Attention: ce dernier sens est familier.

station 1 *(for trains)* gare *f*; *(underground)* station *f*; **bus** *or* **coach station** gare *f* routière. **2 police station** commissariat *m* de police.

stationery *(for office)* fournitures de bureau *f plural*; *(paper)* papier *m* à lettres.

statue statue *f*.

stay 1 rester: **stay where you are!** reste où tu es!; **to stay calm** rester calme.
2 *(to live)* loger; **to stay in a hotel** loger à l'hôtel.
3 *(to spend)* passer: **to stay the night** passer la nuit (**in Paris** à Paris).
4 *(to spend the night)* passer la nuit: **I've decided to stay tonight** j'ai décidé de passer la nuit ici.

stay away *(not to go near)* **to stay away from something** ne pas s'approcher de quelque chose; **stay away!** ne t'approche pas!; **to stay away from school** ne pas aller à l'école.

stay in *(not to go out)* rester à la maison.

stay out *(to keep outside)* rester dehors; **she stayed out all night** elle n'est pas rentrée de la nuit.

stay up: to stay up *or* **to stay up late** se coucher tard; **he stayed up all night** il est resté debout toute la nuit.

steady 1 *(table, ladder)* stable. **2 a steady hand** une main ferme *or* sûre.

steak *(of beef)* steak *m*.

steal voler: **to steal something from someone** voler quelque chose à quelqu'un.

I stole, I have stolen, I am stealing.

steam vapeur *f*; *(on window)* buée *f*.

steel acier *m*: **a steel ladder** une échelle en acier.

steep *(slope, stairs, hill)* raide.

steer diriger *(une voiture, un navire)* (**towards** vers); **the driver steered to the right** le conducteur a dirigé sa voiture vers la droite; **steering wheel** volant *m*.

stem *(of plant)* tige *f*.

step[1] **1** pas *m*: **to take a step forward/backwards** faire un pas en avant/en arrière. **2** *(of stairs)* marche *f*.

step[2] *(to walk)* marcher (**on** sur); **to step aside** s'écarter; **to step back** reculer; **to step off the bus** descendre du bus; **to step over a ditch** enjamber un fossé.

stereo (*au pluriel* **stereos**) chaîne *f* stéréo.

The translation 'stéréo' does not change in the plural. Do not add 's'.

stew ragoût *m.*

stewardess *(on plane)* hôtesse *f.*

stick[1] bâton *m*; *(for walking)* canne *f.*

stick[2] **1** *(with glue)* coller *(un timbre, une étiquette)* (**on** sur); **this label doesn't stick too well** cette étiquette ne colle pas bien.
2 to stick something into something planter quelque chose dans quelque chose.
3 *(to put)* **to stick up a notice** mettre une affiche; **to stick up one's hand** lever la main.

I stuck, I have stuck, I am sticking.

sticky 1 *(hands)* poisseux *m* (-euse *f*). **2 sticky label** étiquette *f* adhésive.

stiff 1 *(cardboard)* rigide, raide; *(brush)* dur; *(drawer)* dur à ouvrir.
2 *(person)* **to be stiff, to feel stiff** *(after exercise)* être courbaturé; *(after sitting in one place)* être engourdi; **to have a stiff neck** avoir le torticolis.

still[1] **1** encore: **are you still here?** tu es encore là?; **it's better still** c'est encore mieux.
2 *(all the same)* quand même.

still[2] **1** *(person, hand)* immobile; **to keep** *or* **to stand still** ne pas bouger; **to sit still** se tenir tranquille. **2** *(water, air)* calme.

sting[1] piquer: **a bee stung me/stung my finger** une abeille m'a piqué/m'a piqué le doigt.

it stung, it has stung, it is stinging.

sting[2] piqûre *f.*

stink puer.

it stank, it has stunk, it is stinking.

stir remuer *(café, thé).*

stitch 1 *(to sew)* coudre. **2** recoudre *(une blessure).*

stocking bas *m.*

stole, stolen ▸ see **steal**.

stomach estomac *m*; *(front part of body)* ventre *m.*

stomachache: to have a stomachache avoir mal au ventre.

stone 1 pierre *f*; *(pebble)* caillou *m* (-oux *plural*): **a stone wall** un mur en pierre. **2** *(in fruit)* noyau *m* (-aux *plural*).

stood ▸ see **stand**[2].

stool tabouret *m.*

stop[1] **1** *(place)* arrêt *m*: **the next stop** le prochain arrêt; **bus stop** arrêt de bus. **2** *(for plane, ship)* escale *f.* **3 to put a stop to something** mettre fin à quelque chose.

stop[2] **1** arrêter: **stop the ball!** arrête le ballon!; **she doesn't stop coughing/smoking** elle n'arrête pas de tousser/de fumer; **stop complaining!** arrête de te plaindre!
2 s'arrêter: **I stopped to rest** je me suis arrêté pour me reposer; **it stopped raining** il s'est arrêté de pleuvoir.
3 empêcher: **to stop someone doing something** *or* **from doing something** empêcher quelqu'un de faire quelque chose; **I couldn't stop him** je n'ai pas pu l'en empêcher.
4 passer: **stop at my uncle's place!** passe chez mon oncle!

stop up boucher *(un tuyau, un évier).*

store[1] **1** *(shop)* magasin *m.* **2** *(supply of food)* réserve *f.*

store[2] **1** *(to put away, to keep)* conserver *(un aliment).* **2** *(to save for future use)* mettre en réserve; **to store food for the winter** faire des provisions pour l'hiver. **3** *(to contain)* contenir.

stork cigogne *f.*

storm *(wind, rain, snow)* tempête *f*; *(thunder)* orage *m.*

story *(au pluriel* **stories***)* histoire *f.*

stove 1 *(for cooking)* cuisinière *f*; *(small and portable)* réchaud *m.*

straight[1] **1** *(without bends) (line, road)* droit; **to stand up straight** se tenir droit; **straight hair** des cheveux raides. **2** *(tidy)* en ordre.

straight[2] *(immediately)* directement; **straight away** tout de suite; **straight after** tout de suite après; **straight ahead, straight on** tout droit; **to look straight ahead** regarder droit devant soi.

strange 1 *(odd)* bizarre. **2** *(not known)* inconnu.

stranger inconnu *m*, -ue *f*; **I'm a stranger here** je ne suis pas d'ici.

strap *(on suitcase)* courroie *f*; *(on dress, bra)* bretelle *f*; *(on watch)* bracelet *m*; *(on sandal)* lanière *f*.

straw 1 paille *f*. **2** *(for drinking)* paille *f*: **to drink through a straw** boire avec une paille.

strawberry (*au pluriel* **strawberries**) fraise *f*: **a strawberry ice cream** une glace à la fraise; **some strawberry jam** de la confiture de fraises.

stream ruisseau *m* (-eaux *plural*).

street rue *f*; **street light** *or* **lamp** lampadaire *m*.

strength *(of person)* force *f*.

stretch 1 tendre *(une corde, un filet)* (**between** entre); **to stretch one's neck** tendre le cou; **to stretch out one's arms** *(to welcome someone)* tendre les bras.
2 étirer *(un élastique)*; **to stretch out one's legs** s'étirer les jambes.
3 *(of person, elastic, fabric)* s'étirer: **he stretched** *(after waking up)* il s'est étiré.

strict *(parents, rules)* sévère, strict.

strike[1] **1** *(to hit)* frapper; *(to collide with)* heurter; **to strike a match** frotter une allumette.
2 sonner: **the clock struck five** l'horloge a sonné cinq heures.
3 *(to impress)* frapper: **to be struck by** être frappé par.

I struck, I have struck, I am striking.

strike[2] grève *f*: **to be on strike** être en grève; **to go on strike** se mettre en grève.

striking frappant.

string ficelle *f*; *(of anorak, apron)* cordon *m*; *(of violin, racket)* corde *f*.

strip[1] *(of paper, land)* bande *f*: **comic strip** bande dessinée.

strip[2] *(to get undressed)* se déshabiller.

stripe rayure *f*.

striped *(shirt, sweater)* rayé.

stroke caresser *(un chat)*.

stroll *(to walk)* se promener.

stroller *(mot américain) (for baby)* poussette *f*.

strong fort; *(shoes, chair)* solide.

struggle[1] lutte *f* (**against** contre).

struggle[2] **1** se battre, lutter (**against** contre, **to do** pour faire); *(to fight to get free)* se débattre.
2 *(to have trouble)* **to struggle to do something** avoir du mal à faire quelque chose.

stubborn *(person)* têtu, obstiné.

stuck *(person, drawer)* coincé; **to get one's finger stuck** se coincer le doigt; **his head got stuck** sa tête est restée coincée.

student étudiant *m*, -ante *f*; *(in school)* élève *m or f*.

studies études *f plural*.

studio (*au pluriel* **studios**) *(of painter)* atelier *m*.

study étudier; **to study French** *(at university)* faire des études de français; **to study for an exam** préparer un examen.

stuff[1] **1** *(thing)* truc *m*; *(things)* trucs *m plural*. **2** *(belongings)* affaires *f plural*.

Attention: ce mot est familier.

stuff[2] **1** *(to fill)* bourrer *(une valise, ses poches)* (**with** de). **2** *(to put)* **to stuff something into something** fourrer quelque chose dans quelque chose.

stung ▸ see **sting**[1].

stupid stupide; **to do something stu-**

pid faire une bêtise; **stupid fool** imbécile *m or f*.

stutter bégayer.

subject *(of conversation, book)* sujet *m*; *(at school)* matière *f*.

submarine sous-marin *m*.

subtract ôter, retrancher (**from** de).

suburb: the suburbs la banlieue; **a suburb** une banlieue; **I live in the suburbs** j'habite en banlieue.

subway 1 *(for walking)* passage *m* souterrain. **2** *(railroad) (mot américain)* métro *m*.

succeed réussir (**in something** dans quelque chose); **to succeed in doing something** réussir à faire quelque chose.

success succès *m*: **to be a success** *(of writer, actor)* avoir du succès; *(of book, song)* avoir du succès, être un succès; *(of party, cake)* être réussi.

successful *(attempt, evening)* réussi; *(writer, film)* à succès; *(company)* prospère; *(businessman)* qui a réussi; **to be successful** réussir (**in something** dans quelque chose, **in an exam** à un examen); **to be successful in doing something** réussir à faire quelque chose.

such[1] **1** *(of this or that kind)* tel *m*, telle *f*: **such interest** un tel intérêt; **such a situation** une telle situation; **such words** de tels mots; **such as** comme, tel *or* telle que.
2 *(so much)* **such a lot of noise, such noise** tellement de bruit, tant de bruit; **such a lot of books** tellement de livres, tant de livres.

such[2] **1** *(so very)* si: **such a large helping** une si grosse portion. **2** *(in comparisons)* aussi: **such a kind woman as you** une femme aussi gentille que vous.

suck 1 sucer. **2** *(to drink up with a straw)* aspirer.

sudden 1 *(pain, change)* soudain. **2 all of a sudden** tout à coup.

suddenly tout à coup, soudain; *(to stop, to brake)* brusquement.

suffer souffrir (**from** de).

sugar sucre *m*: **to buy sugar** *or* **some sugar** acheter du sucre; **two sugars** deux sucres.

suggest suggérer (**to** à): **to suggest someone should do something** suggérer à quelqu'un de faire quelque chose; **she suggested going for a walk** elle a suggéré de faire une promenade.

suggestion suggestion *f*, proposition *f*.

suit[1] **1** *(man's)* costume *m*; *(woman's)* tailleur *m*. **2 ski suit** combinaison *f* de ski.

suit[2] **1** *(of date, time, job, food)* **to suit someone** convenir à quelqu'un; **if that suits you** si ça vous convient; **it suits me to stay** ça m'arrange de rester.
2 *(of clothes, colour)* **to suit someone** aller à quelqu'un, bien aller à quelqu'un; **that jacket suits you** *or* **suits you nicely** cette veste vous va bien.

suitable qui convient, convenable.

suitcase valise *f*.

sum 1 *(amount of money)* somme *f*. **2** *(calculation)* calcul *m*; **sums** *(arithmetic)* le calcul; **to be good at sums** être bon en calcul.

summer été *m*: **in summer, in the summer** en été; **summer holidays,** *(en américain)* **summer vacation** grandes vacances *f plural*; **summer school** cours d'été *m plural*.

summertime été *m*.

sun soleil *m*: **in the sun** au soleil; **the sun's out, the sun's shining** il y a du soleil.

sunbathe se faire bronzer.

sunburnt: to get sunburnt attraper un coup de soleil.

Sunday dimanche *m*: **it's Sunday** nous sommes dimanche; **she left on**

Sunday elle est partie dimanche; **we play chess on Sundays** nous jouons aux échecs le dimanche.

sung ▸ see **sing**.

sunglasses lunettes de soleil *f plural*.

sunk ▸ see **sink**[2].

sunlight lumière *f* du soleil; **in the sunlight** au soleil.

sunny *(morning, day)* ensoleillé; **it's sunny** il y a du soleil.

sunrise lever *m* du soleil.

sunset coucher *m* du soleil.

sunshine soleil *m*.

suntan: to get a suntan se faire bronzer.

suntanned bronzé.

supermarket supermarché *m*.

supper dîner *m*; **to have supper** dîner.

supply fournir: **to supply someone with something** fournir quelque chose à quelqu'un.

support *(to carry the weight of, to help)* soutenir *(un toit, une personne)*.

suppose 1 *(to assume)* supposer (**that** que); **suppose you're right** supposons que tu aies raison.
2 *(to think)* penser: **do you suppose he's rich?** tu penses qu'il est riche?; **I suppose so!** je pense!
3 *(suggesting something)* **suppose we go** si nous partions?
4 to be supposed to do something être censé faire quelque chose; **she's supposed to be in London** elle est censée être à Londres; **he's supposed to be rich** on dit qu'il est riche.

sure 1 sûr (**of** de, **that** que): **she's sure to accept** c'est sûr qu'elle acceptera; **sure!** bien sûr!
2 to make sure that s'assurer que, vérifier que; **make sure you do it!** ne manque pas de le faire!

surface surface *f*.

surname nom *m* de famille.

surprise[1] surprise *f*: **to give someone a surprise** faire une surprise à quelqu'un.

surprise[2] surprendre: **I'm surprised to see you** je suis surpris de te voir; **I'm surprised by her absence** je suis surpris de son absence; **it's surprising** c'est surprenant.

surrender se rendre (**to** à).

surround entourer; *(of police)* encercler; **surrounded by** entouré de *(mur, amis)*.

suspect soupçonner (**of something** de quelque chose, **of doing** d'avoir fait).

suspenders *(mot américain) (for pants)* bretelles *f plural*.

suspicion soupçon *m*.

suspicious 1 *(person)* méfiant: **to be suspicious of** se méfier de. **2** *(object, death)* suspect; **she looks suspicious** elle a l'air louche.

swallow avaler.

swam ▸ see **swim**[2].

swan cygne *m*.

swap échanger (**for** contre); **to swap places** *or* **seats** changer de place (**with** avec).

swarm *(of bees)* essaim *m*.

swear *(to promise)* jurer (**that** que): **to swear to do something** jurer de faire quelque chose.

I swore, I have sworn, I am swearing.

sweat[1] sueur *f*.

sweat[2] transpirer.

sweater pull *m*.

sweatshirt sweat-shirt *m*.

Swede Suédois *m*, -oise *f*: **she's a Swede** c'est une Suédoise.

Sweden Suède *f*: **to** *or* **in Sweden** en Suède.

Swedish[1] *(town, student)* suédois.

Swedish[2] *(the language)* suédois *m*.

sweep balayer *(le plancher, une pièce)*; **to sweep up the leaves** balayer les feuilles; **I haven't swept** *or* **swept up yet** je n'ai pas encore balayé.

I swept, I have swept, I am sweeping.

sweet[1] **1** *(tea, coffee, cake)* sucré; *(honey, perfume)* doux *m* (douce *f*). **2** *(child, cat)* mignon *m* (-onne *f*). **3** *(kind)* aimable.

sweet[2] **1** *(candy)* bonbon *m*; **sweet shop** confiserie *f*. **2** *(dessert)* dessert *m*.

sweetcorn maïs *m*.

swell *(of hand, leg)* enfler.

it swelled, it has swollen, it is swelling.

swelling enflure *f*.

swim[1]**: to go for a swim** aller se baigner.

swim[2] nager; **to swim across a river** traverser une rivière à la nage.

I swam, I have swum, I am swimming.

swimming 1 natation *f*; **to go swimming** *(in the sea)* aller se baigner; *(in pool)* aller à la piscine.
2 swimming costume maillot *m* de bain; **swimming pool** piscine *f*; **swimming trunks** slip *m* de bain.

swimsuit maillot *m* de bain.

swing[1] *(in playground)* balançoire *f*.

swing[2] se balancer: **don't swing on your chair!** ne te balance pas sur ta chaise!; **to swing one's arms** balancer les bras.

I swung, I have swung, I am swinging.

Swiss[1] *(town, student)* suisse; **he's Swiss** il est suisse, c'est un Suisse.

Swiss[2] *(the people)* **the Swiss** les Suisses *m plural*.

switch[1] *(for light, TV)* bouton *m*.

switch[2] *(to exchange)* échanger (**for** contre); **to switch places** changer de place (**with** avec).

switch off éteindre *(la lumière, la radio)*; arrêter *(le moteur)*.

switch on allumer *(la lumière, la radio)*; mettre en marche *(le moteur)*.

switch over *(to change TV channels)* changer de chaîne.

Switzerland Suisse *f*: **to go to Switzerland** aller en Suisse; **to live in Switzerland** vivre en Suisse.

swollen *(hand, leg)* enflé.

swop = **swap.**

sword épée *f*.

swore, sworn ▸ see **swear**.

swum ▸ see **swim**[2].

swung ▸ see **swing**[2].

syllable syllabe *f*.

synagogue synagogue *f*.

Syria Syrie *f*: **to** *or* **in Syria** en Syrie.

Tt

table table *f*: **to lay** *or* **to set the table** mettre la table; **to clear the table** débarrasser la table; **to sit down at the table** se mettre à table.

tablecloth nappe *f*.

tablespoon cuillère *f* à soupe.

tablet *(pill)* comprimé *m*.

table tennis ping-pong *m*: **to play table tennis** jouer au ping-pong.

tag *(label)* étiquette *f*.

tail *(of animal)* queue *f*.

tailor tailleur *m*: **he's a tailor** il est tailleur.

take 1 prendre: **take your hat!** prenez votre chapeau!; **to take a shower** prendre une douche; **to take a photo/the train** prendre une photo/le train; **this seat is taken** cette place est prise.
2 emmener *(une personne)*: **to take someone to school** emmener quelqu'un à l'école; **to take someone to see a film** emmener quelqu'un voir

un film; **take me!** emmène-moi!
3 *(by car)* conduire: **I'll take you to the station** je te conduirai à la gare; **to take someone home** ramener quelqu'un.
4 apporter: **to take something to someone** apporter quelque chose à quelqu'un; **take him this book!** apporte-lui ce livre!
5 *(to carry away)* emporter: **he took his binoculars with him** il a emporté ses jumelles.
6 to take an exam passer un examen.
7 *(to subtract)* ôter: **take 5 from 9** ôtez 5 de 9.
8 *(to require)* **it takes courage** il faut du courage (**to do** pour faire); **I took an hour to do it** j'ai mis une heure à le faire; **the trip took me two hours** le voyage m'a pris deux heures.

I took, I have taken, I am taking.

take apart démonter *(une machine)*.

take away 1 emporter *(une chose)*; emmener *(une personne)*. **2** *(to remove)* enlever. **3** *(to subtract)* ôter, retrancher (**from** de).

takeaway: takeaway *or* **takeaway meal** repas *m* à emporter.

take back 1 *(to get back)* reprendre *(un cadeau)*. **2** *(to return to a shop, a person)* rapporter (**to** à). **3** *(to go with)* **to take someone back** ramener quelqu'un (**to** à).

take down 1 *(from shelf)* descendre. **2** *(from wall)* enlever *(une affiche)*; décrocher *(un tableau)*.

take in *(to bring in)* rentrer *(une chaise)*.

take off 1 *(to remove)* enlever. **2** *(of plane)* décoller.

takeoff *(of plane)* décollage *m*.

take out 1 *(from pocket, box)* sortir. **2** extraire *(une dent)*. **3** enlever *(une tache)*. **4 to take someone out to** emmener quelqu'un à *(un restaurant)*.

takeout *(terme américain)* = **takeaway.**

take up 1 *(to carry up)* **to take something up** monter quelque chose. **2 to take up room** prendre de la place.

tale *(story)* conte *m*.

talk [1] 1 conversation *f*; **to have a talk with someone** parler à quelqu'un, avoir une conversation avec quelqu'un. **2** *(speech)* exposé *m*: **to give a talk on** faire un exposé sur.

talk [2] parler (**to** à, **about** de).

talkative bavard.

tall *(person)* grand; *(tree, house)* haut; **I'm 6 feet tall** je mesure 1 mètre 83; **that tower is 100 metres tall** cette tour mesure 100 mètres de haut.

tame *(animal)* apprivoisé.

tan: to have a tan être bronzé; **to get a tan** se faire bronzer.

tangerine mandarine *f*.

tank 1 *(for liquid)* réservoir *m*. **2** *(army vehicle)* char *m*. **3** *(for fish)* aquarium *m*.

tap [1] 1 *(for water)* robinet *m*. **2** *(light knock)* tape *f*.

tap [2] taper légèrement.

tape [1] 1 sticky tape ruban *m* adhésif. **2** *(strip for recording)* bande *f*; *(cassette)* cassette *f*: **on tape** en cassette.

tape [2] *(to record)* enregistrer *(un film, une chanson)*; **it's taping** ça enregistre.

tape recorder magnétophone *m*.

target cible *f*.

tart *(open)* tarte *f*; *(with pastry on top)* tourte *f*.

task travail *m*.

taste [1] goût *m*; **to have a taste of something** goûter quelque chose.

taste [2]: to taste something goûter quelque chose; **to taste of** *or* **like something** avoir un goût de quelque chose; **to taste delicious** avoir un goût délicieux.

taught ▸ see **teach**.

tax *(on income)* impôt *m*: **to pay tax** payer des impôts.

taxi taxi *m*: **by taxi** en taxi.

tea 1 thé *m*. **2** *(afternoon snack)* goûter *m*; *(evening meal)* repas *m* du soir.

teabag sachet *m* de thé.

teach 1 apprendre: **to teach someone something** apprendre quelque chose à quelqu'un; **to teach someone to do something** apprendre à quelqu'un à faire quelque chose.
2 *(in school)* enseigner: **to teach someone something** enseigner quelque chose à quelqu'un; **she teaches very young children** elle enseigne à de très jeunes enfants.

I taught, I have taught, I am teaching.

teacher professeur *m*; *(in primary school)* instituteur *m*, -trice *f*.

team équipe *f*.

teapot théière *f*.

tear [1] déchirer *(un pantalon, une page)*; **it tears easily** ça se déchire facilement.

I tore, I have torn, I am tearing.

tear [2] *(rip)* déchirure *f*.

tear [3] *(in eye)* larme *f*: **in tears** en larmes.

tear out *(with force)* arracher *(une page)* (**from** de); *(carefully)* détacher *(un chèque)*.

tear up déchirer *(une lettre)*.

tease taquiner *(une personne)*.

teaspoon petite cuillère *f*.

tea towel torchon *m*.

teddy bear ours *m* en peluche.

teenager adolescent *m*, -ente *f*: **she's a teenager** c'est une adolescente.

tee-shirt tee-shirt *m*.

teeth ▸ see **tooth**.

telephone 1 téléphone *m*: **to be on the telephone** être au téléphone; **to answer the telephone** répondre au téléphone.
2 telephone booth cabine *f* téléphonique; **telephone call** coup *m* de téléphone; **telephone number** numéro *m* de téléphone.

telescope téléscope *m*.

television télévision *f*: **on television, on the television** à la télévision; **television set** téléviseur *m*.

tell 1 dire *(la vérité, un secret)*: **to tell someone something** dire quelque chose à quelqu'un; **I told you** je te l'ai dit; **to tell someone that** dire à quelqu'un que; **to tell someone to do something** dire à quelqu'un de faire quelque chose.
2 parler: **to tell someone about something** parler de quelque chose à quelqu'un.
3 raconter: **to tell someone a story** raconter une histoire à quelqu'un.
4 distinguer: **to tell something from something** distinguer quelque chose de quelque chose; **to tell the difference** voir la différence.

I told, I have told, I am telling.

tell someone off disputer quelqu'un.

telly (*au pluriel* **tellies**) télé *f*: **on telly** à la télé.

Attention: ce mot est familier.

temper: to lose one's temper se mettre en colère; **to be in a bad temper** être de mauvaise humeur.

temperature *(of water, person)* température *f*: **to have a temperature** avoir de la température *or* de la fièvre.

temple temple *m*.

temporary provisoire.

tempt tenter: **to be tempted to do something** être tenté de faire quelque chose.

ten 1 dix: **ten boys** dix garçons; **I've got ten, I have ten of them** j'en ai dix; **there are ten, there are ten of them** il y en a dix; **there are ten of us** nous sommes dix; **it's on page ten** c'est à la page dix.
2 *(time)* **it's ten, it's ten o'clock** il est dix heures; **at ten, at ten o'clock** à dix heures.
3 *(age)* **she's ten** elle a dix ans.

tennis tennis *m*: **to play tennis** jouer au tennis; **tennis court** court *m* de tennis.

tent tente *f*.

tenth[1] dixième: **this is the tenth time** c'est la dixième fois.

tenth[2] **1** *(person)* dixième *m or f*: **you're the tenth** *or* **the tenth one** vous êtes le dixième.
2 *(fraction)* dixième *m*: **seven tenths** sept dixièmes.
3 *(date)* **it's the tenth of June,** *(en américain)* **it's June tenth** nous sommes le dix juin.

term *(part of school year)* trimestre *m*.

terrible affreux *m* (-euse *f*).

terrific *(excellent)* génial (-aux *m plural*); *(huge, very great)* énorme.

terrify terrifier; **to be terrified of something/of doing something** avoir très peur de quelque chose/de faire quelque chose.

test[1] **1** *(to try out)* essayer. **2** *(to ask questions)* interroger *(un élève)*.

test[2] **1** *(in school)* interrogation *f*. **2** *(scientific)* test *m*. **3** *(for driving, of eyes)* examen *m*.

text texte *m*.

than 1 que: **you're older than me** tu es plus âgé que moi; **he has more than her** il en a plus qu'elle.
2 *(with numbers)* de: **more than five** plus de cinq.

thank 1 remercier (**for something** de *or* pour quelque chose): **to thank someone for doing something** remercier quelqu'un d'avoir fait quelque chose.
2 thank you! merci!; **thank you very much!** merci beaucoup!; **thank you for something/for doing something** merci de *or* pour quelque chose/d'avoir fait quelque chose; **no, thank you!** non, merci!

thanks 1 merci!; **many thanks!** merci beaucoup!, merci bien!; **thanks for coming** merci d'être venu. **2 thanks to** *(because of)* grâce à.

Thanksgiving *(in the United States and Canada)* jour *m* d'action de grâces.

that[1] que, *(before a vowel or silent h)* qu': **I hope that you can come** j'espère que tu peux venir; **I think that it's raining** je crois qu'il pleut.

that[2] **1** qui: **a boy that likes cakes** un garçon qui aime les gâteaux; **the woman that I was speaking to** la femme à qui je parlais.
2 que: **the book that I read** le livre que j'ai lu; **the teacher that I like best** le professeur que je préfère.
3 lequel *m*, laquelle *f*: **the carpet that I put it on** le tapis sur lequel je l'ai mis; **the person that I gave it to** la personne à laquelle je l'ai donné.

that[3] **1** ce *m*, cette *f* (ce *becomes* cet *before a vowel or silent h*): ***that*** **boy** ce garçon; **that man** cet homme; **that house** cette maison.
2 *(opposed to* this*)* ce *m* + -là, cette *f* + -là: ***that*** **boy** ce garçon-là; ***that*** **house** cette maison-là.
3 that one celui-là *m*, celle-là *f*: **I prefer that one** je préfère celui-là.

that[4] **1** ça, cela: **give me that!** donne-moi ça *or* cela!
2 ce: **that is** c'est; **that's right** c'est juste; **who's that?** qui est-ce?; **is that him?** c'est lui?; **that's my house** c'est ma maison; *(pointing to it)* voilà ma maison.

thaw dégeler: **it's thawing** ça dégèle; **to thaw out** faire dégeler *(viande, légumes)*.

the 1 le *m*, la *f*, les *plural* (le & la *become* l' *before a vowel or silent h*): **the sun** le soleil; **the man** l'homme; **the chair** la chaise; **the dogs** les chiens.
2 of the du *m*, de la *f*, des *plural*: **a page of the book** une page du livre; **the mother of the child** la mère de l'enfant.
3 from the du *m*, de la *f*, des *plural*: **a passage from the book** un extrait du

livre.

4 to the au *m*, à la *f*, aux *plural*: **I gave it to the teacher** je l'ai donné au professeur.

5 at the au *m*, à la *f*, aux *plural*: **she's at the station** elle est à la gare.

theater *(mot américain)* = **theatre.**

theatre théâtre *m*.

theft vol *m*: **car theft** vol de voitures.

their 1 leur *m or f*, leurs *plural*: **their mother** leur mère; **their mothers** leurs mères.

2 *(=* 'se' + 'le', 'la' *or* 'les' *with parts of the body)* **they wash their hands** ils se lavent les mains.

theirs le leur, la leur, les leurs: **this car is theirs** cette voiture est à eux *or* est la leur; **my children and theirs** mes enfants et les leurs.

them 1 les: **I see them** je les vois; **I saw them** je les ai vus; **help them** aidez-les.

2 eux *m plural*, elles *f plural*: **with them** avec eux, avec elles; **he's taller than them** il est plus grand qu'eux *or* qu'elles; **it's them** ce sont eux *or* elles; **all of them came** tous sont venus, toutes sont venues.

3 them *or* **to them** leur; **give them the money, give the money to them** donne-leur l'argent; **I'll give it to them** je le leur donnerai.

themselves 1 eux-mêmes *m plural*, elles-mêmes *f plural*: **they did it themselves** ils l'ont fait eux-mêmes, elles l'ont fait elles-mêmes.

2 se, *(before a vowel or silent h)* s': **they cut themselves** ils se sont coupés, elles se sont coupées.

3 eux *m plural*, elles *f plural*: **they think of themselves** ils pensent à eux, elles pensent à elles.

then 1 *(at that time)* à ce moment-là; *(at a time in the distant past)* à cette époque-là; **from then on** dès lors; **until then** jusque-là.

2 *(in that case)* alors: **you're ill? - then I won't come over** tu es malade? - alors je ne passserai pas; **are you coming then?** alors, tu viens?

there 1 là; **down there, over there** là-bas; **on there** là, là-dessus.

2 there is, there are il y a; *(pointing)* voilà; **there's been an accident** il y a eu un accident; **there she is!** la voilà!

▸ see **be**.

therefore donc.

thermometer thermomètre *m*.

these [1] **1** ces: **these boys** ces garçons; **these houses** ces maisons.

2 *(opposed to* those*)* ces + -ci: ***these* men** ces hommes-ci.

these [2] ceux-ci *m plural*, celles-ci *f plural*: **I prefer these** je préfère ceux-ci; **these are my friends** ce sont mes amis.

they 1 ils *m plural*, elles *f plural*: **they left** ils sont partis, elles sont parties; **they're doctors** ce sont des médecins.

2 *(people in general)* on: **they say that** on dit que.

they'd = **they had** *or* **they would.**

they'll = **they will.**

they're = **they are.**

they've = **they have.**

thick épais *m* (épaisse *f*).

thief *(au pluriel* **thieves***)* voleur *m*, -euse *f*.

thigh cuisse *f*.

thin *(slice, paper)* mince; *(person, leg)* maigre.

thing 1 chose *f*, truc *m*: **the first thing to say is...** la première chose à dire, c'est...; **what's that thing?** qu'est-ce que c'est que ce truc?; **I can't hear a thing** je n'entends rien.

2 one's things ses affaires *f plural*; **my swimming things** mes affaires de bain.

Take care: the word 'truc' is familiar.

think 1 penser: **to think about** *or* **of something/someone** penser à quelque chose/quelqu'un; **to be thinking of doing something** penser

faire quelque chose; **what do you think about** *or* **of the book?** que pensez-vous du livre?
2 *(to believe)* **to think that** croire que, penser que; **yes, I think so!** oui, je crois *or* je pense!, je crois *or* je pense que oui!
3 *(to use one's mind)* réfléchir: **to think carefully about something, to think something over** réfléchir à quelque chose; **to think something up** inventer quelque chose.

I thought, I have thought, I am thinking.

third troisième.

See **tenth** for usage.

thirst soif *f*.

thirsty: to be thirsty avoir soif; **to make someone thirsty** donner soif à quelqu'un.

thirteen treize.

See **ten** for usage.

thirty trente: **thirty-one** trente et un; **thirty-two** trente-deux.

See **ten** for usage.

this [1] **1** ce *m*, cette *f* (ce *becomes* cet *before a vowel or silent h*): **this country** ce pays; **this man** cet homme; **this town** cette ville.
2 *(opposed to* that*)* ce *m* + -ci, cette *f* + -ci: ***this* newspaper** ce journal-ci; ***this* house** cette maison-ci.
3 this one celui-ci *m*, celle-ci *f*: **I prefer this one** je préfère celui-ci.

this [2] **1** ceci: **listen to this!** écoutez bien ceci!
2 ce: **this is** c'est; **this is wrong** c'est faux; **who's this?** qui est-ce?; **is this her?** c'est elle?; **this is my house** c'est ma maison; *(pointing to it)* voici ma maison.

thorn épine *f*.

those [1] **1** ces: **those horses** ces chevaux; **those cars** ces voitures.
2 *(opposed to* these*)* ces + là: ***those* women** ces femmes-là.

though [1]**: though** *or* **even though** bien que; **he came to see me though** *or* **even though he was ill** il est venu me voir bien qu'il soit malade.

though [2] *(however)* pourtant; *(but)* mais.

thought 1 *(idea)* idée *f*. **2** *(thinking)* pensée *f*; **careful thought** réflexion *f*. ▸ see **think**.

thousand 1 a thousand mille; **a thousand dollars** mille dollars; **two thousand dollars** deux mille dollars; **two thousand and fifty dollars** deux mille cinquante dollars.
2 thousands of des milliers de.

See **ten** for usage.

thread *(for sewing)* fil *m*.

threat menace *f*.

threaten menacer (**to do** de faire).

three trois.

See **ten** for usage.

threw ▸ see **throw**.

thrilled ravi (**with something** de quelque chose); **I'm thrilled to see you** je suis ravi de vous voir.

throat gorge *f*.

throne trône *m*.

through [1] **1** par: **through the window** par la fenêtre; **to go through Montreal** passer par Montréal.
2 à travers: **through the curtain/the forest** à travers le rideau/la forêt; **to go through the forest/the tunnel** traverser la forêt/le tunnel.
3 to look through examiner rapidement, parcourir *(une lettre, un livre)*.

through [2]**: to let someone through** laisser passer quelqu'un; **to be through** *(terme américain)* avoir fini.

throw lancer, jeter (**to** à).

I threw, I have thrown, I am throwing.

throw away (*or* **out**) *(to get rid of)* jeter *(des papiers)*.

thumb pouce *m*.

thumbtack *(mot américain)* punaise *f*.

thunder tonnerre *m*.

thunderstorm orage *m*.

Thursday jeudi *m*: **it's Thursday** nous sommes jeudi; **she left on Thursday** elle est partie jeudi; **I go out on Thursdays** je sors le jeudi.

tick [1] *(mark)* coche *f*, croix *f*.

tick [2] *(to mark with a tick)* cocher.

ticket billet *m*; *(for bus, underground, cloakroom)* ticket *m*; **ticket inspector** contrôleur *m*, -euse *f*; **ticket office** guichet *m*.

tickle chatouiller.

tide marée *f*.

tidy 1 *(room, toys)* bien rangé; *(hair)* soigné. **2** *(person) (looking tidy)* soigné; *(liking things tidy)* ordonné.

tidy (*or* **tidy up**) ranger *(une chambre)*.

tie [1] *(around neck)* cravate *f*.

tie [2] *(to fasten)* attacher (**to** à); **to tie one's shoelaces** lacer ses chaussures; **to tie a knot** faire un nœud (**in** à).

tie up attacher (**to** à); ligoter *(un prisonnier)*; ficeler *(un paquet)*.

tiger tigre *m*.

tight 1 *(uncomfortable)* serré: **this skirt is tight** cette jupe est serrée, cette jupe me serre. **2** *(close-fitting)* **tight jeans** un jean moulant. **3** *(screw, nut)* serré.

tighten serrer *(une ceinture, une vis)*.

tights collant *m*.

tile *(on roof)* tuile *f*; *(on wall or floor)* carreau *m* (-eaux *plural*).

till [1] = **until.**

till [2] *(for money)* caisse *f*.

time 1 temps *m*: **I don't have the time** je n'ai pas le temps; **some of the time** une partie du temps; **most of the time** la plupart du temps; **at the same time** en même temps (**as** que); **it's time to go home** il est temps de rentrer; **to arrive in time** arriver à temps (**for** pour); **from time to time** de temps en temps; **in a year's time** dans un an; **to have a good time** s'amuser.
2 *(on the clock)* heure *f*: **what time is it?** quelle heure est-il?; **to arrive on time** arriver à l'heure.
3 *(point in time)* moment *m*: **at that time** à ce moment-là; **this isn't the right time** ce n'est pas le bon moment; **for the time being** pour le moment.
4 *(period in history)* époque *f*: **at that time** à cette époque-là.
5 *(occasion)* fois *f*: **the first/the last time** la première/la dernière fois; **two times four is eight** deux fois quatre font huit; **three times as many books** trois fois plus de livres; **at times** parfois; **at the same time** *(at once)* à la fois; **one at a time** un à un, un par un.

timetable *(for trains, buses)* horaire *m*; *(in school)* emploi *m* du temps.

tin *(containing food)* boîte *f* de conserve; **a tin of sardines/soup** une boîte de sardines/de soupe.

tinned en boîte: **tinned salmon** du saumon en boîte; **tinned food** conserves *f plural*.

tiny tout petit.

tip [1] **1** *(end)* bout *m*. **2** *(money)* pourboire *m*.

tip [2] **1** *(to give money to)* donner un pourboire à.
2 *(to pour)* verser (**into** dans); **to tip out** vider *(un tiroir)*; **to tip over** *(of vase)* basculer; **to tip something over** faire basculer quelque chose.

tiptoe: on tiptoe sur la pointe des pieds.

tire *(mot américain)* pneu *m* (pneus *plural*).

tired fatigué; **to be tired of something/of doing something** en avoir assez de quelque chose/de faire quelque chose.

tiring fatigant.

tissue *(handkerchief)* mouchoir *m* en papier.

title *(of book, film)* titre *m*.

to 1 *(direction, time)* à (à + le = au, à + les = aux): **to go to London/to Japan** aller à Londres/au Japon; **we go to school** nous allons à l'école; **from four to five o'clock** de quatre heures à cinq heures; **it's ten to two** il est deux heures moins dix.
2 en: **to go to France** aller en France; **to go to town** aller en ville.
3 chez: **to go to someone's house** aller chez quelqu'un; **she's going to Daniel's/to the baker's** elle va chez Daniel/chez le boulanger.
4 de: **the road to Glasgow** la route de Glasgow; **the key to the door** la clé de la porte.
5 *(up as far as)* jusqu'à: **she counted to 100** elle a compté jusqu'à 100.
6 *(with* give, lend, show, say*)* à: **to give/say something to someone** donner/dire quelque chose à quelqu'un.
7 *(towards)* envers: **kind to someone** gentil envers quelqu'un.
8 *(in order to)* pour: **I did this to please you** j'ai fait ça pour vous faire plaisir.
9 *(with infinitives)* à; de; **to learn to read** apprendre à lire; **it's easy to do** c'est facile à faire; **there's lots to see** il y a beaucoup de choses à voir; **to decide to do** décider de faire; **to be happy to do** être heureux de faire.

toad crapaud *m*.

toast pain *m* grillé: **a piece of toast** une tranche de pain grillé.

toaster grille-pain *m*.

> The translation does not change in the plural. Do not add 's'.

tobacco tabac *m*.

today aujourd'hui.

toe orteil *m*.

together 1 ensemble. **2** *(at the same time)* en même temps.

toilet: the toilet les toilettes *f plural*; **toilet paper** papier *m* hygiénique, papier toilette.

told ▸ see **tell**.

tomato *(au pluriel* **tomatoes***)* tomate *f*.

tomorrow demain: **tomorrow morning/evening** demain matin/soir; **the day after tomorrow** après-demain.

ton tonne *f*.

tongue langue *f*.

tonight *(this evening)* ce soir; *(during the night)* cette nuit.

too 1 *(also)* aussi: **I'm tired - you too?** je suis fatigué - toi aussi?
2 trop: **she's too tired to go out** elle est trop fatiguée pour sortir.
3 too much, too many trop; **you drink too much** tu bois trop; **you've eaten too many** tu en as mangé trop; **one dollar too much** un dollar de trop; **two glasses too many** deux verres de trop.
4 too much, too many trop de; **too much sugar** trop de sucre; **too many newspapers** trop de journaux.

took ▸ see **take**.

tool outil *m*.

tooth *(au pluriel* **teeth***)* dent *f*.

toothache mal *m* de dents (maux de dents *plural*); **to have a toothache** avoir mal aux dents.

toothbrush brosse *f* à dents.

toothpaste dentifrice *m*.

top [1] 1 *(of mountain, tower, tree)* sommet *m*; *(of wall, ladder, page, pyjamas)* haut *m*; **at the top of** en haut de; **on top of** *(on)* sur.
2 *(bottle stopper)* bouchon *m*; *(bottle cap)* capsule *f*; *(saucepan lid)* couvercle *m*.
3 *(pen cap)* capuchon *m*.
4 to be at the top of the class être le premier de la classe.

top [2] 1 the top shelf/drawer l'étagère/le tiroir du haut; **the top floor** le dernier étage.
2 *(best)* **to get top marks,** *(en américain)* **to get top grades** avoir dix

sur dix.

torch *(electric)* lampe *f* de poche.

tore, torn ▸ see **tear** [1].

tortoise tortue *f*.

toss *(to throw)* lancer (**to** à).

total [1] total (-aux *m plural*): **the total price** le prix total.

total [2] total *m*: **a total of 100 people** un total de 100 personnes.

touch [1] **1 I felt a touch on my arm** j'ai senti qu'on me touchait le bras. **2 to be/to get in touch with someone** être/se mettre en contact avec quelqu'un.

touch [2] **1** toucher: **don't touch me!** ne me touche pas! **2** *(to put one's fingers on)* toucher à: **don't touch that!** ne touche pas à ça!

tough 1 *(hard)* dur; *(meat)* dur, coriace.
2 *(shoes, person)* solide.
3 *(neighbourhood)* mal fréquenté.
4 *(difficult)* difficile: **a tough choice/question** un choix/une question difficile.

tour [1] *(trip)* voyage *m*; *(by bus)* excursion *f*; *(of museum, town)* visite *f*; **to go on a tour of** visiter *(une région, un musée)*.

tour [2] visiter *(un pays, un musée)*.

tourist touriste *m or f*.

toward *(mot américain)* = **towards.**

towards 1 vers: **she came towards me** elle est venue vers moi. **2** *(of feelings)* envers: **cruel towards someone** cruel envers quelqu'un.

towel *(for hands, body)* serviette *f*.

tower tour *f*; **tower block** tour *(d'habitation)*.

town ville *f*: **to go into town** aller en ville; **to live in town** habiter en ville; **town centre** centre-ville *m* (centres-villes *plural*).

toy jouet *m*: **a toy shop** un magasin de jouets.

trace trace *f*: **traces of mud** des traces de boue; **without a trace** sans laisser de traces.

track 1 *(path)* chemin *m*.
2 *(for running)* piste *f*.
3 *(for train)* **the track** la voie, la voie ferrée.
4 *(of animal)* **the tracks** les traces *f plural*; **to follow the tracks of** suivre les traces de.

track shoes chaussures d'athlétisme *f plural*; *(terme américain)* baskets *m plural*.

tracksuit survêtement *m*.

tractor tracteur *m*.

trade [1] *(buying and selling)* commerce *m*.

trade [2] *(to swap)* échanger (**for** contre); **to trade places** changer de place (**with** avec).

traffic *(vehicles)* circulation *f*; **traffic jam** embouteillage *m*; **the traffic lights** les feux *m plural*.

trailer 1 *(for car)* remorque *f*. **2** *(mot américain)* caravane *f*; *(mobile home)* camping-car *m*.

train [1] **1** train *m*: **by train** en train, par le train; **train set** petit train. **2 underground train** rame *f* de métro.

train [2] **1** *(to teach)* former (**to do** à faire).
2 *(to practise a sport)* s'entraîner (**for a race** pour une course); **to train someone** entraîner quelqu'un.
3 to train as a doctor suivre une formation de médecin.
4 to train an animal dresser un animal (**to do** à faire).

trainers *(shoes)* baskets *m plural*.

tramp *(down-and-out)* clochard *m*.

translate traduire (**from** de, **into** en).

translation traduction *f*.

transparent transparent.

transport transport *m* (**of** de): **means of transport** moyen *m* de transport; **public transport** les transports en commun.

trap piège *m*.

trash *(mot américain)* ordures *f plural*.

travel [1] voyager: **to travel around Scotland** voyager en Écosse; **she travelled 200 kilometres** elle a fait 200 kilomètres.

travel [2] les voyages *m plural*; **travel agency** agence *f* de voyages.

tray plateau *m* (-eaux *plural*).

tread marcher (**on** sur).

I trod, I have trodden, I am treading.

treasure trésor *m*.

treat [1] **1** traiter: **to be well/badly treated** être bien/mal traité. **2** *(of doctor)* soigner *(un malade)*.

treat [2] *(food)* **a treat** un petit extra, une petite gâterie.

treatment traitement *m*.

tree arbre *m*.

triangle triangle *m*.

trick [1] **1** *(joke, of magician)* tour *m*: **to play a trick on someone** jouer un tour à quelqu'un. **2** *(to cheat someone)* ruse *f*.

trick [2] tromper; **to trick someone into doing something** amener quelqu'un à faire quelque chose par la ruse.

tricky difficile.

trip [1] **1** *(journey)* voyage *m*: **to go on a trip** faire un voyage. **2** *(by bus)* excursion *f*: **to go on a trip** faire une excursion.

trip [2] *(to fall)* faire un faux pas; **to trip over something** trébucher sur quelque chose; **to trip someone up** faire trébucher quelqu'un.

trolley (*au pluriel* **trolleys**) *(for luggage, shopping)* chariot *m*.

trot trotter.

trouble [1] **1** *(difficulty)* ennuis *m plural*: **to be in trouble, to get into trouble** avoir des ennuis (**with** avec). **2** problème *m*: **the trouble is that...** le problème, c'est que... . **3** *(inconvenience)* dérangement *m*; **it's no trouble** ça ne me dérange pas. **4** *(effort)* peine *f*: **to take the trouble to do something** se donner la peine de faire quelque chose

trouble [2] *(to inconvenience)* déranger.

trousers pantalon *m*; **a pair of trousers** un pantalon.

truant: to play truant sécher les cours.

truck camion *m*.

true vrai: **it's true** c'est vrai.

trumpet trompette *f*.

trunk 1 *(of tree)* tronc *m*. **2** *(of elephant)* trompe *f*. **3** *(luggage)* malle *f*. **4** *(in car) (mot américain)* coffre *m*.

trunks *(for swimming)* slip *m* de bain.

trust: to trust someone faire confiance à quelqu'un, avoir confiance en quelqu'un.

truth vérité *f*.

try [1] essayer: **to try to do something** essayer de faire quelque chose; **to try on** essayer *(des vêtements)*; **to try out** essayer *(une voiture, une recette)*.

try [2] essai *m*: **at the fourth try** au quatrième essai; **it's worth a try** ça vaut la peine d'essayer.

tub *(mot américain)* baignoire *f*; **I'm in the tub** je suis dans mon bain.

tube 1 tube *m*. **2 the tube** *(the underground in London)* le métro *m*.

Attention: ce dernier sens est familier.

Tuesday mardi *m*: **it's Tuesday** nous sommes mardi; **I saw him on Tuesday** je l'ai vu mardi; **she stays at home on Tuesdays** elle reste chez elle le mardi.

tulip tulipe *f*.

tumble dryer sèche-linge *m*.

The translation does not change in the plural. Do not add 's'.

tummy (*au pluriel* **tummies**) ventre *m*.

Attention: ce mot est familier.

tuna: tuna *or* **tuna fish** thon *m*.

tune *(of song)* air *m*.

Tunisia Tunisie *f*.

tunnel tunnel *m*.

Turk Turc *m*, Turque *f*: **he's a Turk** c'est un Turc.

turkey (*au pluriel* **turkeys**) *(as food)* dinde *f*.

Turkey Turquie *f*: **to** *or* **in Turkey** en Turquie.

Turkish[1] *(town, word)* turc *m* (turque *f*).

Turkish[2] *(the language)* turc *m*.

turn[1] **1** *(in game)* tour *m*: **it's your turn** c'est ton tour; **whose turn is it?** c'est à qui le tour?
2 to take it in turns to drive se relayer au volant; **to take it in turns to do the housework** faire le ménage à tour de rôle.

turn[2] **1** tourner: **turn the page** tourne la page; **turn right** tourne à droite.
2 *(to look round)* se retourner.
3 *(to change body position)* se tourner: **to turn towards someone/something** se tourner vers quelqu'un/quelque chose.
4 *(to become)* devenir: **to turn blue** devenir bleu.
5 *(to change)* **to turn into something** se transformer en quelque chose; **to turn something into** transformer quelque chose en; **the theatre has been turned into a library** le théâtre a été transformé en bibliothèque.

turn around *(to turn one's head)* se retourner.

turn back *(to go back the same way)* faire demi-tour.

turn down 1 baisser *(le chauffage, la radio)*. **2** refuser *(une offre)*.

turning *(road)* petite rue *f*; *(bend in road)* virage *m*.

turn off éteindre *(la lumière, la radio)*; fermer *(le robinet)*; arrêter *(le moteur)*.

turn on allumer *(la lumière, la radio)*; ouvrir *(le robinet)*; mettre en marche *(le moteur)*.

turn out éteindre *(la lumière)*.

turn over 1 tourner *(une page)*; retourner *(une boîte, un seau)*. **2** *(to overturn)* se retourner: **the car turned over** la voiture s'est retournée.

turn round *(to turn one's head)* se retourner.

turn up 1 *(to arrive)* arriver.
2 *(to be found)* **your keys will turn up** tu finiras par retrouver tes clés.
3 *(to make louder or hotter)* **to turn up the radio/the radiator** mettre la radio/le radiateur plus fort.

turtle tortue *f* de mer; *(tortoise)* *(mot américain)* tortue *f*.

TV télé *f*: **on TV** à la télé.

tweezers pince *f* à épiler.

twelfth douzième.

See **tenth** for usage.

twelve douze.

See **ten** for usage.

twenty vingt: **twenty-one** vingt et un; **twenty-two** vingt-deux.

See **ten** for usage.

twice deux fois: **twice as heavy** deux fois plus lourd (**as** que); **twice as much** deux fois plus; **twice as much money** deux fois plus d'argent.

twig petite branche *f*, brindille *f*.

twin jumeau *m*, -elle *f* (jumeaux *m plural*, -elles *f plural*): **a twin brother** un frère jumeau; **a twin sister** une sœur jumelle.

twist 1 tordre: **to twist one's ankle** se tordre la cheville. **2** *(to wind)* **to twist something around something** enrouler quelque chose autour de quelque chose.

two deux.

See **ten** for usage.

type[1] *(sort)* genre *m*, sorte *f*.

type[2] *(to write)* taper, taper à la machine: **to type a letter** taper une lettre.

typewriter machine *f* à écrire.

tyre pneu *m* (pneus *plural*).

Uu

ugly laid.

UK *(United Kingdom)* Royaume-Uni *m*.

Ulster Irlande *f* du Nord, Ulster *m*.

umbrella parapluie *m*.

unable: 1 to be unable to do something ne pas pouvoir faire quelque chose; **I'm unable to help you** je ne peux pas t'aider.
2 *(not knowing how)* **to be unable to swim/drive** ne pas savoir nager/conduire.
3 *(incapable)* **to be unable to do something** être incapable de faire quelque chose.

unbearable insupportable.

uncertain 1 *(date, future)* incertain.
2 to be uncertain of something ne pas être certain de quelque chose; **I'm uncertain whether to stay** je ne sais pas très bien si je dois rester.

uncle oncle *m*.

uncomfortable 1 *(chair, shoes, car)* pas confortable. **2** *(in a chair, in bed)* **I'm uncomfortable** je ne suis pas à l'aise.

under 1 sous: **under the bed** sous le lit; **under there** là-dessous; **under it** dessous.
2 *(less than)* moins de: **under an hour** moins d'une heure; **children under 15** les enfants de moins de 15 ans.

underground[1] *(cable, car park)* souterrain; **to live underground** vivre sous terre.

underground[2] *(railway)* métro *m*: **an underground station** une station de métro.

underline souligner *(un mot)*.

underneath[1] **1** sous: **underneath the table** sous la table. **2** dessous: **I found my slippers underneath** j'ai trouvé mes pantoufles dessous.

underneath[2]**: the underneath** le dessous *(de boîte, vase)*.

underpants *(men's briefs)* slip *m*; *(boxer shorts)* caleçon *m*.

underpass *(mot américain)* passage *m* souterrain.

undershirt *(mot américain)* maillot *m* de corps.

understand comprendre: **he doesn't understand English** il ne comprend pas l'anglais; **do you understand?** tu comprends?; **that's understood** *(agreed)* c'est entendu.

I understood, I have understood.

underwater *(to swim)* sous l'eau.

underwear sous-vêtements *m plural*.

undo défaire *(un nœud, un paquet)*; **to come undone** se défaire.

I undid, I have undone, I am undoing.

undress: to undress *or* **to get undressed** se déshabiller; **to undress someone** déshabiller quelqu'un.

unemployed au chômage.

unemployment chômage *m*.

unexpected inattendu.

unfair injuste (**to someone** avec *or* envers quelqu'un).

unfasten défaire *(une ceinture)*.

unfit *(in bad shape)* **she's unfit** elle n'est pas en forme.

unfold déplier *(un journal)*; **the parachute unfolded** le parachute s'est déplié.

unfortunate *(situation)* fâcheux *m* (-euse *f*); *(victim)* malheureux *m* (-euse *f*); **you were unfortunate** tu n'as pas eu de chance.

unfortunately malheureusement.

unfriendly froid, peu aimable (**to** avec).

unhappy 1 *(miserable)* malheureux *m* (-euse *f*); **she looks unhappy** elle a l'air triste.
2 *(not pleased)* **to be unhappy with** *or* **about something** être mécontent de quelque chose.

unhealthy *(person)* en mauvaise santé; *(food)* pas sain.

uniform uniforme *m*.

unit 1 *(of measurement)* unité *f*. **2** *(of furniture)* élément *m*.

unite 1 *(of students, countries)* s'unir. **2** *(to join)* unir *(des pays, des groupes)*.

United Kingdom Royaume-Uni *m*: **to go to the United Kingdom** aller au Royaume-Uni; **to live in the United Kingdom** vivre au Royaume-Uni.

United States États-Unis *m plural*: **to go to the United States** aller aux États-Unis; **to live in the United States** vivre aux États-Unis.

universe univers *m*.

university (*au pluriel* **universities**) université *f*: **to go to university** aller à l'université.

unkind peu gentil (**to** avec).

unless à moins que: **unless she comes** à moins qu'elle ne vienne.

unlike: unlike me, she... à la différence de moi, elle... .

unlikely peu probable: **it's unlikely she'll come** il est peu probable qu'elle vienne; **she's unlikely to come** elle ne viendra probablement pas.

unload décharger.

unlock ouvrir *(avec une clé)*.

unlucky: he's unlucky il n'a pas de chance; **it's unlucky** *(it brings bad luck)* ça porte malheur.

unmarried célibataire.

unpack 1 to unpack *or* **to unpack one's cases** défaire ses valises. **2 to unpack one's belongings/books** déballer ses affaires/ses livres.

unpleasant désagréable.

unplug débrancher *(la télé, une lampe)*.

unsafe 1 *(toy, machine)* dangereux *m* (-euse *f*). **2** *(person)* en danger.

unscrew dévisser *(un boulon, un couvercle)*; **it unscrews** ça se dévisse.

unsuccessful: to be unsuccessful ne pas réussir (**in doing** à faire); *(of effort, attempt)* échouer.

untidy 1 *(room)* en désordre; *(hair)* peu soigné. **2** *(person) (looking untidy)* peu soigné; *(liking things untidy)* désordonné.

untie détacher *(une personne, des mains)*; défaire, détacher *(un nœud, un paquet)*.

until[1] **1** jusqu'à: **until Saturday** jusqu'à samedi; **until now** jusqu'ici; **until then** jusque-là.
2 *(with* not, never*)* avant: **not until tomorrow** pas avant demain; **I didn't come until yesterday** je ne suis venu qu'hier.

until[2] jusqu'à ce que: **until she comes** jusqu'à ce qu'elle vienne.

unusual exceptionnel *m* (-elle *f*), rare; *(strange)* étrange.

unwrap ouvrir, déballer.

up[1] **1** *(at the top)* en haut; **up above** en haut; **up there** là-haut; **up here** ici; **higher up** plus haut; **to come** *or* **to go up** monter.
2 *(in the air)* en l'air.
3 *(out of bed)* levé, debout.
4 *(increased)* **prices are up** les prix ont augmenté.
5 up to *(as far as)* jusqu'à; **right up to the door** jusqu'à la porte; **to go up to someone** s'approcher de quelqu'un; **up to now** jusqu'ici; **up to**

then jusque-là; **what are you up to?** que fais-tu?; **that's up to you** ça dépend de toi; **it's up to you to tell her** c'est à toi de le lui dire.

up[2]**: to go** *or* **to come up the stairs** monter l'escalier; **she's up the hill** elle est en haut de la colline; **he's up the ladder** il est sur l'échelle; **they're up the tree** ils sont dans l'arbre.

uphill: to go uphill monter.

upright *(straight)* droit: **to stand upright** se tenir droit.

upset[1] **1 to upset someone** faire de la peine à quelqu'un. **2** *(to knock over, to spill)* renverser *(du café, un vase)*.

I upset, I have upset, I am upsetting.

upset[2] **1** *(unhappy)* triste, peiné. **2** *(annoyed)* contrarié. **3** *(offended)* vexé.

upside down à l'envers.

upstairs[1] en haut: **she's waiting for me upstairs** elle m'attend en haut; **to go** *or* **to come upstairs** monter, monter l'escalier.

upstairs[2] **1** du dessus: **the upstairs neighbours** les voisins du dessus.
2 du haut: **the upstairs rooms** les pièces du haut; **there's an upstairs living room** il y a un salon à l'étage.

up-to-date 1 *(news)* récent. **2** *(information, map)* à jour. **3** *(clothes)* à la mode.

urgent urgent.

us 1 nous: **they know us** ils nous connaissent; **they saw us** ils nous ont vus; **help us** aidez-nous; **with us** avec nous; **it's us** c'est nous; **all of us** nous tous; **let us eat!, let's eat!** mangeons!
2 us *or* **to us** nous; **give us the money, give the money to us** donnez-nous l'argent; **he will give it to us** il nous le donnera.

USA *(United States of America)* USA *m plural*.

use[1] **1** usage *m*, emploi *m*; **to make use of something** se servir de quelque chose; **for the use of someone** à l'usage de quelqu'un.
2 *(value, being useful)* utilité *f*; **to be of use** être utile (**to** à).
3 it's no use crying ça ne sert à rien de pleurer; **what the use of worrying?** à quoi bon s'inquiéter?

use[2]**: to use something** se servir de quelque chose, utiliser quelque chose; **to be used to do something** *or* **for doing something** *(of tool)* servir à faire quelque chose; **what's it used for?** à quoi est-ce que ça sert?; **it's used as a...** ça sert de...; **a used car** une voiture d'occasion.

used 1 I used to sing avant, je chantais; **she used to jog every Sunday** elle faisait du jogging tous les dimanches.
2 to be used to something/to doing something avoir l'habitude de quelque chose/de faire quelque chose; **to get used to something/to doing something** s'habituer à quelque chose/à faire quelque chose.

useful utile (**to** à); **to come in useful** être utile; **to make oneself useful** se rendre utile.

useless 1 *(not useful)* inutile; **it's useless!** ça ne sert à rien! **2** *(hopeless)* *(person, work)* nul *m* (nulle *f*).

use up finir *(le lait, le sucre)*; utiliser la totalité de *(l'eau chaude)*; dépenser *(son argent)*.

usual habituel *m* (-elle *f*); **as usual** comme d'habitude.

usually d'habitude.

Vv

vacant *(room, seat)* libre.

vacation vacances *f plural*; **I'm on vacation** je suis en vacances; **to go on vacation** partir en vacances.

vacuum: to vacuum a room/carpet passer l'aspirateur dans une pièce/sur un tapis.

vacuum cleaner aspirateur *m*.

valid *(ticket)* valable.

valley *(au pluriel* **valleys)** vallée *f*.

valuable *(object)* de valeur; **to be valuable** avoir de la valeur.

value valeur *f*.

van camionnette *f*.

vanish disparaître.

varied *(programme, work)* varié.

variety *(au pluriel* **varieties)** variété *f*; **a large variety of colours** *(in shop)* un grand choix de couleurs.

various divers, plusieurs.

vase vase *m*.

vast *(huge)* énorme; *(room, garden)* vaste.

VCR *(video cassette recorder)* magnétoscope *m*.

vegetable légume *m*.

vehicle véhicule *m*.

veil voile *m*.

vein veine *f*.

velvet velours *m*: **a velvet jacket** une veste en velours.

verb *(in grammar)* verbe *m*.

very 1 très: **very tired** très fatigué. **2** *(emphatic use)* même; tout: **this very house** cette maison même; **at the very back** tout au fond.

vest 1 maillot *m* de corps. **2** *(waistcoat) (mot américain)* gilet *m*.

vet vétérinaire *m or f*.

victim victime *f*.

victory *(au pluriel* **victories)** victoire *f*.

video *(au pluriel* **videos) 1** *(film)* vidéo *f*: **to watch a video** regarder une vidéo; **it's coming out on video** ça va sortir en vidéo.
2 video *or* **video cassette** cassette *f*, cassette vidéo; **I have it on video** je l'ai sur cassette *or* sur vidéo.
3 video *or* **video recorder** magnétoscope *m*.

video *(game, cassette, shop)* vidéo: **a video camera** une caméra vidéo.

> The translation 'vidéo' does not change in the feminine or in the plural. Do not add 'e' or 's'.

Vietnam Việt Nam *m*: **to** *or* **in Vietnam** au Việt Nam.

view vue *f*: **we have a lovely view of the town** on a une belle vue sur la ville.

village village *m*.

vinegar vinaigre *m*.

violent violent.

violin violon *m*: **to play the violin** jouer du violon.

virus virus *m*.

visible visible.

visit¹ 1 *(call, tour)* visite *f*: **to pay a visit to someone** rendre visite à quelqu'un. **2** *(stay)* séjour *m*: **to go on a visit to Spain** faire un séjour en Espagne.

visit² visiter *(un musée, une région)*; **to visit someone** *(to call on)* rendre visite à quelqu'un; *(to stay with)* faire un séjour chez quelqu'un; **visiting times** les heures de visite *f plural*.

visitor visiteur *m*, -euse *f*; **you have visitors** *or* **a visitor** vous avez de la visite.

vitamin vitamine *f*.

vocabulary *(au pluriel* **vocabul-**

aries) vocabulaire *m*.

voice voix *f*: **in a gentle voice** d'une voix douce.

volcano (*au pluriel* **volcanoes**) volcan *m*.

vowel voyelle *f*.

Ww

wag: to wag its tail (*of dog*) remuer la queue.

wages salaire *m*.

waist taille *f* (*milieu du corps*).

waistcoat gilet *m*.

wait[1] attente *f*: **a long wait** une longue attente.

wait[2] **1** attendre: **I waited a long time** j'ai attendu longtemps; **wait until I've gone** attends que je sois parti; **to keep someone waiting** faire attendre quelqu'un.
2 to wait for attendre (*une personne, un train*); **to wait for someone to do something** attendre que quelqu'un fasse quelque chose; **I was waiting for the rain to stop** j'attendais que la pluie s'arrête.

waiter garçon *m* de café, serveur *m*; **waiter!** garçon!

waiting room salle *f* d'attente.

waitress serveuse *f*; **waitress!** mademoiselle!

wake up se réveiller; **to wake someone up** réveiller quelqu'un.

I woke up, I have woken up, I am waking up.

Wales pays *m* de Galles: **to** *or* **in Wales** au pays de Galles.

walk[1] promenade *f*: **to go for a walk** faire une promenade, se promener; **to take a child for a walk** emmener un enfant faire une promenade; **to take the dog for a walk** sortir le chien; **it's five minutes' walk away** c'est à cinq minutes à pied.

walk[2] **1** marcher; (*to stroll for pleasure*) se promener. **2** (*to go*) **to walk away** s'éloigner; **to walk in** entrer; **to walk out** partir.

walking stick canne *f*.

Walkman® (*au pluriel* **Walkmans**) baladeur *m*.

wall mur *m*.

wallet portefeuille *m*.

wallpaper papier *m* peint.

wall-to-wall carpeting moquette *f*.

walnut noix *f*.

wand baguette *f*: **magic wand** baguette magique.

wander (*or* **wander around**) (*to roam*) errer; (*to stroll*) flâner.

want 1 vouloir: **do you want any coffee?** tu veux du café?; **I want to stay** je veux rester; **I want her to leave** je veux qu'elle parte.
2 (*to need*) avoir besoin de.
3 (*to ask for*) demander: **you're wanted** on vous demande.

war guerre *f*: **at war** en guerre (**with** avec).

ward (*in hospital*) salle *f*.

wardrobe armoire *f*, penderie *f*.

warm 1 chaud: **I'm warm** j'ai chaud; **it's warm, it's nice and warm** il fait bon.
2 (*coffee, soup*) tiède.
3 (*friendly*) chaleureux *m* (-euse *f*): **a warm welcome** un accueil chaleureux.

warmth chaleur *f* (*douce*).

warm up 1 (*to heat up*) faire chauffer (*du lait*); (*to reheat*) réchauffer, faire réchauffer (*une pizza*).
2 to warm up *or* **to warm oneself up** se réchauffer; **to warm up one's**

hands se réchauffer les mains.

warn prévenir, avertir (**that** que, **about** de); **to warn someone not to do something** conseiller à quelqu'un de ne pas faire quelque chose.

warning avertissement *m*.

was ▸ see **be**.

wash [1]: **to have a wash** se laver; **to give something a wash** laver quelque chose.

wash [2] **1** laver *(un bébé, des vêtements)*: **to wash one's hands** se laver les mains. **2** *(to have a wash)* se laver.

washbasin lavabo *m*.

washing *(dirty clothes)* linge *m*; **to do the washing** faire la lessive, laver le linge; **washing machine** machine *f* à laver; **washing powder, washing liquid** lessive *f*.

washing-up vaisselle *f*: **to do the washing-up** faire la vaisselle; **washing-up liquid** produit *m* à vaisselle.

wash up 1 *(to do the dishes)* faire la vaisselle. **2** *(to have a wash)* *(terme américain)* se laver.

wasn't = **was not.**

wasp guêpe *f*.

waste [1] *(of money, effort)* gaspillage *m*: **it's a waste** c'est du gaspillage; **it's a waste of time** c'est une perte de temps.

waste [2] gaspiller *(de l'argent, la nourriture)*; **to waste time** perdre du temps.

wastepaper basket corbeille *f* à papier.

watch [1] *(on wrist)* montre *f*.

watch [2] regarder: **to watch someone do** *or* **doing something** regarder quelqu'un faire quelque chose; **watch!** regarde!

watch out *(to be careful)* faire attention (**for** à): **watch out!** attention!

water [1] eau *f*.

water [2] arroser *(une plante, un champ)*; **watering can** arrosoir *m*.

waterfall cascade *f*, chute *f* d'eau.

wave [1] **1** *(in the sea)* vague *f*. **2** *(with one's hand)* signe *m*: **to give a wave** faire un signe de la main.

wave [2] **1** *(with one's hand)* faire un signe de la main (**to** à); **to wave to someone** *(as a greeting)* saluer quelqu'un de la main; **to wave goodbye** faire au revoir de la main.
2 agiter *(un drapeau)*.

wax cire *f*.

way 1 *(road, path)* chemin *m*: **I asked my way** j'ai demandé mon chemin; **the way to the station** le chemin de la gare; **to stand in someone's way** être sur le chemin de quelqu'un; **to get out of the way, to make way** s'écarter; **to lose one's way** se perdre; **on the way** en route (**to** pour); **I'm on my way!** j'arrive!; **a long way away** très loin.
2 *(direction)* **which way?** par où?; **this way** par ici; **that way** par là; **the way in** l'entrée *f*; **the way out** la sortie.
3 *(manner)* façon *f*: **in this way** de cette façon; **the way he talks** la façon dont il parle; **you're doing it the right way/wrong way** tu le fais bien/mal; **no way!** pas question!

Attention: cette dernière expression est familière.

we nous: **we are** nous sommes.

weak faible.

wealth richesse *f*.

wealthy *(person, country)* riche.

weapon arme *f*.

wear 1 porter: **to wear a hat/glasses** porter un chapeau/des lunettes. **2** *(to put on)* mettre: **I'll wear a hat tonight** je vais mettre un chapeau ce soir.

I wore, I have worn, I am wearing.

weary fatigué.

weather 1 temps *m*: **what's the weather like?** quel temps fait-il?;

the weather's nice il fait beau.
2 weather forecast météo *f*; **what's the weather forecast?** que dit la météo?

web *(of spider)* toile *f*.

we'd = **we had** *or* **we would.**

wedding mariage *m*.

Wednesday mercredi *m*: **it's Wednesday** nous sommes mercredi; **he came on Wednesday** il est venu mercredi; **she works on Wednesdays** elle travaille le mercredi.

weed mauvaise herbe *f*.

week semaine *f*; **a week from tomorrow** demain en huit.

weekend week-end *m*: **she goes out at the weekends** *or* **on weekends** elle sort le week-end; **I'll do it over the weekend** je le ferai pendant le week-end.

weekly hebdomadaire.

weigh peser: **he weighs 50 kilos** il pèse 50 kilos; **to weigh oneself** se peser.

weight poids *m*; **to put on weight** grossir; **to lose weight** maigrir.

welcome [1]: welcome! bienvenue!; **you're always welcome** vous êtes toujours le bienvenu *or* la bienvenue; **he made me very welcome** il m'a fait bon accueil; **you're welcome to take my car** ma voiture est à ta disposition.

welcome [2] accueil *m*: **a warm welcome** un accueil chaleureux.

welcome [3] *(to greet)* accueillir, faire bon accueil à; *(to wish welcome to)* souhaiter la bienvenue à.

well [1] *(for water)* puits *m*.

well [2] 1 bien: **he sings well** il chante bien; **well done!** bravo!; **I don't feel very well** je ne me sens pas très bien; **she's well** *(healthy)* elle va bien; **you look well** tu as l'air en forme; **he did well in his work** il a bien réussi dans son travail.
2 as well *(also)* aussi; **as well as** en plus de.

well! eh bien!; **well, it was me!** eh bien, c'était moi!; **huge, well quite big** énorme, enfin, assez grand.

we'll = **we will.**

wellingtons bottes en caoutchouc *f plural*.

well-known *(famous)* célèbre.

Welsh [1] *(town, student)* gallois.

Welsh [2] 1 *(the language)* gallois *m*: **to speak Welsh** parler gallois. **2** *(the people)* **the Welsh** les Gallois *m plural*.

Welshman (*au pluriel* **Welshmen**) Gallois *m*: **he's a Welshman** c'est un Gallois.

Welshwoman (*au pluriel* **Welshwomen**) Galloise *f*: **she's a Welshwoman** c'est une Galloise.

went ▸ see **go**.

were ▸ see **be**.

we're = **we are.**

weren't = **were not.**

west [1] ouest *m*: **in the west of France** dans l'ouest de la France; **west of the town** à l'ouest de la ville; **the west coast** la côte ouest.

west [2]: to travel west voyager vers l'ouest.

West Indian Antillais *m*, -aise *f*: **he's a West Indian** c'est un Antillais.

West Indies les Antilles *f plural*: **to** *or* **in the West Indies** aux Antilles.

wet mouillé; **to get wet** se faire mouiller; **to get** *or* **to make something wet** mouiller quelque chose; **it's wet today** *(raining)* il pleut aujourd'hui.

wetsuit combinaison *f* de plongée.

we've = **we have.**

whale baleine *f*.

what [1] 1 quel *m*, quelle *f*, quels *m plural*, quelles *f plural*: **what actor do you prefer?** quel acteur préférez-vous?; **what size is it?** c'est de quelle taille?; **I wonder what her favour-**

ite colours are je me demande quelles sont ses couleurs préférées; **what luck!** quelle chance!; **what a fool!** quel idiot!

what[2] **1** qu'est-ce qui: **what's happening?** qu'est-ce qui se passe?; **what's making her laugh?** qu'est-ce qui la fait rire?
2 qu'est-ce que, que: **what does he do?** qu'est-ce qu'il fait?, que fait-il?; **what is it?** qu'est-ce que c'est?
3 quoi: **what are you thinking about?** à quoi penses-tu?; **what's that book?** c'est quoi, ce livre?; **what!** *(surprise)* quoi!; **what for?** pourquoi?
4 comment: **what's it called?** comment ça s'appelle?; **what?** *(asking someone to repeat)* comment?
5 *(in suggestions)* **what about leaving?** si on partait?; **what about me?** et moi?

what[3] **1** ce qui: **I wonder what will happen** je me demande ce qui arrivera.
2 ce que: **I know what she'll do** je sais ce qu'elle fera.
3 ce dont: **that's what I need** c'est ce dont j'ai besoin.

whatever[1] quel que soit *m*, quelle que soit *f*: **whatever the mistake may be** quelle que soit l'erreur.

whatever[2] **1** *(no matter what)* quoi que: **whatever you do** quoi que tu fasses.
2 *(everything that)* tout ce qui; tout ce que: **whatever is important** tout ce qui est important; **do whatever you want** fais tout ce que tu veux.

wheat blé *m*.

wheel roue *f*.

wheelbarrow brouette *f*.

wheelchair fauteuil *m* roulant.

when 1 quand: **when will he come?** quand est-ce qu'il viendra?, quand viendra-t-il?; **I'll tell him about it when I see him** je lui en parlerai quand je le verrai.
2 the day when le jour où.

whenever quand; *(each time that)* chaque fois que.

where où: **where are they?** où sont-ils?; **where do you come from?** d'où venez-vous?; **the office where she works** le bureau où elle travaille; **that's where I fell** c'est là que je suis tombé.

wherever: wherever you go partout où tu iras.

whether si: **I don't know whether to leave** je ne sais pas si je dois partir.

which[1] quel *m*, quelle *f*, quels *m plural*, quelles *f plural*: **which actor do you prefer?** quel acteur préférez-vous?

which[2] **1** qui: **the house which is old** la maison qui est vieille.
2 que: **the book which I read yesterday** le livre que j'ai lu hier.
3 lequel *m*, laquelle *f*, lesquels *m plural*, lesquelles *f plural*: **the table which I put it on, the table on which I put it** la table sur laquelle je l'ai mis; **to which** auquel; **of which** duquel; **the film about which** *or* **of which she spoke** le film dont elle a parlé.
4 ce qui: **he's ill, which is sad** il est malade, ce qui est triste.
5 ce que: **you tell lies, which I don't like** tu mens, ce que je n'aime pas.

which[3]**: which** *or* **which one** lequel *m*, laquelle *f*; **which** *or* **which one do you want?** lequel veux-tu?, laquelle veux-tu?; **which** *or* **which ones would you like?** desquels as-tu envie?, desquelles as-tu envie?; **which of us?** lequel *or* laquelle d'entre nous?

whichever: whichever book you buy quel que soit le livre que tu achètes; **take whichever books interest you** prenez les livres qui vous intéressent; **take whichever one you like** prenez celui que vous voulez.

while[1] **1** *(when)* pendant que: **make**

me a coffee while you're in the kitchen prépare-moi un café pendant que tu es à la cuisine.
2 *(contrasting)* alors que: **she sleeps while the others enjoy themselves** elle dort alors que les autres s'amusent.
3 *(at the same time as doing something else)* en, tout en: **while singing** en chantant, tout en chantant.

while [2]**: a while** un moment; **after a while** au bout d'un moment; **in a little while** avant peu; **a little while ago** il y a peu de temps; **a long while** longtemps.

whip [1] fouet *m*.

whip [2] fouetter *(un cheval)*.

whiskers *(of cat)* moustaches *f plural*.

whisper chuchoter.

whistle [1] **1** *(object)* sifflet *m*; **to blow one's whistle** siffler. **2** *(sound made with whistle)* coup *m* de sifflet.

whistle [2] siffler.

white [1] blanc *m* (blanche *f*): **a white shirt** une chemise blanche; **white coffee** du café au lait; **white man** Blanc *m*; **white woman** Blanche *f*.

white [2] *(the colour)* blanc *m*: **white suits you** le blanc te va bien.

who qui: **who did that?** qui a fait ça?; **the friends who came yesterday** les amis qui sont venus hier.

whoever 1 *(the one who)* celui qui *m*, celle qui *f*: **whoever has seen this** celui qui a vu cela.
2 *(no matter who)* qui que ce soit qui: **whoever's at the door** qui que ce soit qui sonne à la porte; **whoever you are** qui que vous soyez; **that lady whoever she may be** cette dame, quelle qu'elle soit.

whole tout *m*, toute *f*: **the whole apple** toute la pomme; **the whole lot** le tout; **the whole world** le monde entier.

whom 1 qui: **whom did you see?** qui avez-vous vu?; **of whom are you speaking?** de qui parlez-vous?
2 que: **the woman whom you saw** la femme que vous avez vue.

whose 1 à qui: **whose book is this?** à qui est ce livre?
2 de qui: **whose daughter are you?** de qui êtes-vous la fille?; **the woman whose book I have** la femme de qui j'ai le livre.
3 dont: **the mother whose son is ill** la mère dont le fils est malade.

why pourquoi: **why not?** pourquoi pas?; **the reason why I...** la raison pour laquelle je... .

wicked *(evil)* méchant.

wide 1 large: **to be 12 metres wide** avoir *or* faire 12 mètres de large. **2 wide awake** complètement éveillé.

widow veuve *f*: **she's a widow** elle est veuve.

widower veuf *m*: **he's a widower** il est veuf.

width largeur *f*.

wife *(au pluriel* **wives**) femme *f*: **she's my wife** c'est ma femme.

wig perruque *f*.

wild *(animal, plant)* sauvage.

will 1 *(future tense)* **he will come, he'll come** il viendra (**won't he?** n'est-ce pas?); **you will not come, you won't come** tu ne viendras pas (**will you?** n'est-ce pas?).
2 *(very near future: with* aller*)* **I'll leave now** je vais partir.
3 vouloir: **will you have a tea?** voulez-vous prendre un thé?; **will you be quiet!** voulez-vous vous taire?; **I will!** *(yes)* oui!; **the car won't start** la voiture ne veut pas démarrer.

willing: I'm willing to do it je suis prêt à le faire, je veux bien le faire.

win gagner *(un prix, une course, une guerre)*: **he always wins** il gagne toujours.

wind [1] vent *m*.

wind [2] *(to roll)* enrouler *(une ficelle,*

un fil) (**round** autour de).

I wound, I have wound, I am winding.

windmill moulin *m* à vent.

window fenêtre *f*; *(in car, bus)* vitre *f*; *(window pane)* carreau *m* (-eaux *plural*); **shop window** vitrine *f*.

wind up remonter *(une montre, un jouet)*.

windy: it's windy il y a du vent.

wine vin *m*.

wineglass verre *m* à vin.

wing aile *f*.

winner gagnant *m*, -ante *f*.

winter hiver *m*: **in winter, in the winter** en hiver.

wintertime hiver *m*.

wipe essuyer: **to wipe one's hands** s'essuyer les mains; **to wipe up** *(to dry the dishes)* essuyer la vaisselle; **to wipe up the coffee/the milk** essuyer le café/le lait.

wire fil *m*, fil de fer.

wise sage.

wish [1] **1** *(showing a desire)* souhaiter: **to wish to do something** souhaiter faire quelque chose; **to wish for something** souhaiter quelque chose.
2 I wish that... si seulement...; **I wish I hadn't accepted that work** si seulement je n'avais pas accepté ce travail.
3 I wish to do *(I would like to)* j'aimerais faire, je voudrais faire.
4 *(as greeting)* **to wish someone something** souhaiter quelque chose à quelqu'un.

wish [2] vœu *m* (vœux *plural*): **to make a wish** faire un vœu; **best wishes for the New Year** meilleurs vœux de bonne et heureuse année; **send him my best wishes** fais-lui mes amitiés.

witch sorcière *f*.

with 1 avec: **come with me** viens avec moi; **to write with a pen** écrire avec un stylo.
2 *(at the home of)* chez: **she's staying with me** elle loge chez moi.
3 de: **to fill with water** remplir d'eau; **to shiver with cold** grelotter de froid.
4 *(description)* à: **the boy with blue eyes** le garçon aux yeux bleus.

within 1 *(in the space of)* en moins de: **I read the book within a week** j'ai lu le livre en moins d'une semaine.
2 *(before the end of)* **I'll be back within a week** je serai de retour d'ici une semaine.
3 *(not beyond)* à moins de: **it's within 20 kilometres of the city** c'est à moins de 20 kilomètres de la ville.

without sans: **without a tie** sans cravate; **without saying anything** sans rien dire.

witness témoin *m*.

woke up, woken up ▸ see **wake up**.

wolf (*au pluriel* **wolves**) loup *m*.

woman (*au pluriel* **women**) femme *f*: **woman doctor** femme médecin; **women's clothes** des vêtements de femme.

won ▸ see **win**.

wonder se demander (**why** pourquoi, **if** si); **to wonder about something** se poser des questions au sujet de quelque chose.

wonderful merveilleux *m* (-euse *f*).

won't = **will not.**

wood 1 bois *m*: **it's made of wood** c'est en bois. **2** *(forest)* bois *m*: **to run in the woods** courir dans les bois.

wooden en bois: **a wooden bed** un lit en bois.

woolen *(mot américain)* = **woollen.**

woollen en laine.

word mot *m*; **the words** *(of a song)* les paroles *f plural*; **to have a word with someone** parler à quelqu'un (**about** de).

wore ▸ see **wear**.

work [1] travail *m*: **to start work** se

mettre au travail; **to go to work** aller au travail; **to be at work** être au travail; **a day off work** un jour de congé; **she's off work** *(because of illness)* elle n'est pas allée travailler; **he's out of work** il est au chômage.

work [2] **1** travailler: **to work hard** travailler dur. **2** *(of machine)* marcher, fonctionner.

worker travailleur *m*, -euse *f*; *(in factory)* ouvrier *m*, -ière; **an office worker** un employé *or* une employée de bureau.

workman (*au pluriel* **workmen**) ouvrier *m*.

work out 1 *(to calculate)* calculer; **to work out the right answer** trouver la bonne réponse; **to work out the total** faire le total.
2 *(to solve)* résoudre *(un problème)*.
3 *(to understand)* **to work out how/why** arriver à comprendre comment/pourquoi.

workshop atelier *m*.

world monde *m*: **all over the world** dans le monde entier.

worm ver *m*.

worn 1 *(clothes)* usé; **my shoes are worn out** mes chaussures sont complètement usées. **2** *(person)* **to be worn out** être épuisé.

worried inquiet *m* (-iète *f*); **to be worried about** s'inquiéter de *(danger)*; s'inquiéter pour *(les examens, une personne)*.

worry (*au pluriel* **worries**) souci *m*; **it's causing me a lot of worry** ça m'inquiète beaucoup.

worry s'inquiéter (**about a danger** d'un danger, **about the exams** pour les examens); **to worry someone** inquiéter quelqu'un.

worse [1] pire (**than** que); **that's even worse** c'est encore pire; **to get worse** *(of situation, illness)* s'aggraver; **he's getting worse** *(more ill)* son état a empiré.

worse [2] **1** moins bien: **she sings worse than you** elle chante moins bien que toi.
2 plus mal: **to behave worse** se conduire plus mal; **to treat someone worse** traiter quelqu'un plus mal.

worst [1] **1** plus mauvais: **the worst film I've ever seen** le plus mauvais film que j'aie jamais vu; **the worst one** le plus mauvais, la plus mauvaise.
2 pire: **my worst enemy** mon pire ennemi.

worst [2] **1** *(worst one)* **the worst** le plus mauvais, la plus mauvaise, le pire, la pire. **2 at worst** au pire.

worst [3] *(to play, to sing)* **the worst** le plus mal, le moins bien.

worth: 1 to be worth valoir; **how much is it worth?** ça vaut combien?
2 the film's worth seeing le film vaut la peine d'être vu; **it's worth waiting/trying** ça vaut la peine d'attendre/d'essayer; **it's not worth it** ça ne vaut pas la peine.

would 1 *(conditional tense)* **I would stay, I'd stay** je resterais; **she would have done it** elle l'aurait fait.
2 vouloir: **would you follow me** voulez-vous me suivre; **the car wouldn't start** la voiture ne voulait pas démarrer; **I would like a tea** je voudrais un thé; **he would like to see you** il voudrait vous voir.
3 *(in the past)* **I would see her every day** je la voyais chaque jour.

wouldn't = **would not.**

wound [1] blesser *(avec un couteau, une balle)*.

wound [2] blessure *f*.

wound [3] ▸ see **wind**.

wrap (*or* **wrap up**) **1** emballer, envelopper *(un cadeau, un paquet)*. **2 wrapping paper** papier *m* d'emballage.

wreck *(to destroy)* détruire.

wrinkle *(on skin)* ride *f*.

wrist poignet *m*.

write écrire (**to** à): **to write a letter** écrire une lettre; **we write to each other** nous nous écrivons; **to write something down** noter quelque chose.

I wrote, I have written, I am writing.

writer *(of books)* écrivain *m*; *(for magazine)* journaliste *m or f*; **the writer of the letter** l'auteur de la lettre.

writing 1 *(by hand)* écriture *f*; **writing pad** bloc *m* de papier à lettres. **2 in writing** par écrit.

wrong[1] **1** *(badly chosen)* mauvais: **the wrong time** le mauvais moment; **the wrong direction** la mauvaise direction; **to take the wrong road/train** se tromper de route/de train.
2 *(incorrect)* faux *m* (fausse *f*): **your sums are wrong** tes calculs sont faux; **the clock's wrong** la pendule n'est pas à l'heure.
3 *(person)* **to be wrong** avoir tort (**to do** de faire), se tromper: **you're wrong!** tu as tort!, tu te trompes!
4 *(in the moral sense)* **it's wrong to tell lies** c'est mal de mentir.
5 something's wrong quelque chose ne va pas; **something's wrong with her arm** elle a quelque chose au bras; **what's wrong with you?** qu'est-ce que tu as?

wrong[2]: **to go wrong** *(of plan)* mal tourner; *(of machine)* tomber en panne.

wrote ▸ see **write**.

Xx

X-ray radio *f*: **to have an X-ray** passer une radio.

xylophone xylophone *m*: **to play the xylophone** jouer du xylophone.

Yy

yard 1 *(of farm, house)* cour *f*. **2** *(mot américain)* *(of school)* cour *f*; *(behind house)* jardin *m*. **3** *(measure)* yard *m* (*= 91,44 cm*).

yarn *(thread)* fil *m*.

yawn bâiller.

year 1 an *m*: **she's ten years old** elle a dix ans; **the New Year** le nouvel an; **New Year's Day** le jour de l'an.
2 année *f*: **this year** cette année; **a bad year** une mauvaise année; **the school year** l'année scolaire; **the whole year** toute l'année.

Use **année** when the meaning is the whole year, and with descriptions (eg 'une mauvaise année').

yell hurler; **to yell at someone** crier après quelqu'un.

yellow[1] jaune: **a yellow dress** une robe jaune.

yellow[2] *(the colour)* jaune *m*: **I like yellow** j'aime le jaune.

yes oui; *(in reply to a negative question)* si: **are you coming? - yes!** tu viens? - oui!; **aren't you coming then? - yes!** alors, tu ne ne viens pas? - si!

yesterday hier: **yesterday morning/evening** hier matin/soir.

yet 1 encore: **I haven't finished yet** je n'ai pas encore fini. **2** *(in questions)* déjà: **has he arrived yet?** est-il déjà arrivé?

yoghurt yaourt *m*.

yolk jaune *m* d'œuf.

you 1 *(polite form singular, polite and familiar form plural)* vous: **are you tired?** êtes-vous fatigué?; (*to more than one person*) êtes-vous fatigués?; **I know you** je vous connais; **it's for you** c'est pour vous; **I gave you a present, I gave a present to you** je vous ai fait un cadeau.
2 *(familiar form singular)* tu: **are you tired?** es-tu fatigué?
3 *(familiar singular)* te: **I can see you** je te vois; **I gave you a present, I gave a present to you** je t'ai fait un cadeau; **I'll give it to you** je te le donnerai.
4 *(familiar singular)* toi: **it's for you** c'est pour toi; **I'm taller than you** je suis plus grand que toi; **it's you** c'est toi.
5 *(people in general)* on: **you never know** on ne sait jamais.

you'd = **you had** *or* **you would.**

you'll = **you will.**

young 1 jeune; **young people** les jeunes *m plural*.
2 younger *(of two brothers or sisters)*, **youngest** *(of more than two)* cadet *m* (cadette *f*); **my younger brother** mon frère cadet; **the youngest brother** le frère cadet; **the youngest daughter** la cadette.

your 1 *(polite form singular, polite and familiar form plural)* votre *m or f*, vos *plural*: **your newspaper** votre journal; **your books** vos livres.
2 (= 'vous + 'le', 'la' *or* 'les' *with parts of the body)* **you wash your hands** vous vous lavez les mains.
3 *(familiar form singular)* ton *m*, ta *f*, tes *plural*: **your umbrella** ton parapluie; **your plate** ton assiette; **your house** ta maison; **your clothes** tes vêtements.
4 (= 'te' + 'le', 'la' *or* 'les' *with parts of the body)* **you wash your hands** tu te laves les mains.

ta becomes **ton** before a vowel or silent h.

you're = **you are.**

yours 1 *(polite form singular, polite and familiar form plural)* le vôtre, la vôtre, les vôtres: **this book is yours** ce livre est à vous *or* est le vôtre; **my friends and yours** mes amis et les vôtres.
2 *(familiar form singular)* le tien, la tienne, les tiens, les tiennes: **this toy is yours** ce jouet est à toi *or* est le tien; **my sister and yours** ma sœur et la tienne.

yourself 1 *(polite form)* vous-même; *(familiar form)* toi-même: **you did it yourself** vous l'avez fait vous-même; tu l'as fait toi-même.
2 *(polite form)* vous; *(familiar form)* te, (*before a vowel or silent h*) t': **you've cut yourself** vous vous êtes coupé; tu t'es coupé.
3 *(polite form)* vous; *(familiar form)* toi: **you think of yourself** vous pensez à vous; tu penses à toi.

yourselves 1 vous-mêmes: **you did it yourselves** vous l'avez fait vous-mêmes. **2** vous: **you've cut yourselves** vous vous êtes coupés.

youth *(period)* jeunesse *f*.

you've = **you have.**

Zz

zebra zèbre *m*.

zebra crossing passage *m* pour piétons.

zero (*au pluriel* **zeros**) zéro *m*.

zip fermeture *f* éclair®.

zipper *(mot américain)* = **zip.**
zoo (*au pluriel* **zoos**) zoo *m*.
zucchini (*au pluriel* **zucchini** *or* **zucchinis**) *(mot américain)* courgette *f*.

Verbes anglais irréguliers

Infinitif	Prétérit	Participe passé
be	was, were	been
bear	bore	borne
beat	beat	beaten
become	became	become
begin	began	begun
bend	bent	bent
bet	bet, betted	bet, betted
bind	bound	bound
bite	bit	bitten
bleed	bled	bled
blow	blew	blown
break	broke	broken
bring	brought	brought
broadcast	broadcast	broadcast
build	built	built
burn	burnt, burned	burnt, burned
burst	burst	burst
buy	bought	bought
catch	caught	caught
choose	chose	chosen
come	came	come
cost	cost	cost
creep	crept	crept
cut	cut	cut
deal	dealt	dealt
dig	dug	dug
dive	dived, *Am* dove	dived
do	did	done
draw	drew	drawn
dream	dreamed, dreamt	dreamed, dreamt
drink	drank	drunk
drive	drove	driven
eat	ate	eaten
fall	fell	fallen
feed	fed	fed
feel	felt	felt
fight	fought	fought
find	found	found
fly	flew	flown
forbid	forbade	forbidden
forget	forgot	forgotten
forgive	forgave	forgiven
freeze	froze	frozen
get	got	got, *Am* gotten
give	gave	given
go	went	gone
grind	ground	ground
grow	grew	grown
hang	hung	hung

Infinitif	Prétérit	Participe passé
have	had	had
hear	heard	heard
hide	hid	hidden
hit	hit	hit
hold	held	held
hurt	hurt	hurt
keep	kept	kept
kneel	knelt, kneeled	knelt, kneeled
know	knew	known
lay	laid	laid
lead	led	led
lean	leant, leaned	leant, leaned
leap	leapt, leaped	leapt, leaped
learn	learnt, learned	learnt, learned
leave	left	left
lend	lent	lent
let	let	let
lie	lay	lain (*rare*)
light	lit	lit
lose	lost	lost
make	made	made
mean	meant	meant
meet	met	met
mistake	mistook	mistaken
overtake	overtook	overtaken
put	put	put
read	read	read
redo	redid	redone
rewind	rewound	rewound
ride	rode	ridden
ring	rang	rung
rise	rose	risen
run	ran	run
saw	sawed	sawn, sawed
say	said	said
see	saw	seen
seek	sought	sought
sell	sold	sold
send	sent	sent
set	set	set
sew	sewed	sewn, sewed
shake	shook	shaken
shine	shone	shone
shoot	shot	shot
show	showed	shown
shrink	shrank	shrunk
shut	shut	shut
sing	sang	sung
sink	sank	sunk
sit	sat	sat
sleep	slept	slept
slide	slid	slid

Infinitif	Prétérit	Participe passé
smell	smelt, smelled	smelt, smelled
sow	sowed	sown, sowed
speak	spoke	spoken
spell	spelt, spelled	spelt, spelled
spend	spent	spent
spill	spilt, spilled	spilt, spilled
spin	spun	spun
spit	spat	spat
split	split	split
spoil	spoilt, spoiled	spoilt, spoiled
spread	spread	spread
spring	sprang	sprung
stand	stood	stood
steal	stole	stolen
stick	stuck	stuck
sting	stung	stung
stink	stank	stunk
strike	struck	struck
swear	swore	sworn
sweep	swept	swept
swell	swelled	swollen
swim	swam	swum
swing	swung	swung
take	took	taken
teach	taught	taught
tear	tore	torn
tell	told	told
think	thought	thought
throw	threw	thrown
tread	trod	trodden
understand	understood	understood
undo	undid	undone
upset	upset	upset
wake	woke	woken
wear	wore	worn
win	won	won
wind	wound	wound
write	wrote	written

French verb conjugations

REGULAR VERBS

	-ER verbs	-IR verbs	-RE verbs
Infinitive	donn/er	fin/ir	vend/re
1. Present	je donne tu donnes il donne nous donnons vous donnez ils donnent	je finis tu finis il finit nous finissons vous finissez ils finissent	je vends tu vends il vend nous vendons vous vendez ils vendent
2. Imperfect	je donnais tu donnais il donnait nous donnions vous donniez ils donnaient	je finissais tu finissais il finissait nous finissions vous finissiez ils finissaient	je vendais tu vendais il vendait nous vendions vous vendiez ils vendaient
3. Past historic	je donnai tu donnas il donna nous donnâmes vous donnâtes ils donnèrent	je finis tu finis il finit nous finîmes vous finîtes ils finirent	je vendis tu vendis il vendit nous vendîmes vous vendîtes ils vendirent
4. Future	je donnerai tu donneras il donnera nous donnerons vous donnerez ils donneront	je finirai tu finiras il finira nous finirons vous finirez ils finiront	je vendrai tu vendras il vendra nous vendrons vous vendrez ils vendront
5. Subjunctive	je donne tu donnes il donne nous donnions vous donniez ils donnent	je finisse tu finisses il finisse nous finissions vous finissiez ils finissent	je vende tu vendes il vende nous vendions vous vendiez ils vendent
6. Imperative	donne donnons donnez	finis finissons finissez	vends vendons vendez
7. Present participle	donnant	finissant	vendant
8. Past participle	donné	fini	vendu

Note The conditional is formed by adding the following endings to the infinitive: **-ais**, **-ais**, **-ait**, **-ions**, **-iez**, **-aient**. The final **e** is dropped in infinitives ending **-re**.

Spelling irregularities in -er verbs

Verbs ending in **-ger** (eg **manger**) take an extra **e** before **a** or **o**: *Present* je mange, nous mangeons; *Imperfect* je mangeais, nous mangions; *Past historic* je mangeai, nous mangeâmes; *Present participle* mangeant.

Verbs ending in **-cer** (eg **commencer**) change **c** to **ç** before **a** or **o**: *Present* je commence, nous commençons; *Imperfect* je commençais, nous commencions; *Past historic* je commençai, nous commençâmes; *Present participle* commençant.

Verbs in **e** + consonant + **er** fall into two groups. In the first (eg **mener**, **peser**, **lever**), **e** becomes **è** before a silent **e** (in other words before the endings **-e**, **-es**, **-ent** in the present and subjunctive, and in the future and conditional tenses, eg **je mène**, **ils mèneront**).

The second group contains most verbs ending in **-eler** and **-eter** (eg **appeler**, **jeter**). These verbs change **l** to **ll** and **t** to **tt** before silent **e** (eg **j'appelle**, **ils appelleront**; **je jette**, **ils jetteront**). However, the verbs **geler**, **dégeler** and **acheter** fall into the above-mentioned first group.

Verbs containing **é** in their second from last syllable change **é** to **è** before the endings **-e**, **-es**, **-ent** in the present and subjunctive only (eg **je cède** but **je céderai**).

Verbs ending in **-yer** (eg **essuyer**) change **y** to **i** before silent **e** in the present and subjunctive, and in the future and conditional tenses (eg **j'essuie**, **ils essuieront**). However, in verbs ending in **-ayer** (eg **balayer**), this change is optional (eg **je balaie** or **balaye**, **ils balaieront** or **balayeront**).

Irregular verbs

The following list of verbs is a carefully chosen selection of those considered to be the most useful. There is room to give only a small part of each conjugation but those forms and tenses not included can be easily derived. For example, the third person singular of the present tense is normally formed by giving **t** for the final **s** of the first person singular, eg **je crois** becomes **il croit**; and the third person plural of the present tense can often be derived from the first person plural by giving **ent** for **ons**, eg **nous battons** becomes **ils battent**.

Note that the endings of the past historic fall into three categories, the **a** and **i** categories shown at **donner**, and at **finir** and **vendre**, and the **u** category which has the following endings: **-us**, **-us**, **-ut**, **-ûmes**, **-ûtes**, **-urent**. Most of the verbs listed below form their past historic with **u**.

The imperfect can usually be formed by adding **-ais**, **-ait**, **-ions**, **-iez**, **-aient** to the stem of the first person plural of the present tense, eg **je buvais** etc may be derived from **nous buvons** (stem **buv** and ending **ons**). In a similar way, the present participle can generally be formed by giving **ant** for **ons** (eg **buvant**).

The future is normally formed by adding **-ai**, **-as**, **-a**, **-ons**, **-ez**, **-ont** to the infinitive or to an infinitive without the final **e** where the ending is **-re** (eg **conduire**).

The imperative usually has the same forms as the second persons singular and plural and the first person plural of the present tense.

1 = Present 2 = Imperfect 3 = Past historic 4 = Future 5 = Subjunctive 6 = Imperative 7 = Present participle 8 = Past participle n = nous v = vous † verbs conjugated with **être** only.

Irregular French Verbs

abattre *like* **battre**
accueillir *like* **cueillir**
acquérir 1 j'acquiers, n acquérons, ils acquièrent 2 j'acquérais 3 j'acquis 4 j'acquerrai 5 j'acquière 7 acquérant 8 acquis
admettre *like* **mettre**
†aller 1 je vais, tu vas, il va, n allons, v allez, ils vont 4 j'irai 5 j'aille, n allions, ils aillent 6 va, allons, allez (*but note* vas-y)
apercevoir *like* **recevoir**
apparaître *like* **connaître**
appartenir *like* **tenir**
apprendre *like* **prendre**
†s'asseoir 1 je m'assieds, il s'assied, n n asseyons, ils s'asseyent 2 je m'asseyais 3 je m'assis 4 je m'assiérai 5 je m'asseye 7 asseyant 8 assis
atteindre 1 j'atteins, n atteignons, ils atteignent 2 j'atteignais 3 j'atteignis 4 j'atteindrai 5 j'atteigne 7 atteignant 8 atteint
avoir 1 j'ai, tu as, il a, n avons, v avez, ils ont 2 j'avais 3 j'eus 4 j'aurai 5 j'aie, n ayons, ils aient 6 aie, ayons, ayez 7 ayant 8 eu
battre 1 je bats, il bat, n battons 5 je batte
boire 1 je bois, n buvons, ils boivent 2 je buvais 3 je bus 5 je boive, n buvions 7 buvant 8 bu
bouillir 1 je bous, n bouillons, ils bouillent 2 je bouillais 3 *not used* 5 je bouille 7 bouillant
combattre *like* **battre**
commettre *like* **mettre**
comprendre *like* **prendre**
conduire 1 je conduis, n conduisons 3 je conduisis 5 je conduise 8 conduit
connaître 1 je connais, il connaît, n connaissons 3 je connus 5 je connaisse 7 connaissant 8 connu
consentir *like* **mentir**
construire *like* **conduire**
contenir *like* **tenir**
convaincre *like* **vaincre**
convenir *like* **tenir**
coudre 1 je couds, il coud, n cousons, ils cousent 3 je cousis 5 je couse 7 cousant 8 cousu
courir 1 je cours, n courons 3 je courus 4 je courrai 5 je coure 8 couru
couvrir 1 je couvre, n couvrons 2 je couvrais 5 je couvre 8 couvert
craindre 1 je crains, n craignons, ils craignent 2 je craignais 3 je craignis 4 je craindrai 5 je craigne 7 craignant 8 craint
croire 1 je crois, n croyons, ils croient 2 je croyais 3 je crus 5 je croie, n croyions 7 croyant 8 cru
cueillir 1 je cueille, n cueillons 2 je cueillais 4 je cueillerai 5 je cueille 7 cueillant
cuire 1 je cuis, n cuisons 2 je cuisais 3 je cuisis 5 je cuise 7 cuisant 8 cuit
débattre *like* **battre**
décevoir *like* **recevoir**
découvrir *like* **couvrir**
décrire *like* **écrire**
déduire *like* **conduire**
défaire *like* **faire**
déplaire *like* **plaire**

détruire	*like* **conduire**
†**devenir**	*like* **tenir**
devoir	1 je dois, n devons, ils doivent 2 je devais 3 je dus 4 je devrai 5 je doive, n devions 6 *not used* 7 devant 8 dû, due, *plural* dus, dues
dire	1 je dis, n disons, v dites 2 je disais 3 je dis 5 je dise 7 disant 8 dit
disparaître	*like* **connaître**
dormir	1 je dors, n dormons 2 je dormais 5 je dorme 7 dormant
écrire	1 j'écris, n écrivons 2 j'écrivais 3 j'écrivis 5 j'écrive 7 écrivant 8 écrit
élire	*like* **lire**
endormir	*like* **dormir**
†**s'enfuir**	*like* **fuir**
entretenir	*like* **tenir**
envoyer	*regular except* 4 j'enverrai
éteindre	*like* **atteindre**
être	1 je suis, tu es, il est, n sommes, v êtes, ils sont 2 j'étais 3 je fus 4 je serai 5 je sois, n soyons, ils soient 6 sois, soyons, soyez 7 étant 8 été
faillir	*following tenses only* 3 je faillis 8 failli
faire	1 je fais, n faisons, v faites, ils font 2 je faisais 3 je fis 4 je ferai 5 je fasse 7 faisant 8 fait
falloir	*impersonal* 1 il faut 2 il fallait 3 il fallut 4 il faudra 5 il faille 6 *none* 7 *none* 8 fallu
fuir	1 je fuis, n fuyons, ils fuient 2 je fuyais 3 je fuis 5 je fuie 7 fuyant 8 fui
inscrire	*like* **écrire**
interdire	*like* **dire** *except* 1 v interdisez
interrompre	*like* **rompre**
lire	1 je lis, n lisons 2 je lisais 3 je lus 5 je lise 7 lisant 8 lu
maintenir	*like* **tenir**
mentir	1 je mens, n mentons 2 je mentais 5 je mente 7 mentant
mettre	1 je mets, n mettons 2 je mettais 3 je mis 5 je mette 7 mettant 8 mis
moudre	1 je mouds, il moud, n moulons 2 je moulais 3 je moulus 5 je moule 7 moulant 8 moulu
†**mourir**	1 je meurs, n mourons, ils meurent 2 je mourais 3 je mourus 4 je mourrai 5 je meure, n mourions 7 mourant 8 mort
†**naître**	1 je nais, il naît, n naissons 2 je naissais 3 je naquis 4 je naîtrai 5 je naisse 7 naissant 8 né
obtenir	*like* **tenir**
offrir	*like* **couvrir**
ouvrir	*like* **couvrir**
paraître	*like* **connaître**
partir	1 je pars, n partons 2 je partais 5 je parte 7 partant
peindre	*like* **atteindre**
permettre	*like* **mettre**
plaindre	*like* **craindre**
plaire	1 je plais, il plaît, n plaisons 2 je plaisais 3 je plus 5 je plaise 7 plaisant 8 plu
pleuvoir	*impersonal* 1 il pleut 2 il pleuvait 3 il plut 4 il pleuvra 5 il pleuve 6 *none* 7 pleuvant 8 plu
poursuivre	*like* **suivre**
pouvoir	1 je peux *or* je puis, tu peux, il peut, n pouvons, ils peuvent 2 je pouvais 3 je pus 4 je pourrai 5 je puisse 6 *not used* 7 pouvant 8 pu
prendre	1 je prends, il prend, n prenons, ils prennent 2 je prenais 3 je pris 5 je prenne 7 prenant 8 pris

prévenir	*like* **tenir**
prévoir	*like* **voir** *except* 4 je prévoirai
produire	*like* **conduire**
promettre	*like* **mettre**
recevoir	1 je reçois, n recevons, ils reçoivent 2 je recevais 3 je reçus 4 je recevrai 5 je reçoive, n recevions, ils reçoivent 7 recevant 8 reçu
reconnaître	*like* **connaître**
recouvrir	*like* **couvrir**
réduire	*like* **conduire**
refaire	*like* **faire**
rejoindre	1 je rejoins, n rejoignons, ils rejoignent 2 je rejoignais 3 je rejoignis 4 je rejoindrai 5 je rejoigne 7 rejoignant 8 rejoint
relire	*like* **lire**
remettre	*like* **mettre**
renvoyer	*like* **envoyer**
† **repartir**	*like* **partir**
reprendre	*like* **prendre**
reproduire	*like* **conduire**
résoudre	1 je résous, n résolvons 2 je résolvais 3 je résolus 5 je résolve 7 résolvant 8 résolu
retenir	*like* **tenir**
† **revenir**	*like* **tenir**
revoir	*like* **voir**
rire	1 je ris, n rions, ils rient 2 je riais 3 je ris 5 je rie, n riions 7 riant 8 ri
rompre	*regular except* 1 il rompt
satisfaire	*like* **faire**
savoir	1 je sais, n savons, ils savent 2 je savais 3 je sus 4 je saurai 5 je sache 6 sache, sachons, sachez 7 sachant 8 su
sentir	*like* **mentir**
servir	1 je sers, n servons 2 je servais 5 je serve 7 servant
sortir	1 je sors, n sortons 2 je sortais 5 je sorte 7 sortant
souffrir	*like* **couvrir**
sourire	*like* **rire**
soutenir	*like* **tenir**
† **se souvenir**	*like* **tenir**
suffire	1 je suffis, n suffisons 2 je suffisais 3 je suffis 5 je suffise 7 suffisant 8 suffi
suivre	1 je suis, n suivons 2 je suivais 3 je suivis 5 je suive 7 suivant 8 suivi
surprendre	*like* **prendre**
† **se taire**	1 je me tais, n n taisons 2 je me taisais 3 je me tus 5 je me taise 7 taisant 8 tu
tenir	1 je tiens, n tenons, ils tiennent 2 je tenais 3 je tins, tu tins, il tint, n tînmes, v tîntes, ils tinrent 4 je tiendrai 5 je tienne 7 tenant 8 tenu
traduire	*like* **conduire**
vaincre	1 je vaincs, il vainc, n vainquons 2 je vainquais 3 je vainquis 5 je vainque 7 vainquant 8 vaincu
valoir	1 je vaux, il vaut, n valons 2 je valais 3 je valus 4 je vaudrai 5 je vaille 6 *not used* 7 valant 8 valu
† **venir**	*like* **tenir**
vivre	1 je vis, n vivons 2 je vivais 3 je vécus 5 je vive 7 vivant 8 vécu
voir	1 je vois, n voyons, ils voient 2 je voyais 3 je vis 4 je verrai 5 je voie, n voyions 7 voyant 8 vu
vouloir	1 je veux, il veut, n voulons, ils veulent 2 je voulais 3 je voulus 4 je voudrai 5 je veuille 6 veuille, veuillons, veuillez 7 voulant 8 voulu

Les nombres		**Numerals**
zéro	0	nought, zero
un	1	one
deux	2	two
trois	3	three
quatre	4	four
cinq	5	five
six	6	six
sept	7	seven
huit	8	eight
neuf	9	nine
dix	10	ten
onze	11	eleven
douze	12	twelve
treize	13	thirteen
quatorze	14	fourteen
quinze	15	fifteen
seize	16	sixteen
dix-sept	17	seventeen
dix-huit	18	eighteen
dix-neuf	19	nineteen
vingt	20	twenty
vingt et un	21	twenty-one
vingt-deux	22	twenty-two
trente	30	thirty
quarante	40	forty
cinquante	50	fifty
soixante	60	sixty
soixante-dix	70	seventy
quatre-vingts	80	eighty
quatre-vingt-un	81	eighty-one
quatre-vingt-dix	90	ninety
cent	100	a *or* one hundred
cent un	101	a hundred and one
cent cinquante	150	a hundred and fifty
deux cents	200	two hundred
deux cent un	201	two hundred and one
mille	1 000 (1,000)	a *or* one thousand
un million	1 000 000 (1,000,000)	a *or* one million

Français-Anglais
French-English

Aa

a has: **elle a une voiture bleue** she has a blue car, she's got a blue car; **il l'a cherché partout** he has looked for it everywhere, he looked for it everywhere. ▸ *voir* **avoir**.

à (**à + le = au, à + les = aux**) **1** *(direction)* to; *(temps)* to, till: **aller à Paris** to go to Paris; **nous allons à l'école** we go to school; **de 3 heures à 4 heures** from 3 to *ou* till 4 o'clock; **à lundi!** see you on Monday!
2 *(position)* at, in; *(temps)* at: **être à l'école/au bureau** to be at *ou* in school/at *ou* in the office; **être à Paris** to be in Paris; **à 8 heures** at 8 o'clock.
3 *(surface)* on: **avoir une ampoule au pied** to have a blister on one's foot; **écrire au tableau** to write on the board.
4 *(description)* with: **l'homme à la barbe blanche** the man with the white beard.
5 *(avec* donner, prêter, montrer, dire*)* to: **donner/dire quelque chose à quelqu'un** to give/say something to someone.
6 *(moyen, manière)* **à bicyclette** by bicycle; **à pied** on foot; **vendre au kilo** to sell by the kilo; **je l'ai écrit au crayon** I wrote it with a pencil *ou* in pencil.
7 ce livre est à lui *(appartient à)* this book is his; **à qui est ce livre?** whose book is this?; **c'est à moi** it's mine; **c'est à vous de décider** it's up to you to decide; **c'est à elle de jouer** it's her turn to play.
8 *(but, obligation, possibilité)* to: **apprendre à lire** to learn to read; **du travail à faire** work to be done; **il y a beaucoup de choses à voir** there's lots to see.
9 *(distance)* away: **c'est à 5 kilomètres d'ici** it's 5 kilometres away; **c'est à 3 heures de route** it's 3 hours away by road.

abandonner 1 to abandon *(an animal)*; to desert, to abandon *(a child)*.
2 to give up *(hope, an activity)*: **elle a abandonné ses études** she gave up her studies; **j'abandonne!** I give up!

abattre to cut down *(a tree)*; to knock down *(a wall)*.

To conjugate this verb turn to p 175.

abeille *f* bee.

abîmer to damage *(a toy, a book, furniture)*; to spoil, to ruin *(clothes)*: **mon stylo est tout abîmé** my pen is ruined.

abord: d'abord first; **tu dois d'abord trouver un travail** you must first find a job.

aborder 1 to walk up to: **il m'a abordé dans la rue** he walked up to me in the street.
2 *(bateau)* to reach land: **nous avons abordé dans une île** we reached an island.

aboutir 1 to succeed: **mes efforts n'ont pas abouti** my efforts did not succeed.
2 aboutir à to lead to; **ce sentier aboutit à la mer** this path leads to the river.

aboyer to bark: **aboyer après quelqu'un** to bark at someone

abréger to shorten: **on peut abréger 'autobus' en 'bus'** you can shorten 'autobus' to 'bus'.

abréviation *f* abbreviation.

abri *m* **1** shelter: **se mettre à l'abri** to take shelter *ou* cover; **nous sommes à l'abri** we're under cover, we're sheltered.
2 abri de jardin garden shed.
3 être sans abri to be homeless.

abricot *m* apricot.

abriter (s') to shelter, to take shelter: **je me suis abrité de la pluie sous un arbre** I sheltered *ou* took shelter from the rain under a tree.

absence *f* absence: **venir pendant** *ou* **en l'absence de quelqu'un** to come while someone is away *ou* in someone's absence.

absent *m*, **-ente** *f* absent: **ce professeur est toujours absent** this teacher is always absent; **absent du bureau** absent *ou* away from the office; **il est absent en ce moment** he's away at the moment.

absolu *m*, **-ue** *f* absolute.

absolument 1 *(tout à fait)* really: **il faut absolument que tu partes** you really must go.
2 *(pour marquer son accord)* absolutely: **absolument pas!** absolutely not!

absurde ridiculous, absurd.

accent *m* **1** accent: **avoir l'accent anglais** to have an English accent; **parler avec un accent anglais** to speak with an English accent; **parler sans accent** to speak without an accent.
2 *(sur une lettre)* accent: **un accent grave/aigu** a grave/acute accent.

accepter 1 to accept *(a gift, a situation)*. **2 accepter de faire quelque chose** to agree to do something.

accident *m* accident: **avoir un accident** to have an accident; **un accident de la route** a road accident; **un accident d'avion** a plane crash.

accompagner to go *ou* come with: **pouvez-vous m'accompagner jusqu'à la gare?** could you come with me to the station?

accomplir to carry out *(a job, one's duty)*.

accord *m* agreement: **être d'accord** to agree (**avec quelqu'un** with someone); **se mettre d'accord** to agree, to come to an agreement; **d'accord!** all right!

accordéon *m* accordion: **jouer de l'accordéon** to play the accordion.

accorder *(donner)* to grant *(permission, an interview)*.

accrocher 1 *(suspendre)* **accrocher un tableau/un manteau** to hang *ou* to hang up a picture/a coat (**à** on): **ton tableau est accroché au mur** your picture is hanging on the wall.
2 *(attacher)* **accrocher une remorque** to hook up *ou* to hitch up a trailer (**à** to).
3 *(déchirer)* **accrocher son pull/sa jupe** to catch one's sweater/skirt (**à** on); **je me suis accroché au clou** I got caught on the nail.

accroupi *m*, **-ie** *f* squatting, crouching, squatting *ou* crouching down.

accroupir (s') to squat, to crouch, to squat *ou* crouch down.

accueil *m* welcome: **recevoir un excellent accueil de quelqu'un** to receive a first-class welcome from someone; **l'accueil des visiteurs a eu lieu devant le lycée** the visitors were welcomed in front of the school.

accueillir to welcome.

To conjugate this verb turn to p 175.

accuser to accuse: **accuser quelqu'un de quelque chose** to accuse someone of something; **ils l'ont accusé d'avoir volé de l'argent** they accused him of stealing money.

achat *m*: **faire des achats** to do some shopping, to go shopping; **faire l'achat de quelque chose** to buy something.

acheter to buy: **acheter quelque chose à quelqu'un** *(pour quelqu'un)* to buy something for someone; *(chez* *quelqu'un)* to buy something from someone; **je lui ai acheté un cadeau** I've bought him a present, I've bought a present for him; **j'ai acheté ce livre à Marie** I bought this book from Marie.

achever to finish, to finish off.

acide *(fruit, goût)* sour.

acier *m* steel.

acquérir 1 *(acheter)* to buy. **2** *(obtenir)* to acquire, to gain *(experience, knowledge)*.

To conjugate this verb turn to p 175.

acrobate *m ou f* acrobat: **il est acrobate** he's an acrobat.

acte *m (action, partie d'une pièce de théâtre)* act.

acteur *m* actor: **il est acteur** he's an actor.

action *f* action: **un homme/une femme d'action** a man/woman of action; **faire une bonne action** to do a good deed.

activité *f* activity: **quelle activité dans la rue!** what a lot of activity in the street!

actrice *f* actress: **elle est actrice** she's an actress.

actualités *f plural*: **les actualités** *(à la télévision)* the news.

actuel *m*, **-elle** *f (circonstances, système)* present: **à l'heure actuelle** at the present time; **la vie actuelle** present-day living.

actuellement at the present time.

adapter *(fixer)* to fit: **adapter quelque chose à quelque chose** to fit something onto something.

addition *f* **1** *(en maths)* addition: **faire des additions** to do addition.
2 *(dans un restaurant)* bill, *(en américain)* check: **l'addition, s'il vous plaît!** the bill *ou* the check, please!

additionner to add up: **additionnez ces trois nombres** add up these three numbers.

admettre 1 *(reconnaître)* to admit: **j'admets que tu as raison** I admit you're right.
2 *(laisser entrer, accepter)* to admit, to allow: **ils n'admettent pas les enfants** they don't admit *ou* allow children.

To conjugate this verb turn to p 175.

admirable 1 *(spectacle, yeux)* wonderful.
2 *(comportement, efforts)* admirable.

admirer to admire.

adolescent *m*, **-ente** *f* teenager: **c'est une adolescente** she's a teenager.

adorer to love, to adore *(a person, a book, chocolate)*: **adorer faire quelque chose** to love *ou* to adore doing something.

adresse *f* address: **voici mon adresse** this is my address.
2 adresser la parole à quelqu'un to speak to someone.
3 s'adresser à quelqu'un to speak to someone; *(aller trouver quelqu'un)* to go and see someone; **adressez-vous au bureau** go and ask at the office.

adulte *m ou f* adult: **il sera bientôt adulte** he'll soon be an adult.

aéroglisseur *m* hovercraft.

aéroport *m* airport.

affaire *f* **1** *(question, chose)* matter, business: **c'est une autre affaire** that's another matter; **c'est mon affaire** that's my business; **avoir affaire à quelqu'un** to have to deal with someone.
2 faire une bonne affaire to get a bargain.

affaires *f plural* **1** *(objets, vêtements)* things: **j'ai rangé mes affaires** I put away my things.
2 *(commerce)* business: **les affaires vont bien/mal** business is good/bad; **un homme/une femme d'affaires** a businessman/businesswoman; **occupe-toi de tes affaires!** mind your own business!

Take care: the last expression is familiar.

affiche *f (de cinéma, pour publicité)* poster.

affreux *m*, **-euse** *f* horrible, awful.

afin de: afin de faire quelque chose in order to do something, so as to do something; **je veux que tu manges afin d'être fort** I want you to eat to be strong *ou* in order to be strong *ou* so as to be strong.

afin que so that: **je lui ai donné 5 francs afin qu'il puisse s'acheter du chocolat** I gave him 5 francs so that he could buy some chocolate.

africain *m*, **-aine** *f (ville, étudiant)* African.

Africain *m*, **-aine** *f* African: **c'est un Africain** he's an African.

Afrique *f* Africa: **aller en Afrique** to go to Africa; **vivre en Afrique** to live in Africa.

agacer to irritate, to annoy.

âge *m* age: **depuis l'âge de 10 ans** from the age of 10; **quel âge as-tu?** how old are you?

âgé *m*, **-ée** *f* **1** *(vieux)* old, elderly: **les personnes âgées** old *ou* elderly people.
2 old: **être âgé de 15 ans** to be 15 years old, to be 15 years of age; **elle est plus âgée que moi** she's older than I am.

agence *f* agency; *(d'une banque)* branch: **agence de voyages** travel agency.

agenda *m* diary, *(en américain)* datebook.

agent (*ou* **agent de police**) *m* policeman: **son frère est agent de police** his brother's a policeman.

agir to act: **il faut agir rapidement** we must act quickly; **tu agis comme un enfant** you're acting like a child.

agir (s') 1 il s'agit de *(c'est à propos de)* it's about, it's a matter of; **il s'agissait de ton père** it was about your father; **de quoi s'agit-il?** what's it about?
2 il s'agit de *(c'est)* it is; **il s'agit d'un accident** it's an accident; **de quoi s'agit-il?** what is it?

agité *m*, **-ée** *f* **1** *(enfant, malade)* restless. **2 la mer est agitée** the sea is rough.

agiter 1 to shake *(a bottle)*. **2 agiter un drapeau/les bras** to wave a flag/one's arms.

agiter (s') *(enfant)* to fidget.

agneau *m* (**-eaux** *plural*) lamb.

agréable pleasant, nice.

agriculteur *m* farmer: **il est agriculteur** he's a farmer.

agriculture *f* farming.

ai have: **j'ai mal à la tête** I have a headache, I've got a headache; **j'ai réussi** I've succeeded, I succeeded. ▸ *voir* **avoir**.

aide *f* **1** help: **avoir besoin d'aide** to need help.
2 à l'aide de with the help of; **marcher à l'aide d'une canne** to walk with a stick *ou* with the help of a stick.

aider to help: **aider quelqu'un à faire quelque chose** to help someone do something *ou* to do something.

aïe! ouch!

aie, aient, aies have: **c'est dommage que j'aie/qu'ils aient/que tu aies ce problème** it's a pity I have/they have/you have this problem. ▸ *voir* **avoir**.

aigle *m* eagle.

aigre sour.

aigu *m*, **-uë** *f* **1** *(douleur, griffe)* sharp. **2** *(son)* high-pitched. **3 un accent aigu** an acute accent.

aiguille *f* **1** *(pour coudre, faire des piqûres)* needle.
2 *(de montre)* hand: **la petite aiguille** the little hand; **la grande aiguille** the big hand.

ail *m* garlic.

aile *f* wing.

aille, aillent, ailles goes, go: **il est important qu'elle aille/qu'elles aillent/que tu ailles le voir** it's important she goes/they go/you go and see him.

ailleurs 1 somewhere else; **nulle part ailleurs** nowhere else; **partout ailleurs** everywhere else.
2 d'ailleurs besides, anyway.

aimable kind: **c'est très aimable de votre part** *ou* **à vous** that's very kind of you.

aimant *m* magnet.

aimer 1 to love (a person): **il aime ses parents** he loves his parents; **ils s'aiment** they're in love, they love each other.
2 *(apprécier)* to like, to be fond of: **j'aime** *ou* **j'aime bien la musique** I like music, I'm fond of music; **elle aime** *ou* **elle aime bien jouer du piano** she likes playing the piano, she likes to play the piano.
3 j'aimerais I would like; **j'aimerais qu'il vienne** I'd like him to come; **j'aimerais partir** I'd like to leave.
4 aimer mieux to prefer; **j'aimerais mieux qu'elle reste** I'd rather she stayed, I'd prefer that she stayed.

aîné *m*, **-ée** *f* [1] *(de deux frères ou sœurs)* elder, older; *(de plus de deux)* eldest, oldest: **ma sœur aînée** my elder *ou* older sister; **la sœur aînée** the eldest *ou* oldest sister.

aîné *m*, **-ée** *f* [2] eldest *ou* oldest child: **elle est l'aînée** she's the eldest *ou* oldest.

ainsi 1 in this way; **c'est ainsi qu'il faut écrire ce mot** this is the way *ou* this is how to spell this word.
2 ainsi que as well as.

air *m* **1** air: **j'ai besoin d'un peu d'air frais** I need some fresh air; **elle a lancé la balle en l'air** she threw the ball up into the air; **en plein air** out in the open, outdoors.
2 *(d'une chanson)* tune: **un air à la mode** a fashionable tune.
3 expression, look: **un air intelligent** an intelligent expression *ou* look; **avoir l'air triste/fatigué/dangereux** to look sad/tired/dangerous; **avoir l'air d'un imbécile** to look like an idiot; **tu as l'air d'avoir trop mangé** you look as if you've eaten too much.

ait has: **il se peut qu'il ait la grippe** it's possible he has the flu. ▸ *voir* **avoir**.

ajouter to add (**à** to).

alarme *f* alarm: **alarme antivol** burglar alarm; **alarme d'incendie** fire alarm.

album *m (de photos, de timbres)* album; **album à colorier** colouring book.

alcool *m* alcohol.

Algérie *f* Algeria.

algérien *m*, **-ienne** *f (ville, étudiant)* Algerian.

Algérien *m*, **-ienne** *f* Algerian: **c'est une Algérienne** she's an Algerian.

algues *f plural* seaweed.

allée *f* **1** *(de parc, jardin)* path. **2** *(devant une maison)* drive. **3** *(de cinéma, supermarché)* aisle.

allégé *m*, **-ée** *f (fromage, yaourt)* low-fat.

Allemagne *f* Germany: **aller en Allemagne** to go to Germany; **vivre en Allemagne** to live in Germany.

allemand *m*, **-ande** *f (ville, mot)* German.

allemand *m (la langue)* German: **l'allemand est difficile** German is hard; **parler allemand** to speak German; **professeur d'allemand** German teacher.

Allemand *m*, **-ande** *f* German: **c'est un Allemand** he's a German.

aller 1 to go: **ils sont allés à l'école** they went to school; **allons jouer** let's go and play; **allons-y!** let's go!; **allez-y!** go ahead!; **allez! au lit!**

come on, to bed!
2 aller à quelqu'un to suit someone; **ça va à tout le monde** that suits everyone; **cette veste vous va bien** that jacket suits you.
3 *(état de santé)* **aller bien/mal** to be well/ill; **elle va mieux** she's much better; **comment vas-tu?** how are you?; **je vais bien!** I'm fine *ou* well!
4 *(marcher)* **tout va bien** everything's fine; **comment ça va?** how are things?; **ça va!** all right!, fine!
5 *(marque le futur proche)* **je vais le prévenir** I'm going to warn him; **il va partir** he's going to leave.

This verb is conjugated with **être,** eg 'je suis allé' = 'I *have* gone'. To conjugate turn to p 175.

aller *m* **1** *(trajet)* outward journey: **je me suis arrêté à l'aller** I stopped on the way there *ou* on the trip out, I stopped on the outward journey; **l'aller m'a pris une heure** the trip *ou* journey there took me an hour, the outward journey took me an hour; **l'aller et retour, l'aller retour** the trip *ou* journey there and back.
2 *(billet)* single, single ticket, *(en américain)* one-way ticket; **un aller et retour, un aller retour** a return, a return ticket, *(en américain)* a round-trip ticket.

aller (s'en) to go, to go away, to leave: **il faut que je m'en aille** I have to go *ou* to leave.

allô! hello!

Only used when speaking on the telephone.

allongé *m*, **-ée** *f (sur son lit, sous un arbre)* lying, lying down, stretched out.

allonger (s') to lie down, to stretch out.

allumer 1 to turn on, to put on, to switch on *(a light, the television, a heater)*.
2 to light *(a fire, a candle, a cigarette, the gas)*.

allumette *f* match: **une boîte d'allumettes** a box of matches.

alors 1 *(dans ce cas-là)* then, so: **tu es malade? - alors je ne passerai pas** you're ill? - then *ou* so I won't come over; **alors, tu viens?** are you coming then?, so are you coming?
2 *(donc)* so: **ma montre s'est arrêtée, alors j'ai manqué mon rendez-vous** my watch stopped, so I missed my appointment.
3 alors que *(pendant que, tandis que)* while; *(bien que)* even though; **elle dort alors que les autres s'amusent** she sleeps while the others enjoy themselves; **vous dépensez alors qu'il faudrait économiser** you're spending even though you should be saving.

alouette *f* lark.

Alpes *f plural*: **les Alpes** the Alps; **skier dans les Alpes** to ski in the Alps; **aller dans les Alpes** to go to the Alps.

alphabet *m* alphabet.

altitude *f* height: **l'avion perd de l'altitude** the plane is losing height.

ambitieux *m*, **-euse** *f* ambitious.

ambition *f* ambition: **avoir de l'ambition** to have ambition, to be ambitious.

ambulance *f* ambulance: **en ambulance** by ambulance.

âme *f* soul.

améliorer to improve *(a situation, one's eyesight)*: **le moteur a été amélioré** the engine has been improved; **ma santé s'améliore** my health is improving.

amende *f* fine: **avoir une amende de 200 francs** to get a 200 franc fine.

amener to bring: **j'ai amené mon père** I brought my father; **amener quelqu'un à un endroit** to bring *ou* to take someone to a place.

amer *m*, **amère** *f* bitter.

américain *m*, **-aine** *f (ville, étudiant)*

American.

Américain *m*, **-aine** *f* American: **c'est une Américaine** she's an American.

Amérique *f* **1** America: **aller en Amérique** to go to America; **vivre en Amérique** to live in America.
2 Amérique du Nord/du Sud North/South America.

ami *m*, **amie** *f* **1** friend: **c'est mon ami** he's my friend; **nous sommes devenus amis** we became friends.
2 petit ami boyfriend; **petite amie** girlfriend; **c'est ma petite amie** she's my girlfriend.

amical *m*, **-ale** *f* (**-aux** *m plural*) friendly.

amitié *f* **1** friendship; **j'ai beaucoup d'amitié pour elle** I'm very fond of her. **2** *(dans une lettre)* **amitiés** best wishes; **fais-lui mes amitiés** send him *ou* her my best wishes.

amour *m* love (**pour quelqu'un** for someone): **une histoire/une chanson d'amour** a love story/song.

amoureux *m*, **-euse** *f*: **être amoureux de quelqu'un** to be in love with someone.

ampoule *f* **1** *(électrique)* light bulb, bulb.
2 blister: **avoir une ampoule au pied** to have a blister on one's foot.

amusant *m*, **-ante** *f* *(drôle)* funny, amusing.

amuser to entertain, to amuse.

amuser (s') **1** to enjoy oneself, to have fun: **amuse-toi bien!** enjoy yourself!, have fun! **2** *(jouer)* to play: **ils s'amusent avec un ballon** they're playing with a ball.

an *m* year: **elle a dix ans** she's ten years old, she's ten; **le nouvel an** the New Year; **le jour de l'an** New Year's Day.

> Use **année** when the meaning is the whole year (eg 'toute l'année') and with descriptions (eg 'une mauvaise année').

ananas *m* pineapple.

ancien *m*, **-ienne** *f* **1** *(vieux)* old: **cette coutume est très ancienne** this custom is very old.
2 *(meuble, vase)* antique: **une pendule ancienne** an antique clock; **cette pendule est ancienne** this clock is an antique, this clock is antique.
3 *(qui n'est plus)* former: **un ancien élève** a former pupil.

ancre *f* anchor.

âne *m* donkey.

ange *m* angel.

angine *f* sore throat.

anglais *m*, **-aise** *f* *(ville, mot)* English.

anglais *m* *(la langue)* English: **l'anglais est difficile** English is hard; **parler anglais** to speak English; **professeur d'anglais** English teacher.

Anglais *m* Englishman (*au pluriel* -men): **c'est un Anglais** he's an Englishman; **les Anglais** the English.

Anglaise *f* Englishwoman (*au pluriel* -women): **c'est une Anglaise** she's an Englishwoman.

Angleterre *f* England: **aller en Angleterre** to go to England; **vivre en Angleterre** to live in England.

anguille *f* eel.

animal *m* (**-aux** *plural*) animal.

animé *m*, **-ée** *f* **1** *(rue, soirée)* lively.
2 dessin animé *(film)* cartoon.

anneau *m* (**-eaux** *plural*) **1** *(d'un rideau, au doigt)* ring. **2 les anneaux de la chaîne** the links in the chain.

année *f* year: **cette année** this year; **toute l'année** the whole year; **bonne année!** Happy New Year!

> Use **an** when expressing how old someone is, eg 'avoir dix ans' 'to be ten years old'.

anniversaire *m* **1** *(d'une naissance)* birthday: **bon anniversaire!** happy birthday!
2 *(d'un événement)* anniversary: **anniversaire de mariage** wedding an-

niversary.

annonce *f* **1** *(dans le journal)* advertisement, ad.
2 *(nouvelle)* announcement: **l'annonce d'un mariage/d'un résultat** the announcement of a marriage/of a result.

annoncer to announce (**que** that, **à** to).

annuler to cancel: **le vol est annulé** the flight is cancelled.

antenne *f* **1** *(de radio)* aerial, *(en américain)* antenna. **2** *(d'un insecte)* feeler, antenna.

antibiotique *m* antibiotic: **elle est sous antibiotiques** she's on antibiotics.

Antilles *f plural*: **les Antilles** the West Indies; **aller aux Antilles** to go to the West Indies; **vivre aux Antilles** to live in the West Indies.

août *m* August: **en août** in August.

apercevoir 1 to see: **j'aperçois une maison au loin** I can see a house in the distance; **je n'ai fait que l'apercevoir** I only caught a glimpse of it.
2 s'apercevoir de quelque chose to realize *ou* to notice something; **s'apercevoir que** to realize *ou* to notice that.

To conjugate this verb turn to p 175.

apostrophe *f* apostrophe.

apparaître to appear.

To conjugate this verb turn to p 175.

appareil *m* **1 appareil photo** camera.
2 *(téléphone)* **qui est à l'appareil?** who's speaking?; **Paul à l'appareil!** Paul speaking!; **on te demande à l'appareil** you're wanted on the phone.
3 appareil électrique electrical appliance.

apparence *f* appearance.

appartement *m* flat, *(en américain)* apartment.

appartenir: appartenir à quelqu'un to belong to someone; **ce vélo ne m'appartient pas** this bike doesn't belong to me.

To conjugate this verb turn to p 175.

apparu *m*, **-ue** *f* ▸ *voir* **apparaître.**

appel *m* **1** *(cri)* call, shout.
2 *(au téléphone)* phone call: **recevoir un appel** to receive a call.
3 *(à l'école)* **faire l'appel** to call the register; **manquer à l'appel** to be absent for the register.

appeler to call: **appelle ta sœur!** call your sister!; **ils ont appelé leur fils Alain** they called their son Alain; **j'appelle de Montréal** I'm calling from Montreal.

appeler (s') to be called: **comment s'appelle cet oiseau?** what's that bird called?; **comment t'appelles-tu?** what's your name?; **je m'appelle David** my name's David.

appétit *m* appetite: **j'ai perdu l'appétit** I've lost my appetite; **bon appétit!** enjoy your meal!

applaudir to clap, to applaud *(an actor, a singer)*: **les spectateurs applaudissaient** the audience were clapping *ou* applauding.

application *f (soin)* care: **elle travaille avec application** she takes great care in her work.

appliquer (s') 1 to take great care (**à quelque chose** over something); **s'appliquer à faire quelque chose** to do something with great care.
2 cette décision/cette règle s'applique à... this decision/rule applies to....

apporter to bring: **apporter quelque chose à quelqu'un** to bring someone something, to bring something to someone; **apporte-moi mon journal** bring me my newspaper; **apporte-le-moi** bring it to me.

apprécier *(aimer)* to like, to enjoy: **j'ai beaucoup apprécié ce roman** I liked *ou* enjoyed that novel very much.

apprendre 1 *(étudier)* to learn: **j'ap-**

prends l'anglais I'm learning English; **apprendre à faire quelque chose** to learn to do something.

2 *(enseigner)* to teach: **apprendre quelque chose à quelqu'un** to teach someone something; **je lui apprends l'anglais** I'm teaching him *ou* her English; **apprendre à quelqu'un à faire quelque chose** to teach someone to do something.

3 *(entendre dire)* to hear *(news)*; to hear about *(someone's death, an event)*: **j'ai appris qu'elle était malade** I heard she was ill.

4 *(faire savoir)* to tell: **apprendre quelque chose à quelqu'un** to tell someone something; **elle m'a appris ton retour** she told me you'd returned; **il m'a appris qu'elle était malade** he told me she was ill.

To conjugate this verb turn to p 175.

approcher de to get near *ou* nearer, to get close *ou* closer to: **elle m'a dit de ne pas approcher du feu** she told me not to go *ou* to get near the fire; **le jour approchait** the day was getting close.

approcher (s'): s'approcher de to get near *ou* nearer, to come close *ou* closer to; **approche-toi!** come closer!; **ne t'approche pas trop!** don't get *ou* come too close!, don't get *ou* come too near!; **ils se sont approchés de moi** they came up to me.

approuver to approve of *(a decision, a plan)*.

appuyer 1 *(poser)* to rest, to lean: **appuyer quelque chose sur/contre quelque chose** to rest *ou* to lean something on/against something; **le vélo était appuyé contre le mur** the bike was leaning against the wall.

2 s'appuyer sur/contre quelque chose to lean on/against something; **il s'appuyait sur un bâton** he was leaning on a stick.

3 *(presser)* **appuyer sur quelque chose** to press something; **n'appuie pas sur le bouton!** don't press the button!

après[1] **1** after: **après un an** after a year; **après tout** after all.

2 après avoir fait quelque chose after doing something; **je me coucherai après avoir mangé** I'll go to bed after eating; **je m'en suis souvenu après m'être couché** I remembered after going to bed.

3 après que after; **je suis parti après qu'il t'a vu** I left after he saw you; **je partirai après qu'il t'aura vu** I'll leave after he's seen you.

après[2] afterwards: **ça s'est passé longtemps après/peu après** that happened a long time after *ou* afterwards/soon after *ou* afterwards.

après (d') according to: **d'après mon professeur** according to my teacher; **d'après moi** in my opinion.

après-demain the day after tomorrow.

après-midi *m ou f* afternoon: **elle vient me voir l'après-midi** she comes to see me in the afternoons; **à deux heures de l'après-midi** at two in the afternoon.

Does not change in the plural. Do not add 's'.

aquarium *m* aquarium.

arabe *(ville, coutume)* Arab; *(mot, écriture)* Arabic.

arabe *m (la langue)* Arabic: **l'arabe est difficile** Arabic is hard; **parler arabe** to speak Arabic; **professeur d'arabe** Arabic teacher.

Arabe *m ou f* Arab: **c'est un Arabe** he's an Arab; **c'est une Arabe** she's an Arab.

Arabie saoudite *f* Saudi Arabia.

araignée *f* spider.

arbre *m* tree.

arc *m* **1** *(arme)* bow: **un arc et des flèches** a bow and arrows.

2 *(voûte)* arch.

arc-en-ciel *m* (**arcs-en-ciel** *plural*) rainbow.

arche *f (de pont)* arch.

arête *f (de poisson)* bone: **elle n'aime pas les arêtes** she doesn't like fish bones.

argent *m* **1** *(monnaie)* money: **gagner de l'argent** to earn money *ou* some money; **argent de poche** pocket money.
2 *(métal)* silver: **un bracelet en argent** a silver bracelet.

Argentine *f* Argentina: **aller en Argentine** to go to Argentina; **vivre en Argentine** to live in Argentina.

argile *f* clay.

arme *f* weapon.

armé *m*, **-ée** *f*: **être armé** to have a gun.

armée *f* army: **être dans l'armée** to be in the army.

armoire *f (pour vêtements)* wardrobe, *(en américain)* closet.

arracher 1 *(détacher)* to pull out *(a nail, someone's hair)*; to tear out, to pull out *(a page)*: **on m'a arraché une dent** they took out *ou* pulled out my tooth.
2 arracher une mauvaise herbe/une plante to pull up *ou* to dig up a weed/a plant.
3 arracher quelque chose à quelqu'un to snatch something from someone.

arranger 1 *(mettre en ordre)* to fix up, to straighten up *(a room)*; to tidy, to arrange *(one's hair)*; *(réparer)* to put right *(a car, a watch)*.
2 arranger quelqu'un to suit someone; **ça m'arrange bien** that suits me fine.

arranger (s'): 1 s'arranger pour faire quelque chose to make sure that one does something; to manage to do something; **arrangez-vous pour être là** make sure you're there; **je me suis arrangé pour arriver à l'heure** I managed to get there on time.
2 *(finir bien)* **ça va s'arranger** things will work out, things will turn out fine.

arrêt *m* **1** *(endroit)* stop: **le prochain arrêt** the next stop; **arrêt de bus** bus stop.
2 sans arrêt constantly; **elle travaille/tousse sans arrêt** she works/coughs constantly *ou* non-stop; **il pleut/il neige sans arrêt** it's been raining/snowing continuously *ou* constantly.

arrêter 1 to stop: **arrête le ballon!** stop the ball!; **arrête!** stop it!; **il n'arrête pas de tousser/de critiquer** he doesn't stop coughing/criticizing, he's always coughing/criticizing; **arrête de te plaindre!** stop complaining!
2 to switch off *(a machine)*: **arrête le moteur!** switch off the engine!
3 to arrest *(a criminal)*: **l'assassin a été arrêté** the murderer was arrested.

arrêter (s') to stop: **elle s'est arrêtée pour se reposer** she stopped to rest; **s'arrêter de faire quelque chose** to stop doing something; **il s'est arrêté de pleuvoir** it stopped raining.

arrière back: **siège arrière** back seat; **roues arrière** back *ou* rear wheels; **pneus arrière** rear tyres.

Does not change in the plural. Do not add 's'.

arrière *m (de maison, voiture)* back: **il y a de la place à l'arrière** there's room in *ou* at the back.

arrière (en) 1 *(se pencher, tomber)* backwards: **j'ai fait quelques pas en arrière** I took a few steps backwards.
2 *(à une certaine distance)* behind: **rester en arrière** to stay behind.

arrivée *f* arrival.

arriver 1 to arrive: **nous sommes arrivés à l'heure** we arrived on time.
2 arriver à faire quelque chose to manage to do something; **je ne peux pas y arriver tout seul** I can't manage by myself.

3 *(accident, événement)* to happen: **que vous est-il arrivé?** what happened to you?; **il m'arrive d'oublier** I sometimes forget.

This verb is conjugated with **être,** eg 'je suis arrivé' = 'I *have* arrived'.

arroser to water *(a plant, the earth)*.

arrosoir *m* watering can.

art *m* art.

article *m (dans un journal)* article.

articles *m plural (dans un magasin)* goods: **articles de voyage** travel goods.

artiste *m ou f* artist: **c'est un artiste** he's an artist.

artistique artistic.

as have: **tu as une jolie robe** you have a pretty dress; **tu as fini?** have you finished? ▸ *voir* **avoir**.

ascenseur *m* lift, *(en américain)* elevator.

asiatique *(continent, restaurant)* Asian.

Asiatique *m ou f* Asian: **c'est un Asiatique** he's an Asian.

Asie *f* Asia: **aller en Asie** to go to Asia; **vivre en Asie** to live in Asia.

aspect *m (air)* appearance.

aspirateur *m* vacuum cleaner, hoover®: **passer l'aspirateur dans une pièce/sur un tapis** to vacuum a room/carpet.

aspirine *f* aspirin.

assassin *m* murderer.

assassiner to murder.

asseoir (s') to sit down, to sit: **je me suis assis par terre** I sat *ou* sat down on the ground; **asseyez-vous!** sit down!

To conjugate this verb turn to p 175.

assez 1 enough: **j'ai assez travaillé** I've worked enough; **assez de pain/d'argent** enough bread/money; **il est assez grand pour le faire** he's big enough to do it; **j'en ai assez** I've had enough.
2 *(plutôt)* fairly, quite: **je suis assez fatigué** I'm fairly *ou* quite tired.

assiette *f* plate.

assis *m*, **-ise** *f* sitting, sitting down. ▸ *voir* **s'asseoir**.

assistant *m*, **-ante** *f* assistant.

assister: assister à une réunion/à un cours to attend a meeting/a course; **assister à un accident** to see an accident happen.

assurance *f* insurance (**contre** against).

assurer: assurer à quelqu'un que to assure someone that; **s'assurer que** to make sure that.

asthme *m* asthma: **avoir de l'asthme** to have asthma.

astronaute *m ou f* astronaut.

atelier *m (d'ouvrier)* workshop; *(de peintre)* studio.

athlète *m ou f* athlete.

Atlantique *m*: **l'Atlantique** the Atlantic.

atlas *m* atlas.

atmosphère *f* atmosphere.

attacher 1 *(lier)* to tie, to tie up *(a dog, one's hair)*: **le chien était attaché à l'arbre** the dog was tied to the tree.
2 *(boucler)* to fasten: **attachez vos ceintures!** fasten your seatbelts!

attaque *f* attack.

attaquer to attack.

atteindre to reach.

To conjugate this verb turn to p 175.

attendant (en) meanwhile: **en attendant, on va prendre un café** meanwhile, let's have a coffee.

attendre 1 to wait for *(a person, a train)*: **je t'ai attendu longtemps** I waited a long time for you; **attendre que quelqu'un fasse quelque chose** to wait for someone to do something; **nous attendions que la pluie s'arrête** we were waiting for the rain to stop.
2 to wait: **attends une minute!** wait

a minute!; **faire attendre quelqu'un** to keep someone waiting.
3 *(prévoir l'arrivée de)* to expect: **je l'attends d'un moment à l'autre** I'm expecting him any moment; **elle attend un bébé** she's expecting a baby; **s'attendre à ce que quelqu'un fasse quelque chose** to expect someone to do something.

attente *f* wait: **une longue attente** a long wait; **l'attente des résultats** waiting for the results; **salle d'attente** waiting room.

attention *f* attention: **faire attention à** *(écouter)* to pay attention to; **je ne faisais pas attention à ce qu'elle disait** I wasn't paying attention to what she was saying.

attention! be careful!, watch out!: **faire attention à quelque chose** to be careful of something; **attention à la marche!** be careful of the step!; **attention à la voiture!** watch out for the car!

atterrir *(avion)* to land.

atterrissage *m* landing.

attirer to attract *(a person, an animal, someone's attention)*; **attirer l'attention de quelqu'un sur quelque chose** to draw someone's attention to something.

attitude *f* attitude.

attraper to catch *(a thief, the ball, a fish, an illness)*.

au ▸ *voir* **à, le**.

aube *f* dawn: **à l'aube** at dawn.

auberge de jeunesse *f* youth hostel.

aucun *m*, **-une** *f* [1] no: **je ne vois aucun livre** I see no book; **aucun professeur n'est venu** no teacher has come.

aucun *m*, **-une** *f* [2] none: **aucun de mes amis n'est venu** none of my friends came; **aucun d'entre nous** none of us; **je n'en ai aucun** I don't have any of them, I have none of them.

au-delà de beyond: **au-delà des montagnes** beyond the mountains.

au-dessous de 1 under: **au-dessous de 15 ans** under 15.
2 below: **au-dessous du genou** below the knee; **l'appartement au-dessous du nôtre** the flat below ours.

au-dessus de above: **au-dessus des nuages** above the clouds; **habiter l'étage au-dessus** to live on the floor above; **il n'y a rien au-dessus** there's nothing above it *ou* above them.

augmentation *f* increase (**de** in); *(de salaire)* pay rise, *(en américain)* raise.

augmenter to increase: **on va augmenter les prix** they're going to increase the prices; **les prix vont augmenter** the prices are going to increase *ou* to go up.

aujourd'hui today.

auquel ▸ *voir* **lequel**.

aura, aurai, aurait *etc* ▸ *voir* **avoir**.

aussi 1 *(également)* too, also: **j'aime l'anglais et aussi l'espagnol** I like English and Spanish too, I like English and also Spanish; **je suis fatigué - toi aussi?** I'm tired - you too?; **moi aussi je viendrai** I'll come too.
2 *(comparaison)* as: **aussi lourd/sage que** as heavy/as wise as; **il ne fera pas aussi froid demain** it won't be as cold tomorrow.

aussitôt 1 immediately. **2 aussitôt que** as soon as; **aussitôt qu'elle sera partie** as soon as she's left.

Australie *f* Australia: **aller en Australie** to go to Australia; **vivre en Australie** to live in Australia.

australien *m*, **-ienne** *f (ville, étudiant)* Australian.

Australien *m*, **-ienne** *f* Australian: **c'est un Australien** he's an Australian.

autant 1 *(quantité)* **autant de...que** as much...as; **il a autant d'argent que vous** he has as much money as you; **elle gagne autant que toi** she

earns as much as you.
2 autant de so much; **je n'ai jamais vu autant d'argent** I've never seen so much money; **il n'a jamais lu autant** he's never read so much.
3 *(nombre)* **autant de...que** as many...as; **elle a autant de pommes que vous** she has as many apples as you; **je n'en ai pas mangé autant** I didn't eat as many.
4 autant de so many; **je n'ai jamais vu autant de pommes** I've never seen so many apples; **je n'en ai jamais mangé autant** I've never eaten so many.

auteur *m (de livre)* author.

auto *f* car.

autobus *m* bus.

autocar *m* bus, coach.

automatique automatic.

automne *m* autumn, *(en américain)* fall: **en automne** in autumn; in the fall.

automobile *f* car.

autoriser: autoriser quelqu'un à faire quelque chose to give someone permission to do something; **je suis autorisé à sortir seul** I have permission to go out alone.

autoroute *f* motorway, *(en américain)* highway.

autour around: **il y a un mur tout autour** there's a wall all around.

autour de around: **autour du jardin** around the garden.

autre other: **l'autre livre** the other book; **un autre livre** another book; **d'autres médecins** other doctors.

autre *m ou f* **1** other: **l'autre** the other, the other one; **les autres** the others; **donnez-m'en un autre** give me another *ou* another one; **j'en choisirai d'autres** I'll choose some others; **d'un moment à l'autre** any moment.
2 l'un..., l'autre... one...and the other; **l'un dit ceci, l'autre dit cela** one says this and the other says that; **les uns dormaient, les autres jouaient** some were sleeping and others were playing.
3 l'un l'autre, les uns les autres each other; **on va s'aider l'un l'autre, nous allons nous aider les uns les autres** we'll help each other; **l'un et l'autre** both of them; **l'un ou l'autre** either of them; **ni l'un ni l'autre** neither of them.
4 d'autre else; **quelqu'un/personne d'autre** someone/no one else; **rien d'autre** nothing else; **qui d'autre?** who else?; **quoi d'autre?** what else?; **autre chose** something else; **autre part** somewhere else.

autrefois in the past, in the old days.

autrement otherwise: **je ne peux pas faire autrement** I can't do otherwise, I can't do anything different.

Autriche *f* Austria: **aller en Autriche** to go to Austria; **vivre en Autriche** to live in Austria.

autrichien *m*, **-ienne** *f (ville, étudiant)* Austrian.

Autrichien *m*, **-ienne** *f* Austrian: **c'est une Autrichienne** she's an Austrian.

autruche *f* ostrich.

aux ▸ *voir* **à, le**.

auxquelles, auxquels ▸ *voir* **lequel**.

avalanche *f* avalanche.

avaler to swallow.

avance *f* **1 en avance** early; **tu es très en avance** you're very early.
2 d'avance, à l'avance in advance; **il faut payer d'avance** you have to pay in advance; **il faut réserver des places à l'avance** you have to book seats in advance.

avancé *m*, **-ée** *f* **1** *(niveau, stade)* advanced.
2 mon dessin/le travail est bien avancé my drawing/the work is well under way.

avancer 1 to move forward: **avance un peu!** move *ou* go forward a bit!;

avance un peu la chaise! move the chair forward a bit!
2 to bring forward *(the date, one's departure)*.
3 *(montre, pendule)* to be fast: **ma montre avance de cinq minutes** my watch is five minutes fast.

avant[1] **1** before: **avant moi** before me; **avant tout** above all.
2 avant de faire quelque chose before doing something; **je mangerai avant de me coucher** I'll eat before going to bed.
3 avant que before; **avant qu'il parte** *ou* **qu'il ne parte** before he leaves.

avant[2] before: **un mois avant** a month before; **avant, je prenais le train** before I used to go by train.

avant[3] front: **siège avant** front seat; **roues avant** front wheels.

Does not change in the plural. Do not add 's'.

avant *m (de voiture, de navire)* front: **elle est assise à l'avant** she's sitting in the front.

avant (en) 1 *(en tête)* ahead: **il est parti en avant** he went ahead.
2 *(mouvement)* forward: **elle a fait deux pas en avant** she took two steps forward.

avantage *m* advantage: **ça a l'avantage d'être facile à réparer** it has the advantage of being easy to repair.

avec with: **avec mon ami** with my friend; **avec un couteau** with a knife.

avenir *m* future: **dans l'avenir** in the future; **à l'avenir je serai plus prudent** in future I'll be more careful.

aventure *f* adventure.

avenue *f* avenue.

averse *f* shower.

avertir to warn: **avertir quelqu'un que/de** to warn someone that/about.

avertissement *m* warning.

aveugle blind: **il est aveugle** he's blind.

aveugle *m ou f* blind man, blind woman: **c'est un aveugle** he's a blind man; **c'est une aveugle** she's a blind woman.

avion *m* plane: **en avion** by plane; **envoyer une lettre par avion** to send a letter airmail.

avis *m* opinion: **à mon avis** in my opinion; **changer d'avis** to change one's mind.

avoine *f* oats.

avoir[1] to have: **avoir fait quelque chose** to have done something; **je l'ai vu** I've seen him; **je ne l'ai pas encore vu** I haven't seen him yet; **je l'ai vu la semaine dernière** I saw him last week; **l'as-tu vu?** have you seen him?

avoir is used to form the conjugation of most verbs.

avoir[2] **1** to have: **avoir quelque chose** to have something; **ils ont une grande maison** they have a big house, they've got a big house; **elle a deux sœurs** she has two sisters, she's got two sisters; **il n'a qu'à essayer** he only has to try.
2 *(obtenir)* to get: **j'ai eu un vélo pour mon anniversaire** I got a bike for my birthday.
3 to be: **avoir chaud/froid** to be hot/cold; **avoir faim/soif** to be hungry/thirsty; **avoir raison/tort** to be right/wrong; **nous avons de la chance** we're lucky; **j'ai 50 ans** I'm 50, I'm 50 years old.
4 qu'est-ce que tu as? what's the matter with you?; **qu'est-ce qu'il y a?** what's the matter?
5 il y a there is, *(au pluriel)* there are; *(expression du temps)* ago; **il y a un problème** there's a problem; **il y avait des enfants dans cette voiture** there were some children in that car; **il y a six ans** six years ago. ▸ *voir* **il**.

To conjugate this verb turn to p 175.

avril *m* April: **en avril** in April.

ayant, ayez, ayons ▸ *voir* **avoir**.

Bb

bac *m* = **baccalauréat.**

baccalauréat *m.* school leaving certificate.

Corresponds to *A levels* in Great Britain and to the *high school diploma* in the United States.

bagages *m plural* luggage, baggage; **faire ses bagages** to pack.

bagarre *f* fight: **il cherche la bagarre** he's looking for a fight.

bagnole *f* car.

Take care: this word is familiar.

bague *f* ring.

baguette *f* **1** *(pain)* French stick, long thin loaf.
2 baguettes *(d'un tambour)* drumsticks.
3 baguette magique magic wand.

baigner (se) to go swimming.

baignoire *f* bath, bathtub.

bain *m* bath: **prendre un bain** to have *ou* to take a bath; **je suis dans mon bain** I'm in the bath; **prendre un bain de soleil** to sunbathe.

baiser *m* kiss.

baisser 1 baisser la tête to bend one's head.
2 baisser le son/le chauffage to turn down the sound/the heating.
3 *(température, niveau)* to go down, to drop: **les prix ont baissé** the prices have gone down *ou* dropped.

baisser (se) to bend down.

bal *m* (**bals** *plural*) *(populaire)* dance; *(chic)* ball.

balade *f (à pied)* walk; *(en voiture)* drive.

Take care: this word is familiar.

balader (se) *(à pied)* to go for a walk; *(en voiture)* to go for a drive.

Take care: this word is familiar.

baladeur *m* personal stereo, Walkman®.

balai *m* broom; **donner un coup de balai** to sweep up.

balance *f* scales, pair of scales.

balancer (se) to swing: **ne te balance pas sur ta chaise!** don't swing *ou* rock on your chair!

balançoire *f (suspendue)* swing.

balayer to sweep *(a room, the floor)*; to sweep up *(leaves, crumbs)*: **il n'a pas encore balayé** he hasn't swept *ou* swept up yet.

balcon *m* balcony.

baleine *f* whale.

balle *f* **1** *(de tennis, de golf)* ball: **jouer à la balle** to play ball.
2 *(de pistolet, de fusil)* bullet.

ballet *m* ballet.

ballon *m* **1** *(jouet d'enfant)* balloon.
2 *(de football, de rugby, de basketball)* ball: **jouer au ballon** to play ball; **ballon de football** football, *(en américain)* soccer ball.

banane *f* banana.

banc *m* bench.

bandage *m* bandage.

bande[1] *f* **1** *(de terrain, de papier)* strip: **bande dessinée** comic strip; **aimer les bandes dessinées** to like comic strips.
2 *(pansement)* bandage.
3 bande magnétique tape *(for sound or video recording)*.

bande[2] *f (groupe de voyous ou de voleurs)* gang.

bandeau *m* (**-eaux** *plural*) *(sur les yeux)* blindfold; *(sur la tête)* headband.

bander to bandage *(a leg, an arm)*; **bander les yeux à quelqu'un** to blindfold someone.

bandit *m* robber, gangster.

banlieue *f*: **la banlieue** the suburbs; **une banlieue** a suburb; **nous habitons en banlieue** we live in the suburbs; **une maison de banlieue** a suburban house; **un train de banlieue** a commuter train.

banque *f* bank.

banquette *f (de voiture, de train)* seat.

bar *m (lieu, comptoir)* bar: **au bar** at the bar.

barbe *f* beard: **porter la barbe** to have a beard.

barbecue *m* barbecue.

barbu *m*, **-ue** *f* bearded.

barque *f* boat, small boat.

barrage *m (sur un fleuve)* dam.

barre *f (de métal)* bar: **une barre de fer** an iron bar.

barreau *m* (**-eaux** *plural*) *(d'échelle)* rung; *(de fenêtre)* bar.

barrer 1 to block *(a road)*. **2** to cross out *(a word, a sentence)*.

barrière *f (autour d'un terrain)* fence; *(porte)* gate.

bas *m*, **basse** *f* low: **des nuages bas** low cloud.

bas low: **voler bas** to fly low; **parler bas** to speak in a whisper; **mettre une étagère plus bas** to put a shelf lower *ou* lower down.

bas *m* **1** *(de côte, page)* bottom: **tiroir/étagère du bas** bottom drawer/shelf.
2 *(chaussette)* stocking: **une paire de bas** a pair of stockings.

bas (en) 1 *(en dessous)* down below: **en bas dans la rue** in the street below; **regarder en bas** to look down.
2 *(par l'escalier)* downstairs: **elle m'attend en bas** she's waiting for me downstairs.
3 *(sur une page, sur une liste)* at the bottom: **c'est écrit en bas** it's written at the bottom; **en bas de** at the bottom of *(the stairs, the hill, the page)*.

base *f* base: **la base d'un triangle** the base of a triangle.

basket (*ou* **basket-ball**) *m* basketball: **jouer au basket** to play basketball.

baskets *m plural (chaussures)* trainers, *(en américain)* track shoes.

basque *(ville, étudiant)* Basque.

Basque *m ou f* Basque: **c'est un Basque** he's a Basque.

basse ▸ *voir* **bas, basse**.

basse-cour *f* (**basses-cours** *plural*) farmyard.

bassin *m (dans un jardin)* pond.

bataille *f* battle.

bateau *m* (**-eaux** *plural*) boat; *(plus grand)* ship.

bâtiment *m* building.

bâtir to build.

bâton *m* stick: **donner des coups de bâton à quelqu'un** to hit someone with a stick.

batterie *f* **1** *(de voiture)* battery.
2 *(d'un orchestre)* **la batterie** the drums; **jouer de la batterie** to play the drums.

battre 1 to beat: **ne bats pas ton frère!** don't beat your brother!; **nous avons battu nos ennemis** we've beaten our enemies; **mon cœur bat vite** my heart is beating fast.
2 l'oiseau bat des ailes the bird is flapping its wings.

To conjugate this verb turn to p 175.

battre (se) to fight (**avec** with, **contre** against): **ne te bats pas avec ton cousin!** don't fight with your cousin!

bavard *m*, **-arde** *f* talkative.

bavarder to chat (**avec** with).

bavoir *m* bib.

beau *m* (*or* **bel** *before a vowel or silent h*), **belle** *f* (**beaux** *m plural*, **belles** *f plural*) **1** *(fleur, femme)* beautiful; *(homme, garçon)* good-looking, handsome; *(voyage, maison, temps)* lovely, fine, nice: **il fait beau** it's

lovely *ou* nice weather, the weather's fine.
2 j'ai eu beau crier, personne n'est venu it was no use shouting, no one came; **elle avait beau chercher, elle ne trouvait rien** however hard she looked, she couldn't find anything.

beaucoup 1 a lot: **il lit/mange beaucoup** he reads/eats a lot; **j'aime beaucoup le chocolat** I like chocolate very much *ou* a lot; **je lis beaucoup plus que toi** I read a lot more *ou* much more than you; **il est beaucoup plus riche que moi** he's much richer *ou* he's a lot richer than me.
2 beaucoup de a lot of; **beaucoup de livres/de gens** a lot of books/people, many books/people; **beaucoup d'argent/de courage** a lot of money/courage; **pas beaucoup d'argent** not much money, not a lot of money; **j'en ai beaucoup** I have a lot; **j'en ai beaucoup plus que lui** I have a lot more *ou* much more than him.

beau-frère *m* (**beaux-frères** *plural*) brother-in-law (*au pluriel* brothers-in-law).

beau-père *m* (**beaux-pères** *plural*) (*père de l'époux ou de l'épouse*) father-in-law (*au pluriel* fathers-in-law).

beauté *f* beauty.

beaux-parents *m plural* parents-in-law.

bébé *m* baby.

bec *m* beak.

bêche *f* spade.

bêcher: **bêcher un jardin** to dig a garden (*with a spade*).

bégayer to stutter.

bel ▸ *voir* **beau**.

belge (*ville, étudiant*) Belgian.

Belge *m ou f* Belgian: **c'est un Belge** he's a Belgian; **c'est une Belge** she's a Belgian.

Belgique *f* Belgium: **aller en Belgique** to go to Belgium; **vivre en Belgique** to live in Belgium.

belle ▸ *voir* **beau**.

belle-fille *f* (**belles-filles** *plural*) (*épouse d'un fils*) daughter-in-law (*au pluriel* daughters-in-law).

belle-mère *f* (**belles-mères** *plural*) (*mère de l'époux ou de l'épouse*) mother-in-law (*au pluriel* mothers-in-law).

belle-sœur *f* (**belles-sœurs** *plural*) sister-in-law (*au pluriel* sisters-in-law).

bénéfice *m* profit.

berceau *m* (**-eaux** *plural*) cradle.

berger *m* shepherd.

bergère *f* shepherdess.

besoin *m* need: **avoir besoin de quelque chose/de quelqu'un** to need something/someone; **j'ai besoin de vous voir** I need to see you.

bétail *m* livestock.

bête *f* animal.

bête stupid.

bêtise *f* (*action, parole*) stupid thing: **faire/dire une bêtise** to do/to say something stupid, to do/to say a stupid thing.

béton *m* concrete: **un mur en béton** a concrete wall.

beur *m ou f* North African born in France whose parents are immigrants.

Take care: this word is familiar.

beurre *m* butter.

beurrer to butter (*bread*).

biberon *m* baby's bottle.

bible *f* bible: **dans la Bible** in the Bible.

bibliothèque *f* **1** library. **2** (*meuble*) bookcase.

Bic® *m* biro®, ballpoint.

bicyclette *f* bicycle: **à** *ou* **en bicyclette** by bicycle.

bidon *m* (*d'essence, d'huile*) can.

bien[1] **1** well: **elle joue bien** she plays well; **je vais bien** I'm fine *ou* well;

bien! fine!, right!; **tu as bien fait** you did right.
2 very: **bien souvent** very often; **il est bien fatigué** he's very tired.
3 a lot: **tu as bien changé/souffert** you've changed/suffered a lot; **bien mieux** a lot better, much better.
4 *(intensif)* **je l'avais bien dit** I *did* say so; **c'est bien assez** that's quite enough.

bien[2] *(bon)* good: **le film est bien** the film is good; **des gens bien** good *ou* nice people; **ce n'est pas bien de mentir** it's not nice to tell lies.

Does not change in the plural or in the feminine. Do not add 's' or 'e'.

bien *m* **1** *(avantage)* good: **ça te fera du bien** it will do you good; **c'est pour ton bien** it's for your own good; **le bien et le mal** good and evil.
2 *(chose)* possession: **j'ai vendu tous mes biens** I've sold all my possessions.

bien que although, even though: **il faut continuer bien que tu sois fatigué** you have to carry on although *ou* even though you're tired.

bien sûr! of course!: **bien sûr que non!** of course not!

bientôt soon: **à bientôt!** see you soon!

bienvenu *m*, **-ue** *f*: **vous êtes le bienvenu!** you're welcome!; **soyez le bienvenu!** welcome! (*said to one person*); **soyez les bienvenus!** welcome! (*said to more than one person*).

bienvenue *f* welcome: **souhaiter la bienvenue à quelqu'un** to welcome someone.

bière *f* beer.

bifteck *m* steak.

bijou *m* (**-oux** *plural*) jewel.

bijouterie *f* jeweller's shop, *(en américain)* jewelry store.

bijoutier *m*, **-ière** *f* jeweller.

bille *f (d'enfant)* marble: **jouer aux billes** to play marbles.

billet *m* **1** ticket: **billet de théâtre** theatre ticket; **billet d'avion** plane ticket.
2 *(argent)* banknote, *(en américain)* bill.

biscuit *m* biscuit, *(en américain)* cookie.

bizarre odd, strange.

blague *f* joke: **faire une blague à quelqu'un** to play a joke on someone; **raconter des blagues** to tell jokes.

blanc *m*, **blanche** *f* white: **robe blanche** white dress; **page blanche** blank page.

blanc *m (la couleur)* white: **j'aime le blanc** I like white; **elle est bien en blanc** she looks nice in white.

blanchisserie *f* laundry.

blé *m* wheat.

blessé *m*, **-ée** *f* injured person: **les blessés** the injured.

blesser 1 *(dans un accident)* to injure, to hurt; *(avec un couteau, une balle)* to wound: **je me suis blessé au bras** I've hurt *ou* I've injured my arm; **il a été blessé par un coup de couteau** he received a knife wound.
2 *(paroles)* to hurt: **cette remarque m'a blessé** this remark hurt me.

blessure *f (dans un accident)* injury; *(avec un couteau, une balle)* wound.

bleu *m*, **-e** *f* (**bleus** *m plural*) blue: **une voiture bleue** a blue car.

bleu *m* (**bleus** *plural*) **1** *(la couleur)* blue: **j'aime le bleu** I like blue.
2 *(trace de coup)* bruise: **se faire un bleu au genou** to bruise one's knee.

bloc *m* **1** *(de pierre)* block. **2** *(de papier)* pad.

blond *m*, **blonde** *f* fair, blond: **avoir les cheveux blonds** to have fair *ou* blond hair.

bloquer to block *(a road, the traffic)*: **la circulation était bloquée par un autobus** the traffic was blocked by a bus.

bœuf *m* **1** *(animal)* ox (*au pluriel* oxen). **2** *(viande)* beef.

boire to drink: **boire du thé** to drink tea; **il a bu** he's been drinking.

To conjugate this verb turn to p 175.

bois *m* **1** wood: **c'est du bois** it's wood, it's made of wood; **un lit en bois** a wooden bed.
2 *(forêt)* wood: **courir dans les bois** to run in the woods.

boisson *f* drink.

boîte *f* **1** box: **boîte à** *ou* **aux lettres** letterbox, *(en américain)* mailbox.
2 *(de conserve)* can, tin: **du saumon en boîte** canned *ou* tinned salmon.

boiter to limp.

bol *m* bowl.

bombarder to bomb.

bombe *f* **1** bomb. **2** *(de peinture, de laque)* spray.

bon *m*, **bonne** *f* **1** good: **de bons résultats** good results; **j'ai attendu un bon moment** I waited a good while; **être bon en anglais/en histoire** to be good at English/at history; **ces fleurs sentent bon** these flowers smell nice; **bon anniversaire!** happy birthday!; **ah bon?** is that so?
2 *(qui convient)* right: **le bon choix/moment** the right choice/time.

bonbon *m* sweet, *(en américain)* candy.

bond *m* leap.

bondé *m*, **-ée** *f* crowded.

bondir to leap.

bonheur *m* happiness; *(chance)* good luck; **par bonheur** luckily.

bonhomme de neige *m* (**bonshommes de neige** *plural*) snowman (*au pluriel* -men).

bonjour! *(le matin)* hello!, good morning!; *(l'après-midi)* hello!, good afternoon!

bonjour *m*: **donner le bonjour à quelqu'un** to say hello to someone.

bonne ▸ *voir* **bon**.

bonne *f* maid.

bonnet *m* *(de femme, d'enfant)* hat; *(de ski, de douche)* cap.

bonsoir! *(en rencontrant quelqu'un)* hello!, good evening!; *(en quittant quelqu'un)* goodbye!

bonté *f* kindness.

bord 1 edge: **au bord de l'eau** at the water's edge; **au bord de la mer/de la route** at the seaside/roadside; **le bord du trottoir** the kerb, *(en américain)* the curb.
2 à bord d'un navire/d'un avion on board a ship/a plane; **monter à bord** to go on board.

Bosnie *f* Bosnia.

bosse *f* *(sur la tête, sur un terrain)* bump.

botte *f* *(chaussure)* boot.

bouche *f* mouth.

boucher to stop up, to block up *(a sink, a pipe, a gutter)*; **boucher un trou** to block up *ou* to fill in a hole; **j'ai le nez bouché** my nose is blocked, my nose is stopped up.

boucher *m* butcher: **il est boucher** he's a butcher.

boucherie *f* butcher's shop.

bouchon *m* **1** *(de bouteille)* stopper, top; *(en liège)* cork; *(de tube, de bidon)* cap.
2 *(embouteillage)* traffic jam, hold-up.

boucle *f* **1** *(de cheveux)* curl.
2 *(de ceinture)* buckle; **boucle d'oreille** earring.

bouclé *m*, **-ée** *f* curly.

boucler to fasten, to buckle *(a belt)*.

bouclier *m* shield.

bouddhiste *(foi, temple)* Buddhist.

bouddhiste *m ou f* Buddhist: **c'est un bouddhiste** he's a Buddhist.

boue *f* mud.

boueux *m*, **-euse** *f* muddy.

bougeoir *m* candlestick.

bouger to move.

bougie *f* candle.

bouillant *m*, **-ante** *f* boiling: **de l'eau bouillante** boiling water.

bouillir to boil: **l'eau bout** the water's boiling; **faire bouillir de l'eau** to boil water.

To conjugate this verb turn to p 175.

bouilloire *f* kettle.

boulanger *m*, **-ère** *f* baker: **il est boulanger** he's a baker; **elle est boulangère** she's a baker.

boulangerie *f* baker's shop.

boule *f* ball: **boule de neige** snowball.

boulevard *m* boulevard.

bouleverser 1 *(déranger)* to turn upside down. **2** *(rendre malheureux)* to upset very much, to shatter.

boulon *m* bolt.

boulot *m (travail)* work; *(emploi)* job: **aller au boulot** to go to work; **chercher du boulot** to look for a job, to look for work.

Take care: this word is familiar.

bouquet *m (de fleurs)* bunch.

bouquin *m* book.

Take care: this word is familiar.

bourdonner to buzz.

bourgeon *m* bud.

bourrer: bourrer quelque chose de to stuff *ou* to cram something with.

boussole *f* compass.

bout ▸ *voir* **bouillir**.

bout *m* **1** end; *(de langue, doigt, canne)* tip: **au bout de la rue** at the end of the street.
2 *(morceau)* bit: **un bout de papier/pain/ficelle** a bit of paper/bread/string.
3 au bout d'un mois/d'un moment after a month/a while.

bouteille *f* bottle.

boutique *f* shop.

bouton *m* **1** *(au visage)* pimple.
2 *(de vêtement)* button.
3 *(de porte, de télévision)* knob.
4 *(fleur)* bud.

boxe boxing: **aimer la boxe** to like boxing.

boxer to box.

boxeur *m* boxer.

bracelet *m* bracelet; *(de montre)* strap, *(en américain)* band.

branche *f* branch.

brancher to plug in *(a lamp, the television)*.

bras *m* arm.

brave *(gentil)* nice: **de braves gens** nice people.

bravo! well done!

bref *m*, **brève** *f* short, brief.

bref in a word: **enfin bref, il n'est pas heureux** well, in a word, he just isn't happy.

Brésil *m* Brazil: **aller au Brésil** to go to Brazil; **vivre au Brésil** to live in Brazil.

Bretagne *f* Brittany: **aller en Bretagne** to go to Brittany; **vivre en Bretagne** to live in Brittany.

bretelle *f* **1** *(de maillot, de soutien-gorge)* strap. **2** *(de pantalon)* **bretelles** braces, *(en américain)* suspenders.

breton *m*, **-onne** *f (ville, étudiant)* Breton.

Breton *m*, **-onne** *f* Breton: **c'est un Breton** he's a Breton.

brève ▸ *voir* **bref, brève**.

brevet *m* certificate; **brevet des collèges** GCSE.

The *GCSE*, an examination for 16-year-olds, is the British equivalent of the *brevet*.

brillant *m*, **-ante** *f* **1** *(chaussure, métal)* shiny; *(yeux, étoile)* bright.
2 *(très intelligent)* brilliant: **un élève brillant** a brilliant student.

briller to shine; **faire briller des chaussures/un meuble** to polish shoes/furniture.

brique *f* brick: **un mur en brique** a

brick wall.

brise *f* breeze.

briser to break: **briser un verre** to break a glass; **le verre s'est brisé** the glass broke.

britannique British: **les îles Britanniques** the British Isles.

Britannique *m ou f* British man *ou* woman, Briton; **les Britanniques** the British.

broche *f (bijou)* brooch.

bronzé *m*, **-ée** *f* suntanned.

bronzer to get a suntan; **se faire bronzer, se bronzer** to sunbathe.

brosse *f* brush: **brosse à cheveux** hairbrush; **brosse à dents** toothbrush.

brosser to brush: **se brosser les cheveux/les dents** to brush one's hair/teeth.

brouette *f* wheelbarrow.

brouillard *m* fog: **il y a du brouillard** it's foggy.

bruit *m* noise: **faire du bruit** to make a noise.

brûlant *m*, **-ante** *f (soupe, thé)* boiling hot; *(soleil, sable, radiateur)* burning hot.

brûler to burn: **je me suis brûlé** I've burnt myself; **je me suis brûlé le doigt** I burnt my finger; **la maison est en train de brûler** the house is burning; **j'ai fait** *ou* **j'ai laissé brûler les gâteaux** I burnt the cakes.

brûlure *f* burn.

brume *f* mist.

brun *m*, **brune** *f* [1] brown: **des cheveux bruns** brown hair; **elle est brune** she's dark-haired.

brun *m*, **brune** *f* [2] dark-haired person: **c'est une brune** she's got dark hair, she's dark-haired.

brun *m (la couleur)* brown: **j'aime le brun** I like brown.

brusque *(mouvement)* sudden; *(manière, personne)* abrupt.

brusquement suddenly.

brutal *m*, **-e** *f* (**-aux** *m plural*) *(violent)* brutal; *(enfant)* rough.

Bruxelles *m ou f* Brussels: **aller à Bruxelles** to go to Brussels; **vivre à Bruxelles** to live in Brussels.

bruyant *m*, **-ante** *f* noisy.

bu *m*, **bue** *f* ▸ *voir* **boire**.

bûche *f* log.

buffet *m (meuble)* sideboard; *(table, repas)* buffet.

buisson *m* bush.

bulldozer *m* bulldozer.

bulle *f* bubble.

bulletin *m* **1** *(scolaire)* report, *(en américain)* report card. **2 bulletin météorologique** weather report.

bureau *m* (**-eaux** *plural*) **1** *(table)* desk.
2 *(lieu)* office: **bureau de poste** post office; **bureau de tabac** tobacconist's shop, *(en américain)* tobacco store.

bus ▸ *voir* **boire**.

bus *m* bus: **en bus** by bus.

but ▸ *voir* **boire.**

but *m* **1** *(objectif)* aim: **dans le but de faire quelque chose** with the aim of doing something.
2 *(au football)* goal: **marquer un but** to score a goal.

Cc

c' ▸ *voir* **ce**.

ça 1 that; *(plus près)* this: **donnez-moi ça!** give me that *ou* this!
2 *(sujet indéfini)* it, that: **ça dépend** it *ou* that depends; **ça va?** how's it going?; **ça va!** fine!, OK!; **ça alors!** how about that!; **c'est ça** that's right, that's it; **ça y est** that's it.

cabane *f (à outils)* shed.

cabine *f* **1** *(de bateau)* cabin. **2 cabine téléphonique** phone booth. **3 cabine d'essayage** fitting room, changing room.

cabinet *m* **1** *(de médecin)* surgery, *(en américain)* office.
2 *(toilettes)* **les cabinets** the toilet, *(en américain)* the bathroom; **cabinet de toilette** small bathroom.

câble *m* cable.

cacahouète (*ou* **cacahuète**) *f* peanut.

cacao *m* cocoa.

cacher to hide: **cacher quelque chose à quelqu'un** to hide something from someone.

cacher (se) to hide: **elle s'est cachée derrière un arbre** she hid behind a tree.

cachette *f* hiding place.

cactus *m* cactus.

cadavre *m* dead body.

cadeau *m* (**-eaux** *plural*) present, gift: **faire un cadeau à quelqu'un** to give someone a present *ou* a gift.

cadet *m*, **-ette** *f* [1] *(de deux frères ou sœurs)* younger; *(de plus de deux)* youngest; **ma sœur cadette** my younger sister; **la sœur cadette** the youngest sister.

cadet *m*, **-ette** *f* [2] youngest child: **il est le cadet** he's the youngest; **elle est la cadette** she's the youngest.

cadre *m* **1** *(de tableau, vélo)* frame.
2 *(décor)* setting, surroundings.
3 *(d'entreprise)* manager.

café *m* **1** coffee: **prendre un café** to have a coffee; **café au lait** white coffee, *(en américain)* coffee with milk; **café crème** coffee with cream *ou* milk.
2 *(bar)* café: **allons au café** let's go to the café.

cage *f* cage.

cahier *m* exercise book; **cahier de brouillon** rough book, *(en américain)* scratch pad.

caillou *m* (**-oux** *plural*) stone.

caisse *f* **1** *(boîte)* box, crate.
2 *(guichet)* cash desk, *(en américain)* cashier's window; *(au supermarché)* checkout.
3 *(appareil)* till, cash register: **ticket de caisse** till receipt, *(en américain)* sales slip.

caissier *m*, **-ière** *f* cashier; *(au supermarché)* checkout assistant.

calcul *m* **1** calculation: **faire des calculs** to make *ou* to do some calculations.
2 le calcul arithmetic; **il est bon en calcul** he's good at arithmetic.

calculatrice *f* calculator.

calculer to calculate, to work out.

caleçon *m (d'homme)* underpants, boxer shorts; *(de femme)* leggings.

calendrier *m* calendar.

calme 1 *(endroit, maison, journée)* quiet. **2** *(personne)* calm: **je suis resté très calme** I stayed very calm.

calme *m* **1** *(d'un endroit)* peace and quiet: **travailler dans le calme** to work in peace and quiet; **du calme!** *(ne fais pas de bruit)* keep quiet!
2 *(de personne)* calm: **du calme!** *(ne t'énerve pas)* keep calm!, calm down!

calmer (se) to calm down.

camarade *m ou f* friend; **camarade de jeu** playmate.

cambriolage *m* burglary.

cambrioler: cambrioler une maison to break into a house; **ma maison a été cambriolée** my house was broken into.

cambrioleur *m*, **-euse** *f* burglar.

caméra *f* TV *ou* film camera.

caméscope® *m* camcorder.

camion *m* lorry, *(en américain)* truck.

camionnette *f* van.

camp *m* camp: **camp de vacances** children's holiday camp, *(en américain)* summer camp.

campagne *f*: **la campagne** the country, the countryside; **vivre à la campagne** to live in the country.

camper to camp.

camping *m* **1** camping: **faire du camping** to go camping.
2 *(terrain)* campsite.

Canada *m* Canada: **aller au Canada** to go to Canada; **vivre au Canada** to live in Canada.

canadien *m*, **-ienne** *f (ville, étudiant)* Canadian.

Canadien *m*, **-ienne** *f* Canadian: **c'est une Canadienne** she's a Canadian.

canal *m* (**-aux** *plural*) canal.

canapé *m (siège)* sofa, couch.

canard *m* duck.

canari *m* canary.

cancer *m* cancer: **avoir un cancer** to have cancer; **cancer de l'estomac/des poumons** stomach/lung cancer.

caniche *m* poodle.

canif *m* penknife (*au pluriel* -knives).

canne *f* **1** *(pour marcher)* walking stick, *(en américain)* cane. **2 canne à pêche** fishing rod.

canoë *m* canoe.

canon *m* big gun: **tirer des coups de canon** to fire a gun.

canot *m* dinghy, boat: **canot pneumatique** rubber dinghy; **canot de sauvetage** lifeboat.

cantine *f* canteen; **manger à la cantine** *(à l'école)* to have school dinner, *(en américain)* to have school lunch.

caoutchouc *m* rubber: **balle en caoutchouc** rubber ball.

capable 1 able: **elle est capable de faire ça** she's able to do that, she can do that.
2 capable: **elle est bien capable d'oublier les clés!** she's quite capable of losing the keys!

capitaine *m* captain.

capitale *f (ville)* capital, capital city.

capituler to surrender.

capsule *f (de bouteille)* cap.

capuchon *m* **1** *(de manteau)* hood. **2** *(de stylo)* cap.

car because.

car *m* bus, coach: **en car** by bus, by coach; **car scolaire** school bus; **car de police** police van.

caractère *m* character: **c'est dans son caractère** it's in his character; **avoir bon caractère** to be good natured; **avoir mauvais caractère** to be bad-tempered.

carapace *f (de tortue)* shell.

caravane *f (pour camper)* caravan, *(en américain)* trailer.

carburant *m* fuel (*for vehicle, aircraft*).

cardiaque: crise cardiaque heart attack.

caresse *f*: **faire des caresses à un animal** to stroke an animal; **mon chat aime les caresses** my cat likes being stroked.

caresser to stroke.

cargaison *f* cargo.

carnaval *m* (**-als** *plural*) carnival.

carnet *m* **1** notebook. **2** *(de timbres, de tickets)* book: **carnet d'adresses** address book. **3 carnet de notes**

school report, *(en américain)* report card.

carotte *f* carrot.

carré *m*, **-ée** *f* square: **une table carrée** a square table; **un mètre carré** a square metre.

carré *m* square: **je dessine un carré** I'm drawing a square.

carreau *m* (**-eaux** *plural*) **1** *(vitre)* window pane. **2** *(de mur, plancher)* tile. **3** **nappe/chemise à carreaux** check tablecloth/shirt.

carrefour *m* crossroads.

cartable *m* schoolbag.

carte *f* **1** card: **carte postale** postcard; **carte de crédit** credit card; **carte de vœux** greetings card.
2 **carte à jouer** playing card; **jouer aux cartes** to play cards.
3 *(d'un pays, d'une région)* map: **carte routière** road map.
4 *(au restaurant)* menu; **carte des vins** wine list.

carton *m* **1** cardboard: **boîte en carton** cardboard box.
2 *(boîte)* cardboard box.

cas *m* **1** case: **dans ce cas** in that case; **dans certains cas** in some cases; **en tout cas** in any case; **en aucun cas** on no account.
2 **en cas de** in the event of; **en cas d'accident/d'incendie** in the event of an accident/a fire; **en cas d'urgence** in an emergency, in case of an emergency.
3 **au cas où** in case, if; **au cas où elle tomberait** in case she falls, if she should fall; **prenez votre parapluie au cas où** take your umbrella just in case.

cascade *f* waterfall.

caserne de pompiers *f* fire station.

casque *m* **1** helmet. **2** *(écouteurs)* headphones.

casquette *f* cap (*hat*).

casse-croûte *m* snack.

Does not change in the plural. Do not add 's'.

casser to break: **j'ai cassé une assiette** I broke a plate.

casser (se) to break: **l'assiette s'est cassée** the plate broke; **il s'est cassé le bras** he broke his arm.

casserole *f* saucepan.

cassette *f (pour magnétophone)* cassette; *(pour magnétoscope)* video, cassette.

catastrophe *f* disaster.

cathédrale *f* cathedral.

catholique *(foi, église)* Catholic.

catholique *m ou f* Catholic: **c'est un catholique** he's a Catholic.

cauchemar *m* nightmare: **faire un cauchemar** to have a nightmare.

cause *f* **1** cause. **2** **à cause de** because of.

causer **1** *(provoquer)* to cause. **2** *(bavarder)* to chat (**avec** with).

cave *f* cellar.

caverne *f* cave.

CD *m* CD.

Does not change in the plural. Do not add 's'.

CD-ROM *m* CD-ROM.

Does not change in the plural. Do not add 's'.

ce (**c'** *before e and é*) **1** it, that: **c'est** it is, that is; **c'est bon/petit** it's good/small, that's good/small; **c'est lui** it's him, that's him; **ce sont eux** it's them; **qui est-ce?** who is it?; *(en montrant quelqu'un)* who is that?; **qu'est-ce que c'est?** what is it?
2 he, she, they: **c'est** he is, she is; **ce sont** they are; **c'est un médecin** he's a doctor; **c'est une femme riche** she's a rich woman; **ce sont des professeurs** they are teachers; **c'est lui qui l'a dit** he's the one who said it; **ce sont eux qui me l'ont donné** they are the people who gave it to me.
3 **ce que, ce qui** what; **je sais ce qui est bon/ce que tu veux** I know what

is good/what you want; **tout ce que, tout ce qui** everything that; **tout ce que je sais** everything I know; **tout ce qui est là** everything that's there.
4 ce que, ce qui which; **elle est malade, ce qui est triste/ce que je ne savais pas** she's ill, which is sad/ which I didn't know.
5 ce qu'il est bête/beau! he's really stupid/good-looking!

ce *m*, **cette** *f*, **ces** *plural* (**ce** *becomes* **cet** *before a vowel or silent h*) this, that, *au pluriel* these, those; (+ *-ci*) this, *au pluriel* these; (+ *-là*) that, *au pluriel* those: **cet homme** this *ou* that man; **cet homme-ci** this man; **cet homme-là** that man; **cette femme** this *ou* that woman; **cette femme-ci** this woman; **cette femme-là** that woman; **ces garçons** these *ou* those boys.

CE *f (Communauté européenne)* EC.

ceci this: **j'ai choisi ceci** I chose this.

céder to give in: **céder à une demande** to give in to a request.

cédille *f* cedilla.

ceinture *f* belt: **ceinture de sécurité** seatbelt; **ceinture de sauvetage** lifebelt, *(en américain)* life preserver.

cela 1 that: **j'ai choisi cela** I chose that. **2** *(sujet indéfini)* it, that: **cela dépend** it *ou* that depends; **cela ne me surprendrait pas si...** it wouldn't surprise me if...; **c'est cela** that is so.

célèbre famous.

céleri *m (en branches)* celery.

célibataire single: **il est célibataire** he's single.

célibataire *m* bachelor.

célibataire *f* single woman.

celui *m*, **celle** *f*, **ceux** *m plural*, **celles** *f plural* **1** the one, *au pluriel* those, the ones: **donne-moi celui de mon père** give me my father's *ou* my father's one; **celui de Daniel** Daniel's, Daniel's one; **ceux d'Alain** Alain's, Alain's ones.
2 celui-ci, celle-ci this one; **ceux-ci, celles-ci** these, these ones; **celui-ci est gros** this one's big.
3 celui-là, celle-là that one; **ceux-là, celles-là** those, those ones; **ceux-là sont gros** those are big, those ones are big.

cendre *f* ash.

cendrier *m* ashtray.

cent 1 a hundred: **cent pages** a hundred pages; **deux cents pages** two hundred pages; **deux cent trois pages** two hundred and three pages. **2 cinq pour cent** five per cent.

> There is no 's' after **cent** when another number follows, eg 'deux cent trois'.

centaine *f*: **une centaine** about a hundred; **une centaine de personnes** about a hundred people; **des centaines de** hundreds of.

centième hundredth.

centime *m* centime.

centimètre *m* centimetre, *(en américain)* centimeter.

centre *m* centre, *(en américain)* center: **centre commercial** (**centres commerciaux** *plural*) shopping centre, mall.

centre-ville *m* (**centres-villes** *plural*) city *ou* town centre, *(en américain)* downtown area.

cependant yet, however.

cercle *m* circle.

cercueil *m* coffin.

céréales *f plural (pour le petit déjeuner)* cereal.

cérémonie *f* ceremony.

cerf *m* deer.

> On n'ajoute pas de 's' pour former le pluriel de **deer.**

cerf-volant *m* (**cerfs-volants** *plural*) kite.

cerise *f* cherry.

certain *m*, **-aine** *f* **1** *(sûr)* certain: **je suis certain que** I'm certain that; **c'est certain que tu réussiras** you're certain to succeed; **être certain de quelque chose** to be certain of something.

certain *m*, **-aine** *f*[2] *(difficile à fixer)* certain, some: **après un certain temps** after a certain time, after some time; **certaines personnes** some people, certain people; **une certaine personne** a certain person.

certainement 1 *(oui, tout à fait)* of course, certainly: **certainement pas!** certainly not! **2** *(sûrement)* certainly: **il va certainement neiger** it's certainly going to snow.

certains *m plural*, **-aines** *f plural* some: **certains sont verts** some are green; **certains d'entre eux sont anglais** some of them are English; **certains pensent le contraire** some people think the opposite.

cerveau *m* (**-eaux** *plural*) brain.

ces ▸ *voir* **ce, cette**.

CES *m (collège d'enseignement secondaire) (en Grande-Bretagne)* comprehensive school; *(aux États-Unis)* junior high school.

The translations are rough equivalents of the French *CES*.

cesse: sans cesse constantly, all the time.

cesser to stop: **cesser de faire quelque chose** to stop doing something; **il ne cesse pas de parler** he doesn't stop talking.

c'est-à-dire that is, in other words.

cet, cette ▸ *voir* **ce, cette**.

ceux ▸ *voir* **celui, celle**.

chacun *m*, **-une** *f* **1** each: **nous avons chacun une pomme** we each have an apple; **chacun des garçons** each of the boys, every one of the boys.
2 *(tout le monde)* everyone.

chaîne *f* **1** chain: **chaîne en or** gold chain.
2 *(de télévision)* channel: **changeons de chaîne** let's change channel.
3 chaîne hi-fi hi-fi, hi-fi system; **chaîne compacte** music centre.

The word **hi-fi** does not change in the plural. Do not add 's'.

chair *f* flesh.

chaise *f* chair: **chaise longue** deckchair.

chaleur *f* heat; *(douce)* warmth.

chaleureux *m*, **-euse** *f* warm: **accueil chaleureux** warm welcome.

chambre *f* bedroom, room: **chambre à coucher** bedroom.

chameau *m* (**-eaux** *plural*) camel.

champ *m* field.

champignon *m* mushroom.

champion *m*, **-onne** *f* champion: **c'est la championne** she's the champion.

chance *f* **1** luck: **avoir de la chance** to be lucky (**de faire** to do); **bonne chance!** good luck!
2 *(possibilité)* chance: **tu as des chances de gagner** you have a chance of winning; **elle n'a aucune chance** she has no chance at all.

changement *m* change.

changer 1 to change: **ça change tout** that changes everything; **changer de l'argent** to change some money; **comme elle a changé!** she's really changed!
2 changer de quelque chose to change something; **changer de train** to change trains; **j'ai changé de voiture** I've changed my car; **changer de vitesse** to change gear; **changer de sujet** to change the subject.

changer (se) to change, to get changed, to change one's clothes.

chanson *f* song.

chant *m* **1** singing: **enseigner le chant** to teach singing; **leçon de chant** singing lesson. **2 chant de Noël** Christmas carol.

chanter to sing.

chanteur *m*, **-euse** *f* singer.

chantier *m* building site.

chapeau *m* (**-eaux** *plural*) hat.

chapitre *m* chapter.

chaque[1] every, each: **chaque jour** every day, each day.

chaque[2] *(chacun)* each: **ces livres coûtent 100 francs chaque** these books cost 100 francs each.

Take care: this sense of 'chaque' is familiar.

char *m (de combat)* tank.

charbon *m* coal.

charcutier *m* pork butcher.

charge *f (poids)* load.

charger 1 to load, to load up: **un camion chargé de marchandises** a truck loaded with goods; **cette voiture est trop chargée** this car is overloaded.
2 charger quelqu'un de faire quelque chose to instruct *ou* to tell someone to do something; **charger quelqu'un d'un travail** to entrust someone with a task.

chariot *m (à bagages, au supermarché)* trolley, *(en américain)* cart.

charmant *m*, **-ante** *f* charming.

charme *m* charm: **avoir du charme** to have charm.

charrette *f* cart.

charrue *f* plough, *(en américain)* plow.

chasse *f* hunting; *(avec un fusil)* shooting: **aller à la chasse** to go hunting; to go shooting; **la chasse au renard** fox hunting.

chasser 1 to hunt: **chasser le lion** to hunt lions; **il aime chasser** he likes to hunt.
2 *(faire partir)* **chasser quelqu'un** to chase someone away; **chasser les mouches** to brush the flies away; **chasser les odeurs** to get rid of the smells.

chasseur *m*, **-euse** *f* hunter.

chat *m* cat.

château *m* (**-eaux** *plural*) **1** castle: **chateau fort** castle, fortified castle.
2 *(palais)* palace.

chatouiller to tickle.

chatte *f* female cat.

chaud *m*, **chaude** *f* **1** hot; *(doux)* warm: **un plat chaud** a hot dish; **des vêtements chauds** warm clothes.
2 avoir chaud to be hot; to be warm; **il fait chaud** it's hot, the weather's hot.

chauffage *m* heating: **le chauffage central** central heating.

chauffé *m*, **-ée** *f (piscine)* heated.

chauffer to heat up, to heat: **faire chauffer du lait** to heat up some milk; **il faut chauffer la maison** let's heat the house; **l'eau chauffe** the water's heating up.

chauffeur *m* driver.

chaussée *f* road.

chaussette *f* sock.

chaussure *f* shoe.

chauve bald.

chauve-souris *m* (**chauves-souris** *plural*) *(animal)* bat.

chef *m* **1** head: **chef d'entreprise** company head; **chef d'État** head of state; **chef de famille** head of the family.
2 leader: **chef de parti** party leader; **chef d'équipe** team leader.
3 *(patron)* boss: **c'est mon chef** he's my boss.
4 chef d'orchestre conductor.

chemin *m* **1** road, path: **j'ai pris un petit chemin** I went along a little road *ou* path.
2 *(trajet, direction)* way: **j'ai demandé mon chemin** I asked my way; **le chemin de la gare** the way to the station.

chemin de fer *m* railway, *(en américain)* railroad.

cheminée *f* **1** *(sur le toit)* chimney. **2** *(dans une maison)* fireplace. **3** *(de bateau)* funnel, *(en américain)* smokestack.

chemise *f* **1** shirt; **chemise de nuit** nightdress. **2** *(pour ranger des papiers)* folder.

chemisier *m* blouse.

chêne *m* oak.

chenille *f* caterpillar.

chèque *m* cheque, *(en américain)* check: **chèque de voyage** traveller's cheque, *(en américain)* traveler's check.

cher *m*, **chère** *f* **1** *(aimé)* dear: **cher ami** dear friend. **2** *(magasin, objet)* expensive: **ça coûte cher** it's expensive.

chercher to look for; **aller chercher quelque chose/quelqu'un** to go and get something/someone; **il est allé chercher le médecin** he went to get the doctor.

chéri *m*, **-ie** *f* darling: **oui, mon chéri** yes darling.

cheval *m* (**-aux** *plural*) horse: **à cheval** on horseback; **faire du cheval** to go horse riding, *(en américain)* to go horseback riding.

chevalier *m* knight.

cheveu *m* (**-eux** *plural*) hair: **un cheveu** a hair; **des cheveux** hairs; **il y a un cheveu/des cheveux dans le lavabo** there's a hair/there are hairs in the sink.

cheveux *m plural* hair: **avoir les cheveux noirs** to have black hair.

cheville *f* ankle.

chèvre *f* goat.

chez 1 être chez quelqu'un to be at someone's house; **elle est chez Marie/chez le boulanger** she's at Marie's/at the baker's; **je suis chez moi/il est chez lui** I'm at home/he's at home.
2 aller chez quelqu'un to go to someone's house; **elle va chez Marie/chez le boulanger** she's going to Marie's/to the baker's; **je vais chez moi/il va chez lui** I'm going home/he's going home.

chic 1 *(élégant)* smart: **une veste chic** a smart jacket. **2** *(gentil)* nice: **c'est chic de ta part** that's nice of you.

Does not change in the plural or in the feminine, eg 'des vêtements chic'. Take care: sense **2** is familiar.

chien *m* dog.

chienne *f* dog, bitch.

chiffon *m* rag; *(pour nettoyer)* duster, *(en américain)* dustcloth.

chiffre *m* figure, number; **les chiffres romains** Roman numerals.

Chili *m* Chile: **au Chili** to Chile, in Chile.

chimie *f* chemistry.

chimique chemical; **un produit chimique** a chemical.

chimpanzé *m* chimpanzee.

Chine *f* China: **aller en Chine** to go to China; **vivre en Chine** to live in China.

chinois *m*, **-oise** *f* *(ville, mot)* Chinese.

chinois *m* *(la langue)* Chinese: **le chinois est difficile** Chinese is hard; **parler chinois** to speak Chinese.

Chinois *m* Chinese man; **c'est un Chinois** he's Chinese; **les Chinois** the Chinese.

Chinoise *f* Chinese woman; **c'est une Chinoise** she's Chinese.

chips *f plural* crisps, *(en américain)* chips: **une chips** a crisp, a chip; **un paquet de chips** a packet of crisps *ou* chips.

choc *m* **1** *(d'objets)* impact. **2** *(émotion)* shock.

chocolat *m* chocolate: **un gâteau au chocolat** a chocolate cake.

chœur *m* *(chanteurs)* choir.

choisir to choose.

choix *m* choice: **des choix** choices; **nous n'avons pas le choix** we have no choice.

chômage *m* unemployment; **être au chômage** to be unemployed.

chômeur *m*, **-euse** *f* unemployed person; **elle est chômeuse** she's unemployed.

choquer to shock.

chose *f* thing.

chou *m* (**choux** *plural*) cabbage; **choux de Bruxelles** Brussels sprouts.

chouette *f* owl.

chou-fleur *m* (**choux-fleurs** *plural*) cauliflower.

chrétien *m*, **-ienne** *f* [1] *(foi, église)* Christian.

chrétien *m*, **-ienne** *f* [2] Christian: **c'est un chrétien** he's a Christian.

chuchoter to whisper.

chut! sh!, shush!

chute *f* **1** fall: **faire une chute** to fall.
2 chute d'eau waterfall; **chute de neige** snowfall.

Chypre *f* Cyprus: **à Chypre** to Cyprus, in Cyprus.

ci: comme ci comme ça so so.

-ci 1 par-ci par-là here and there.
2 ▸ *voir* **ce, cette** & **celui, celle**.

cible *f* target; *(au jeu de fléchettes)* dartboard.

cicatrice *f* scar.

ciel *m* (**ciels** *plural*) sky: **le ciel est bleu** the sky is blue.

ciel *m* (**cieux** *plural*) heaven: **il est au ciel** he's in heaven.

cigare *m* cigar.

cigarette *f* cigarette.

cigogne *f* stork.

cil *m* eyelash.

ciment *m* cement.

cimetière *m* cemetery.

cinéma *m* **1** *(art)* cinema.
2 *(salle)* cinema, *(en américain)* movie theater.

cinq five.

Pour des exemples d'emploi, voir **dix**.

cinquantaine *f*: **une cinquantaine** about fifty; **une cinquantaine de personnes** about fifty people.

cinquante fifty: **cinquante et un** fifty-one; **cinquante-deux** fifty-two.

Pour des exemples d'emploi, voir **dix**.

cinquième fifth.

Pour des exemples d'emploi, voir **dixième**.

cintre *m* coathanger.

cirage *m* shoe polish.

circonflexe: accent circonflexe circumflex accent.

circulaire circular.

circulation *f* traffic: **il y a beaucoup de circulation** there's a lot of traffic.

circuler 1 *(en voiture)* to travel, to move about.
2 *(être en service)* to run: **il y a très peu de trains qui circulent** there are very few trains running.

cire *f* wax.

cirer to polish.

cirque *m* circus.

ciseaux *m plural* scissors: **une paire de ciseaux** a pair of scissors.

cité *f* housing estate, *(en américain)* housing project: **habiter dans une cité** to live on an estate *ou* in a project.

citer to quote.

citoyen *m*, **-enne** *f* citizen.

citron *m* lemon.

citrouille *f* pumpkin.

clair *m*, **-e** *f* **1** *(éclairé)* light: **la salle de classe est très claire** the classroom is very light.
2 *(couleur)* light: **bleu/vert clair** light blue/green.
3 *(facile à comprendre)* clear: **ce qu'elle dit est clair** what she says is clear.
4 l'eau est claire the water is clear; **voir clair** to see clearly.

clair *m*: **le clair de lune** moonlight.

clairement *(écrire, entendre)* clearly.

claquer to slam, to bang: **claquer la porte, faire claquer la porte** to slam *ou* to bang the door; **je n'aime pas les volets qui claquent** I don't like shutters banging.

clarté *f* *(lumière)* light.

classe *f* class: **aller en classe** to go to school; **salle de classe** classroom; **billet de première classe** first-class ticket.

classer to arrange *(papers, books)*.

clavier *m* keyboard.

clé (*ou* **clef**) *f* key; **fermer à clé** to lock *(a door, car)*.

client *m*, **cliente** *f* customer.

cligner des yeux to blink.

climat *m* climate.

climatisé *m*, **-ée** *f* air-conditioned.

clin d'œil *m* wink: **faire un clin d'œil à quelqu'un** to wink at someone.

clinique *f* private clinic.

clochard *m* down-and-out, tramp.

cloche *f* bell.

clocher *m* church tower; *(en pointe)* steeple.

clochette *f* small bell.

clou *m* nail.

clouer to nail, to nail down.

clown *m* clown.

club *m (groupe)* club: **club d'échecs** chess club.

coca® *m* Coke®.

coccinelle *f* ladybird, *(en américain)* ladybug.

cochon *m* pig: **cochon d'Inde** guinea pig.

coco *m*: **noix de coco** coconut.

code *m* code.

cœur *m* **1** heart: **maladie de cœur** heart disease; **avoir mal au cœur** to feel sick *ou* nauseous; **par cœur** by heart.
2 *(bons sentiments)* **avoir bon cœur** to be kind-hearted; **être sans cœur** to be heartless.

coffre *m* **1** *(meuble)* chest. **2** *(de voiture)* boot, *(en américain)* trunk.

coffre-fort *m* (**coffres-forts** *plural*) safe.

cogner to bang: **cogner à la porte** to bang on the door; **se cogner la tête** to bang one's head (**contre** on); **cogner sur quelque chose** to bang on something; **se cogner à quelque chose** to bang into something.

coiffé *m*, **-ée** *f*: **elle est bien coiffée** her hair looks very nice.

coiffer (se) to do one's hair.

coiffeur *m*, **-euse** *f* hairdresser: **elle est coiffeuse** she's a hairdresser.

coiffure *f* hairstyle.

coin *m* corner; *(endroit)* spot: **le fauteuil dans le coin** the armchair in the corner; **au coin de la rue** on *ou* at the corner of the street; **le boulanger du coin** the local baker's; **j'habite dans le coin** I live around here.

coincé *m*, **-ée** *f (tiroir, personne)* stuck.

coincer (se) *(mécanisme)* to get stuck: **se coincer le doigt** to get one's finger stuck.

col *m* collar.

colère *f* anger; **être en colère** to be angry (**contre** with); **se mettre en colère** to lose one's temper, to get angry.

colis *m* parcel.

collant *m*, **-ante** *f (papier)* sticky; *(vêtement)* skin-tight.

collant *m* tights, *(en américain)* pantyhose.

colle *f* glue.

collection *f* collection.

collectionner to collect *(stamps)*.

collège *m* school (*for pupils between 11 and 15*).

The **collège** is the rough equivalent of the British 'comprehensive school' and of the American 'junior high school'.

collégien *m* schoolboy.

collégienne *f* schoolgirl.

coller 1 to stick: **coller un timbre/une étiquette sur quelque chose** to stick a stamp/a label on something; **ce timbre ne colle pas bien** this stamp doesn't stick too well.

2 to press: **coller son nez/son oreille contre quelque chose** to press one's nose/one's ear against something.

collier *m (bijou)* necklace; *(de chien, cheval)* collar.

colline *f* hill.

colombe *f* dove.

colonie de vacances *f* children's holiday camp, *(en américain)* summer camp.

colonne *f* **1** column. **2 la colonne vertébrale** the spine.

colorier to colour in, to colour *(a drawing)*: **colorier un dessin en rouge** to colour in a drawing in red; **album à colorier** colouring book.

combat *m* fight; **les combats** the fighting.

combattre to fight.

To conjugate this verb turn to p 175.

combien 1 *(en quantité)* how much: **combien coûte cette voiture?** how much does this car cost?; **ça fait combien?** how much is it?

2 combien de how much; **combien de sucre/d'argent?** how much sugar/money?; **depuis combien de temps est-il malade?** how long has he been ill?

3 *(en nombre)* how many: **vous en avez combien?** how many do you have?

4 combien de how many; **combien de gens/de livres/de fois?** how many people/books/times?

combinaison *f* **1** combination. **2** *(vêtement de femme)* slip. **3 combinaison de plongée/de ski** wetsuit/ski suit; **combinaison spatiale** spacesuit.

comédie *f* comedy; **comédie musicale** musical.

comique *(amusant)* funny.

commandant *m* **1** *(de navire)* captain.

2 *(d'avion)* **commandant de bord** captain.

commande *f* order: **faire** *ou* **passer une commande** to put in an order.

commandes *f plural (d'avion)* **les commandes** the controls.

commander 1 commander l'armée to be in command of the army; **commander à quelqu'un de faire quelque chose** to order *ou* to command someone to do something; **c'est lui qui commande** he's the one giving the orders.

2 *(acheter)* **commander quelque chose** to order something.

comme[1] **1** like: **comme moi** like me; **comme ça** like this.

2 as: **il écrit comme il parle** he writes as he speaks; **citer quelque chose comme exemple** to quote something as an example; **comme si** as if.

comme[2] *(indiquant la cause)* as: **comme tu es mon ami, je te dirai tout** as you're my friend, I'll tell you everything.

comme[3] how: **regarde comme il pleut!** look how it's raining!; **comme c'est petit!** isn't it small!

commencement *m* beginning, start: **au commencement** at the beginning.

commencer to start, to begin: **commencer à faire quelque chose** to start *ou* to begin doing something, to start *ou* to begin to do something; **commencer par quelque chose** to start *ou* to begin with something; **commencer par faire quelque chose** to start *ou* to begin by doing something.

comment 1 how: **comment le sais-tu?** how do you know?; **comment allez-vous?** how are you?; **comment vous appelez-vous?** what's your name?; **comment est-il?** what's he like?

2 *(pour faire répéter)* **comment?** what did you say?

3 *(pour indiquer la surprise)* **comment?** what?

commerçant *m*, **-ante** *f* shopkeeper, *(en américain)* storekeeper.

commerce *m* **1** trade: **le commerce mondial** world trade.
2 *(affaires)* business: **elle fait du commerce** she's in business.
3 *(magasin)* shop, *(en américain)* store: **dans le commerce** in the shops *ou* stores.

commercial *m*, **-e** *f* (**-aux** *m plural*) commercial.

commettre to commit *(a crime)*; **commettre une erreur** to make a mistake.

To conjugate this verb turn to p 175.

commissariat (*ou* **commissariat de police**) *m* police station.

commissions *f plural* shopping: **faire les commissions** to do the shopping.

commode *(pratique)* handy.

commode *f* chest of drawers, *(en américain)* dresser.

commun *m*, **-une** *f* **1** *(jardin, cuisine)* shared; *(langue, ennemi)* common.
2 en commun in common; **avoir quelque chose en commun avec quelqu'un** to have something in common with someone.

communication *f* **1** communication.
2 *(téléphonique)* telephone call.

communiquer to communicate (**avec** with).

compagne *f (copine, épouse)* partner.

compagnie *f* **1** *(présence)* company: **tenir compagnie à quelqu'un** to keep someone company.
2 *(société)* company: **compagnie d'assurances** insurance company; **compagnie aérienne** airline.

compagnon *m* **1** *(camarade)* companion; **compagnon de jeu** playmate.
2 *(copain, époux)* partner.

comparaison *f* comparison (**avec** with): **faisons la comparaison entre un cheval et un âne** let's make a comparison between a horse and a donkey.

comparer to compare (**à** to).

compartiment *m (dans un train)* compartment.

compas *m* compasses, pair of compasses, *(en américain)* compass.

complet *m*, **-ète** *f* **1** *(liste, succès)* complete. **2** *(train, bus, hôtel)* full.

complet *m (costume)* suit.

complètement completely.

compléter to complete.

compliments *m plural*: **faire des compliments à quelqu'un** to congratulate *ou* to praise someone (**sur** on).

compliqué *m*, **-ée** *f* complicated.

comportement *m* behaviour, *(en américain)* behavior.

comporter (se) to behave.

composé *m*, **-ée** *f*: **être composé de** to be made up of, to consist of.

composer: composer un numéro to dial a number.

composer (se): se composer de to be made up of, to consist of.

comprendre 1 to understand: **c'est difficile à comprendre** it's hard to understand; **je comprends bien!** I understand!
2 *(être composé de)* to include.

To conjugate this verb turn to p 175.

comprimé *m* tablet; **prendre un comprimé d'aspirine** to take an aspirin.

compris *m*, **-ise** *f* **1** understood: **alors, c'est compris?** so, is that understood?
2 included: **être compris dans** to be included in; **200 francs tout compris** 200 francs all inclusive.
3 y compris including; **ils sont tous partis, y compris ma sœur** they've all left, including my sister.

compte *m* **1 se rendre compte de quelque chose** to realize something;

tenir compte de quelque chose to take something into account.
2 *(calcul)* calculation: **faire le compte de** to count up *(letters, books)*; **faire le compte des dépenses** to work out the expenses; **faire ses comptes** to reckon up.
3 en fin de compte all things considered.

compter 1 to count: **j'ai compté les enfants** I counted the children; **elle sait compter** she knows how to count.
2 compter faire quelque chose *(espérer)* to expect to do something; *(avoir l'intention)* to intend to do something.
3 *(être important)* to count: **ça ne compte pas** that doesn't count.
4 compter sur quelqu'un to rely on someone, to count on someone.

comptoir *m (de café)* bar; *(de magasin)* counter.

concerner to concern.

concert *m* concert.

concierge *m ou f* caretaker, *(en américain)* janitor.

conclusion *f* conclusion.

concombre *m* cucumber.

concours *m* **1** *(jeu)* competition: **concours de natation** swimming competition; **concours de beauté** beauty contest.
2 *(examen)* competitive examination.

condamner to sentence: **le voleur a été condamné à trois ans de prison** the thief was given three years in prison *ou* was sentenced to three years in prison.

condition *f* **1** condition: **je jouerai avec toi à une condition** I'll play with you on one condition; **les conditions de vie** living conditions.
2 à condition que quelqu'un fasse quelque chose, à condition de faire quelque chose provided that someone does something.

conducteur *m*, **-trice** *f* driver.

conduire to drive: **je te conduirai à la gare** I'll drive you to the station; **elle sait conduire** she knows how to drive.

To conjugate this verb turn to p 175.

conduire (se) to behave.

conduite *f* behaviour, *(en américain)* behavior.

confiance *f* **1** trust: **faire confiance à quelqu'un, avoir confiance en quelqu'un** to trust someone. **2 confiance en soi** self-confidence.

confier: confier quelque chose à quelqu'un to give someone something to look after; **confier un secret à quelqu'un** to tell someone a secret; **se confier à quelqu'un** to confide in someone.

confiserie *f* sweet shop, *(en américain)* candy store.

confiture *f* jam: **confiture de fraises** strawberry jam.

confondre: confondre quelque chose/quelqu'un avec to mistake something/someone for.

confort *m* comfort.

confortable comfortable.

confus *m*, **-use** *f* **1** *(situation, idée)* confused. **2** *(gêné)* embarrassed.

confusion *f* **1** confusion. **2** *(gêne)* embarrassment.

congé *m* holiday, *(en américain)* vacation: **en congé** on holiday, on vacation; **congé de maladie** sick leave.

congélateur *m* freezer.

congeler to freeze *(food)*.

conjugaison *f* conjugation.

conjuguer to conjugate.

connaissance *f* **1** knowledge: **elle a de bonnes connaissances en mathématiques** she has a good knowledge of mathematics; **faire la connaissance de quelqu'un** to meet someone.
2 *(personne)* acquaintance.
3 perdre connaissance to lose con-

sciousness.

connaître 1 to know: **je le connais bien** I know him well.
2 *(rencontrer)* to meet: **nous nous connaissons déjà** we've met before, we know each other.

To conjugate this verb turn to p 175.

connu *m*, **-ue** *f* *(célèbre)* well-known.

consacrer to devote *(time, one's life)* (**à** to).

conscience *f* *(morale)* conscience.

conseil *m*: **un conseil** a piece of advice; **des conseils** advice; **donner des conseils** *ou* **un conseil à quelqu'un** to give someone some advice.

conseiller 1 conseiller à quelqu'un de faire quelque chose to advise someone to do something; **je lui ai conseillé de ne pas y aller** I advised him not to go; **être mal conseillé** to be badly advised.
2 conseiller quelque chose à quelqu'un to recommend something to someone.

consentir: consentir à quelque chose to agree to something; **consentir à faire quelque chose** to agree to do something.

To conjugate this verb turn to p 175.

conséquence *f* consequence.

conserve *f*: **boîte de conserve** can, tin; **conserves** canned *ou* tinned food; **petits pois en conserve** canned *ou* tinned peas.

conserver to keep.

considérable considerable, very great.

considérer to consider (**que** that).

consonne *f* consonant.

constater to notice (**que** that).

construction *f* *(bâtiment)* building.

construire to build.

To conjugate this verb turn to p 175.

consulter: consulter un médecin to see a doctor.

contact *m* contact: **être en contact avec** to be in touch *ou* in contact with.

conte *m* tale: **conte de fées** fairy tale.

contenir 1 to contain: **cette bouteille contient du vin** this bottle contains wine. **2** *(avoir comme capacité)* to hold: **cette bouteille contient 5 litres** this bottle holds 5 litres.

To conjugate this verb turn to p 175.

content *m*, **-ente** *f* pleased, happy (**de quelqu'un/quelque chose** with someone/something): **content de faire quelque chose** pleased *ou* happy to do something; **je suis très content que vous soyez venu** I'm very pleased *ou* happy you've come.

contenter: contenter quelqu'un to please someone; **se contenter de quelque chose** to be happy with something.

continent *m* continent.

continu *m*, **-ue** *f* continuous.

continuer 1 to carry on, to continue: **continuez votre travail!** carry on with your work!, carry on *ou* continue your work!; **continuez!** go on!, carry on!, continue!
2 continuer à *ou* **de faire quelque chose** to carry on *ou* to continue doing something.

contraire *m*: **le contraire** the opposite (**de** of); **au contraire** on the contrary.

contre[1] 1 against: **contre le mur** against the wall.
2 *(en échange de)* for: **échanger quelque chose contre quelque chose** to exchange something for something.
3 par contre on the other hand.

contre[2] against it: **je suis contre** I'm against it; **elle n'a rien contre** she has nothing against it.

contrôle *m* **1** checking: **le contrôle des billets** the checking of tickets, the ticket inspection; **un moyen de contrôle** a means of checking.
2 check: **un contrôle d'identité/de**

sécurité an identity/a security check.
3 *(maîtrise)* control: **perdre le contrôle de sa voiture** to lose control of one's car.

contrôler *(examiner)* to check, to inspect.

contrôleur *m*, **-euse** *f* ticket inspector.

convaincre to convince (**de quelque chose** of something); **convaincre quelqu'un de faire quelque chose** to persuade someone to do something.

To conjugate this verb turn to p 175.

convaincu *m*, **-ue** *f* *(certain)* convinced (**de** of): **j'en suis convaincu** I'm convinced of it.

convenir: convenir à quelqu'un to suit someone; **si ça vous convient** if that suits you; **cette date ne me convient pas** the date isn't suitable.

To conjugate this verb turn to p 175.

conversation *f* conversation.

copain *m* *(camarade)* friend, pal; *(petit ami)* boyfriend.

Take care: this word is familiar.

copie *f* **1** *(de lettre, de cassette)* copy.
2 *(devoir, examen)* paper.

copier to copy: **copier quelque chose sur quelqu'un** *(à l'école)* to copy something from someone.

copine *f* *(camarade)* friend, pal; *(petite amie)* girlfriend.

Take care: this word is familiar.

coq *m* rooster, cock.

coquelicot *m* poppy.

coquillage *m* **1** *(animal)* shellfish: **manger des coquillages** to eat shellfish. **2** *(coquille)* shell.

coquille *f* shell.

corbeau *m* (**-eaux** *plural*) crow.

corbeille *f* basket: **corbeille de fleurs/de fruits** basket of flowers/fruit; **corbeille à papier** wastepaper basket.

corde *f* **1** rope: **corde à sauter** skipping rope, *(en américain)* jump rope.
2 *(de raquette, violon)* string.

cordonnier *m* shoe repairer.

corne *f* *(de chèvre, taureau)* horn.

cornet *m* *(de glace)* cone: **cornet de papier** paper cone.

corps *m* body.

correct *m*, **-e** *f* **1** *(exact)* correct: **la réponse correcte** the correct reply.
2 *(qui convient bien)* acceptable, reasonable: **un résultat correct** an acceptable *ou* a reasonable result.

correspondance *f* *(échange de lettres)* correspondence.

correspondre 1 correspondre à quelque chose to correspond to something, to match something.
2 *(écrire)* to correspond (**avec** with).

corriger 1 to correct *(a mistake, a text)*.
2 to mark, *(en américain)* to grade: **le professeur a corrigé nos copies/nos examens** the teacher marked *ou* graded our papers/our exams.

corse *(ville, étudiant)* Corsican.

Corse *m ou f* Corsican: **c'est un Corse** he's a Corsican.

Corse *f* Corsica: **aller en Corse** to go to Corsica; **vivre en Corse** to live in Corsica.

costume *m* *(pantalon et veste)* suit; *(d'acteur, de danseur)* costume.

côte *f* **1** *(bord de la mer)* coast: **sur la côte** on the coast.
2 *(os)* rib: **il s'est cassé une côte** he broke a rib.
3 *(pente)* hill: **au sommet de la côte** at the top of the hill.
4 côte à côte side by side.

côté *m* **1** side: **couche-toi sur le côté** lie on your side; **de l'autre côté** on the other side (**de** of).
2 à côté de next to; **assieds-toi à côté de moi** sit down next to me.
3 à côté nearby; *(dans la pièce voisine)* in the next room; **nous habitons à côté** we live next door.

4 *(direction)* way: **de quel côté?** which way?; **de l'autre côté** the other way; **j'ai regardé du côté de mon père** I looked towards my father.

coton *m* **1** cotton: **drap en coton** cotton sheet. **2 coton hydrophile** cotton wool, *(en américain)* absorbent cotton.

cou *m* neck.

couche *f* **1** *(de poussière, beurre)* layer; *(de peinture)* coat. **2** *(de bébé)* nappy, *(en américain)* diaper.

couché *m*, **-ée** *f*: **être couché** to be in bed; *(étendu)* to be lying down.

coucher to sleep (**chez quelqu'un** at someone's house, **avec quelqu'un** with someone).

coucher *m*: **le coucher du soleil** sunset.

coucher (se) 1 to go to bed; *(s'allonger)* to lie down. **2** *(soleil)* to set.

coude *m* elbow; **donner un coup de coude à quelqu'un** to nudge someone.

coudre to sew: **coudre un bouton** to sew *ou* to sew on a button; **elle n'aime pas coudre** she doesn't like sewing.

To conjugate this verb turn to p 175.

couler[1] **1** *(rivière, eau)* to flow.
2 *(robinet, nez)* to run: **j'ai le nez qui coule** my nose is running; **faire couler un bain** to run a bath.
3 *(fuir)* to leak: **le robinet/le stylo coule** the tap/the pen is leaking.

couler[2] *(bateau, nageur)* to sink.

couleur *f* colour, *(en américain)* color: **c'est de quelle couleur?** what colour is it?; **photo/pellicule couleur** *ou* **en couleur** colour photo/film.

couloir *m* *(de maison, d'appartement)* corridor.

coup *m* **1** blow, knock; *(à la porte)* knock: **recevoir un coup sur la tête** to get a blow *ou* a knock on one's head; **un coup de bâton** a blow with a stick; **donner un coup à quelque chose/quelqu'un, donner des coups à quelque chose/quelqu'un** to hit something/someone.
2 *(de fusil)* shot: **coup de feu** gunshot.
3 *(choc moral)* blow, shock: **ça m'a fait un coup** it gave me such a shock!, it was such a blow!
4 *(mouvement)* **donner un coup de brosse à quelque chose** to give something a brush; **coup de chiffon** wipe with a rag; **coup de pied** kick; **coup de poing** punch; **coup de sonnette** ring on a bell.
5 après coup afterwards; **tout à coup, tout d'un coup** suddenly; **d'un seul coup** in one go.

coupable guilty (**de quelque chose** of something, **d'avoir fait** of doing): **être reconnu coupable** to be found guilty.

coupe *f* **1** *(en sport)* cup. **2 coupe de cheveux** haircut.

couper 1 to cut: **j'ai coupé le pain** I cut the bread; **elle s'est coupé au doigt** she's cut her finger; **ce couteau ne coupe pas** this knife doesn't cut; **couper un arbre** to cut down a tree.
2 to cut off *(the telephone, the gas)*: **on a coupé le courant** they cut off the electricity.

couple *m* couple.

coupure *f* **1** *(au doigt, au bras)* cut. **2 coupure de courant** blackout, power cut.

cour *f* yard, courtyard: **cour de récréation** playground, *(en américain)* school yard.

courage *m* courage; **bon courage!** good luck!

courageux *m*, **-euse** *f* brave.

couramment 1 fluently: **elle parle anglais couramment** she speaks English fluently.
2 *(souvent)* frequently.

courant *m*, **-ante** *f* *(fréquent)* common.

courant *m* **1 être au courant de quelque chose** to know about something; **mettre quelqu'un au courant de quelque chose** to tell someone about something; **je suis au courant** I know about it.
2 courant d'air draught, *(en américain)* draft.

courbe *f* curve.

courber to bend.

coureur *m (à pied)* runner

courgette *f* courgette, *(en américain)* zucchini.

courir to run: **traverser la rue/la pièce en courant** to run across the street/the room; **courir le 800 mètres** to run in the 800 metres.

To conjugate this verb turn to p 175.

couronne *f* crown.

courrier *m* **1** *(lettres)* mail, post. **2 le courrier électronique** e-mail.

courroie *f (de valise)* strap.

cours *m* **1** *(à l'école)* lesson, class; *(particulier)* lesson: **cours particulier** private lesson; **elle prend des cours d'anglais** she's taking English lessons; **il suit des cours d'informatique** he's on a computer course, he's taking a computer course.
2 au cours de during.

course *f* **1** *(action)* running; *(épreuve de vitesse)* race: **course cycliste** cycle race; **les courses** *(de chevaux)* the races; **voiture de course** racing car.
2 shopping: **faire les courses** to do the shopping, to go shopping; **j'ai une course à faire** I've got something to get, I have a bit of shopping to do.

court *m*, **courte** *f* short.

court *m*: **court de tennis** tennis court.

cousin *m*, **-ine** *f* cousin: **c'est mon cousin** he's my cousin; **c'est ma cousine** she's my cousin.

coussin *m* cushion.

couteau *m* (**-eaux** *plural*) knife (*au pluriel* knives).

coûter to cost: **ça coûte combien?** how much does it cost?; **ça coûte trop cher** it's too expensive, it costs too much.

coutume *f* custom.

couture *f* sewing; **faire de la couture** to sew.

couvercle *m (de casserole, de boîte)* lid; *(qui se visse)* top.

couvert *m*, **-erte** *f* **1** covered (**de** with, in). **2** *(ciel)* cloudy.

couvert *m*: **mettre le couvert** to set *ou* to lay the table; **les couverts** the knives and forks.

couverture *f (de lit)* blanket.

couvrir 1 to cover (**de** with); **se couvrir** *(s'habiller chaudement)* to wrap up. **2 le ciel se couvre** the sky is clouding over.

To conjugate this verb turn to p 175.

crabe *m* crab.

cracher to spit.

craie *f* chalk.

craindre to be afraid of: **craindre de faire quelque chose** to be afraid of doing something; **je crains qu'il ne soit en retard** I'm afraid he might be late.

To conjugate this verb turn to p 175.

crainte *f* fear.

crâne *m* skull.

crapaud *m* toad.

craquer 1 *(branche)* to snap. **2** *(se déchirer)* to split; *(sac)* to split open, to burst.

cravate *f* tie.

crayon *m* pencil: **au crayon** in pencil; **un crayon de couleur** a coloured pencil; *(en cire)* a crayon.

création *f* creation.

crèche *f (pour les enfants)* nursery, day nursery.

crédit *m* credit: **à crédit** on credit; **carte de crédit** credit card.

créer to create.

crème *f* cream; *(dessert)* cream dessert: **un gâteau à la crème** a cream cake; **crème à raser** shaving cream.

crème *m (café)* coffee with cream *ou* milk.

crêpe *f* pancake.

crépuscule *m* dusk.

creuser to dig: **creuser un trou** to dig a hole; **creuser la terre** to dig the earth, to dig a hole in *ou* holes in the earth; **je creuse** I'm digging.

creux *m*, **creuse** *f* hollow.

crevé *m*, **-ée** *f (fatigué)* worn out.

Take care: this word is familiar.

crever 1 to burst: **le ballon/la bulle/le pneu a crevé** the balloon/bubble/tyre burst; **crever un ballon/une bulle/un pneu** to burst a balloon/bubble/tyre.
2 *(mourir)* to die.

Take care: meaning **2** is familiar.

cri *m* **1** *(de joie, surprise)* shout, cry; *(de peur)* scream: **un cri de douleur** a cry of pain; **pousser un cri** to shout out, to cry out; *(de peur)* to scream.
2 *(d'un animal)* call, cry.

crier to shout, to shout out, to cry out; *(de peur)* to scream: **elle m'a crié de ne pas bouger** she shouted to me not to move.

crime *m* crime; *(assassinat)* murder.

criminel *m*, **-elle** *f* criminal; *(assassin)* murderer: **c'est un criminel** he's a criminal; he's a murderer.

crise *f* **1** *(dans une maladie)* attack: **crise cardiaque** heart attack; **crise d'asthme** asthma attack.
2 *(de colère)* fit: **crise de fou rire** fit of the giggles.

critique *f (reproche)* criticism.

critiquer to criticize.

Croatie *f* Croatia.

crochet *m (pour suspendre)* hook.

crocodile *m* crocodile.

croire 1 to believe: **je vous ai cru** I believed you; **croire à quelque chose** to believe in something; **elle croit en Dieu** she believes in God.
2 croire que to think that, to believe that; **je crois que oui** I think so, I believe so.

To conjugate this verb turn to p 175.

croiser 1 *(dans la rue)* **croiser quelqu'un** to pass someone; *(rencontrer)* to meet someone; **se croiser** to pass each other.
2 croiser les bras to fold one's arms; **croiser les jambes** to cross one's legs.

croissant *m (pâtisserie)* croissant.

croix *f* cross: **des croix** crosses.

croustillant *m*, **-ante** *f (pain)* crusty.

croûte *f (de pain)* crust.

cru *m*, **crue** *f*[1] ▸ *voir* **croire**.

cru *m*, **crue** *f*[2] *(viande, poisson, légumes)* raw.

cruche *f* jug.

cruel *m*, **cruelle** *f* cruel (**envers, avec** to).

cube *m* cube.

cueillir to pick *(a flower, fruit)*.

To conjugate this verb turn to p 175.

cuiller (*ou* **cuillère**) *f* spoon: **petite cuiller, cuiller à café** teaspoon; **cuiller à soupe** soup spoon.

cuir *m* leather: **sac en cuir** leather bag.

cuire to cook: **faire cuire quelque chose** to cook something; **les légumes sont en train de cuire** the vegetables are cooking; **faire cuire quelque chose au four, cuire quelque chose au four** to bake something.

To conjugate this verb turn to p 175.

cuisine *f* **1** *(pièce)* kitchen. **2** cooking: **faire la cuisine** to cook, to do the cooking; **livre de cuisine** cookbook, cookery book.

cuisinier *m*, **-ière** *f* cook: **c'est un bon cuisinier** he's a good cook; **c'est une bonne cuisinière** she's a good cook.

cuisinière *f (appareil)* cooker, stove,

(en américain) range.

cuisse *f* **1** thigh. **2 cuisse de poulet** chicken leg.

cuit *m*, **cuite** *f* cooked; **bien cuit** well done; **trop cuit** overdone, overcooked.

culotte *f (de femme)* knickers, *(en américain)* panties.

cultivateur *m*, **-trice** *f* farmer.

cultivé *m*, **-ée** *f (personne)* highly educated.

cultiver to grow *(plants, vegetables)*; to farm *(the land)*; to cultivate *(fields)*.

culture *f* **1** *(de blé, maïs)* growing; *(de champ)* cultivation; *(agriculture)* farming.
2 *(connaissances)* knowledge.

curé *m* parish priest.

curieux *m*, **-euse** *f* **1** *(qui veut savoir)* inquisitive, curious. **2** *(bizarre)* curious.

cuvette *f* basin, bowl.

cycliste *m ou f* cyclist; **course cycliste** cycle race.

cyclomoteur *m* moped.

cygne *m* swan.

Dd

d' ▸ *voir* **de**[1] & **de**[2].

d'abord first: **tu dois d'abord trouver un travail** you must first find a job; **tout d'abord** first of all.

d'accord ▸ *voir* **accord**.

d'ailleurs besides, anyway.

dame *f* **1** lady. **2 jeu de dames** = **dames.**

dames *f plural* draughts, *(en américain)* checkers: **jouer aux dames** to play draughts *ou* checkers.

Danemark *m* Denmark: **aller au Danemark** to go to Denmark; **vivre au Danemark** to live in Denmark.

danger *m* danger: **être en danger** to be in danger; **mettre quelqu'un/ quelque chose en danger** to endanger someone/something.

dangereux *m*, **-euse** *f* dangerous.

danois *m*, **-oise** *f (ville, étudiant)* Danish.

danois *m (la langue)* Danish: **parler danois** to speak Danish.

Danois *m* Dane: **c'est un Danois** he's a Dane.

Danoise *f* Dane: **c'est une Danoise** she's a Dane.

dans 1 in: **dans la boîte/le journal** in the box/the newspaper.
2 *(avec un changement de lieu)* into: **entrer dans la chambre** to go into the bedroom.
3 *(avec* boire, prendre*)* out of, from: **boire dans un verre** to drink out of a glass, to drink from a glass.
4 *(temps futur)* in: **dans deux jours** in two days, in two days' time.
5 *(environ)* about: **dans les 20 francs** about 20 francs.

danse *f* dance: **une danse espagnole** a Spanish dance.

danser to dance: **danser le tango** to dance the tango; **danser avec quelqu'un** to dance with someone.

danseur *m*, **-euse** *f* dancer.

date *f* date: **date de naissance** date of birth; **à quelle date arrivent-ils?** what date *ou* on what date are they coming?; **date limite de vente** sell-by date.

datte *f* date *(fruit)*.

dauphin *m* dolphin.

davantage 1 *(quantité)* more: **celui-ci me plaît davantage** I like this one

more; **davantage que** more than.
2 davantage de more; **davantage de temps/d'emplois** more time/jobs.

de[1] (**d'** *before a vowel or silent h*; **de + le = du, de + les = des**) **1** of: **les rayons du soleil** the rays of the sun, the sun's rays; **le livre de Paul** Paul's book; **un pont de fer** an iron bridge; **un homme de 30 ans** a man of 30; **digne de** worthy of; **parler de** to speak of *ou* about.
2 from: **venir de** to come from; **mes amis du village** my friends from the village.
3 by: **être entouré/suivi de** to be surrounded/followed by; **un livre/un tableau de quelqu'un** a book/painting by someone; **de jour/nuit** by day/night.
4 in: **une augmentation des prix** an increase in the prices; **d'une voix douce** in a gentle voice; **de cette façon** in this way; **six heures du matin** six o'clock in the morning.
5 to: **décider de faire** to decide to do; **être heureux de faire** to be happy to do.
6 with: **content de quelqu'un/quelque chose** pleased with someone/something; **trembler de froid** to shiver with cold.

de[2] some: **du sucre** some sugar; **de la confiture** some jam; **elle boit du vin** she's drinking wine *ou* some wine; **des fleurs** some flowers; **je vois des fleurs** I can see flowers *ou* some flowers; **de jolies fleurs** some pretty flowers.
2 *(dans les questions)* any: **avez-vous du lait/de la glace/des billets?** do you have any milk/any ice cream/any tickets?; **voulez-vous de l'eau?** do you want any water?
3 *(avec* ne pas, ne jamais, ne plus*)* any: **ils n'ont pas de lait/de glace/de billets** they don't have any milk/any ice cream/any tickets; **il n'y a pas d'eau** there isn't any water; **elle ne mange jamais de poisson** she never eats any fish; **je n'ai plus d'argent** I don't have any more money.

dé *m* dice: **lancer le dé** *ou* **les dés** to throw the dice.

On n'ajoute pas de 's' pour former le pluriel de **dice**.

déballer to unpack.

débarquer to go ashore.

débarrasser 1 débarrasser la table to clear the table.
2 se débarrasser de quelque chose/de quelqu'un to get rid of something/of someone; **je n'arrive pas à m'en débarrasser** I can't get rid of it.

débattre (se) to put up a fight, to struggle (*to get free*).

To conjugate this verb turn to p 175.

déborder *(fleuve, liquide)* to overflow; *(en bouillant)* to boil over; **l'eau déborde du vase** the water's spilling over the top of the vase.

debout 1 standing, standing up: **être** *ou* **se tenir debout** to be standing *ou* standing up; **rester debout** to stand, to remain standing; **mettre quelque chose debout** to stand something up; **se mettre debout** to stand up.
2 *(hors du lit)* up: **il est debout** he's up; **debout!** get up!

Does not change in the plural or in the feminine, eg 'deux personnes debout'.

débrancher to unplug *(the TV, a lamp)*.

débrouillard *m*, **-arde** *f* smart, resourceful.

débrouiller (se) to manage, to cope: **se débrouiller pour faire quelque chose** to manage somehow to do something; **débrouille-toi pour arriver à l'heure!** make sure you're on time!

Take care: this word is familiar.

début *m* beginning, start: **au début** at the beginning.

débutant *m*, **-ante** *f* beginner.

débuter to begin, to start.

décalquer to trace *(a picture)* (**sur** from).

décembre *m* December: **en décembre** in December.

décès *m* death.

décevoir to disappoint: **je suis déçu** I'm disappointed; **c'est décevant** it's disappointing.

To conjugate this verb turn to p 175.

décharger to unload.

déchirer 1 to tear *(clothes, a page)*; to tear up *(a letter)*; **ça se déchire facilement** it tears easily. **2** *(arracher)* to tear out *(a page)* (**de** from).

déchirure *f* tear.

décidé *m*, **-ée** *f* **1** *(air, ton)* determined: **être décidé à faire quelque chose** to be determined to do something.
2 c'est décidé it's settled.

décider to decide: **décider de faire quelque chose** to decide to do something; **c'est à elle de décider** it's up to her to decide; **décider que** to decide that.

décider (se) to make up one's mind: **se décider à faire quelque chose** to make up one's mind to do something.

décision *f* decision: **prendre une décision** to make a decision.

déclaration *f (commentaire)* statement.

déclarer to declare (**que** that).

déclarer (se) *(incendie, feu)* to break out.

décollage *m (d'un avion)* takeoff.

décoller 1 to take off, to unstick *(a stamp, a label)*; **se décoller** to come unstuck.
2 *(avion)* to take off: **l'avion décolle à trois heures** the plane takes off at three o'clock.

décor *m (au théâtre, paysage)* scenery; *(d'intérieur)* decoration; *(cadre)* setting.

décorer to decorate *(a Christmas tree, a cake)*.

découper to carve, to carve up *(meat, chicken)*.

décourager (se) to lose heart.

découvrir to discover (**que** that).

To conjugate this verb turn to p 175.

décrire to describe.

To conjugate this verb turn to p 175.

décrocher 1 to take down *(a picture, the curtains)*.
2 décrocher le téléphone *(pour répondre)* to pick up the phone; **j'ai décroché** I picked up the phone.

déçu *m*, **-ue** *f* disappointed.

dedans inside: **il n'y a rien dedans** there's nothing inside.

déduire to deduct (**de** from).

To conjugate this verb turn to p 175.

défaire to undo *(a knot, a package)*; **se défaire** to come undone.

To conjugate this verb turn to p 175.

défaite *f* defeat.

défaut *m (d'une personne)* fault; *(dans un tissu, un verre)* flaw.

défendre 1 *(protéger)* to defend.
2 *(interdire)* to forbid: **défendre à quelqu'un de faire quelque chose** to forbid someone to do something; **il est défendu de fumer ici** smoking is not allowed here; **défendre quelque chose à quelqu'un** to forbid someone something; **c'est défendu** it's not allowed.

défense *f*: **défense de fumer** no smoking; **défense d'entrer** no entry.

défiler *(soldats)* to march.

dégagé *m*, **-ée** *f (ciel, chemin)* clear.

dégager 1 to clear *(a road, a path)*. **2** *(libérer)* to free *(an injured person)* (**de** from); **se dégager de** *(voiture accidentée)* to pull oneself free from.

dégâts *m plural* damage: **faire** *ou* **causer des dégâts** to cause damage.

dégel *m* thaw.

dégeler to thaw: **ça dégèle** it's thawing; **faire dégeler** to thaw, to thaw out *(meat, vegetables)*.

dégonfler to let the air out of *(a mattress, a tyre)*.

dégoûtant *m*, **-ante** *f* disgusting.

dégoûté *m*, **-ée** *f* **1** *(écœuré)* disgusted. **2 être dégoûté de quelque chose** to be sick of something.

dégoûter 1 *(écœurer)* to disgust. **2 dégoûter quelqu'un de quelque chose** to put someone off something, *(en américain)* to be enough to make someone sick of something.

degré *m (de température, d'un angle)* degree: **il fait 25 degrés** it's 25 degrees.

déguisé *m*, **-ée** *f* **1** *(pour une fête)* dressed up: **être déguisé en clown** to be dressed up as a clown. **2** *(pour tromper)* disguised: **être déguisé** to be in disguise, to be disguised; **être déguisé en policier** to be disguised as a policeman.

déguiser (se) 1 *(pour une fête)* to dress up (**en** as a). **2** *(pour tromper)* to disguise oneself (**en** as a).

dehors 1 outside: **ne reste pas dehors** don't stay outside; **en dehors du pays** outside the country; **jeter** *ou* **mettre quelqu'un dehors** to throw someone out. **2 en dehors de mes amis/de vous** apart from my friends/from you.

déjà already: **est-il déjà parti?** has he left already *ou* yet?; **elle l'a déjà vu** she's already seen it, she's seen it before.

déjeuner to have lunch.

déjeuner *m* lunch; **petit déjeuner** breakfast.

delà: au-delà de beyond.

délégué *m*, **-ée** *f*: **délégué de classe** student representative (*at class meetings*).

délicat *m*, **-ate** *f* **1** *(santé, travail)* delicate. **2** *(question, situation)* tricky. **3** *(geste)* tactful, thoughtful.

délicieux *m*, **-euse** *f (gâteau, plat)* delicious.

délit *m* crime, criminal offence.

délivrer to release, to set free.

demain tomorrow; **à demain!** see you tomorrow!

demande *f* request (**de** for).

demander 1 to ask for: **demander quelque chose à quelqu'un** to ask someone for something; **demander la permission** to ask for permission. **2** to ask: **demander le chemin/l'heure** to ask the way/the time; **demander à quelqu'un de faire quelque chose** to ask someone to do something; **demander si/où/pourquoi** to ask whether/where/why. **3** *(nécessiter)* to require: **ce travail demande toute votre attention** the work requires all your attention; **ça demande du temps** it takes time.

demander (se) to wonder (**pourquoi** why, **si** if).

démanger to itch: **j'ai le bras qui me démange** my arm itches; **ça me démange** it itches.

démangeaison *f* itch; **avoir des démangeaisons** to be itching.

démarrer *(véhicule)* to start: **la voiture ne veut pas démarrer** the car won't start; **démarrer** *ou* **faire démarrer la voiture/le moteur** to start the car/the engine.

déménager to move, to move house.

demeurer *(habiter)* to live.

demi *m*, **-ie** *f* half: **une demi-journée** a half day; **cinq et demi** five and a half; **j'ai attendu une heure et demie** I waited for an hour and a half; **il est une heure et demie** it's half past one, it's one thirty.

demi (à) half: **à demi plein** half full; **dormir à demi** to be half asleep.

demi-douzaine *f*: **une demi-douzaine** half a dozen; **une demi-douzaine d'œufs** half a dozen eggs.

demi-heure *f*: **une demi-heure** half an hour, a half-hour.

demi-tour *m*: **faire demi-tour** to turn back.

démodé *m*, **-ée** *f* old-fashioned.

demoiselle *f* **1** young lady; *(célibataire)* unmarried lady. **2 demoiselle d'honneur** bridesmaid.

démolir to knock down *(a house, a wall)*.

démonter to take apart *(a machine, furniture)*; to take down *(a tent)*; **ça se démonte** *(meuble, machine)* it can be taken apart.

dénoncer : dénoncer quelqu'un à to tell on someone to *(one's teacher)*; **se dénoncer à** to own up to *(one's teacher)*.

dent *f* tooth (*au pluriel* teeth).

dentelle *f* lace: **un mouchoir en dentelle** a lace handkerchief.

dentifrice *m* toothpaste.

dentiste *m ou f* dentist: **il est dentiste** he's a dentist; **aller chez le dentiste** to go to the dentist *ou* dentist's.

dépanner to fix *(a car)*; **dépanner quelqu'un** to help someone fix his *ou* her car.

départ *m* departure; **avant mon départ** before I leave.

département *m* **1** *(division du territoire français)* department. **2** *(d'une université)* department: **le département d'anglais** the English department.

dépasser to overtake, *(en américain)* to pass *(a car, a person)*; to go past *(a place, a town)*; to exceed *(a temperature, an amount)*; **dépasser quelqu'un** *(en taille)* to be taller than someone.

dépêcher (se) to hurry up, to hurry: **dépêchons-nous de rentrer** let's hurry up and get back.

dépendre to depend (**de** on): **ça dépend de la situation/de lui** it depends on the situation/on him; **ça dépend** it depends, that depends.

dépenser to spend *(money)*: **il dépense trop** he spends too much money.

dépenses *f plural*: **faire de grosses dépenses** to spend a lot of money.

dépit: en dépit de in spite of.

déplacer to move, to shift.

déplacer (se) *(personne)* to move around; *(marcher)* to walk about, to get around; *(voyager)* to travel around.

déplaire: ça me déplaît I don't like it.

To conjugate this verb turn to p 175.

déplier to unfold *(a newspaper)*; **le parachute s'est déplié** the parachute unfolded.

déposer 1 *(poser)* to put down (**sur** on); *(laisser)* to leave.
2 déposer quelqu'un to drop someone off, to drop someone; **ils m'ont déposé à la gare** they dropped me off *ou* they dropped me at the station.

depuis[1] **1** since: **depuis mardi** since Tuesday; **depuis 1995** since 1995; **je travaille ici depuis l'année dernière** I've been working here since last year.
2 depuis que since; **depuis qu'elle est partie** since she left.
3 for: **je travaille ici depuis un mois** I've been working here for a month; **depuis quand êtes-vous là?** how long have you been here?

depuis[2] since, since then: **je ne l'ai pas revu depuis** I haven't seen him since *ou* since then.

déranger 1 *(gêner)* to disturb, to bother: **je ne voulais pas vous déranger** I didn't want to disturb *ou* to bother you; **ça vous dérange si je fume?** do you mind if I smoke?
2 *(mettre en désordre)* to disturb: **déranger les affaires/les papiers de quelqu'un** to disturb someone's things/papers.

déranger (se) *(se déplacer)* to bother to come *ou* to go: **ne te dérange pas, je te l'apporte!** stay where you are *ou* don't bother, I'll bring it to you!

déraper to skid.

dernier *m*, **-ière** *f* [1] **1** last: **le dernier paragraphe** the last paragraph; **l'année dernière** last year; **les dix dernières minutes** the last ten minutes; **au dernier étage** on the top floor; **faire quelque chose en dernier** to do something last *ou* last of all.
2 *(le plus récent)* latest: **les dernières nouvelles** the latest news; **c'est son dernier roman** it's his latest novel.

dernier *m*, **-ière** *f* [2] **le dernier, la dernière** the last one; **arriver le dernier** to arrive last; **être le dernier de la classe** to be at the bottom of the class.

derrière [1] behind: **derrière l'arbre** behind the tree.

derrière [2] behind: **je suis assis derrière** I'm sitting behind; *(dans une voiture)* I'm sitting in the back.

des ▸ *voir* **de** [1] & **de** [2], **le**

dès 1 from: **dès maintenant** from now on; **dès le début** right from the start; **dès mon arrivée** as soon as I arrive.
2 dès que as soon as; **dès qu'elle viendra** as soon as she comes.

désaccord *m* disagreement.

désagréable unpleasant.

désastre *m* disaster.

désavantage *m* disadvantage.

descendre 1 to come down, to go down; **descendre en courant** to run down.
2 descendre l'escalier/la rue to come *ou* to go down the stairs/the street.
3 *(d'un train)* to get off; **elle est descendue du train** she got off the train.
4 to bring down, to take down: **descendre une valise/des chaussures** to bring *ou* to take down a suitcase/some shoes.

> This verb is conjugated with **être** in meanings **1** and **3** (eg 'je suis descendu'), and with **avoir** in meanings **2** and **4** (eg 'j'ai descendu').

descente *f* **1** going down, coming down: **la descente a pris trois heures** it took three hours going *ou* coming down. **2** *(pente)* slope.

description *f* description.

désert *m*, **-erte** *f* deserted: **une rue déserte** a deserted street; **une île déserte** a desert island.

désert *m* desert.

déshabiller: déshabiller quelqu'un to undress someone; **se déshabiller** to get undressed, to undress.

désigner 1 *(montrer)* to point to. **2** *(choisir)* to choose: **désigner quelqu'un pour faire quelque chose** to choose someone to do something.

désirer to want: **je désire que vous veniez** I want you *ou* I would like you to come.

désobéir to disobey: **désobéir à quelqu'un** to disobey someone.

désobéissant *m*, **-ante** *f* disobedient.

désolé *m*, **-ée** *f* sorry: **être désolé de faire quelque chose** to be sorry to do something; **je suis désolé d'être en retard** I'm sorry I'm late.

désordre *m* *(dans une chambre)* mess; **en désordre** messy, untidy.

désormais from now on.

desquelles, desquels ▸ *voir* **lequel**.

desserrer to loosen *(a belt)*.

dessert *m* dessert: **qu'est-ce que vous avez comme dessert?** what do you have for dessert?

dessin *m* **1** drawing: **faire un dessin** to draw a picture, to do a drawing. **2 dessin animé** cartoon *(film)*.

dessiner to draw *(a person, a house)*: **je sais très bien dessiner** I can draw very well.

dessous [1] underneath; **en dessous** underneath; **mes pantoufles étaient dessous** *ou* **en dessous** my slippers were underneath; **passer par-dessous, passer en dessous** to go underneath.

dessous [2] **1 le dessous** the underneath. **2 les gens du dessous** the people downstairs.

dessus [1] *(marcher, monter)* on it; *(passer, lancer)* over it; **passer par-dessus** to go over it; **sauter par-dessus quelque chose** to jump over something.

dessus [2] **1 le dessus** the top. **2 les gens du dessus** the people upstairs.

destination *f* destination; **un train à destination de Rennes** a train bound for *ou* going to Rennes.

détacher 1 *(défaire)* to undo *(a belt, a hook)*; to untie, to undo *(shoes, a knot)*; to untie *(a person, someone's hands)*.
2 *(enlever)* to take off *(a stamp, a poster)* (**de** from); **se détacher de quelque chose** to come off something.

détail *m* detail; **en détail** in detail.

détective *m* detective: **détective privé** private detective.

détendre (se) *(se reposer)* to relax.

détester to hate: **détester faire quelque chose** to hate doing something.

détour *m*: **elle a fait un détour** she went the long way round.

détruire to destroy.

To conjugate this verb turn to p 176.

dette *f* debt: **faire des dettes** to run up debts.

deuil *m* mourning: **être en deuil** to be in mourning.

deux two; **deux fois** twice; **tous les deux** both.

Pour des exemples d'emploi, voir **dix**.

deuxième second: **c'est la deuxième fois** it's the second time.

deuxième *m ou f (personne)* second: **vous êtes le deuxième** you're the second *ou* the second one.

deuxième *m (étage)* **le deuxième** the second floor, *(en américain)* the third floor.

dévaliser to rob *(a bank)*.

devant [1] in front of: **devant l'hôtel** in front of the hotel; **passer devant l'hôtel** to go past the hotel.

devant [2] in front: **je me mets devant** I'll go in front; **je passe devant tous les jours** I go past it every day.

devant *m (de maison, chemise)* front; **dents/pattes de devant** front teeth/legs.

développer 1 to develop *(a photo, one's muscles)*. **2 se développer** *(enfant, corps, pays)* to develop.

devenir to become: **devenir professeur/acteur** to become a teacher/an actor.

This verb is conjugated with **être**, eg 'il est devenu' = 'he *has* become'. To conjugate turn to p 176.

deviner to guess: **devine qui j'ai vu** guess who I saw; **je ne peux pas deviner** I can't guess.

devinette *f* riddle: **poser une devinette à quelqu'un** to ask someone a riddle.

dévisser to unscrew *(a cap, a bolt)*; **ça se dévisse** it unscrews.

devoir [1] **1** *(nécessité)* must, have to: **je dois refuser** I must refuse, I have to refuse; **j'ai dû refuser** I had to refuse.
2 *(probabilité)* must: **il doit être tard** it must be late; **elle a dû oublier** she must have forgotten.
3 *(obligation)* must, should: **tu dois apprendre tes leçons** you must learn your lessons; **vous devriez rester** you should stay; **il aurait dû venir** he should have come.
4 *(événement prévu)* to be supposed to, to be due to: **elle doit venir à midi** she's supposed to be coming at noon, she's due to come at noon; **le train devait arriver à deux heures** the train was due to arrive at two o'clock.

devoir [2] to owe: **devoir de l'argent/**

100 francs à quelqu'un to owe someone money/100 francs.

To conjugate **devoir** [1] & [2] turn to p 176.

devoir *m* **1** duty: **faire son devoir** to do one's duty.
2 *(exercice)* exercise; **devoirs** *(à faire à la maison)* homework; **faire ses devoirs** to do one's homework; **mes devoirs d'anglais** my English homework.

dévorer *(manger)* to eat up.

dévoué *m*, **-ée** *f (infirmière, professeur)* dedicated.

d'habitude usually.

diabète *m* diabetes: **avoir du diabète** to have diabetes.

diable *m* devil.

diamant *m* diamond: **une bague/une rivière de diamants** a diamond ring/necklace.

dictée *f* dictation.

dictionnaire *m* dictionary.

dieu *m* (**dieux** *plural*) god; **Dieu** God.

différence *f* difference (**entre** between).

différent *m*, **-ente** *f* **1** different: **je suis très différent de mon frère** I'm very different from *ou* to my brother.
2 *(plusieurs)* **différents** various; **différentes personnes l'ont vu** various people saw him.

difficile *(problème, enfant)* difficult: **cette situation est difficile à accepter** this situation is difficult *ou* hard to accept; **il est difficile d'accepter cette situation** it is difficult *ou* hard to accept this situation.

difficulté *f* difficulty: **elle a des difficultés en anglais** she has difficulty with English; **être en difficulté** to be in a difficult situation.

diffuser to broadcast: **diffuser une émission/un match** to broadcast a programme/a match.

digne worthy (**de** of): **être digne de quelque chose** to deserve something, to be worthy of something.

dimanche *m* Sunday: **nous sommes dimanche** it's Sunday; **elle est venue dimanche** she came on Sunday; **il travaille le dimanche** he works on Sundays.

diminuer *(prix, nombre)* to drop, to come down.

dinde *f (viande)* turkey.

dîner to have dinner; *(au Canada, en Belgique)* to have lunch.

dîner *m* dinner; *(au Canada, en Belgique)* lunch.

dinosaure *m* dinosaur.

diplôme *m* certificate; *(d'université)* degree.

dire 1 to say *(a word, one's opinion)*; to tell *(the truth, a secret, the time)*: **elle dit que tu mens** she says you're lying; **dire à quelqu'un que** to tell someone that, to say to someone that; **dire quelque chose à quelqu'un** to tell someone something, to say something to someone; **dire à quelqu'un de faire quelque chose** to tell someone to do something.
2 on dirait un château it looks like a castle; **on dirait qu'il va pleuvoir** it looks like it's going to rain; **on dirait du Mozart** it sounds like Mozart; **on dirait du poulet** it tastes like chicken.

To conjugate this verb turn to p 176.

dire (se) to be said: **comment ça se dit en anglais?** how do you say that in English?; **ça ne se dit pas** that's not said, you can't say that.

direct *m*, **-e** *f* **1** *(chemin, vol)* direct; **ce train est direct** this train is non-stop.
2 en direct live; **une émission en direct** a live broadcast.

directement directly.

directeur *m* **1** *(d'une école)* headmaster, *(en américain)* principal. **2** *(dans une entreprise)* manager, director.

direction *f* direction: **dans la bonne/la mauvaise direction** in the right/

the wrong direction; **prendre la direction de la gare** to go in the direction of the station, to head for the station.

directrice *f* **1** *(d'une école)* headmistress, *(en américain)* principal. **2** *(dans une entreprise)* manager, director.

diriger to run, to manage *(a company, a factory)*.

diriger (se): se diriger vers to make one's way towards, to head for.

dis, disant ▸ *voir* **dire**.

discothèque *f (club)* disco.

discours *m* speech.

discussion *f* **1** talk, discussion. **2 pas de discussion!** no argument!

discuter 1 *(parler)* to talk (**de** about): **je discutais avec mes amis** I was talking with my friends. **2** *(protester)* to argue (**avec** with): **ne discutez pas!** don't argue!

disent, disons ▸ *voir* **dire**.

disparaître to disappear; **faire disparaître une tache/une difficulté** to get rid of a stain/a difficulty.

To conjugate this verb turn to p 176.

disparu *m*, **-ue** *f (enfant, soldat)* missing: **avoir disparu** to be missing; **mon appareil photo a disparu** my camera is missing; **le bateau a disparu en mer** the boat was lost at sea.

disperser (se) *(foule, groupe)* to break up.

disponible available.

disposé *m*, **-ée** *f*: **être disposé à faire quelque chose** to be prepared *ou* willing to do something.

disposer *(placer)* to arrange, to set out.

disposition *f* **1** *(de meubles, livres)* arrangement.
2 je suis à ta disposition I'm at your service; **avoir quelque chose à sa disposition** to have something at one's disposal; **mon vélo est à ta disposition** you're welcome to use my bike, my bike is at your disposal.
3 prendre ses dispositions to make arrangements.

dispute *f* quarrel, argument.

disputer (se) to quarrel, to argue (**avec** with).

disque *m* **1** *(d'un ordinateur)* disk; **le disque dur** the hard disk.
2 *(de musique)* record; **disque compact** compact disc *ou* disk.
3 *(cercle)* disc, *(en américain)* disk.

disquette *f (d'un ordinateur)* floppy disk; **sur disquette** on disk.

distance *f* distance: **à une distance de 50 kilomètres** at a distance of 50 kilometres.

distinctement *(voir, parler)* clearly.

distinguer 1 *(voir)* to make out. **2 distinguer quelque chose de quelque chose** to tell something from something; **ils n'arrivent pas à distinguer le bien du mal** they can't tell good from evil.

distraction *f* entertainment, amusement: **c'est ma seule distraction** it's my only entertainment *ou* form of entertainment; **il y a beaucoup de distractions** there are many things to do *ou* many amusements.

distrait *m*, **-aite** *f* absent-minded.

distribuer *(donner)* to hand out; **distribuer le courrier** to deliver the mail.

dit, dite, dites ▸ *voir* **dire**.

divers *m plural*, **diverses** *f plural* **1** *(plusieurs)* various: **diverses raisons** various reasons. **2** *(variés)* varied: **des opinions diverses** varied opinions.

diviser to divide (**en** into): **il l'a divisé en trois parties** he divided it into three parts; **15 divisé par 3 égale 5** 15 divided by 3 is 5.

division *f* division.

divorcé *m*, **-ée** *f* divorced.

divorcer to get divorced.

dix 1 ten: **dix filles** ten girls; **j'en ai dix** I've got ten, I have ten of them; **il y en a dix** there are ten, there are ten of

them; **nous sommes dix** there are ten of us; **c'est à la page dix** it's on page ten.
2 *(l'heure)* **il est dix heures** it's ten, it's ten o'clock; **à dix heures** at ten, at ten o'clock.
3 *(l'âge)* **elle a dix ans** she's ten, she's ten years old.
4 *(la date)* **nous sommes le dix juin** it's the tenth of June, *(en américain)* it's June tenth.

dix-huit eighteen.

Pour des exemples d'emploi, voir **dix**.

dixième tenth: **c'est la dixième fois** this is the tenth time.

dixième *m ou f (personne)* tenth: **vous êtes le dixième** you're the tenth *ou* the tenth one.

dixième *m* **1** *(fraction)* tenth: **trois dixièmes** three tenths.
2 *(étage)* **le dixième** the tenth floor, *(en américain)* the eleventh floor.

dix-neuf nineteen.

Pour des exemples d'emploi, voir **dix**.

dix-sept seventeen.

Pour des exemples d'emploi, voir **dix**.

dizaine *f*: **une dizaine** about ten; **une dizaine de personnes** about ten people; **des dizaines de** dozens of.

docteur *m* doctor: **elle est docteur** she's a doctor; **aller chez le docteur** to go to the doctor *or* doctor's.

doigt *m* finger; **doigt de pied** toe; **le petit doigt** the little finger, *(en américain)* the pinkie.

dois, doit, doivent ▸ *voir* **devoir**[1] &[2].

dollar *m* dollar.

domestique *m ou f* servant.

domicile *m* home; **changer de domicile** to change one's address; **le boucher livre à domicile** the butcher delivers.

dominer 1 *(tour, rocher)* to tower above *(the buildings, the valley)*. **2** *(être plus fort que)* **ils nous dominent** they have the upper hand, they're stronger than us.

domino *m* domino: **jouer aux dominos** to play dominoes.

dommage *m*: **c'est dommage!** it's a pity, it's a shame!; **c'est dommage qu'elle ne soit pas venue** it's a pity *ou* a shame she didn't come; **quel dommage!** what a pity!, what a shame!

dommages *m plural (dégâts)* damage: **causer des dommages à** to cause damage to.

donc 1 so. **2** *(intensif)* **asseyez-vous donc!** will you sit down!; **qui donc?** who?

donné: étant donné que seeing that.

donner 1 to give: **donner quelque chose à quelqu'un** to give someone something, to give something to someone.
2 ça donne soif/faim it makes you thirsty/hungry.
3 donner sur la cour *(fenêtre)* to overlook the courtyard; *(porte)* to open onto the courtyard.

dont 1 *(personne)* of whom: **la fille dont il est fier** the daughter he is proud of *ou* of whom he is proud.
2 *(chose)* of which: **le livre dont il est l'auteur** the book of which he is the author.
3 about which: **le livre dont elle m'a parlé** the book she spoke to me about, the book about which she spoke to me.
4 in which: **la façon dont je joue** the way I play, the way in which I play.
5 *(appartenance)* whose: **une mère dont le fils est malade** a mother whose son is ill.

doré *m*, **-ée** *f (cheveux, lumière)* golden; *(papier)* gold-coloured.

dormir to sleep.

To conjugate this verb turn to p 176.

dortoir *m* dormitory.

dos *m (d'une personne, d'un animal)* back: **se coucher sur le dos** to lie on one's back.

dossier *m* **1** *(d'un siège)* back. **2** *(papiers)* file.

douane *f* customs: **passer à la douane** to go through customs.

double *(quantité, consonne, sens)* double.

double *m*: **le double** twice as much, double; **j'ai payé le double** I paid twice as much, I paid double; **j'ai le double de votre âge** I'm twice as old as you are, I'm double your age; **le double du prix normal** twice *ou* double the normal price.
2 *(exemplaire)* copy: **je l'ai en double** I've got two of them, I've got two copies.

doubler 1 to double: **leur salaire a doublé** their salary has doubled. **2** *(en voiture)* to overtake, *(en américain)* to pass.

douce ▸ *voir* **doux**.

doucement 1 gently: **j'ai freiné doucement** I braked gently.
2 *(à voix basse)* softly: **il parle doucement** he speaks softly.
3 *(lentement)* slowly: **nous roulons doucement** we're driving slowly.

douche *f* shower: **prendre une douche** to have *ou* to take a shower; **être sous la douche** to be in the shower.

doucher (se) to have *ou* to take a shower.

doué *m*, **-ée** *f* gifted; **être doué en dessin** to be very good at drawing.

douleur *f* pain.

douloureux *m*, **-euse** *f* painful.

doute *m* doubt: **j'ai des doutes** I have my doubts, I'm doubtful; **sans doute** probably.

douter to doubt: **douter de quelque chose** to doubt something; **j'en doute** I doubt it.

douter (se): se douter de quelque chose to suspect something; **il ne se doute de rien** he doesn't suspect anything; **se douter que** to suspect that; **je m'en doute!** I would think so!

doux *m*, **douce** *f* **1** *(peau, matière)* soft; *(miel, vin)* sweet; *(temps, température)* mild; *(pente)* gentle.
2 *(personne)* gentle.

douzaine *f*: **1 une douzaine** a dozen; **deux douzaines** two dozen; **une douzaine d'œufs** a dozen eggs. **2** *(environ)* **une douzaine** about twelve; **une douzaine de personnes** about twelve people.

douze twelve.

Pour des exemples d'emploi, voir **dix**.

douzième twelfth.

Pour des exemples d'emploi, voir **dixième**.

dragon *m* dragon.

drame *m* tragedy.

drap *m (de lit)* sheet.

drapeau *m* (**-eaux** *plural*) flag.

dresser 1 to train *(an animal)*. **2** to put up *(a tent, a statue)*.

dresser (se) *(être debout)* to stand.

drogue *f* **1 la drogue** drugs; **la lutte contre la drogue** the fight against drugs. **2 une drogue** a drug; **drogues douces/dures** soft/hard drugs.

drogué *m*, **-ée** *f* drug addict: **c'est une droguée** she's a drug addict.

droguer (se) to take drugs, to be on drugs.

droit *m* **1** right (**de faire** to do): **nous avons tous les mêmes droits** we all have the same rights.
2 *(permission)* **avoir le droit de faire quelque chose** to be allowed to do something; **donner à quelqu'un le droit de faire quelque chose** to allow someone to do something.
3 *(science)* **le droit** law; **un étudiant en droit** a law student.

droit: tout droit straight ahead: **allez tout droit devant vous** go straight ahead.

droit *m*, **droite** *f*[1] *(ligne, route)* straight: **se tenir droit** to stand up straight.

droit *m*, **droite** *f*[2] *(main, bras, gant)* right; **du côté droit** on the right-hand side.

droite *f* **1 la droite** the right; **le tiroir/la fenêtre de droite** the right-hand drawer/window.
2 à droite right; to the right; on the right; **tourner/regarder à droite** to turn/to look right, to turn to/to look to the right; **rouler à droite** to drive on the right; **la deuxième rue à droite** the second street on the right; **c'est à droite** it's on the right, it's on the right-hand side; **c'est à droite du fauteuil** it's to the right of the armchair.

drôle 1 *(amusant)* funny: **une histoire drôle** a funny story. **2** *(bizarre)* funny: **un drôle d'air** a funny look; **une drôle d'idée** a funny idea.

du ▸ *voir* **de**[1] & **de**[2], **le**.

dû *m*, **due** *f* ▸ *voir* **devoir** [1] & [2].

duquel ▸ *voir* **lequel**.

dur *m*, **dure** *f* **1** *(sol, pain, matelas)* hard.
2 *(difficile)* hard, tough: **ce travail est trop dur pour elle** that work is too hard *ou* too tough for her.
3 *(personne)* harsh, hard; *(ton)* harsh: **il est très dur avec moi** he's very harsh with me, he's very hard on me.

dur: travailler dur to work hard.

durant during: **durant l'hiver** during the winter.

durée *f (d'un voyage, d'un événement)* length; **quelle est la durée du film?** how long is the film?; **un séjour d'une durée de trois semaines** a three-week stay.

durement *(parler à quelqu'un)* harshly.

durer to last: **le voyage a duré une semaine** the trip lasted a week; **ça dure depuis un mois** it's been going on for a month.

Ee

eau *f* (**eaux** *plural*) water: **eau du robinet** tap water.

éboueur *m* dustman (*au pluriel* -men), *(en américain)* garbage man.

écart *m* **1** *(distance)* gap (**entre** between).
2 à l'écart du village/de la route away from the village/the road; **nous vivons à l'écart** we live out of the way.

écarter to spread *(one's legs)*; to open *(the curtains)*.

écarter (s') *(s'éloigner)* to move out of the way.

échange *m* exchange: **faire un échange de jouets/de stylos** to swap *ou* to trade *ou* to exchange toys/pens; **en échange de** in return for, in exchange for.

échanger 1 to swap, to trade, to exchange: **veux-tu échanger ton ours contre mon stylo?** will you swap *ou* trade *ou* exchange your teddy bear for my pen?
2 to exchange: **nous avons échangé nos adresses** we exchanged addresses.

échapper: échapper à quelqu'un to escape from someone.

échapper (s') to escape: **un tigre s'est échappé du zoo** a tiger escaped from the zoo.

écharde *f* splinter (*in one's finger*).

écharpe *f* scarf.

échec *m* failure.

échecs *m plural* chess: **jouer aux échecs** to play chess.

échelle *f* ladder: **monter à une échelle** to climb up a ladder.

écho *m* echo.

échouer to fail: **échouer à un examen** to fail an exam.

éclair *m (pendant un orage)* flash of lightning.

éclairage *m* lighting.

éclairer to light up, to light *(a room)*; **cette lampe éclaire bien/mal** this lamp gives a good light/doesn't give a good light; **cette pièce est bien/mal éclairée** this room is well/badly lit.

éclat *m* **1 des éclats de verre** pieces of broken glass; **la lampe a volé en éclats** the lamp was smashed to pieces.
2 *(d'une lumière)* brightness.

éclater 1 to burst: **le ballon/le pneu a éclaté** the balloon/the tyre burst.
2 l'orage a éclaté the thunderstorm has broken.
3 la guerre a éclaté war has broken out.

écœurer: ça m'écœure it makes me feel sick.

école *f* school: **à l'école** in school, at school; **aller à l'école** to go to school; **école maternelle** nursery school, *(en américain)* kindergarten.

écolier *m* schoolboy.

écolière *f* schoolgirl.

économies *f plural (argent)* savings; **faire des économies** to save up.

économiser 1 to save *(money, energy)*.
2 *(ne pas trop dépenser)* to economize: **économiser sur** to economize on *(food, heating)*.

écorce *f* **1** *(d'arbre)* bark. **2** *(d'orange)* peel.

écorcher (s') to graze oneself; **s'écorcher le genou/le bras** to graze one's knee/arm.

écossais *m*, **-aise** *f (ville, étudiant)* Scottish.

Écossais *m*, **-aise** *f* Scot: **c'est un Écossais** he's a Scot.

Écosse *f* Scotland: **aller en Écosse** to go to Scotland; **vivre en Écosse** to live in Scotland.

écouter to listen to: **j'écoute la radio/le professeur** I'm listening to the radio/the teacher; **écoutez!** listen!

écran *m* screen.

écraser 1 to crush *(a fruit, a can, stones)*; to squash *(an insect, a hat)*: **attention, vous m'écrasez!** be careful, you're squashing me *ou* you're crushing me!
2 *(avec un véhicule)* to run over: **tu as failli l'écraser** you almost ran him over; **se faire écraser** to get run over.

écraser (s') *(avion, voiture)* to crash.

écrémé *m*: **lait écrémé** skimmed milk.

écrier (s') to exclaim (**que** that).

écrire 1 to write (**à** to): **écrire une lettre** to write a letter; **il écrit bien** he writes well; **ils s'écrivent souvent** they write to each other often.
2 *(en toutes lettres)* to spell; **s'écrire** to be spelled *ou* spelt; **comment est-ce que ça s'écrit?** how do you spell it?, how is it spelled?

To conjugate this verb turn to p 176.

écrit *m (examen)* written paper; **par écrit** in writing.

écriture *f* writing, handwriting.

écrivain *m* author, writer: **elle est écrivain** she's an author *ou* a writer.

écrou *m* nut: **des écrous et des boulons** nuts and bolts.

écureuil *m* squirrel.

écurie *f* stable.

Édimbourg *m ou f* Edinburgh.

éducation *f (enseignement)* education; *(par les parents)* upbringing.

effacer *(avec une gomme ou un chiffon)* to rub out; *(sur un ordinateur)* to delete.

effectuer to carry out *(changes, a repair)*.

effet *m* **1** effect: **ça n'a pas eu d'effet sur moi** it had no effect on me; **ce médicament ne m'a fait aucun effet** this medicine didn't work on me.
2 en effet actually, in fact; **j'ai dû partir; en effet, j'étais pressé** I had to leave because actually I was in a hurry *ou* because I was in fact in a hurry.

efficace *(mesure, médicament)* effective; *(personne)* efficient.

effort *m* effort: **faire un effort** to make an effort; **faire beaucoup d'efforts** to try very hard; **encore un petit effort!** try again!, try a bit harder!

effrayant *m*, **-ante** *f* frightening.

effrayer to frighten, to scare.

égal *m*, **-e** *f* (**-aux** *m plural*) **1** equal (**à** to): **quatre parties égales** four equal parts; **nous sommes tous égaux** we're all equal.
2 ça m'est égal! *(ça ne m'intéresse pas)* I don't care!; *(en choisissant quelque chose)* I don't mind!

également also, as well: **j'ai un frère et également une sœur** I have a brother and also a sister, I have a brother and a sister as well.

égaler to equal: **quatre plus quatre égalent huit** four plus four equals eight.

égalité *f* **1** equality. **2 être à égalité** *(équipes)* to be level *ou* even *ou* equal.

égard: à l'égard de quelqu'un towards someone.

église *f* church: **aller à l'église** to go to church.

égoïste selfish.

Égypte *f* Egypt: **aller en Égypte** to go to Egypt; **vivre en Égypte** to live in Egypt.

égyptien *m*, **-ienne** *f* *(ville, étudiant)* Egyptian.

Égyptien *m*, **-ienne** *f* Egyptian: **c'est une Égyptienne** she's an Egyptian.

eh bien! well!

élastique *m* rubber band, elastic band.

électricien *m* electrician: **il est électricien** he's an electrician.

électricité *f* electricity: **panne d'électricité** blackout, power cut; **facture d'électricité** electricity bill.

électrique electric.

électronique electronic.

élégant *m*, **-ante** *f* **1** *(bien habillé)* smart, elegant. **2** *(distingué)* elegant.

élément *m* *(de meuble)* unit.

éléphant *m* elephant.

élève *m ou f* pupil, student.

élevé *m*, **-ée** *f* **1** *(nombre, prix, étage)* high. **2 être bien/mal élevé** to be well-mannered/bad-mannered.

élever 1 to bring up *(a child)*: **c'est sa tante qui l'a élevé** it was his aunt who brought him up.
2 to breed *(animals)*.
3 élever la voix to raise one's voice.

élever (s'): s'élever à to come to; **les réparations s'élèvent à 500 francs** the repairs come to 500 francs.

élire to elect.

To conjugate this verb turn to p 176.

elle 1 she: **elle mange** she's eating.
2 *(chose, animal)* it: **tu vois cette maison? - elle m'appartient** do you see that house? - it belongs to me.
3 her: **c'est pour elle** it's for her; **c'est elle** it's her; **elle, elle a toujours faim** as for her, she's always hungry.

elle-même 1 herself: **elle l'a fait elle-même** she did it herself. **2** *(chose, animal)* itself.

elles 1 they: **elles mangent** they're eating; **elles m'appartiennent** they belong to me. **2** them: **c'est pour elles** it's for them.

elles-mêmes themselves.

éloigné *m*, **-ée** *f (lieu)* far away; *(date, parent)* distant: **une ferme éloignée du village** a farm a long way away from the village.

éloigner (s') to go away, to move away (**de** from): **ne vous éloignez pas!** don't go too far away!, don't go away!

emballage *m (papier)* wrapping: **papier d'emballage** wrapping paper.

emballer *(dans du papier)* to wrap.

embarquer (s') *(monter à bord)* to go on board; **s'embarquer pour** to sail for.

embêtant *m*, **-ante** *f* annoying.

embêter 1 *(agacer)* to annoy. **2** *(ennuyer)* to bore.

embêter (s') to get bored.

embouteillage *m* traffic jam.

embrasser *(donner un baiser à)* to kiss: **ils se sont embrassés** they kissed each other, they kissed.

émission *f* programme, *(en américain)* program: **émission de radio/de télévision** radio/television programme.

emmener to take: **emmener quelqu'un à l'école** to take someone to school; **je l'ai emmenée voir un film** I took her to see a film.

empêcher to prevent, to stop: **empêcher quelqu'un de faire quelque chose** to prevent *ou* to stop someone doing something *ou* from doing something; **elle a voulu partir, je n'ai pas pu l'en empêcher** she wanted to leave and I couldn't prevent her *ou* stop her; **elle n'a pas pu s'empêcher de rire** she couldn't help laughing.

emploi *m* **1** *(travail)* job: **changer d'emploi** to change jobs; **un emploi de caissière** a job as a cashier.
2 emploi du temps timetable.
3 *(usage)* use: **mode d'emploi** directions for use.

employé *m*, **-ée** *f* employee, worker: **employé de bureau** clerk, office worker; **il est employé de banque** he's a bank clerk *ou* a bank employee.

employer 1 *(utiliser)* to use. **2 employer quelqu'un** to employ someone.

employeur *m* employer.

emporter to take: **j'ai emporté ma boussole** I took my compass with me; **le vent a emporté mon chapeau** the wind has blown my hat off; **un repas à emporter** a meal to take away.

empreinte *f*: **empreinte digitale** fingerprint.

emprunter to borrow (**à** from): **je lui ai emprunté 100 francs** I borrowed 100 francs from him *ou* her.

ému *m*, **émue** *f (touché)* moved, overcome with emotion; *(triste)* upset.

en [1] **1** *(lieu)* in: **être en France** to be in France; **en ville** in town.
2 to: **aller en France** to go to France; **aller en ville** to go to town.
3 *(temps)* in: **en juin** in June; **en hiver** in winter; **en 1997** in 1997; **j'ai lu le livre en trois heures** I read the book in three hours.
4 *(moyen, état)* by: **en voiture** by car; **en bateau** by boat.
5 in: **en groupe** in a group; **en anglais** in English; **en noir** in black.
6 at: **en mer** at sea; **en guerre** at war.
7 *(matière)* **une table en bois** a wooden table; **elle est en bois** it's made out of wood; **un bracelet en or** a gold bracelet; **il est en or** it's gold.
8 *(comme)* as: **en cadeau** as a present; **agir en père** to act as a father.
9 while; as; when: **en mangeant** while eating; **elle est tombée en descendant l'escalier** she fell as she was going down the stairs; **en arrivant à Toulouse, je...** when I arrived in Toulouse, I..., on arriving in Toulouse, I... .

en [2] **1** *(de là)* from there: **j'en viens** I've just come from there.
2 *(de ça, d'eux etc)* **il en est content**

he's pleased with it; **en parler** to talk about it; **en mourir** to die of it; **je m'en souviens** I remember it; **elle en a cinq** she's got five of them, she's got five.
3 some: **j'en ai** I have some; **donne-lui-en** give some to him *ou* to her; **en veux-tu?** do you want some?
4 any: **je n'en ai pas** I don't have any; **en veux-tu?** do you want any?

enceinte *f* pregnant: **elle est enceinte de six mois** she's six months pregnant.

enchanté, -ée! how do you do?, pleased to meet you!

encore 1 *(toujours)* still: **elle est encore là** she's still there.
2 (*avec* ne...pas) yet: **je n'ai pas encore terminé** I haven't finished yet; **pas encore** not yet.
3 *(de nouveau)* again: **essaie encore** try again; **c'est encore moi!** it's me again!
4 *(de plus)* **encore un café** another coffee, one more coffee; **encore une fois** again, once again; **encore un** another one, one more; **encore du pain** some more bread; **pas encore des épinards!** not spinach again!, no more spinach!; **encore quelque chose** something else.
5 (*devant* plus *ou* moins) even: **elle est encore plus grande que vous** she's even taller than you; **c'est encore mieux** it's even better; **tu en as encore moins** you have even less.

encourager to encourage: **encourager quelqu'un à faire quelque chose** to encourage someone to do something.

encre *f* ink: **tache d'encre** ink stain.

encyclopédie *f* encyclopedia.

endommager to damage.

endormi *m*, **-ie** *f* asleep.

endormir (s') to fall asleep, to go to sleep.

To conjugate this verb turn to p 176.

endroit *m* **1** *(lieu)* place: **l'endroit où je l'ai laissé** the place I left it.
2 à l'endroit *(vêtement)* the right way out *ou* round.

énergie *f* energy.

énergique *(personne)* who has plenty of drive, dynamic; *(mesures, paroles)* strong.

énervé *m*, **-ée** *f* on edge.

énerver: énerver quelqu'un *(irriter)* to get on someone's nerves; *(rendre énervé)* to make someone nervous; **s'énerver** to get worked up.

enfance *f* childhood.

enfant *m ou f* child (*au pluriel* children).

enfer *m* hell.

enfermer to shut up; *(à clé)* to lock up (**dans** in).

enfin at last; *(en dernier lieu)* lastly.

enflé *m*, **-ée** *f* swollen.

enfler to swell.

enfoncer: enfoncer quelque chose dans quelque chose to push *ou* to stick *ou* to drive something into something; **s'enfoncer dans** to sink into *(the mud, the sand)*.

enfuir (s') to run away (**de** from).

To conjugate this verb turn to p 176.

enivrer (s') to get drunk.

enlever 1 to take away, to remove.
2 enlever sa chemise/son manteau to take off one's shirt/coat.

ennemi *m* enemy.

ennui *m* **1** boredom. **2 avoir des ennuis** to have trouble (**avec** with).

ennuyer 1 *(agacer, préoccuper)* to bother.
2 *(fatiguer)* to bore; **s'ennuyer** to be bored, to get bored.

ennuyeux *m*, **-euse** *f* **1** *(professeur, livre)* boring. **2** *(agaçant)* annoying.

énorme enormous, huge.

énormément enormously; **énormément d'argent/de gens** an enormous amount of money/people.

enquête *f (de police)* investigation

(**sur** into).

enregistrer 1 *(sur bande)* to record *(a song, a film)*; **ça enregistre** it's recording.
2 *(à l'aéroport)* to check in, *(en américain)* to check *(one's luggage)*.

enrhumer (s') to catch a cold; **être enrhumé** to have a cold.

enrouler to wind *(a rope, wire)*.

enseignement *m* education; **l'enseignement de l'anglais** the teaching of English.

enseigner to teach: **enseigner quelque chose à quelqu'un** to teach someone something; **il enseigne à de très jeunes enfants** he teaches very young children.

ensemble 1 together: **tous ensemble** all together.
2 l'ensemble de la classe the whole class; **l'ensemble des joueurs** all the players.

ensuite *(puis)* then, next; *(plus tard)* afterwards.

entendre 1 to hear; **nous avons entendu dire que** we heard that.
2 s'entendre bien avec quelqu'un to get along with someone.

entendu *m* **1 entendu!, c'est entendu!** agreed!, all right! **2 bien entendu** of course.

enterrement *m* burial.

enterrer to bury.

entier *m*, **-ière** *f* whole: **le pays tout entier** the whole country.

entièrement entirely.

entourer to surround: **entouré de** surrounded by.

entraîner to train *(an athlete, a horse)* (**à** for); **s'entraîner** to train, to practise, *(en américain)* to practice.

entre between; **l'un d'entre vous** one of you; **entre amis** among friends.

entrée *f* *(porte)* entrance; *(pièce)* hall, entrance hall.

entreprise *f* company, firm.

entrer to go in; *(venir)* to come in; **entrer dans une pièce/une maison** to go into *ou* to come into a room/house.

This verb is conjugated with **être,** eg 'je suis entré' = 'I *have* come in'.

entretenir to look after *(a house, a park)*.

To conjugate this verb turn to p 176.

enveloppe *f* envelope.

envelopper to wrap up, to wrap (**dans** in).

envers to, towards, *(en américain)* toward: **cruel envers quelqu'un** cruel to someone.

envers *m*: **à l'envers** *(chaussette, chemise)* inside out.

envie *f*: **avoir envie de faire quelque chose** to feel like doing something, to want to do something; **avoir envie de quelque chose** to feel like something, to want something.

environ *(à peu près)* about: **elle a environ huit ans** she's about eight.

environs *m plural* surrounding area; **aux environs de Paris** around Paris.

envisager: envisager de faire quelque chose to consider doing something.

envoler (s') *(oiseau, papillon)* to fly away.

envoyer to send: **envoyer quelqu'un chercher quelque chose** to send someone to get something.

To conjugate this verb turn to p 176.

épais *m*, **épaisse** *f* thick.

épaule *f* shoulder.

épée *f* sword.

épeler to spell *(a word)*.

épice *f* spice.

épicerie *f* grocer's shop, *(en américain)* grocery store.

épicier *m*, **-ière** *f* grocer: **il est épicier** he's a grocer.

épinards *m plural* spinach: **je mange des épinards** I'm eating spinach.

épine *f* thorn.

épingle *f* pin: **épingle de nourrice** *ou* **de sûreté** safety pin.

éplucher to peel *(vegetables)*.

éponge *f* sponge.

époque *f* time: **à cette époque-là, à l'époque** at that time, then; **à l'époque où** at the time when.

épouse *f* wife.

épouser to marry.

épouvantable terrifying; *(mauvais)* appalling.

époux *m* husband; **les époux** the husband and wife.

épreuve *f* **1** *(examen)* test. **2** *(sportive)* event.

EPS *(éducation physique et sportive)* PE.

épuisé *m*, **-ée** *f* exhausted.

équilibre *m* balance: **perdre l'équilibre** to lose one's balance; **tenir quelque chose en équilibre** to balance something (**sur** on); **je me tiens en équilibre** I'm balancing.

équipage *m* crew.

équipe *f* team.

équipé *m*, **-ée** *f*: **équipé de** equipped with; **bien équipé** well-equipped.

erreur *f* mistake: **faire une erreur** to make a mistake.

es are: **tu es mon ami** you're my friend. ▸ *voir* **être**.

escale *f*: **faire escale à** *(avion)* to stop over in.

escalier *m* (*ou* **escaliers** *m plural*) stairs.

escargot *m* snail.

esclave *m ou f* slave.

espace *m* space: **laissez un espace** leave a space; **un voyage dans l'espace** a space flight.

Espagne *f* Spain: **aller en Espagne** to go to Spain; **vivre en Espagne** to live in Spain.

espagnol *m*, **-ole** *f* *(ville, mot)* Spanish.

espagnol *m* *(la langue)* Spanish: **l'espagnol est difficile** Spanish is hard; **parler espagnol** to speak Spanish; **professeur d'espagnol** Spanish teacher.

Espagnol *m*, **-ole** *f* Spaniard: **c'est un Espagnol** he's a Spaniard.

espèce *f* **1** *(sorte)* kind, sort: **une espèce de chapeau** a kind *ou* a sort of hat. **2** *(race)* species.

espérer to hope (**que** that): **espérer faire quelque chose** to hope to do something; **espérer quelque chose** to hope for something; **je l'espère, j'espère bien** I hope so.

espion *m*, **-onne** *f* spy.

espoir *m* hope.

esprit *m* mind: **avoir l'esprit vif** to have a quick mind.

essai *m* **1** *(tentative)* try, attempt: **au quatrième essai** at the fourth try *ou* attempt. **2** *(épreuve)* test.

essayer 1 to try: **essayer de faire quelque chose** to try to do something.
2 to try on *(clothes)*.

essence *f* petrol, *(en américain)* gas.

essentiel *m*, **-ielle** *f* **1** very important, essential. **2 c'est l'essentiel** that's the main thing.

essoufflé *m*, **-ée** *f* out of breath.

essuyer to wipe: **s'essuyer les mains** to wipe one's hands.

est is: **il est chez lui** he's at home. ▸ *voir* **être**.

est *m* east: **à l'est du village** east of the village; **dans l'est de la France** in the east of France; **la côte est** the east coast.

est-ce que: est-ce qu'elle est là? is she there?; **quand est-ce que tu l'as acheté?** when did you buy it?

This expression is one way of forming questions in French.

estomac *m* stomach.

et and.

établir 1 *(installer)* to set up. **2** to draw up *(a list)*.

étage *m* floor: **au premier étage** on the first floor, *(en américain)* on the second floor.

étagère *f* shelf.

étaient, étais, était ▸ *voir* **être**.

étang *m* pond.

étant ▸ *voir* **être**.

étape *f (de voyage)* stage; **faire une étape de 200 km** to cover a distance of 200 km *(as part of a journey)*.

état *m* condition: **en bon/mauvais état** in good/bad condition.

État *m (pays)* State.

États-Unis *m plural* United States: **aller aux États-Unis** to go to the United States; **vivre aux États-Unis** to live in the United States.

été ▸ *voir* **être**.

été *m* summer: **en été** in summer, in the summer.

éteindre 1 to turn off *(the light, the radio)*.
2 to put out *(a fire)*; **s'éteindre** *(feu, lumière)* to go out.

To conjugate this verb turn to p 176.

étendre to spread, to spread out *(a tablecloth)*; **étendre le linge** to hang out the washing.

étendre (s') *(personne)* to lie down, to stretch out.

éternuer to sneeze.

êtes are: **vous êtes très gentil** you're very kind. ▸ *voir* **être**.

étiquette *f* label.

étoile *f* star.

étonnant *m*, **-ante** *f* surprising, amazing.

étonner to surprise: **je suis étonné de vous voir ici** I'm surprised to see you here.

étouffer 1 on étouffe! it's stifling! **2 s'étouffer** to choke (**en mangeant quelque chose** on something).

étrange strange, odd.

étranger *m*, **-ère** *f* [1] *(pays, langue)* foreign.

étranger *m*, **-ère** *f* [2] **1** foreigner: **c'est un étranger** he's a foreigner. **2 à l'étranger** abroad.

être 1 to be: **elle est dentiste** she's a dentist; **c'est facile** it's easy; **il est cinq heures** it's five o'clock; **il a été tué** he was killed; **j'ai été à Paris** I've been to Paris.
2 *(avec* venir, partir *etc)* to have: **elle est arrivée** she has arrived.

Take care: the last expression of meaning **1** is familiar. To conjugate this verb turn to p 176.

être *m*: **être humain** human being.

étroit *m*, **-oite** *f (rue, épaules)* narrow.

étude *f* study; **faire des études d'anglais/de médecine** to study English/medicine.

étudiant *m*, **-ante** *f* student: **il est étudiant** he's a student.

étudier to study.

étui *m* case: **étui à lunettes** glasses case.

eu *m*, **eue** *f* ▸ *voir* **avoir**.

Europe *f* Europe: **aller en Europe** to go to Europe; **vivre en Europe** to live in Europe.

européen *m*, **-enne** *f (ville, étudiant)* European.

Européen *m*, **-enne** *f* European: **c'est une Européenne** she's a European.

eux 1 them: **avec eux** with them. **2** *(sujet)* they: **eux, ils ne disent jamais rien** *they* never say anything.

eux-mêmes themselves.

évanouir (s') to faint, to black out.

évasion *f* escape (**de** from).

éveillé *m*, **-ée** *f* awake: **rester éveillé** to stay awake.

événement *m* event.

éventail *m* fan (*held in hand)*.

évidemment *(bien sûr)* of course, obviously.

évident *m*, **-ente** *f* obvious: **il est évi-**

dent que it is obvious that.

évier *m* sink *(in kitchen)*.

éviter to avoid: **éviter de faire quelque chose** to avoid doing something.

exact *m*, **-e** *f* **1** *(juste)* correct: **l'heure exacte** the correct time. **2** *(précis)* exact: **le nombre exact** the exact number.

exactement exactly.

exagérer to exaggerate.

examen *m* exam, examination: **un examen d'anglais** an English exam.

examiner to examine *(a thing, a patient)*.

excellent *m*, **-ente** *f* excellent.

exception *f* exception (**à** to).

exceptionnel *m*, **-elle** *f* exceptional.

excursion *f (en car)* trip: **faire une excursion** to go on a trip.

excuse *f* **1** excuse (**pour faire** for doing).
2 *(regrets)* **des excuses** an apology; **faire des excuses à quelqu'un** to apologize to someone.

excuser 1 to excuse: **excuser quelqu'un d'avoir fait quelque chose** to excuse someone for doing something; **excusez-moi!** excuse me!
2 s'excuser to apologize (**de quelque chose** for something, **de faire** for doing).

exemplaire *m (de livre, journal)* copy.

exemple *m* example: **par exemple** for example.

exercer (s') to practise, *(en américain)* to practice (**à faire quelque chose** doing something).

exercice *m* **1** *(de maths, grammaire)* exercise. **2** *(physique)* exercise: **faire de l'exercice** to exercise, to take exercise.

exiger to demand *(an apology, money)*.

existence *f (vie)* life.

exister 1 to exist. **2 il existe** *(il y a)* there is; *(au pluriel)* there are.

expérience *f* **1** experience: **il a de l'expérience** he has experience. **2** *(scientifique)* experiment.

expert *m* expert (**en** in).

explication *f* explanation.

expliquer to explain (**que** that): **expliquer quelque chose à quelqu'un** to explain something to someone.

explorer to explore.

exploser to explode.

explosion *f* explosion.

exposer to show, to exhibit *(a painting)*.

exposition *f (de tableaux)* exhibition.

exprès 1 on purpose: **ils l'ont fait exprès** they did it on purpose.
2 specially: **je suis venu exprès pour te voir** I came specially to see you.

expression *f (phrase)* expression.

exprimer to express: **s'exprimer** to express oneself.

extérieur *m*, **-e** *f (mur, escalier)* outside.

extérieur *m (de maison, boîte)* **l'extérieur** the outside; **à l'extérieur** outside; **à l'extérieur de la maison** outside the house.

extraordinaire *(aventure, personne)* amazing.

extrême *(effort, soin)* very great, extreme; **l'extrême bord/limite** the very edge/limit.

extrêmement extremely.

Extrême-Orient *m* Far East: **en Extrême-Orient** to *ou* in the Far East.

Ff

fac *f* college: **il est en fac** he goes to college.

Take care: this word is familiar.

face (en) 1 opposite: **nous habitons en face** we live opposite. **2 en face de** opposite; **en face de la gare** opposite the station.

fâché *m*, **-ée** *f* angry (**contre** with); **être fâché avec quelqu'un** to have fallen out with someone.

fâcher (se) to get angry (**contre** with); **se fâcher avec quelqu'un** to fall out with someone.

facile easy: **c'est facile à faire** it's easy to do; **il est facile de parler espagnol** it's easy to speak Spanish.

facilement easily.

façon *f* **1** way: **d'une façon responsable** in a responsible way; **la façon dont elle parle** the way she talks. **2 de toute façon** anyway.

facteur *m* postman (*au pluriel* -men), *(en américain)* mailman: **il est facteur** he's a postman *ou* mailman.

facture *f* bill: **facture d'électricité** electricity bill.

faible *(personne, argument)* weak; **il est faible en anglais** he's poor at English.

faiblesse *f* weakness.

faillir: **il a failli tomber/se faire écraser** he almost fell/got run over.

To conjugate this verb turn to p 176.

faim *f* hunger; **avoir faim** to be hungry; **donner faim à quelqu'un** to make someone hungry.

faire 1 to do: **faire son travail** to do one's work; **qu'est-ce que vous faites?** what are you doing?; **qu'est-ce qu'il a fait de mon journal?** what's he done with my newspaper?
2 to make *(a noise, a cake, a mistake)*: **faire le lit** to make the bed; **se faire des amis** to make friends; **cinq et trois font huit** five and three make eight; **faire pleurer/rire quelqu'un** to make someone cry/laugh.
3 to have: **faire une promenade/une chute/la sieste** to have a walk/a fall/a nap.
4 to play: **faire du tennis/du piano** to play tennis/the piano.
5 to be: **il fait froid/beau** it's cold/nice, the weather's cold/nice; **ça fait 100 francs** it's 100 francs; **ça fait deux ans que je ne l'ai pas vu** it's been two years since I've seen him.
6 to get: **faire construire une maison** to get *ou* to have a house built; **se faire tuer** to get killed.
7 ça ne fait rien it *ou* that doesn't matter; **ne t'en fais pas!** don't worry!

To conjugate this verb turn to p 176.

fais, fait, faites ▸ *voir* **faire**.

fait *m* fact: **ceci est un fait** this is a fact; **au fait** by the way; **en fait** in fact, actually.

falaise *f* cliff.

falloir 1 (= *have to*) **il faut partir/travailler** we have to leave/to work; **il faut que je parte** I have to leave.
2 (= *need*) **il faut encore du pain** we need more bread; **il me faut un stylo** I need a pen.
3 (= *take*) **il faut un jour pour faire ça** it takes a day to do that.
4 (= *ought to*) **il faudrait qu'elle s'en aille** she ought to go.

To conjugate this verb turn to p 176.

familier *m*, **-ière** *f (visage, langage)* familiar.

famille *f* family: **en famille** with the family.

fantôme *m* ghost.

farce *f (blague)* practical joke.

farine *f* flour.

fasse, fassent, fasses ▸ *voir* **faire**.

fatigant *m*, **-ante** *f* tiring.

fatigue *f* tiredness.

fatigué *m*, **-ée** *f* tired.

fatiguer: fatiguer quelqu'un to make someone tired; **se fatiguer** to get tired.

faudrait ▸ *voir* **falloir**.

fausse ▸ *voir* **faux**.

faut ▸ *voir* **falloir**.

faute *f* **1** mistake: **faire une faute** to make a mistake. **2** fault: **c'est de ma faute, c'est ma faute** it's my fault.

fauteuil *m* **1** armchair. **2 fauteuil roulant** wheelchair.

faux *m*, **fausse** *f* **1** *(pas exact)* wrong, incorrect: **un faux numéro** a wrong number.
2 *(pas vrai)* untrue: **il est faux de dire que** it's untrue to say that.
3 *(nez, barbe)* false: **fausse dent** false tooth.

faveur: en faveur de *(pour aider)* on behalf of.

favorable favourable, *(en américain)* favorable.

favori *m*, **-ite** *f* favourite, *(en américain)* favorite.

fax *m (machine, message)* fax: **par fax** by fax.

faxer to fax.

fée *f* fairy.

félicitations *f plural* congratulations (**pour** on).

féliciter to congratulate: **féliciter quelqu'un de quelque chose/ d'avoir fait quelque chose** to congratulate someone on something/on doing something.

femelle *f* female: **la femelle du lion** the female of the lion; **un éléphant femelle** a female elephant.

féminin *m*, **-ine** *f* **1** *(en grammaire)* feminine. **2** *(prénom)* female; *(mode, revue)* women's.

femme *f* **1** woman *(au pluriel* women): **femme médecin** woman doctor; **femme de ménage** cleaner, cleaning woman.
2 *(épouse)* wife *(au pluriel* wives).

fenêtre *f* window.

fer *m* **1** iron: **une barre de fer** an iron bar; **fer à cheval** horseshoe. **2 fer** *ou* **fer à repasser** iron *(for clothes)*.

fera, ferai, ferait *etc* ▸ *voir* **faire**.

ferme *f* farm: **à la ferme** on the farm.

ferme 1 *(beurre, muscle)* firm; *(voix, main, pas)* steady. **2 être ferme avec quelqu'un** to be firm with someone.

fermé *m*, **-ée** *f (porte, magasin)* closed; *(gaz)* off.

fermer 1 to close: **ferme la porte!** close the door!; **le magasin ferme à midi** the shop closes at noon; **cette fenêtre ne ferme pas bien** this window doesn't close properly; **la porte s'est fermée** the door closed; **fermer à clé** to lock.
2 to turn off *(the gas, the tap)*.

fermeture *f* **1** closing; *(heure)* closing time. **2 fermeture éclair®** zip, *(en américain)* zipper.

fermier *m*, **-ière** *f* farmer: **il est fermier** he's a farmer.

féroce *(animal)* fierce.

feront ▸ *voir* **faire**.

fertile *(terre)* fertile.

festival *m* (**-als** *plural*) festival.

fête *f* **1** *(entre amis)* party: **faire** *ou* **donner une fête** to have a party.
2 *(du saint dont on porte le nom)* saint's day, name day.
3 holiday: **les fêtes** (*de fin d'année*) the Christmas holidays; **les fêtes de Pâques** the Easter holidays; **la fête des Mères** Mother's Day.

fêter to celebrate.

feu *m* (**feux** *plural*) **1** fire: **mettre le feu à** to set fire to; **prendre feu** to catch fire; **faire du feu** to light a fire; **au feu!** fire!; **avez-vous du feu?** do you have a light?

2 le feu *ou* **le feu rouge** *ou* **les feux** the traffic lights.
3 feu d'artifice firework display, fireworks.

feuille *f* **1** *(d'arbre)* leaf *(au pluriel* leaves). **2** *(de papier)* sheet.

février *m* February: **en février** in February.

fiancé *m* fiancé

fiancée *f* fiancée.

fiancer (se) to get engaged (**avec** to); **être fiancé** to be engaged.

ficelle *f* string.

fichier *m (sur disque ou disquette)* file.

fidèle faithful.

fier *m*, **fière** *f* proud (**de** of).

fièvre *f* temperature, fever: **avoir de la fièvre** to have a temperature *ou* a fever.

figue *f* fig.

figure *f (visage)* face.

fil *m* **1** thread. **2** *(de métal)* wire: **fil de fer** wire. **3 coup de fil** phone call; **passer un coup de fil à quelqu'un** to give someone a call *ou* a ring.

file *f (de gens, de voitures)* line; **file d'attente** queue, *(en américain)* line.

filet *m (de pêcheur, de tennis)* net; *(à bagages)* rack.

fille *f* **1** girl: **petite fille** girl, little girl; **jeune fille** girl, young woman. **2** daughter: **j'ai un fils et une fille** I have a son and a daughter.

fillette *f* little girl.

film *m* film, movie (**sur** about); *(pour caméra)* film.

fils *m* son.

fin *f* end: **à la fin de** at the end of.

fin *m*, **fine** *f (pointe, sable)* fine; *(tranche, couche)* thin.

finalement in the end.

finir to finish: **finir de faire quelque chose** to finish doing something; **finir par faire quelque chose** to end up doing something; **il finira par m'oublier** he'll forget me in the end; **c'est fini** it's over *ou* finished.

finlandais *m*, **-aise** *f (ville, étudiant)* Finnish.

Finlandais *m*, **-aise** *f* Finn.

Finlande *f* Finland: **en Finlande** to *ou* in Finland.

fissure *f (de mur)* crack.

fixe *(prix)* fixed, set: **à heure fixe** at a fixed *ou* set time.

fixer 1 to fix (**à** to). **2** *(regarder)* to stare at.

flamand *m*, **-ande** *f (ville, mot)* Flemish.

flamand *m (la langue)* Flemish.

Flamand *m*, **-ande** *f* Fleming.

flamme *f* flame; **en flammes** on fire.

flaque *f*: **flaque** *ou* **flaque d'eau** puddle.

flèche *f* arrow.

fléchette *f* dart: **jouer aux fléchettes** to play darts.

fleur *f* flower; **un arbre en fleur** *ou* **en fleurs** a tree in bloom.

fleuriste *m ou f* florist: **elle est fleuriste** she's a florist.

fleuve *m* river.

flotter to float (**sur** on).

flou *m*, **-e** *f (photo)* blurred.

flûte *f* flute: **jouer de la flûte** to play the flute; **flûte à bec** recorder.

foi *f* faith.

foie *m* liver.

foin *m* hay.

foire *f* fair.

fois *f* **1** time: **deux fois quatre font huit** two times four is eight; **une fois** once; **encore une fois** once more; **deux fois** twice; **à la fois** at the same time, at once.
2 une fois que once; **une fois qu'il sera arrivé** once he's arrived.

fol ▸ *voir* **fou, folle**.

folie *f* madness: **c'est de la folie** it's madness.

folle ▸ *voir* **fou, folle**.

folle *f* madwoman (*au pluriel* -women), maniac.

foncé *m*, **-ée** *f* *(couleur)* dark: **bleu/vert foncé** dark blue/green; **une jupe bleu foncé** a dark blue skirt.

fonction *f* **1** *(poste)* post. **2** *(rôle)* role.

fonctionnaire *m ou f* civil servant.

fonctionner *(machine)* to work.

fond *m (de boîte, de couloir, de la mer)* bottom; *(de salle, de chambre)* back: **au fond de la tasse** at the bottom of the cup.

fondre to melt; **le sucre a fondu** the sugar has dissolved; **faire fondre le sucre** to dissolve the sugar.

font ▸ *voir* **faire**.

fontaine *f* fountain.

football football, soccer: **jouer au football** to play football *ou* soccer.

force *f* **1** *(dans les bras, les jambes)* strength.
2 *(violence, énergie)* force: **de force** by force.
3 à force de by; **à force de crier** by shouting so much; **à force de travail** by sheer hard work.

forcément obviously; **pas forcément** not necessarily.

forcer to force: **forcer quelqu'un à faire quelque chose** to force someone to do something; **être forcé de faire quelque chose** to be forced to do something.

forêt *f* forest.

format *m* size.

formation *f* education, training.

forme *f* **1** shape. **2 être en forme** to be feeling well; **avoir l'air en forme** to be looking well.

former *(créer)* to form.

formidable tremendous.

formulaire *m* form.

fort *m*, **forte** *f* **1** *(personne, café, odeur)* strong; *(radio, voix)* loud.
2 *(doué)* good: **être fort en anglais** to be good at English.

fort *(frapper, pousser)* hard; **parler fort** to speak loudly; **parle plus fort!** speak louder!

fortune *f* fortune: **faire fortune** to make one's fortune.

fossé *m* ditch.

fou *m* (*or* **fol** *before a vowel or silent h*), **folle** *f* (**fous** *m plural*, **folles** *f plural*) mad, crazy: **rendre quelqu'un fou** to drive someone mad *ou* crazy; **un temps/un monde fou** a tremendous amount of time/people.

fou *m* (**fous** *plural*) madman (*au pluriel* -men), maniac.

foudre *f* lightning: **être frappé par la foudre** to be struck by lightning.

fouet *m* whip.

fouetter to whip.

fougère *f* fern.

fouiller to search *(a person, house)*; **fouiller dans** to search through *(a drawer, pocket)*.

foulard *m* head scarf.

foule *f* crowd: **une foule de gens** a crowd of people; **une foule de choses** lots of things.

four *m* oven: **four à micro-ondes** microwave oven.

fourche *f* fork *(for gardening)*.

fourchette *f* fork *(for eating)*.

fourmi *f* ant.

fourneau *m* (**-eaux** *plural*) *(cuisinière)* stove.

fournir to supply: **fournir quelque chose à quelqu'un** to supply someone with something.

fourrure *f* fur.

foyer *m* **1** *(maison)* home; *(d'étudiants)* residence. **2** *(club)* club.

fragile fragile.

frais *m*, **fraîche** *f* *(œuf, poisson)* fresh; *(temps, vent)* cool; **une boisson fraîche** a cool *ou* cold drink.

frais: il fait frais it's cool, the weather's cool; **servir frais** to serve chilled *(wine)*.

frais *m plural* expenses.

fraise *f* strawberry.

framboise *f* raspberry.

franc *m*, **franche** *f (qui dit la vérité)* honest.

franc *m (monnaie)* franc.

français *m*, **-aise** *f (ville, mot)* French.

français *m (la langue)* French: **le français est difficile** French is hard; **parler français** to speak French; **professeur de français** French teacher.

Français *m* Frenchman (*au pluriel* -men): **c'est un Français** he's a Frenchman; **les Français** the French.

Française *f* Frenchwoman (*au pluriel* -women): **c'est une Française** she's a Frenchwoman.

France *f* France: **aller en France** to go to France; **vivre en France** to live in France.

frange *f (de cheveux)* fringe, *(en américain)* bangs.

frapper 1 to hit, to strike; **frapper à la porte** to knock at the door.
2 *(surprendre)* to strike: **être frappé par** to be struck by.

fredonner to hum.

freezer *m* freezer compartment.

frein *m* brake: **donner un coup de frein** to brake.

freiner to brake.

fréquent *m*, **-ente** *f* frequent.

fréquenter: fréquenter quelqu'un to see someone regularly.

frère *m* brother.

frigo *m* fridge.

Take care: this word is familiar.

frire: faire frire quelque chose to fry something.

frisé *m*, **-ée** *f* curly.

frit *m*, **frite** *f* fried.

frite *f* chip, *(en américain)* French fry: **elle mange des frites** she's eating chips *ou* fries.

froid *m*, **froide** *f (nuit, repas)* cold.

froid *m* cold: **je n'aime pas le froid** I don't like the cold; **avoir froid** to be cold, to feel cold; **il fait froid** it's cold.

fromage *m* cheese.

front *m* forehead.

frontière *f* border.

frotter to rub: **se frotter les mains/les yeux** to rub one's hands/eyes.

fruit *m* fruit: **manger un fruit** *ou* **des fruits** to eat fruit *ou* some fruit; **aimer les fruits** to like fruit.

fuir 1 to run away. **2** *(gaz, eau, robinet)* to leak.

To conjugate this verb turn to p 176.

fuite *f (d'eau)* leak: **fuite de gaz** gas leak.

fumée *f* smoke.

fumer to smoke: **fumer une cigarette** to smoke a cigarette; **elle ne fume pas** she doesn't smoke.

furieux *m*, **-euse** *f* furious (**contre** with).

fus was: **je fus** I was. ▸ *voir* **être**.

fusée *f* rocket.

fusil *m* rifle, gun; **coup de fusil** gunshot.

fut was: **il fut** he was. ▸ *voir* **être**.

futur *m (en grammaire)* future.

Gg

gâcher 1 *(gaspiller)* to waste. **2** to spoil *(an event, pleasure, a view)*.

gagnant *m*, **-ante** *f* winner.

gagner 1 to win *(a prize, race, war)*: **elle gagne toujours** she always wins.
2 to earn: **il gagne 10 000 francs par**

mois he earns 10,000 francs a month. **3 gagner du temps** to save time.

gai *m*, **gaie** *f* cheerful.

Galles: le pays de Galles Wales.

gallois *m*, **-oise** *f (ville, étudiant)* Welsh.

gallois *m (la langue)* Welsh: **parler gallois** to speak Welsh.

Gallois *m* Welshman (*au pluriel* -men): **c'est un Gallois** he's a Welshman; **les Gallois** the Welsh.

Galloise *f* Welshwoman (*au pluriel* -women): **c'est une Galloise** she's a Welshwoman.

galoper to gallop.

gamin *m*, **-ine** *f (enfant)* kid, child.

gamme *f (de notes)* scale.

gant *m* glove.

garage *m* garage.

garagiste *m ou f (qui répare les voitures)* mechanic.

garçon *m* **1** boy: **une école de garçons** a boys' school. **2 garçon** *ou* **garçon de café** waiter.

garde *f* **1 mettre quelqu'un en garde** to warn someone (**contre** against). **2 être de garde** to be on duty

garder 1 to keep; **garder son chapeau** to keep one's hat on.
2 *(surveiller)* to look after *(a child, suitcase)*.
3 *(soldat, policier)* to guard *(a palace, prisoner)*.

gardien *m*, **-ienne** *f* **1** *(d'immeuble)* caretaker, *(en américain)* janitor.
2 *(de prison)* guard.
3 *(de zoo, parc)* keeper.
4 *(de musée)* attendant, *(en américain)* guard.
5 gardien de but goalkeeper.

gare *f* station; **gare routière** bus station.

garer to park *(a car)*; **se garer** to park.

gaspiller to waste.

gâteau *m* (**-eaux** *plural*) cake.

gâter to spoil *(a child)*.

gauche *(main, bras, gant)* left; **du côté gauche** on the left-hand side.

gauche *f* **1 la gauche** the left; **le tiroir/la fenêtre de gauche** the left-hand drawer/window.
2 à gauche left; to the left; on the left; **tourner/regarder à gauche** to turn/to look left, to turn to/to look to the left; **rouler à gauche** to drive on the left; **la troisième rue à gauche** the third street on the left; **c'est à gauche** it's on the left, it's on the left-hand side; **c'est à gauche de la table** it's to the left of the table.

gaz *m* gas: **réchaud à gaz** gas stove.

géant *m*, **géante** *f* giant.

gel *m* frost.

gelé *m*, **-ée** *f* frozen.

gelée *f (de fruits)* jelly.

geler *(eau, rivière)* to freeze: **il gèle** it's freezing; **on gèle ici** it's freezing here.

gémir to groan.

gênant *m*, **-ante** *f (situation)* awkward; *(bruit)* annoying.

gencives *f plural* gums.

gendarme *m* policeman (*au pluriel* -men).

gendre *m* son-in-law (*au pluriel* sons-in-law).

gêner 1 *(déranger)* to bother; *(mettre mal à l'aise)* to embarrass.
2 *(empêcher un mouvement)* to be *ou* to get in the way of: **tu me gênes!** you're in my way!

général *m*, **-e** *f* (**-aux** *m plural*) general; **en général** generally, in general.

général *m* (**-aux** *plural*) *(dans l'armée)* general.

généralement generally.

généreux *m*, **-euse** *f* generous.

Genève *m ou f* Geneva.

génial *m*, **-e** *f* (**-aux** *m plural*) brilliant, great.

génie *m* genius: **c'est un génie** he's

ou she's a genius.

genou *m* (**-oux** *plural*) knee; **être à genoux** to be kneeling, to be on one's knees; **se mettre à genoux** to kneel down.

genre *m* **1** *(sorte)* kind: **quel genre de livres?** what kind of books? **2** *(en grammaire)* gender.

gens *m plural* people.

gentil *m*, **-ille** *f (aimable, agréable)* nice, kind (**avec** to).

gentillesse *f* kindness.

gentiment *(accepter, proposer)* kindly; *(demander, parler, sourire)* nicely.

géographie *f* geography.

geste *m* gesture; **elle n'a pas fait un geste** she didn't make a move.

gifler: **gifler quelqu'un** to slap someone in the face.

gigantesque gigantic.

gigot *m* leg of lamb *ou* mutton.

gilet *m* **1** *(sans manches)* waistcoat, *(en américain)* vest. **2** (*tricot*) cardigan. **3 gilet de sauvetage** life jacket.

girafe *f* giraffe.

glace *f* **1** *(eau gelée)* ice. **2** (*dessert*) ice cream: **glace à la vanille** vanilla ice cream. **3** *(miroir)* mirror.

glacée *m*, **-ée** *f* **1** *(eau, vent, mains)* ice-cold, icy. **2 thé/café glacé** iced tea/coffee.

glacial *m*, **-e** *f* (**-als** *ou* **-aux** *m plural*) icy.

glaçon *m* ice cube.

glissant *m*, **-ante** *f* slippery.

glisser 1 *(perdre l'équilibre)* to slip: **glisser sur une peau de banane** to slip on a banana skin. **2** *(se déplacer)* to slide. **3 ça glisse** it's slippery.

golf *m* golf: **jouer au golf** to play golf.

gomme *f* rubber, *(en américain)* eraser.

gonflé *m*, **-ée** *f (ventre)* swollen.

gonfler *(en soufflant)* to blow up *(a balloon)*; *(avec une pompe)* to pump up *(a tyre)*.

gorge *f* throat.

gorille *m* gorilla.

gosse *m ou f (enfant)* kid.

Take care: this word is familiar.

gourmand *m*, **-ande** *f* greedy (*for food*).

goût *m* taste; **avoir bon goût** to taste good; **ça a mauvais goût** it doesn't taste good; **ce monsieur a du goût** that man has taste.

goûter 1 goûter quelque chose to taste something; **goûter à quelque chose** to taste *ou* to try something (*for the first time*).
2 to have an afternoon snack.

goûter *m* afternoon snack.

goutte *f* drop.

gouvernement *m* government.

grâce à thanks to: **grâce à mes amis** thanks to my friends.

grain *m* **1** *(de blé, de riz, de sel)* grain; **grain de café** coffee bean; **café en grains** coffee beans. **2 grain de beauté** mole, beauty spot.

graine *f* seed.

graisse *f (d'animal, de personne)* fat.

grammaire *f* grammar.

gramme *m* gram, gramme.

grand *m*, **grande** *f* big; *(en taille)* tall; *(chaleur, découverte, ami)* great; *(voyage, jambes)* long; **un grand homme** a great man; **une grande différence** a big *ou* great difference; **mon grand frère** *(plus âgé)* my big brother.

grand-chose: **pas grand-chose** not much; **je n'ai pas grand-chose à faire** I don't have much to do.

Grande-Bretagne *f* Great Britain: **aller en Grande-Bretagne** to go to Great Britain; **vivre en Grande-Bretagne** to live in Great Britain.

grandir to grow: **elle a grandi de 2 cm** she has grown 2 cm.

grand-mère *f* (**grands-mères** *plural*)

grandmother.

grand-père *m* (**grands-pères** *plural*) grandfather.

grands-parents *m plural* grandparents.

grange *f* barn.

grappe *f*: **grappe de raisin** bunch of grapes.

gras *m*, **grasse** *f* **1** *(viande)* full of fat, fatty; **cette viande est trop grasse** this meat's too fat *ou* fatty; **matière grasse** fat (*in cooking*). **2** *(cheveux, mains)* greasy.

gratte-ciel *m* skyscraper.

Does not change in the plural. Do not add 's'.

gratter 1 *(avec les ongles ou les griffes)* to scratch: **se gratter le bras** to scratch one's arm; **ça me gratte** it itches. **2** *(avec un outil)* to scrape.

gratuit *m*, **-uite** *f* free: **billet gratuit** free ticket.

gratuitement free, free of charge.

grave 1 *(maladie, faute)* serious; **ce n'est pas grave!** it's not important!, it doesn't matter! **2 une voix grave** a deep voice. **3 un accent grave** a grave accent.

gravement seriously.

grec *m*, **grecque** *f* *(ville, étudiant)* Greek.

grec *m* *(la langue)* Greek: **parler grec** to speak Greek.

Grec *m*, **Grecque** *f* Greek: **c'est une Grecque** she's a Greek.

Grèce *f* Greece: **aller en Grèce** to go to Greece; **vivre en Grèce** to live in Greece.

grêle *f* hail.

grêler to hail: **il grêle** it's hailing.

grelotter to shiver.

grenier *m* attic, loft.

grenouille *f* frog.

grève *f* strike: **être en grève** to be on strike; **se mettre en grève** to go on strike.

griffe *f* claw; **le chat lui a donné un coup de griffe** the cat scratched him *ou* her.

grille *f* *(tiges de fer)* railings; *(porte)* gate, iron gate.

grille-pain *m* toaster.

Does not change in the plural. Do not add 's'.

griller 1 faire griller to grill, *(en américain)* to broil *(meat)*; **du poulet grillé** grilled *ou* broiled chicken. **2** to toast *(bread)*; **du pain grillé** toast.

grimper to climb: **grimper à un arbre** to climb a tree.

grippe *f* flu: **avoir la grippe** to have flu *ou* the flu.

gris *m*, **grise** *f* grey, *(en américain)* gray: **une voiture grise** a grey *ou* gray car.

gris *m* *(la couleur)* grey, *(en américain)* gray: **j'aime le gris** I like grey *ou* gray.

grogner *(cochon)* to grunt; *(chien, ours)* to growl.

gronder to tell off *(a child)*: **se faire gronder** to get told off.

gros *m*, **grosse** *f* **1** *(grand)* big: **un gros gâteau/problème** a big cake/problem. **2** *(gras)* fat: **un gros bébé** a fat baby.

grossier *m*, **-ière** *f* *(personne, geste)* rude (**avec, envers** to).

grossir to put on weight: **j'ai beaucoup grossi** I've put on a lot of weight.

groupe *m* group.

grouper to put *ou* to group together; **se grouper** to gather in a group *ou* in groups.

grue *f* crane.

guêpe *f* wasp.

guérir 1 to cure: **guérir quelqu'un de** to cure someone of. **2** to recover: **guérir d'une maladie** to recover from an illness; **je suis guéri** I'm better, I've recovered.

guerre *f* war: **en guerre** at war (**avec** with).

gueule *f (d'animal)* mouth.

guichet *m (de gare, cinéma)* ticket office; *(de banque)* window, counter.

guide *m (personne, livre)* guide.

guider to guide.

guidon *m* handlebars.

guillemets *m plural* inverted commas: **entre guillemets** in inverted commas.

guitare *f* guitar: **jouer de la guitare** to play the guitar.

gym *f* gym: **faire de la gym** to do gym, to do exercises; **professeur de gym** gym teacher.

gymnastique *f* gym, physical education.

Hh

habile clever, skilful: **il est très habile pour réparer les montres** he's very clever at mending watches.

habillé *m*, **-ée** *f* dressed (**de** in).

habiller: habiller quelqu'un to dress someone; **s'habiller** to get dressed, to dress; *(avec élégance)* to dress up.

habitant *m*, **-ante** *f (de ville, pays)* inhabitant; **les habitants du village** the people living in the village.

habiter 1 to live: **ils habitent à Londres/en Angleterre** they live in London/in England. **2** to live in *(a house, a flat)*: **ils habitent Londres** they live in London.

habits *m plural* clothes.

habitude *f* **1** habit; **avoir l'habitude de quelque chose/de faire quelque chose** to be used to something/to doing something.
2 d'habitude usually; **comme d'habitude** as usual.

habituel *m*, **-elle** *f* usual.

habituer (s'): s'habituer à quelque chose/à faire quelque chose to get used to something/to doing something.

hache *f*: **la hache** the axe, *(en américain)* the ax.

haie *f*: **la haie** the hedge.

haine *f*: **la haine** hatred.

haleine *f* breath: **hors d'haleine** out of breath.

hameçon *m* fish hook.

hanche *f*: **la hanche** the hip.

handicapé *m*, **-ée** *f* disabled, handicapped.

hangar *m*: **le hangar** the shed; *(pour avions)* the hangar.

haricot *m*: **le haricot** the bean; **haricot vert** green bean; **haricot blanc** haricot bean.

harmonica *m* harmonica: **jouer de l'harmonica** to play the harmonica.

hasard *m*: **le hasard** chance; **un hasard** a coincidence; **par hasard** by chance; **à tout hasard** just in case.

hausse *f*: **la hausse** the rise (**de** in).

haut *m*, **haute** *f* high: **de hautes montagnes** high mountains; **haut de 4 mètres** 4 metres high.

haut 1 voler haut to fly high. **2 tout haut** aloud: **je l'ai lu tout haut** I read it aloud.

haut *m* **1 le haut** the top: **en haut** at the top, on the top (**de** of); **elle habite en haut** she lives upstairs.
2 avoir *ou* **faire 5 mètres de haut** to be 5 metres high.

hauteur *f*: **la hauteur** the height.

hebdomadaire weekly.

hélas! unfortunately.

hélicoptère *m* helicopter.

herbe *f* **1** grass. **2 une mauvaise herbe** a weed.

hérisson *m*: **le hérisson** the hedgehog.

héroïne *f (de roman)* heroin.

héros *m*: **le héros** the hero.

hésiter to hesitate (**à faire** to do); **hésiter entre deux choses** to be unable to decide between two things.

heure *f* **1** hour: **50 kilomètres à l'heure** 50 kilometres an hour; **payé à l'heure** paid by the hour.
2 time: **arriver à l'heure** to arrive on time; **quelle heure est-il?** what time is it?; **il est sept heures** it's seven *ou* seven o'clock; **sept heures cinq** five past seven, *(en américain)* five after seven.
3 de bonne heure early.
4 tout à l'heure *(dans le futur)* later; *(dans le passé)* a moment ago; **à tout à l'heure!** see you later!

heureusement fortunately: **heureusement que j'étais là** fortunately I was there.

heureux *m*, **-euse** *f* happy: **être heureux de faire quelque chose** to be happy to do something.

heurter to hit *(a wall, a car)*; **se heurter à quelque chose** to bump into something.

hibou *m* (**-oux** *plural*): **le hibou** the owl.

hier yesterday: **hier matin/soir** yesterday morning/night.

hi-fi: chaîne *f* **hi-fi** hi-fi, hi-fi system.

The word **hi-fi** does not change in the plural. Do not add 's'.

hippopotame *m* hippopotamus.

hirondelle *f* swallow.

histoire *f* **1** history: **l'histoire de France** French history.
2 story: **raconter une histoire** to tell a story.
3 des histoires *(mensonges)* lies; *(ennuis)* trouble; *(complications)* fuss.

hiver *m* winter: **en hiver** in winter, in the winter.

hockey *m*: **le hockey** hockey; **jouer au hockey** to play hockey.

hollandais *m*, **-aise** *f (ville, étudiant)* Dutch.

hollandais *m (la langue)* Dutch: **le hollandais est difficile** Dutch is hard; **parler hollandais** to speak Dutch.

Hollandais *m* Dutchman (*au pluriel* -men): **c'est un Hollandais** he's a Dutchman; **le Hollandais** the Dutchman; **les Hollandais** the Dutch.

Hollandaise *f* Dutchwoman (*au pluriel* -women).

Hollande *f*: **la Hollande** Holland; **aller en Hollande** to go to Holland; **vivre en Hollande** to live in Holland.

homard *m*: **le homard** the lobster.

homme *m* man (*au pluriel* men): **des vêtements d'homme** men's clothes; **homme d'affaires** businessman.

homosexuel *m*, **-elle** *f*[1] *(personne, communauté)* homosexual.

homosexuel *m*, **-elle** *f*[2] homosexual: **c'est un homosexuel** he's a homosexual.

Hongrie *f*: **la Hongrie** Hungary.

honnête honest, decent.

honnêteté *f* honesty.

honneur *m* honour, *(en américain)* honor.

honte *f*: **la honte** shame; **avoir honte** to be ashamed (**de quelque chose** of something); **avoir honte de faire quelque chose** to be ashamed to do something *ou* of doing something.

hôpital *m* (**-aux** *plural*) hospital: **à l'hôpital** in hospital, *(en américain)* in the hospital.

hoquet *m*: **avoir le hoquet** to have hiccups.

horaire *m* timetable.

horizon *m* horizon: **à l'horizon** *(être, apparaître)* on the horizon; *(disparaître)* below the horizon.

horloge *f* clock.

horreur *f* horror; **avoir horreur de quelque chose/de faire quelque chose** to hate something/doing something; **faire horreur à quelqu'un** to horrify someone.

horrible horrible.

hors de out of.

hôte *m (qui reçoit)* host.

hôtesse *f* hostess: **hôtesse de l'air** air hostess.

huile *f* oil.

huit eight; **huit jours** a week.

Pour des exemples d'emploi, voir **dix**.

huitième eighth.

Pour des exemples d'emploi, voir **dixième**.

huître *f* oyster.

humain *m*, **-aine** *f* human.

humeur *f* mood: **être de bonne/mauvaise humeur** to be in a good/bad mood.

humide damp.

humour *m* humour, *(en américain)* humor.

hurler to howl.

hypermarché *m* hypermarket.

Ii

ici here: **elle est ici** she's here; **passez par ici** go this way; **ils habitent par ici** they live around here; **jusqu'ici** up to here, as far as this; *(temps)* up to now, so far.

idéal *m*, **-e** *f* (**-aux** *m plural*) ideal.

idée *f* idea: **une bonne idée** a good idea.

identique identical (**à** to).

idiot *m*, **idiote** *f* [1] silly, stupid.

idiot *m*, **idiote** *f* [2] idiot: **ne sois pas idiot!** don't be an idiot!

ignorer 1 ignorer quelque chose not to know something. **2 ignorer quelqu'un** to ignore someone.

il 1 he: **il mange** he's eating.
2 *(chose, animal)* it: **vous voyez ce chat? - il m'appartient** do you see that cat? - it belongs to me.
3 *(sujet impersonnel)* it: **il pleut** it's raining; **il fait froid** it's cold.
4 il y a there is, *(au pluriel)* there are; *(expression du temps)* ago; **il y a un problème** there's a problem; **il y avait des enfants dans cette voiture** there were children in that car; **il y a eu un accident** there was an accident; **il y a trois ans** three years ago; **il y a une heure qu'il travaille** he's been working for an hour; **qu'est-ce qu'il y a?** what's the matter?

île *f* island.

ils they: **ils mangent** they're eating.

il y a ▸ *voir* **il**.

image *f* picture.

imagination *f* imagination.

imaginer (*ou* **s'imaginer**) to imagine (**que** that); **j'imagine** I imagine so.

imbécile *m ou f* idiot.

imiter to imitate; **imiter quelqu'un** *(faire comme)* to do the same as someone.

immédiat *m*, **-ate** *f* immediate.

immédiatement immediately.

immense huge, immense.

immeuble *m* building; *(d'habitation)* block of flats, *(en américain)* apartment building.

immobile still.

impair: un nombre impair an odd number.

impatient *m*, **-ente** *f* impatient (**de faire** to do).

imperméable *m* raincoat.

impoli *m*, **-ie** *f* rude.

importance *f* importance; **ça n'a pas d'importance** it doesn't matter.

important *m*, **-ante** *f* important; *(quantité, somme)* large; **des dégâts importants** a lot of damage.

importer 1 n'importe qui/quoi anyone/anything; **n'importe où/quand/comment** anywhere/any time/anyhow; **n'importe quel** any; **prends n'importe quelle robe** take any dress.
2 peu importe it doesn't matter.

impossible impossible: **c'est impossible à faire** it's impossible to do; **il nous est impossible de le faire** it's impossible for us to do it.

impôt *m* tax: **payer des impôts** to pay tax.

impression *f* impression; **avoir l'impression que** to have the feeling that.

imprimante *f (d'ordinateur)* printer.

imprimer to print.

inattendu *m*, **-ue** *f* unexpected.

incapable: être incapable de faire quelque chose to be incapable of doing *ou* unable to do something.

incendie *m* fire.

incertain *m*, **-aine** *f* uncertain; **le temps est incertain** the weather is unsettled.

incident *m* incident; *(problème)* problem, hitch.

inconnu *m*, **-ue** *f* stranger.

inconvénient *m* disadvantage; **je n'y vois pas d'inconvénient** I can't see any objection.

incroyable incredible.

indépendance *f* independence.

indépendant *m*, **-ante** *f* independent.

Inde *f* India: **aller en Inde** to go to India; **vivre en Inde** to live in India.

indications *f plural* instructions; *(pour aller quelque part)* directions.

indice *m (dans une enquête)* clue.

indien *m*, **-ienne** *f (ville, étudiant)* Indian.

Indien *m*, **-ienne** *f* Indian: **c'est une Indienne** she's an Indian.

indiquer to show: **indiquer le chemin à quelqu'un** to show someone the way; **je lui ai indiqué la gare** I told him *ou* her where the station was, I pointed out the station.

indispensable essential.

individu *m* individual.

individuel *m*, **-elle** *f (travail, portion)* individual.

industrie *f* industry.

inexact *m*, **-e** *f (réponse, chiffre)* incorrect.

infecter (s') to get infected.

inférieur *m*, **-e** *f* **1** *(partie, lèvre)* lower; **l'étage inférieur** the floor below.
2 *(qualité, personne)* inferior (**à** to).

infirme *m ou f* disabled person, invalid.

infirmier *m* male nurse.

infirmière *f* nurse: **elle est infirmière** she's a nurse.

influence *f* influence (**sur** on).

influencer to influence.

information *f (renseignement)* information; *(nouvelle)* piece of news: **les informations** the news.

informatique *f* computer science; **elle est dans l'informatique** she's in computers.

informer (s'): s'informer de quelque chose to ask about something.

ingénieur *m* engineer: **il est ingénieur** he's an engineer.

ingrédient *m* ingredient.

initiales *f plural* initials.

injure *f* insult.

injuste unfair (**avec quelqu'un** to someone).

innocent *m*, **-ente** *f*[1] innocent.

innocent *m*, **-ente** *f*[2] innocent person.

inondation *f* flood.

inondé *m*, **-ée** *f* flooded.

inquiet *m*, **-iète** *f* worried (**de** about).

inquiéter 1 inquiéter quelqu'un to worry someone. **2 s'inquiéter** to worry (**de** about).

inquiétude *f* worry, anxiety.

inscrire (s') to put one's name down, to register; **s'inscrire à un club** to join a club.

To conjugate this verb turn to p 176.

insecte *m* insect.

insister to insist: **insister pour faire quelque chose** to insist on doing something.

inspecteur *m*, **-trice** *f* inspector.

inspirer to breathe in.

installer to put in, to install *(a sink, the telephone)*; to put up *(a shelf)*.

installer (s') *(pour vivre)* to settle; *(se mettre à l'aise)* to settle down; *(s'asseoir)* to settle, to sit.

instant *m* moment: **pour l'instant** for the moment.

instinct *m* instinct.

instituteur *m*, **-trice** *f* teacher *(in primary or elementary school)*.

instructions *f plural (conseils)* instructions.

instruit *m*, **-uite** *f* educated.

instrument *m* instrument; **jouer d'un instrument** to play an instrument.

insulte *f* insult.

insulter to insult.

insupportable unbearable.

intelligence *f* intelligence.

intelligent *m*, **-ente** *f* intelligent.

intention *f* intention; **avoir l'intention de faire quelque chose** to intend to do something.

interdire to forbid: **interdire à quelqu'un de faire quelque chose** to forbid someone to do something.

To conjugate this verb turn to p 176.

interdit *m*, **-ite** *f* forbidden: **il est interdit de fumer** smoking is forbidden.

intéressant *m*, **-ante** *f (livre, gens)* interesting.

intéresser to interest; **s'intéresser à quelque chose** to take an interest in something.

intérêt *m* **1** interest: **montrer de l'intérêt pour quelque chose** to show interest in something.
2 avoir intérêt à faire quelque chose to do well to do something; **tu as intérêt à accepter** you'd do well to accept.

intérieur *m* **1** inside: **l'intérieur de la boîte** the inside of the box.
2 à l'intérieur de inside; **à l'intérieur de la boîte** inside the box; **regardez à l'intérieur** look inside.

international *m*, **-e** *f* (**-aux** *m plural*) international.

Internet *m* Internet: **sur Internet** on the Internet.

interrogation *f* **1** *(à l'école)* test.
2 *(en grammaire)* question.

interroger to question.

interrompre to interrupt.

To conjugate this verb turn to p 176.

introduction *f (de livre)* introduction.

inutile useless.

inventer to invent.

invention *f* invention.

invisible invisible.

invitation *f* invitation.

invité *m*, **-ée** *f* guest.

inviter to invite (**à** to): **inviter quelqu'un à faire quelque chose** to ask *ou* to invite someone to do something.

ira, irai, irait *etc* ▸ *voir* **aller**.

Irak *m* Iraq: **en Irak** to *ou* in Iraq.

Iran *m* Iran: **en Iran** to *ou* in Iran.

irlandais *m*, **-aise** *f (ville, mot)* Irish.

irlandais *m (la langue)* Irish.

Irlandais *m* Irishman (*au pluriel* -men): **c'est un Irlandais** he's an Irishman; **les Irlandais** the Irish.

Irlandaise *f* Irishwoman (*au pluriel* -women): **c'est une Irlandaise** she's an Irishwoman.

Irlande *f* Ireland: **aller en Irlande** to go to Ireland; **vivre en Irlande** to live in Ireland.

iront ▸ *voir* **aller**.

irriter to annoy.

islamique Islamic.

isolé *m*, **-ée** *f* isolated.

Israël *m* Israel: **en Israël** to *ou* in Israel.

israélien *m*, **-ienne** *f (ville, étudiant)* Israeli.

Israélien *m*, **-ienne** *f* Israeli: **c'est une Israélienne** she's an Israeli.

Italie *f* Italy: **aller en Italie** to go to Italy; **vivre en Italie** to live in Italy.

italien *m*, **-ienne** *f (ville, mot)* Italian.

italien *m (la langue)* Italian: **l'italien est difficile** Italian is hard; **parler italien** to speak Italian; **professeur d'italien** Italian teacher.

Italien *m*, **-ienne** *f* Italian: **c'est une Italienne** she's an Italian.

itinéraire *m* route.

ivre drunk.

Jj

jaloux *m*, **-ouse** *f* jealous (**de** of).

jamais 1 never: **ne...jamais** never; **elle ne sort jamais** she never goes out; **jamais!** never!
2 ever: **l'as-tu jamais vu?** have you ever seen it?; **presque jamais** hardly ever; **si jamais** if ever.

jambe *f* leg.

jambon *m* ham.

janvier *m* January: **en janvier** in January.

Japon *m* Japan: **aller au Japon** to go to Japan; **vivre au Japon** to live in Japan.

japonais *m*, **-aise** *f (ville, mot)* Japanese.

japonais *m (la langue)* Japanese: **le japonais est difficile** Japanese is hard; **parler japonais** to speak Japanese.

Japonais *m* Japanese man; **c'est un Japonais** he's Japanese; **les Japonais** the Japonese.

Japonaise *f* Japanese woman; **c'est une Japonaise** she's Japanese.

jardin *m* garden; **jardin public** park.

jardinage *m* gardening.

jardinier *m*, **-ière** *f* gardener: **elle est jardinière** she's a gardener.

jaune yellow: **une chemise jaune** a yellow shirt.

jaune *m* **1** *(la couleur)* yellow: **j'aime le jaune** I like yellow. **2 jaune d'œuf** yolk *(of an egg)*.

je (**j'** *before a vowel or silent h*) I: **je suis** I am; **j'ai** I have.

jean *m* jeans; **acheter un jean** to buy a pair of jeans *ou* some jeans.

jeep® *f* jeep®.

jeter 1 to throw (**à** to, at). **2** *(se débarrasser de)* to throw away *(old toys, papers)*.

jeu *m* (**jeux** *plural*) **1** game: **on va jouer à un jeu** let's play a game. **2** *(avec de l'argent)* **le jeu** gambling. **3 un jeu de mots** a pun.

jeudi *m* Thursday: **nous sommes jeudi** it's Thursday; **elle est venue jeudi** she came on Thursday; **nous sortons le jeudi** we go out on Thursdays.

jeune young.

jeunes *m plural* young people.

jeunesse *f* youth.

jogging *m (activité)* jogging: **faire du jogging** to jog, to go jogging.

joie *f* joy.

joli *m*, **-ie** *f* pretty.

jongler to juggle.

jonquille *f* daffodil.

Jordanie *f* Jordan: **en Jordanie** to *ou* in Jordan.

joue *f* cheek.

jouer 1 to play (**avec** with): **jouer au tennis/aux cartes** to play tennis/cards; **jouer du piano/d'un instrument** to play the piano/an instrument; **jouer un air/un rôle/une partie d'échecs** to play a tune/a part/a game of chess.
2 *(dans un film, une pièce)* to act.
3 *(pour de l'argent)* to gamble.
4 jouer une pièce/un film to put on a play/film.

jouet *m* toy.

joueur *m*, **-euse** *f* player.

jour *m* **1** day: **tous les jours** every day; **deux heures par jour** two hours a day. **2** *(lumière)* daylight: **en plein jour** in broad daylight; **il fait jour** it's light.

journal *m* (**-aux** *plural*) **1** paper, newspaper. **2** *(intime)* diary: **tenir un journal** to keep a diary.

journaliste *m ou f* reporter, journalist.

journée *f* day.

joyeux *m*, **-euse** *f* happy, merry: **joyeux Noël!** happy *ou* merry Christmas!; **joyeux anniversaire!** happy birthday!

juge *m* judge.

juger 1 to judge. **2 juger que** to consider that.

juif *m*, **juive** *f* Jewish.

Juif *m*, **Juive** *f* Jew: **c'est un Juif** he's a Jew.

juillet *m* July: **en juillet** in July.

juin *m* June: **en juin** in June.

jumeau *m*, **-elle** *f* (**jumeaux** *m plural*, **-elles** *f plural*) twin: **frère jumeau** twin brother; **sœur jumelle** twin sister.

jumelles *f plural* binoculars.

jungle *f* jungle.

jupe *f* skirt.

jurer to swear (**que** that): **jurer de faire quelque chose** to swear to do something.

jus *m* **1** juice: **jus de fruit** fruit juice. **2** *(de viande)* gravy.

jusqu'à 1 as far as, up to: **jusqu'à la gare** as far as *ou* up to the station.
2 *(temps)* until: **jusqu'à mardi** until Tuesday.
3 *(limite)* up to: **jusqu'à 50 francs** up to 50 francs.
4 jusqu'à ce que until; **jusqu'à ce qu'il vienne** until he comes.

jusque: jusqu'ici *(temps)* up to now, so far; *(espace)* up to here, as far as this; **jusque-là** *(temps)* up to then; *(espace)* as far as that, up to there.

juste [1] **1** fair: **ce n'est pas juste!** it's not fair! **2** *(exact)* right. **3** *(pantalon, veste)* tight.

juste [2] *(seulement)* just: **juste avant/après** just before/after.

justement exactly.

justice *f* justice.

Kk

kangourou *m* (**-ous** *plural*) kangaroo.

kilo *m* kilo: **5 francs le kilo** 5 francs a kilo.

kilogramme *m* kilogram, kilogramme.

kilomètre *m* kilometre.

kiosque *m* *(à journaux)* news stand, kiosque.

klaxon® *m* horn.

klaxonner to sound one's horn, *(en américain)* to honk.

Koweït *m* Kuwait: **au Koweït** to *ou* in Kuwait.

Ll

l', la ▸ *voir* **le**.

là 1 there: **il n'était pas là** he wasn't there; **c'est là que je suis tombé** that's where I fell; **passez par là** go that way; **ils habitent par là** they live around there.
2 *(ici)* here: **le docteur est là** the doctor's here.
3 *(à ce moment)* then: **d'ici là** between now and then; **jusque-là** up to then.

là-bas over there.

labourer to plough, *(en américain)* to plow.

lac *m* lake.

lacet *m* *(de chaussure)* lace.

lâche *m ou f* coward: **elle est lâche** she's a coward.

lâcher to let go of; *(laisser tomber)* to drop.

là-dedans in there.

là-dessous under there.

là-dessus on there.

là-haut up there.

laid *m*, **laide** *f* ugly.

laine *f* wool; **une jupe en laine** a woollen *ou* wool skirt.

laisse *f* *(pour chien)* lead.

laisser 1 to leave: **j'ai laissé mes enfants à la maison** I left my children at home.
2 to let: **laisser quelqu'un partir** to let someone go; **laisser quelque chose à quelqu'un** to let someone have something.

lait *m* milk.

laitue *f* lettuce.

lame *f* *(de couteau, rasoir)* blade.

lampadaire *m* *(de rue)* street light.

lampe *f* lamp, light; **lampe de poche** torch, *(en américain)* flashlight.

lance-pierres *m* catapult.

> Does not change in the plural. Do not add 's'.

lancer to throw (**à** to): **je lui ai lancé le ballon** I threw him *ou* her the balloon.

landau *m* (**-aus** *plural*) pram, *(en américain)* baby carriage.

langage *m* language.

langue *f* **1** tongue. **2** language: **parler une langue étrangère** to speak a foreign language.

lapin *m* rabbit.

laquelle ▸ *voir* **lequel**.

large wide: **large de 6 mètres** 6 metres wide.

large *m*: **avoir** *ou* **faire 6 mètres de large** to be 6 metres wide.

largeur *f* width.

larme *f* tear: **être en larmes** to be in tears.

laser *m* laser.

latin *m (la langue)* Latin.

lavabo *m* sink, washbasin.

laver to wash: **se laver les mains** to wash one's hands; **se laver** to wash, *(en américain)* to wash up.

lave-vaisselle *m* dishwasher.

> Does not change in the plural. Do not add 's'.

le *m*, **la** *f*, **les** *plural* (**le** & **la** *become* **l'** *before a vowel or silent h*; **à** + **le** = **au, à** + **les** = **aux; de** + **le** = **du, de** + **les** = **des**) **1** the: **le garçon** the boy; **la fille** the girl; **l'enfant** the child; **les livres** the books.
2 *(devant les mots pris dans un sens général)* **les femmes** women; **le bonheur** happiness; **la France** France; **j'adore le chocolat** I love chocolate.
3 *(= one's, my, your, his, her, their avec les parties du corps)* **se laver les mains** to wash one's hands; **je me suis blessé au pied** I hurt my foot; **il a ouvert la bouche** he opened his mouth.
4 a: **60 pence le kilo** 60 pence a kilo ; **50 kilomètres à l'heure** 50 kilometres an hour.

le *m*, **la** *f*, **les** *plural* (**le** & **la** *become* **l'** *before a vowel or silent h*) **1** him: **je le vois** I see him; **je l'ai vu** I saw him.
2 *(chose, animal)* it: **voici mon sac - tu peux le garder?** here's my bag - can you look after it?; **où est ma pomme? - je l'ai mangée** where's my apple? - I've eaten it; **je l'ai fait** I did it; **je le crois** I think so.
3 her: **je la vois** I see her; **je l'ai vue** I saw her.
4 them: **je les vois** I see them; **je les ai vus** I saw them.

lécher to lick: **se lécher les doigts** to lick one's fingers.

leçon *f* lesson.

lecteur *m*, **-trice** *f* **1** reader. **2 lecteur de cassettes** cassette player; **lecteur de CD** CD player.

lecture *f* reading.

léger *m*, **-ère** *f* **1** *(pas lourd)* light. **2** *(bruit, fièvre)* slight. **3** *(café, thé)* weak.

légèrement *(un peu)* slightly.

légume *m* vegetable.

lendemain *m*: **le lendemain** the next day; **le lendemain de la fête** the day after the party; **le lendemain matin** the next morning.

lent *m*, **lente** *f* slow.

lentement slowly.

lentille *f* **1** *(de contact)* contact lens. **2** *(légume)* lentil.

léopard *m* leopard.

lequel *m*, **laquelle** *f*, **lesquels** *m plural*, **lesquelles** *f plural* (+ **à** = **auquel, à laquelle, auxquels, auxquelles;** + **de** = **duquel, de laquelle, desquels, desquelles**) **1** which: **lequel veux-tu?** which *ou* which one do you want?; **auquel** to which; **dans lequel** in which; **avec lequel** with which; **la maison sur le toit de laquelle...** the house on the roof of which...; **desquels as-tu envie?** which *ou* which ones would you like?
2 whom: **le garçon avec lequel il est venu** the boy he came with, the boy with whom he came.

les ▸ *voir* **le**.

lessive *f (en poudre)* washing powder; *(en liquide)* washing liquid; *(en américain)* laundry detergent; **faire la lessive** to do the washing.

lettre *f* letter.

leur *m ou f*, **leurs** *plural* **1** their: **leur mère** their mother; **leurs mères** their mothers.
2 le leur, la leur, les leurs theirs; **ma mère et la leur** my mother and theirs; **mes enfants et les leurs** my children and theirs.

leur them, to them: **je leur ai donné**

des conseils I gave them some advice, I gave some advice to them; **dis-leur que je suis malade** tell them I'm ill.

levé *m*, **-ée** *f*: **être levé** to be up.

lever 1 to lift *(one's finger, head)*; **lever la main** to put one's hand up.
2 se lever to get up; **lève-toi!** get up!; **le soleil se lève** the sun rises.

lever *m*: **le lever du soleil** sunrise.

lèvre *f* lip.

lézard *m* lizard.

Liban *m* Lebanon: **au Liban** to *ou* in Lebanon.

libérer to free.

liberté *f* freedom.

librairie *f* bookshop.

libre free: **elle est libre de partir** she's free to leave; **cette place est libre** this seat is free.

libre-service *m* (**libres-services** *plural*) self-service.

licence *f (diplôme)* degree.

liège *m* cork: **un bouchon en liège** a cork stopper.

lien *m* connection, link (**entre** between).

lieu *m* (**lieux** *plural*) **1** place.
2 avoir lieu to take place.
3 au lieu de quelque chose instead of something; **au lieu de faire quelque chose** instead of doing something.

lièvre *m* hare.

ligne *f (de texte, de métro, téléphonique)* line: **tracer une ligne** to draw a line.

limite *f* limit.

limiter to limit (**à** to).

limonade *f* lemonade *(fizzy)*.

linge *m* **1** *(draps, chemises)* linen. **2** *(à laver)* washing: **laver le linge** to do the washing.

lion *m* lion.

liquide *m* **1** liquid. **2 payer en liquide** to pay in cash.

lire to read.

To conjugate this verb turn to p 176.

lis, lisant, lisent *etc* ▸ *voir* **lire**.

lisse smooth.

liste *f* list: **faire la** *ou* **une liste de** to make a list of.

lit [1] bed; **lit d'enfant** cot, *(en américain)* crib.

lit [2] ▸ *voir* **lire**.

litre *m* litre, *(en américain)* liter.

livre *m* book.

livre *f* pound: **une livre de beurre** a pound of butter; **ça coûte une livre** it costs one pound.

livrer to deliver *(goods, the newspaper)*.

local *m*, **-ale** *f* (**-aux** *m plural*) local.

locataire *m ou f* tenant; *(chez le propriétaire)* lodger, *(en américain)* roomer.

locomotive *f (de train)* engine.

logement *m (appartement)* flat, *(en américain)* apartment.

loger *(habiter)* to live; **loger quelqu'un** to put someone up.

logiciel *m* software.

logique logical.

loi *f* law.

loin far, far away (**de** from); **ils sont trop loin** they're too far away; **Boston est loin** Boston is a long way away; **au loin** in the distance, far away; **de loin** from a distance, from far away; **plus loin** further.

loisirs *m plural (temps libre)* leisure time; *(activités)* leisure activities.

Londres *m ou f* London.

long *m*, **longue** *f* **1** *(cheveux, film)* long; **long de 4 mètres** 4 metres long. **2 à la longue** in the end.

long *m* **1 ce mur a** *ou* **fait 10 mètres de long** this wall is 10 metres long.
2 le long de along; **le long de la rivière** along the river.

longtemps a long time: **elle a atten-**

du longtemps she waited a long time; **je ne resterai pas longtemps** I won't stay long; **trop longtemps** too long.

longueur *f* length.

lors de during.

lorsque when: **lorsqu'il pleut** when it rains.

loterie *f* lottery.

louer 1 to rent: **je loue une maison** I'm renting a house; **louer une maison/une chambre à quelqu'un** to rent a house/room to someone; **'maison à louer'** 'house to let'.
2 to hire: **louer une voiture/un vélo** to hire a car/bicycle (**à** to).

loup *m* **1** wolf (*au pluriel* wolves). **2 avoir une faim de loup** to be starving.

loupe *f* magnifying glass.

lourd *m*, **lourde** *f* heavy.

loyer *m* rent.

lu *m*, **lue** *f* ▸ *voir* **lire**.

lui 1 him, to him: **je lui ai donné un conseil** I gave him some advice, I gave some advice to him; **dis-lui que je suis occupé** tell him I'm busy.
2 her, to her: **je lui ai donné un conseil** I gave her some advice, I gave some advice to her; **dis-lui que je suis occupé** tell her I'm busy.
3 *(chose, animal)* it, to it: **donnez-lui du lait** *(au chat)* give it some milk, give some milk to it.
4 him: **c'est pour lui** it's for him; **c'est lui** it's him; **lui, il a toujours faim** as for him, he's always hungry.

lui-même himself; *(animal)* itself.

lumière *f* light.

lundi *m* Monday: **nous sommes lundi** it's Monday; **il est venu lundi** he came on Monday; **nous sortons le lundi** we go out on Mondays.

lune *f* moon.

lunettes *f plural* glasses: **lunettes de soleil** sunglasses.

lutte *f* fight, struggle (**contre** against).

lutter to fight (**contre** against).

luxe *m* luxury.

lycée *m* school *(for pupils between 15 and 18)*.

The **lycée** is the rough equivalent of the British 'comprehensive school' and of the American 'high school'.

Mm

M. *(monsieur)* Mr.

ma ▸ *voir* **mon**.

macaronis *m plural* macaroni.

mâcher to chew.

machine *f* machine: **machine à coudre** sewing machine; **machine à écrire** typewriter; **machine à laver** washing machine.

mâchoire *f* jaw.

madame *f* (**mesdames** *plural*) **1** (often not translated) **oui, madame** yes (*ou* yes, madam); **bonjour, mesdames** good morning (*ou* good morning, ladies).
2 Mrs: **Madame Bertrand** Mrs Bertrand.

mademoiselle *f* (**mesdemoiselles** *plural*) **1** (usually not translated) **oui, mademoiselle** yes; **bonjour, mesdemoiselles** good morning (*ou* good morning, ladies).
2 Miss: **Mademoiselle Bertrand** Miss Bertrand.

magasin *m* shop, *(en américain)* store; **grand magasin** department store.

magazine *m* magazine.

magicien *m*, **-ienne** *f* magician.

magie *f* magic.

magique magic: **une baguette magique** a magic wand.

magnétophone *m* tape recorder.

magnétoscope *m* video recorder, VCR.

magnifique splendid.

mai *m* May: **en mai** in May.

maigre *(personne)* thin.

maigrir to lose weight

maillot *m* **1 maillot de bain** *(de femme)* swimsuit; *(d'homme)* swimming trunks. **2 maillot de corps** vest, *(en américain)* undershirt.

main *f* hand: **je l'ai à la main** I have it in my hand; **je l'ai sous la main** I have it handy; **donner un coup de main à quelqu'un** to give *ou* to lend someone a hand.

maintenant now; **maintenant que** now that.

maintenir *(faire rester)* to keep: **maintenir quelque chose droit** to keep something straight.

To conjugate this verb turn to p 176.

mairie *f* town hall, *(en américain)* city hall.

mais but; **mais oui!** yes, of course!; **mais non!** definitely not!

maïs *m (plante)* maize, *(en américain)* corn; *(légume)* sweetcorn.

maison *f* **1** house; **à la maison** at home; **je suis resté à la maison** I stayed at home; **rentrer à la maison** to go home.
2 *(de commerce)* company.

maître *m* master; *(de chien)* master, owner; *(professeur)* teacher.

maîtresse *f* mistress; *(de chien)* owner; *(professeur)* teacher.

majorité *f* majority (**de** of).

majuscule *f* capital letter.

mal *m* (**maux** *plural*) **1** ache, pain: **avoir mal aux dents/à la tête/au ventre** to have a toothache/a headache/a stomachache; **avoir mal à la gorge** to have a sore throat; **des maux de tête/de ventre** headaches/stomachaches.
2 faire mal à quelqu'un to hurt someone; **se faire mal** to hurt oneself; **ma jambe me fait mal** my leg hurts me; **ça fait mal** it hurts.
3 trouble: **avoir du mal à faire quelque chose** to have trouble doing something; **se donner du mal pour faire quelque chose** to go to a lot of trouble to do something.

mal 1 *(travailler, jouer)* badly; *(comprendre, entendre)* not too well.
2 wrong: **c'est mal de mentir** it's wrong to lie.
3 c'est pas mal!, ce n'est pas mal! it's not bad!, it's quite good!
4 pas mal de quite a lot of; **elle a pas mal d'argent** she's got quite a lot of money.

Take care: senses **3** and **4** are familiar.

malade ill, sick.

malade *m ou f* sick person; *(à l'hôpital)* patient.

maladie *f* illness.

maladroit *m*, **-droite** *f* clumsy.

mâle *m* male: **chez le mâle** in the male; **un éléphant mâle** a male elephant.

malgré in spite of; **malgré tout** *(pourtant)* nevertheless.

malheur *m (événement)* misfortune.

malheureusement unfortunately.

malheureux *m*, **-euse** *f* unhappy, miserable.

malhonnête dishonest.

malicieux *m*, **-euse** *f* mischievous.

malin *m*, **-igne** *f (rusé)* shrewd.

malle *f (coffre)* trunk.

maman *f* mum, *(en américain)* mom.

mamie *f* grandma, granny.

manche *f* **1** *(de vêtement)* sleeve. **2 la Manche** the Channel.

manche *m (d'outil, de balai)* handle.

mandarine *f* tangerine.

manger eat; **donner à manger à** to feed *(a child, an animal)*.

manier to handle.

manière *f* **1** way: **la manière dont elle joue** the way she plays.
2 de toute manière anyway.
3 de manière à faire quelque chose so as to do something.
4 *(conduite)* **manières** manners; **avoir de bonnes manières** to have good manners.

manifester to demonstrate (**contre** against).

manque *m* lack (**de** of).

manquer 1 to miss *(the train, a target, one's chance)*.
2 to be short *ou* missing: **il manque dix tasses** there are ten cups short; **il manque quelques pages** there are some pages missing.
3 manquer de pain/d'argent not to have enough bread/money; **ça manque de sel** there isn't enough salt.
4 elle lui manque he misses her; **mes amis me manquent** I miss my friends.

manteau *m* (**-eaux** *plural*) coat.

maquiller (se) to put on make-up.

marchand *m*, **-ande** *f* shopkeeper, *(en américain)* storekeeper; *(au marché)* stallholder.

marchandises *f plural* goods.

marche *f* **1** *(d'escalier)* step.
2 *(trajet)* walk: **à une heure de marche** an hour's walk away; **la marche** *(sport)* walking.
3 faire marche arrière *(avec une voiture)* to reverse, *(en américain)* to back up.
4 mettre en marche to start *(a machine, an engine)*; **un train/un véhicule en marche** a moving train/vehicle.

marché *m* **1** market.
2 bon marché cheap; **meilleur marché** cheaper; **des chaussures meilleur marché** cheaper shoes.

bon marché and **meilleur marché** do not change in the plural or in the feminine. Do not add 's' or 'e'.

marcher 1 *(à pied)* to walk.
2 *(fonctionner)* to work: **ça ne marche pas** it's not working.
3 to do *ou* to go well: **les affaires marchent bien** business is doing *ou* going well; **ça marche?** how's it going?

Take care: the last expression is familiar.

mardi *m* Tuesday: **nous sommes mardi** it's Tuesday; **ils sont venus mardi** they came on Tuesday; **nous sortons le mardi** we go out on Tuesdays.

marée *f* tide: **à marée haute/basse** at high/low tide.

margarine *f* margarine.

marguerite *f* daisy.

mari *m* husband.

mariage *m* **1** marriage: **un mariage heureux** a happy marriage. **2** *(cérémonie)* wedding.

marié *m*, **-ée** *f* married: **un couple marié** a married couple; **elle est mariée avec Paul** she's married to Paul.

marié *m*: **le marié** the bridegroom; **les mariés** the bride and groom.

mariée *f*: **la mariée** the bride.

marier (se) to get married (**avec** to); **elle s'est mariée avec Paul** she married Paul.

marin *m* sailor.

marionnette *f* puppet.

marmite *f* cooking pot.

Maroc *m* Morocco.

marque *f* **1** *(signe, trace)* mark. **2** *(nom commercial) (de lessive, café)* brand; *(de voiture)* make.

marquer 1 *(par un signe)* to mark. **2 marquer un but/un point** to score a goal/a point.

marrant *m*, **-ante** *f* funny.

Take care: this word is familiar.

marre: en avoir marre to be fed up

(**de** with).

Take care: this word is familiar.

marron brown: **une robe marron** a brown dress.

Does not change in the plural or in the feminine. Do not add 's' or 'e'.

mars *m* March: **en mars** in March.

marteau *m* (**-eaux** *plural*) hammer.

masculin *m*, **-ine** *f* **1** *(en grammaire)* masculine. **2** *(prénom)* male; *(mode, revue)* men's.

masque *m* mask.

masse *f*: **une masse de** a mass of, lots of.

mât *m (de bateau)* mast.

match *m (de football)* match, *(en américain)* game: **match de boxe** boxing match.

matelas *m* mattress.

matériel *m* equipment; *(d'ordinateur)* hardware.

maternel *m*, **-elle** *f*: **mon oncle/grand-père maternel** my uncle/grandfather on my mother's side.

maternelle *f* nursery school, *(en américain)* kindergarten.

mathématiques *f plural* mathematics.

maths *f plural* maths, *(en américain)* math.

matière *f* **1** *(à l'école)* subject. **2** *(substance)* material: **matières premières** raw materials.

matin *m* morning: **il travaille le matin** he works in the mornings; **à neuf heures du matin** at nine in the morning.

matinée *f* morning.

Use **matinée** when the meaning is the whole morning (eg 'dans la matinée').

mauvais *m*, **-aise** *f* **1** bad: **être mauvais en anglais** to be bad at English; **il fait mauvais** the weather's bad.
2 wrong: **le mauvais numéro** the wrong number.

maux *m plural* ▸ *voir* **mal**.

maximum *m* maximum; **au maximum** *(tout au plus)* at the very most.

me (**m'** *before a vowel or silent h*) **1** me: **elle me connaît** she knows me; **il m'a vu** he saw me.
2 me, to me: **il m'a donné un cadeau** he gave me a present, he gave a present to me; **il m'a dit que** he told me that.
3 myself: **je m'amusais** I was enjoying myself.
4 (= my *avec les parties du corps*) **je me lave les mains** I wash my hands.
5 *(à ne pas traduire en anglais)* **je me bats** I fight; **je m'en souviens** I remember.

mécanicien, -ienne *m ou f* mechanic.

mécanique *(jouet, montre)* wind-up.

mécanisme *m* mechanism.

méchant *m*, **-ante** *f* nasty (**avec** to); *(très cruel)* wicked; *(enfant)* naughty.

mécontent *m*, **-ente** *f* unhappy (**de** with, about).

médaille *f* medal.

médecin *m* doctor: **elle est médecin** she's a doctor; **aller chez le médecin** to go to the doctor *or* doctor's.

médecine *f* medicine *(science)*.

médical *m*, **-e** *f* (**-aux** *m plural*) medical.

médicament *m* medicine *(drug)*.

médiocre poor, second-rate.

Méditerranée *f (la mer)* Mediterranean.

méditerranéen *m*, **-enne** *f (pays, climat)* Mediterranean.

méfiant *m*, **-ante** *f* suspicious.

méfier (se): se méfier de quelqu'un not to trust someone.

meilleur *m*, **-e** *f*[1] **1** better (**que** than).
2 best: **le meilleur élève de la classe** the best student in the class.

meilleur *m*, **-e** *f*[2] **le meilleur, la meil-**

leure the best, the best one; **j'ai choisi les meilleurs** I chose the best *ou* the best ones.

mélange *m* mixture.

mélanger to mix *(ingredients)*.

mêler (se) 1 se mêler de quelque chose to interfere in something. **2 se mêler à** to mix with *(people)*.

melon *m* melon.

membre *m (de groupe)* member.

même [1] same: **en même temps** at the same time (**que** as).

même: [2] **le même, la même** the same, the same one; **elle va acheter les mêmes** she's going to buy the same *ou* the same ones.

même [3] even: **même ma sœur** even my sister; **même si** even if.

mémoire *f* memory.

menace *f* threat.

menacer to threaten (**de faire** to do).

ménage *m* housework: **faire le ménage** to do the housework.

ménagère *f* housewife (*au pluriel* -wives).

mendiant *m*, **-ante** *f* beggar.

mendier to beg.

mener to lead: **cette route mène à l'aéroport** this road leads to the airport; **mener une vie heureuse** to lead a happy life; **nous menons par trois buts à deux** we're leading by three goals to two.

mensonge *m* lie.

mensuel *m*, **-elle** *f* monthly.

menteur *m*, **-euse** *f* liar.

mentir to lie (**à** to): **tu mens!** you're lying!

To conjugate this verb turn to p 176.

menton *m* chin.

menu *m* menu: **au menu** on the menu.

menuisier *m* carpenter: **il est menuisier** he's a carpenter.

mépriser to look down on, to despise.

mer *f* sea: **au bord de la mer** by the sea, at the seaside; **en mer** at sea.

merci! thank you!: **merci beaucoup!, merci bien!** thank you very much!; **merci de** *ou* **pour votre aide/de m'avoir aidé** thank you for your help/for helping me.

mercredi *m* Wednesday: **nous sommes mercredi** it's Wednesday; **ils sont venus mercredi** they came on Wednesday; **nous sortons le mercredi** we go out on Wednesdays.

mère *f* mother.

mériter to deserve: **tu mérites de réussir** you deserve to succeed.

merle *m* blackbird.

merveilleux *m*, **-euse** *f* wonderful.

mes ▸ *voir* **mon**.

mesdames ▸ *voir* **madame**.

mesdemoiselles ▸ *voir* **mademoiselle**.

message *m* message.

messe *f* mass: **aller à la messe** to go to mass.

messieurs voir **monsieur.**

mesure *f* **1** *(dimension)* measurement: **prendre les mesures de quelque chose** to take the measurements of something, to measure something. **2** *(action)* measure: **prendre des mesures** to take measures.

mesurer to measure; **il mesure 1 mètre 83** he's 6 feet tall; **cette tour mesure 30 mètres de haut** that tower is 30 metres high.

métal *m* (**-aux** *plural*) metal.

météo *f* weather forecast: **que dit la météo?** what's the forecast?

méthode *f* method.

métier *m (travail)* job.

mètre *m* metre, *(en américain)* meter; **mètre à ruban** tape measure.

métro *m* underground, *(en américain)* subway.

mettre 1 to put (**sur** on, **dans** in); to put on *(a coat, the heating)*; **mettre**

la table to set the table.
2 to take: **j'ai mis une heure à le faire** it took me an hour to do it, I took an hour to do it.

To conjugate this verb turn to p 176.

mettre (se) 1 *(debout)* to stand; *(assis)* to sit; **se mettre en short** to put one's shorts on, to get into one's shorts; **se mettre à table** to sit down at the table.
2 se mettre à faire quelque chose to start doing something; **se mettre au travail** to start work.

meuble *m*: **meubles** furniture; **un meuble** a piece of furniture.

meubler to furnish *(a room)*.

meurtre *m* murder.

meurtrier *m*, **-ière** *f* murderer.

micro *m* microphone.

microbe *m* germ.

micro-ondes *m (four)* microwave: **au micro-ondes** in the microwave.

micro-ordinateur *m* micro, micro-computer.

microscope *m* microscope.

midi *m* **1** noon, midday, twelve o'clock: **midi moins le quart** a quarter to twelve. **2** *(heure du déjeuner)* lunchtime.

miel *m* honey.

mien *m*, **mienne** *f*: **le mien, la mienne, les miens, les miennes** mine; **c'est le mien** it's mine; **ce sont les miens** they're mine.

miette *f* crumb.

mieux 1 better (**que** than): **c'est mieux** that's better; **il joue mieux** he plays better; **tu ferais mieux de partir** you had better leave.
2 le mieux, la mieux, les mieux the best; **c'est lui qui chante le mieux** he sings the best, he sings best.

mignon *m*, **-onne** *f* cute, sweet.

milieu *m* (**-eux** *plural*) middle: **au milieu de** in the middle of; **le tiroir du milieu** the middle drawer.

militaire *m* serviceman *(au pluriel* -men), soldier.

mille a thousand: **mille francs** a thousand francs; **deux mille francs** two thousand francs ; **deux mille trois** two thousand and three.

Does not change in the plural . Do not add 's'.

millier *m*: **un millier** about a thousand; **un millier de personnes** about a thousand people; **des milliers de** thousands of.

millimètre *m* millimetre.

million *m*: **un million** a million; **un million de personnes** a million people; **deux millions** two million.

millionnaire *m ou f* millionaire.

mince *(couche, tranche)* thin; *(personne)* slim.

mine *f* **1** *(air)* look, expression; **il a bonne/mauvaise mine** he looks well/he doesn't look well.
2 mine de charbon coal mine; **mine d'or** gold mine.
3 *(de crayon)* lead.

minimum *m* minimum; **au minimum** at the very least.

ministre *m* minister: **le Premier ministre** the Prime Minister.

minuit *m* midnight.

minuscule tiny.

minute *f* minute.

miracle *m* miracle.

miroir *m* mirror.

mis *m*, **mise** *f* ▸ *voir* **mettre**.

misère *f* extreme poverty.

Mlle *(Mademoiselle)* Miss.

Mme *(Madame)* Mrs.

moche *(laid)* ugly; *(mauvais)* lousy.

Take care: this word is familiar.

mode *f* fashion: **être à la mode** to be in fashion, to be fashionable.

mode d'emploi *m* directions for use.

modèle *m* model.

moderne modern.

modeste modest.

moi 1 me: **c'est pour moi** it's for me; **c'est moi** it's me; **moi, j'ai toujours faim** as for me, I'm always hungry.
2 me, to me: **donnez-moi du pain** give me some bread, give some bread to me.

moi-même myself.

moindre: le moindre, **la moindre** the slightest; **la moindre erreur** the slightest mistake.

moine *m* monk.

moineau *m* (**-eaux** *plural*) sparrow.

moins [1] **1** less: **j'en ai moins que vous** I have less than you; **un peu moins** a bit less; **travailler moins** to work less; **moins cher** less expensive (**que** than); **moins grand** not as big (**que** as); **de moins en moins** less and less.
2 moins de less; fewer; **moins de temps/de travail** less time/work (**que** than); **moins de gens/de livres** fewer people/books (**que** than).
3 moins de *(quantités, chiffres)* less than; **moins d'un kilo** less than a kilo; **moins de cinq** less than five.
4 de moins less; **un de moins** one less; **j'ai dix ans de moins que vous** I'm ten years younger than you.
5 le moins the least; **c'est ce qu'elle aime le moins** she likes that the least; **le moins cher** the least expensive.
6 le moins de the least; **le moins de travail/d'argent possible** the least work/money possible.
7 du moins at least; **au moins** *(avec des quantités, chiffres)* at least.
8 à moins que unless; **à moins qu'elle ne parte** unless she leaves.

moins [2] minus: **il fait moins dix** it's minus ten; **deux heures moins cinq** five to two.

mois *m* month.

moisson *f* harvest.

moitié *f* half (*au pluriel* halves): **la moitié de la pomme** half the apple, half of the apple; **à moitié prix** at half price.

mol, molle ▸ *voir* **mou**.

moment *m* moment: **en ce moment** at the moment; **à ce moment-là** just then, at that moment; **au moment où** just as; **au moment de partir, je...** just as I was leaving, I... .

mon *m*, **ma** *f*, **mes** *plural* (**ma** *becomes* **mon** *before a vowel or silent h*) my: **mon père** my father; **ma mère** my mother; **mon ami, mon amie** my friend; **mes livres** my books.

monde *m* **1** world: **le monde entier** the whole world.
2 du monde *(des gens)* people; *(beaucoup de gens)* a lot of people; **beaucoup de monde** a lot of people; **tout le monde** everyone.

monnaie *f (pièces)* change: **faire de la monnaie à quelqu'un** to give someone change.

monsieur *m* (**messieurs** *plural*) **1** *(homme)* man (*au pluriel* men).
2 (often not translated) **oui, monsieur** yes (*ou* yes, sir); **bonjour, messieurs** good morning (*ou* good morning, gentlemen).
3 Mr: **Monsieur Blanc** Mr Blanc.

monstre *m* monster.

montagne *f* mountain; **à la montagne** in the mountains.

monter 1 to go up, to come up: **monte me chercher mes pantoufles** go up *ou* go upstairs and get my slippers.
2 *(prix, route)* to go up, to rise.
3 monter l'escalier to go up *ou* to come up the stairs, to go *ou* to come upstairs.
4 monter dans un train/dans une voiture to get on a train/into a car; **monter sur un vélo** to get on a bike; **monter à** *ou* **sur une échelle** to climb up a ladder.
5 to bring up, to take up: **montez ma valise** bring up *ou* take up my case.
6 monter à cheval to ride a horse.
This verb is conjugated with **être** in

meanings **1, 4** and **6** (eg 'il est monté'), and with **avoir** in meanings **2, 3** and **5** (eg 'il a monté').

montre *f* watch.

Montréal *m ou f* Montreal.

montrer to show: **montrer quelque chose à quelqu'un** to show someone something, to show something to someone.

moquer (se): se moquer de to make fun of (*someone, something*); *(ne pas se soucier de)* not to care about; **je m'en moque!** I couldn't care less!

moquette *f* wall-to-wall carpeting, fitted carpet *ou* carpets.

morceau *m* (**-eaux** *plural*) piece (**de** of).

mordre to bite.

mort *f* death.

mort *m*, **morte** *f* **1** dead: **il est mort** he's dead; **il est mort de froid** he died of exposure. **2 les morts** the dead. ▸ *voir* **mourir**.

morue *f* cod.

mosquée *f* mosque.

mot *m* word; **envoyer un mot à quelqu'un** to drop someone a line; **des mots croisés** a crossword; **je fais les mots croisés** I'm doing the crossword; **j'aime les mots croisés** I like crosswords.

moteur *m* engine, motor.

motif *m* **1** *(dessin)* pattern. **2** *(raison)* reason.

moto *f* motorcycle.

mou *m* (*or* **mol** *before a vowel or silent h*), **molle** *f* (**mous** *m plural*, **molles** *f plural*) **1** soft: **une poire toute molle** a soft pear. **2** *(sans énergie)* **elle est molle** she's really lethargic.

Take care: the second meaning is familiar.

mouche *f* fly.

moucher (se) to blow one's nose.

mouchoir *m* handkerchief.

moudre to grind *(coffee, pepper)*.

To conjugate this verb turn to p 176.

mouette *f* seagull.

mouillé *m*, **-ée** *f* wet.

mouiller: mouiller quelque chose to get *ou* to make something wet; **se faire mouiller, se mouiller** to get wet.

moulin *m* mill: **moulin à vent** windmill; **moulin à café** coffee grinder.

moulu *m*, **-ue** *f* *(café)* ground.

mourir to die (**de** of): **elle est morte d'un cancer** she died of cancer; **mourir de faim** to starve to death; **je meurs de faim!** I'm starving!

This verb is conjugated with **être.** To conjugate turn to p 176.

mousse *f* *(plante)* moss.

moustache *f* **1** moustache, *(en américain)* mustache. **2** *(de chat)* **moustaches** whiskers.

moustique *m* mosquito.

moutarde *f* mustard.

mouton *m* sheep; *(viande)* mutton.

On n'ajoute pas de 's' pour former le pluriel de **sheep.**

mouvement *m* movement.

moyen *m*, **-enne** *f* **1** *(taille, format)* medium; *(ville)* medium-sized. **2** *(résultat, élève)* average.

moyen *m* way, means (**de faire, pour faire** to do); **au moyen de** by means of; **il n'a pas les moyens d'acheter un ordinateur** he can't afford a computer.

moyenne *f* average; *(à un examen)* pass mark, *(en américain)* passing grade; *(vitesse)* average speed; **en moyenne** on average.

Moyen-Orient *m* Middle East: **au Moyen-Orient** to *ou* in the Middle East.

muet *m*, **muette** *f* **1** *(qui ne peut pas parler)* dumb; *(qui refuse de parler)* silent. **2** *(voyelle)* silent.

multiplier to multiply.

mur *m* wall.

mûr *m*, **mûre** *f* *(fruit)* ripe.

mûre *f* blackberry.

muscle *m* muscle.

musée *m* museum.

musicien *m*, **-ienne** *f* musician.

musique *f* music.

musulman *m*, **-ane** *f*[1] *(foi, étudiant)* Muslim.

musulman *m*, **-ane** *f*[2] Muslim: **c'est une musulmane** she's a Muslim.

mystère *m* mystery.

mystérieux *m*, **-euse** *f* mysterious.

Nn

nage *f*: **traverser une rivière à la nage** to swim across a river.

nageoire *f* *(de poisson)* fin.

nager to swim: **aller nager** to go swimming, to go for a swim.

nain *m*, **naine** *f* dwarf: **c'est un nain** he's a dwarf.

naissance *f* birth.

naître to be born: **elle est née un an avant moi** she was born a year before me.

To conjugate this verb turn to p 176.

nappe *f* tablecloth.

narine *f* nostril.

natation *f* swimming.

nation *f* nation.

national *m*, **-e** *f* (**-aux** *m plural*) national.

natte *f* *(de cheveux)* plait, *(en américain)* braid.

nature *f* *(monde naturel, caractère)* nature.

naturel *m*, **-elle** *f* natural.

naturellement *(bien sûr)* of course.

naufrage *m* shipwreck.

navette *f* shuttle: **la navette spatiale** the space shuttle.

naviguer to sail.

navire *m* ship.

ne (**n'** *before a vowel or silent h; used to form negative phrases with* **pas, jamais, personne, rien, plus, que**) **je ne me sens pas bien** I do not *ou* I don't feel well; **il ne sort jamais** he never goes out; **elle ne connaît personne** she doesn't know anybody; **ils n'ont rien vu** they didn't see anything.

né *m*, **née** *f* born: **elle est née à New York** she was born in New York. ▸ *voir* **naître**.

nécessaire necessary.

nectarine *f* nectarine.

néerlandais *m*, **-aise** *f* *(ville, étudiant)* Dutch.

néerlandais *m* *(la langue)* Dutch.

Néerlandais *m* Dutchman (*au pluriel* -men); **les Néerlandais** the Dutch.

Néerlandaise *f* Dutchwoman (*au pluriel* -women).

négligent *m*, **-ente** *f* careless.

neige *f* snow.

neiger to snow: **il neige** it's snowing.

nerf *m* nerve: **ça me tape sur les nerfs** it's getting on my nerves.

Take care: this expression is familiar.

n'est-ce pas? isn't he?, don't you?, won't they? *etc*: **tu viens avec moi, n'est-ce pas?** you're coming with me, aren't you?

This expression is one way of asking whether something is true.

net *m*, **nette** *f* *(image, idée)* clear.

nettement clearly; *(beaucoup)* much.

nettoyage *m* cleaning.

nettoyer to clean.

neuf *m*, **neuve** *f* new: **tout neuf** brand new.

neuf nine.

Pour des exemples d'emploi, voir **dix**.

neuvième ninth.

Pour des exemples d'emploi, voir **dixième**.

neveu *m* (**-eux** *plural*) nephew.

nez *m* nose: **des nez** noses.

ni *(usually with* ne*)* **ni... ni...** neither... nor...; **elle n'a ni faim ni soif** she's neither hungry nor thirsty; **sans manger ni boire** without eating or drinking; **ni l'un ni l'autre n'est venu, ni l'une ni l'autre n'est venue** neither of them came.

niche *f* kennel, *(en américain)* doghouse.

nid *m* nest.

nièce *f* niece.

n'importe ▸ *voir* **importer 1**.

niveau *m* (**-eaux** *plural*) level; **ces deux élèves sont au même niveau** the two students are of the same standard *ou* are at the same level.

Noël *m* Christmas: **le père Noël** Father Christmas, Santa Claus; **le jour de Noël** Christmas Day.

nœud *m* knot; *(ruban)* bow.

noir *m*, **noire** *f* **1** black: **manteau noir** black coat; **il est noir** *(personne)* he's black. **2** *(lunettes, nuit)* dark: **il fait noir** it's dark.

noir *m* **1** *(la couleur)* black: **le noir te va bien** black suits you. **2** dark: **avoir peur du noir** to be afraid of the dark.

Noir *m* black man, black.

Noire *f* black woman, black.

noisette *f* hazelnut.

noix *f* walnut: **des noix** walnuts; **noix de coco** coconut.

nom *m* **1** name; **nom de famille** surname. **2** *(en grammaire)* noun.

nombre *m* number: **un nombre pair/impair** an even/odd number; **un grand nombre de** a large number of.

nombreux *m*, **-euse** *f* **1** many: **de nombreux enfants** many children; **peu nombreux** few. **2** large: **une famille nombreuse** a large family.

nommer 1 *(appeler)* to name. **2** *(à un poste)* to appoint: **il a été nommé directeur** he was appointed manager.

non 1 no: **non!** no!
2 not: **tu viens ou non?** are you coming or not?; **non seulement** not only. **3 non plus** not either; **les livres ne sont pas non plus dans le tiroir** the books aren't in the drawer either; **moi non plus** neither do I *ou* am I *ou* can I *etc.*

nonante *(en Belgique, en Suisse)* ninety.

nord *m* north: **au nord du village** north of the village; **dans le nord de la France** in the north of France; **la côte nord** the north coast.

nord-africain *m*, **-aine** *f (ville, étudiant)* North African.

nord-est *m* north-east.

nord-ouest *m* north-west.

normal *m*, **-e** *f* (**-aux** *m plural*) normal.

normalement normally.

Normandie *f* Normandy: **en Normandie** to *ou* in Normandy.

Norvège *f* Norway: **en Norvège** to *ou* in Norway.

norvégien *m*, **-ienne** *f (ville, étudiant)* Norwegian.

Norvégien *m*, **-ienne** *f* Norwegian: **c'est une Norvégienne** she's a Norwegian.

nos ▸ *voir* **notre**.

note *f* **1** note: **prendre des notes** to take notes. **2** *(à l'école)* mark, *(en américain)* grade. **3** *(de musique)* note. **4** *(facture)* bill, *(en américain)* check.

noter to make a note of.

notre *m ou f*, **nos** *plural* our: **notre école** our school; **nos amis** our friends.

nôtre: le nôtre, la nôtre, les nôtres ours; **c'est le nôtre** it's ours; **leurs enfants et les nôtres** their children and ours.

nouilles *f plural* noodles.

nourrir to feed.

nourriture *f* food.

nous 1 we: **nous avons** we have.
2 us: **elle nous a vus** she saw us; **c'est pour nous** it's for us; **il nous a donné un conseil** he gave us some advice, he gave some advice to us.
3 ourselves: **nous nous amusions** we were enjoying ourselves.
4 each other: **nous nous connaissons** we know each other.
5 *(à ne pas traduire en anglais)* **nous nous battons** we fight.

nous-mêmes ourselves.

nouveau *m* (*or* **nouvel** *before a vowel or silent h*), **nouvelle** *f* (**nouveaux** *m plural*, **nouvelles** *f plural*) **1** new: **une nouvelle jupe** a new skirt.
2 de nouveau again.

nouvelle *f*: **la nouvelle, les nouvelles** the news; **des nouvelles** news, some news; **une nouvelle** a piece of news.

Nouvelle-Zélande *f* New Zealand: **en Nouvelle-Zélande** to *ou* in New Zealand.

novembre *m* November: **en novembre** in November.

noyer (se) to drown.

nu *m*, **nue** *f* **1** *(personne)* naked: **tout nu** completely *ou* stark naked. **2** *(bras, pieds)* bare.

nuage *m* cloud.

nuit *f* **1** night: **en pleine nuit** in the middle of the night; **la nuit** *(travailler, se promener)* at night; **cette nuit** tonight; **bonne nuit!** good night!
2 *(obscurité)* dark: **il fait nuit** it's dark.

nul *m*, **nulle** *f (médiocre)* hopeless.

nulle part nowhere.

numéro *m* number: **le numéro 12** the number 12.

nuque *f* back of the neck.

Oo

obéir to obey: **obéir à quelqu'un** to obey someone.

objet *m* object.

obligatoire compulsory.

obliger: obliger quelqu'un à faire quelque chose to make someone do something, to force someone to do something; **être obligé de faire quelque chose** to have to do something.

obscur *m*, **-e** *f (rue, pièce)* dark.

obscurité *f* darkness.

observer *(regarder)* to watch, to observe.

obstacle *m* obstacle.

obtenir to get, to obtain.

To conjugate this verb turn to p 176.

occasion *f* **1** chance, opportunity (**de faire** to do). **2** *(bonne affaire)* **une occasion** a bargain. **3 d'occasion** used, secondhand.

occupé *m*, **-ée** *f* **1** *(personne)* busy: **je suis très occupé** I'm very busy.
2 *(siège)* taken: **cette place est occupée** this seat's taken.
3 *(ligne téléphonique)* engaged, *(en américain)* busy.
4 *(toilettes)* occupied, engaged.

occuper 1 to occupy *(a house, a seat)*.

2 occuper quelqu'un *(jeu, travail)* to keep someone busy; **ça m'occupe!** it keeps me busy.

occuper (s') 1 s'occuper de to take care of *(a child, a customer, luggage)*; to deal with *(a problem, a matter)*.
2 ne t'occupe pas de moi! never mind about me!; **occupe-toi de tes affaires!** mind your own business!

Take care: the last expression is familiar.

océan *m* ocean.

octobre *m* October: **en octobre** in October.

odeur *f* smell.

œil *m* (**yeux** *plural*) eye: **fermez les yeux** close your eyes; **un coup d'œil** a quick look; **jeter un coup d'œil sur** to have a look at.

œuf *m* egg: **elle a de l'œuf sur sa robe** she has egg on her dress.

œuvre *f (livre)* work: **œuvre d'art** work of art.

officiel *m*, **-ielle** *f* official.

officier *m (dans l'armée)* officer.

offrir: offrir quelque chose à quelqu'un to offer someone something; *(en cadeau)* to give someone something.

To conjugate this verb turn to p 176.

oie *f* goose (*au pluriel* geese).

oignon *m* onion.

oiseau *m* (**-eaux** *plural*) bird.

olive *f* olive.

ombre *f* **1** *(d'arbre)* shade: **à l'ombre** in the shade. **2** *(de personne, d'objet)* shadow.

omelette *f* omelette.

on 1 *(les gens)* they, people; *(nous)* we; *(vous)* you: **on dit que** they say that, people say that; **on m'a dit que** I was told that; **on va au musée** we're going to the museum; **on ne sait jamais** you never know.
2 *(quelqu'un)* someone: **on frappe** someone's knocking at the door.

oncle *m* uncle.

ongle *m* nail, fingernail.

ont have: **ils ont des problèmes** they have problems, they've got problems; **elles l'ont trouvé** they've found it, they found it. ▸ *voir* **avoir**.

onze eleven.

Pour des exemples d'emploi, voir **dix**.

opérateur *m*, **-trice** *f* operator: **l'opérateur** the operator *(on telephone)*.

opération *f* operation: **subir une opération** to have an operation.

opérer: opérer quelqu'un to operate on someone; **se faire opérer** to have an operation.

opinion *f* opinion (**sur** on).

opposé *m*, **-ée** *f* **1** *(direction)* opposite. **2** *(hostile)* **opposé à quelque chose** opposed to something.

opposer (s'): s'opposer à quelque chose to be opposed to something.

opticien, -ienne *m ou f* optician.

or *m* gold: **une montre en or** a gold watch.

or *(cependant)* well, yet.

orage *m* thunderstorm.

orange *f (fruit)* orange.

orange *(couleur)* orange: **des robes orange** orange dresses.

Does not change in the plural. Do not add 's'.

orchestre *m (classique)* orchestra; *(de jazz)* band.

ordinaire ordinary, *(en américain)* regular.

ordinateur *m* computer.

ordonnance *f (de médecin)* prescription.

ordonné *m*, **-ée** *f (personne)* tidy.

ordonner to order: **ordonner à quelqu'un de faire quelque chose** to order someone to do something.

ordre *m* **1** order: **donner des ordres**

to give orders; **par ordre alphabétique** in alphabetical order. **2 mettre de l'ordre dans** to tidy up *(a room)*.

ordures *f plural* rubbish, *(en américain)* garbage.

oreille *f* ear.

oreiller *m* pillow.

organe *m (du corps)* organ.

organisation *f* organization.

organiser to organize.

orgueilleux *m*, **-euse** *f* proud.

origine *f* origin.

orphelin *m*, **-ine** *f* orphan.

orteil *m* toe.

orthographe *f* spelling.

os *m* bone.

oser to dare: **oser faire quelque chose** to dare do something; **je n'ose pas leur parler** I dare not speak to them.

ôter to take away (**de quelque chose** from something); to take off *(a hat, a coat)*.

ou or: **ou bien** or else; **ou elle ou moi** either her or me.

où 1 where: **où est-il?** where is he?; **le bureau où je travaille** the office where I work; **le pays d'où elle vient** the country she comes from; **vous venez d'où?** where do you come from?; **par où?** which way?; **jusqu'où?** how far?
2 le jour où the day when.

ouate *f* cotton wool, *(en américain)* absorbent cotton.

oublier 1 to forget (**de faire** to do). **2** *(laisser)* to leave: **j'ai oublié mon parapluie à la maison** I left my umbrella at home.

ouest *m* west: **à l'ouest du village** west of the village; **dans l'ouest de la France** in the west of France; **la côte ouest** the west coast.

oui yes; **je crois que oui** I think so.

ouragan *m* hurricane.

ours *m* bear: **ours en peluche** teddy bear.

outil *m* tool.

ouvert *m*, **-erte** *f* open; *(robinet, gaz)* on. ▸ *voir* **ouvrir**.

ouverture *f* opening.

ouvrage *m (travail, livre)* work.

ouvrier *m*, **-ière** *f* worker: **il est ouvrier** he's a worker.

ouvrir to open: **ouvrir la porte** to open the door; **allez ouvrir!** go and open up!; **ouvrir le robinet/le gaz** to turn on the tap/gas; **la porte s'ouvre** the door opens.

To conjugate this verb turn to p 176.

oxygène *m* oxygen.

Pp

Pacifique *m*: **le Pacifique** the Pacific.

pagaille *f (désordre)* mess.

page *f (de livre)* page.

paiement *m* payment.

paille *f* **1** straw. **2** *(pour boire)* straw: **boire avec une paille** to drink through a straw.

pain *m* bread; **un pain** a loaf, a loaf of bread; **un petit pain** a roll.

pair: un nombre pair an even number.

paire *f* pair (**de** of).

paix *f* peace: **avoir la paix** to have peace and quiet.

Pakistan *m* Pakistan: **au Pakistan** to *ou* in Pakistan.

palais *m (château)* palace.

pâle pale: **il est tout pâle** he looks

pale; **une robe bleu pâle** a pale blue dress.

palier *m (d'escalier)* landing.

palmes *f plural (de nageur)* flippers.

palmier *m* palm tree.

pamplemousse *m* grapefruit.

pancarte *f* sign.

panier *m* basket.

panique *f* panic; **pas de panique!** don't panic!

panne *f* breakdown; **tomber en panne** to break down; **être en panne** to have broken down; **panne d'électricité** blackout, power cut.

panneau *m* (**-eaux** *plural*) *(sur une route)* sign.

pansement *m* dressing, bandage; **pansement adhésif** sticking plaster, *(en américain)* Band-Aid®.

pantalon *m* trousers, *(en américain)* pants.

pantoufle *f* slipper.

paon *m* peacock.

papa *m* dad.

pape *m* pope.

papi *m* granddad.

papier *m* **1** paper; **un papier** *(feuille)* a sheet of paper; **un sac en papier** a paper bag.
2 papiers d'identité identity papers; **papier hygiénique, papier toilette** toilet paper; **papier à lettres** writing paper; **papier peint** wallpaper.

papillon *m* butterfly.

pâquerette *f* daisy.

Pâques *m* Easter: **à Pâques** at Easter.

paquet *m* packet; *(colis)* package, parcel.

par 1 by: **être frappé/choisi par** to be hit/chosen by; **par le train** by train.
2 through: **passer par Londres** to go through London; **je l'ai appris par un ami** I heard it through a friend; **passer par ici/par là** to go this way/that way.
3 out of: **il l'a jeté par la fenêtre** he threw it out of the window; **je l'ai fait par respect pour elle** I did it out of respect for her.
4 a: **cinq fois par an** five times a year; **dix dollars par personne** ten dollars a person.

parachute *m* parachute.

paradis *m* heaven.

paragraphe *m* paragraph.

paraître to seem: **elle paraît fatiguée** she seems *ou* looks tired; **il paraît que son père est malade** it seems her father is ill.

To conjugate this verb turn to p 176.

parapluie *m* umbrella.

parc *m* park; *(de château)* grounds.

parce que because.

parcmètre *m* parking meter.

par-dessous underneath.

pardessus *m* overcoat.

par-dessus over: **saute par-dessus le filet** jump over the net; **saute par-dessus** jump over it; **il porte un gilet par-dessus** he's wearing a waistcoat on top of it *ou* over it.

pardon *m* **1** *(pour s'excuser)* **pardon!** sorry!; **demander pardon à quelqu'un** to apologize to someone.
2 *(pour demander)* **pardon!** excuse me!
3 *(pour faire répéter)* **pardon?** pardon?, excuse me?

pardonner to forgive *(a mistake)*; **pardonner à quelqu'un d'avoir fait quelque chose** to forgive someone for doing something.

pareil *m*, **-eille** *f* **1** the same: **les deux robes sont pareilles** the two dresses are the same; **une robe pareille à la sienne** a dress the same as hers; **j'en veux une pareille** I want one the same.
2 such: **je n'ai jamais vu un pareil désordre** I've never seen such a mess *ou* a mess like this.

parent *m*, **-ente** *f* relative.

parents *m plural (mère et père)* parents.

paresseux *m*, **-euse** *f* lazy.

parfait *m*, **-aite** *f* perfect.

parfois sometimes.

parfum *m* **1** *(de glace, yaourt)* flavour, *(en américain)* flavor. **2** *(liquide)* perfume.

pari *m* bet.

parier to bet.

Paris *m ou f* Paris.

parisien *m*, **-ienne** *f (mode, métro)* Paris: **la banlieue parisienne** the Paris suburbs.

parking *m* car park, *(en américain)* parking lot.

parler 1 to talk, to speak (**à** to); **parler de quelque chose à quelqu'un** to tell someone about something, to talk to someone about something.
2 to speak: **parler anglais** to speak English.

parmi among.

parole *f (mot, promesse)* word.

part *f* **1** share; *(de gâteau)* piece, portion.
2 prendre part à to take part in *(an activity)*.
3 de la part de from; **un cadeau de la part de ton père** a present from your father; **c'est idiot de ta part** it's stupid of you; **je viens vous voir de la part de...** I've come to see you on behalf of... .
4 à part *(sauf)* apart from.

partager 1 to share (**avec** with). **2** *(diviser)* to divide up (**entre** between).

partenaire *m ou f* partner.

parti *m (politique)* party.

participer: participer à to take part in *(a game)*; to share *(the expenses)*; to share in *(the profits)*.

particulier *m*, **-ière** *f* **1** *(cas, attention)* particular, special: **un problème particulier** a particular *ou* special problem.
2 private: **une maison/une leçon particulière** a private house/lesson.
3 en particulier *(surtout)* in particular.

particulièrement particularly.

partie *f* **1** part: **la plus grande partie du livre** most of *ou* the best part of the book; **faire partie de** to be a part of *(the furniture, a collection)*; to belong to *(a group)*; **en partie** partly.
2 *(de cartes, tennis)* game: **faire une partie d'échecs** to play a game of chess.

partir 1 *(aller, disparaître)* to go; *(s'en aller)* to go, to leave; **il est parti de Montréal ce matin** he left Montreal this morning.
2 à partir de *(date, prix, endroit)* from, as from.

> This verb is conjugated with **être,** eg 'je suis parti' = 'I *have* gone'. To conjugate turn to p 176.

partout everywhere.

pas [1] not: **ne...pas** not; **je ne sais pas** I don't know, I do not know; **il n'y a pas de pain** there isn't any bread, there's no bread; **pas encore** not yet; **pas du tout** not at all.

pas [2] **1** step: **faire un pas en avant/en arrière** to take a step forward/backwards.
2 pace: **au pas** at a walking pace; **marcher d'un pas rapide** to walk quickly *ou* at a fast pace.
3 *(bruit)* footstep.

passage *m* **1** *(de livre)* passage.
2 passage pour piétons pedestrian crossing, *(en américain)* crosswalk.
3 passage souterrain subway, *(en américain)* underpass.

passager *m*, **-ère** *f* passenger.

passant *m*, **-ante** *f* passer-by.

passé *m*, **-ée** *f*: **il est cinq heures passées** it's after five.

passé *m* **1** past: **dans le passé** in the past. **2** *(en grammaire)* past tense.

passeport *m* passport.

passer 1 to go (**à** to): **passer chez le boulanger** to go round to the baker's; **passer devant la gare** to go past the station, to pass by the station; **passer par quelque chose** to go through something; **laisser passer** to let through *(a person, the light)*.

2 to come: **il n'est pas encore passé** *(facteur, médecin)* he hasn't come yet *ou* been yet.

3 to pass: **passez-moi le sel** pass the salt; **le temps passe** time is passing.

4 to spend: **j'ai passé deux heures à attendre** I spent two hours waiting; **elle passe son temps à dormir** she spends her time sleeping.

5 passer un examen to take an exam.

6 passer un film to put on a film.

> This verb is conjugated with **être** in meanings **1** and **2** (eg 'il est passé'), and with **avoir** in meanings **3**, **4**, **5** and **6** (eg 'il a passé').

passer (se) 1 to happen: **ça s'est passé ce matin** it happened this morning; **qu'est-ce qui se passe?** what's happening?; **l'histoire se passe à Paris** the story takes place in Paris.

2 to go: **ça s'est bien passé** it went well.

3 se passer de quelque chose to do without something.

passe-temps *m* pastime, hobby.

> Does not change in the plural. Do not add 's'.

passionné *m*, **-ée** *f*: **être passionné de quelque chose** to be mad about something.

pâte *f* **1** *(à pain)* dough; *(à tarte)* pastry; *(à crêpes)* batter. **2 les pâtes** pasta.

patience *f* patience.

patient *m*, **-ente** *f* patient: **il est très patient** he's very patient.

patin *m* skate: **patin à glace** ice skate; **patin à roulettes** roller-skate; **faire du patin** to skate, to go skating.

pâtisserie *f (magasin)* cake shop; *(gâteau)* pastry.

pâtissier *m*, **-ière** *f* pastrycook, confectioner.

patrie *f* country.

patron *m*, **-onne** *f (chef)* boss; *(propriétaire)* owner.

patte *f (de chien, chat)* paw; *(d'insecte)* leg; *(d'oiseau)* foot.

paupière *f* eyelid.

pause *f (arrêt)* break.

pauvre *(pas riche, malheureux)* poor.

pauvreté *f* poverty.

payer 1 to pay *(a debt, taxes)*; **payer quelqu'un** to pay someone; **j'ai payé** I've paid.

2 to pay for *(a car, a service)*: **je l'ai payé 200 francs** I paid 200 francs for it; **faire payer quelque chose à quelqu'un** to charge someone for something; **je lui ai fait payer 200 francs** I charged him 200 francs.

pays *m* country.

paysage *m* landscape.

paysan *m*, **-anne** *f* farmer.

Pays-Bas *m plural*: **les Pays-Bas** Holland, the Netherlands; **aux Pays-Bas** to *ou* in Holland *ou* the Netherlands.

peau *f* (**-eaux** *plural*) skin; *(de fruit)* skin, peel.

pêche *f* [1] fishing: **aller à la pêche** to go fishing.

pêche *f* [2] peach.

péché *m* sin.

pêcher to fish; **pêcher quelque chose** *(attraper)* to catch something.

pêcheur *m* fisherman *(au pluriel* -men).

pédale *f* pedal.

peigne *m* comb: **se donner un coup de peigne** to give one's hair a comb.

peigner: peigner quelqu'un to comb someone's hair; **se peigner** to comb one's hair.

peindre to paint: **peindre quelque chose en rouge** to paint something red.

> To conjugate this verb turn to p 176.

peine (à) hardly: **elle peut à peine se déplacer** she can hardly get around.

peine *f* **1** *(effort)* trouble: **avoir de la peine à faire quelque chose** to have trouble doing something; **se donner de la peine pour faire quelque chose** to go to a lot of trouble to do something.
2 ça vaut la peine d'attendre/d'essayer it's worth waiting/trying; **ça ne vaut pas la peine** it's not worth it; **ce n'est pas la peine de te déranger** there's no point in bothering; **ce n'est pas la peine** there's no point.
3 *(chagrin)* **faire de la peine à quelqu'un** to upset someone.

peintre *m* painter: **il est peintre** he's a painter.

peinture *f (matière)* paint; *(activité, tableau)* painting.

pelle *f* shovel; *(d'enfant, de jardinier)* spade.

pellicule *f (pour photos)* film.

pelouse *f* lawn.

penché *m*, **-ée** *f* leaning.

pencher 1 *(arbre, mur)* to lean, to lean over. **2** *(personne)* **se pencher** to lean over, to bend over; **se pencher par la fenêtre** to lean out of the window.

pendant 1 during: **pendant la nuit** during the night. **2** *(pour une période de)* for: **j'ai attendu pendant deux semaines** I waited for two weeks. **3 pendant que** while.

pendre 1 to hang: **pendre quelque chose à** to hang something from *ou* on; **du linge pendait** washing was hanging. **2 pendre quelqu'un** to hang someone.

pendule *f* clock.

pénible hard, difficult; *(agaçant)* annoying; *(qui rend triste)* distressing.

pensée *f* thought.

penser 1 to think (**à** about, of); **penser que** to think that; **penser faire quelque chose** to be thinking of doing something; **il faut penser à te marier** you have to think about getting married; **que penses-tu du film?** what do you think about *ou* of the film?
2 *(ne pas oublier)* to remember: **penser à quelque chose/à faire quelque chose** to remember something/to do something; **cela me fait penser à ma mère** that reminds me of my mother; **fais-moi penser à prendre les clés** remind me to take the keys.

pension *f* boarding school: **être en pension** to be at boarding school.

pensionnat *m* boarding school.

pente *f* slope; **être en pente** to be sloping.

pépin *m (de fruit)* pip, *(en américain)* pit.

percer to pierce; **percer un trou** to drill a hole.

perceuse *f* drill.

perdre 1 to lose; **se perdre** to get lost. **2** to waste: **perdre du temps** to waste time; **j'ai perdu une heure à attendre** I wasted an hour waiting.

perdu *m*, **-ue** *f* lost; **c'est du temps perdu** it's a waste of time.

père *m* father.

périmé *m*, **-ée** *f (billet)* expired, out of date.

période *f* period.

perle *f (bijou)* pearl; *(de verre, bois)* bead.

permettre to allow: **permettre à quelqu'un de faire quelque chose** to allow someone to do something; **permettre quelque chose à quelqu'un** to allow someone something; **vous permettez?** may I?; **il est permis de fumer** we are allowed to smoke.

To conjugate this verb turn to p 176.

permis de conduire *m* driving licence, *(en américain)* driver's license; **passer son permis de conduire** to take one's driving test.

permission *f* permission: **avoir/de-**

mander la permission to have/to ask permission (**de faire** to do).

perroquet *m* parrot.

perruche *f* budgerigar, *(en américain)* parakeet.

perruque *f* wig.

personnage *m (de livre, pièce, film)* character.

personne *f* person; **deux personnes** two people; **une grande personne** a grown-up.

personne 1 nobody: **personne n'est venu** nobody came; **personne d'autre** nobody else.
2 anybody: **je ne vois personne** I can't see anybody: **mieux que personne** better than anybody.

personnel *m*, **-elle** *f* personal.

personnel *m* staff.

persuader to persuade: **persuader quelqu'un de faire quelque chose** to persuade someone to do something.

perte *f* **1** loss. **2** waste: **une perte de temps** a waste of time.

pèse-personne *m* (**pèse-personne** *ou* **pèse-personnes** *plural*) bathroom scales.

peser to weigh: **il pèse 60 kilos** he weighs 60 kilos; **se peser** to weigh oneself.

pétale *m* petal.

petit *m*, **petite** *f* **1** small: **une petite maison** a small house; **ces gants sont trop petits** these gloves are too small.
2 little: **le pauvre petit chat!** the poor little cat!; **une toute petite maison** a tiny house, a tiny little house.
3 short: **il est de petite taille, il est petit** he's short; **une petite distance** a short distance.
4 little, young: **un petit Français** a little French boy; **ma petite sœur** my little sister; **tu es trop petit pour comprendre ça** you're too young to understand.
5 petit à petit little by little.

petite-fille *f* (**petites-filles** *plural*) granddaughter.

petit-fils *m* (**petits-fils** *plural*) grandson.

petits *m plural*, **petites** *f plural*: **les petits** *(enfants)* the children; *(garçons)* the little boys; *(d'animal)* the young; **les petites** the little girls.

petits-enfants *m plural* grandchildren.

pétrole *m* oil.

peu 1 *(lire, travailler)* not much: **il mange peu** he doesn't eat much; **il mange très peu** he doesn't eat very much at all, he eats very little.
2 *(utile, intéressant)* not very: **il est peu intelligent** he's not very clever; **peu souvent** not very often.
3 *(quantité)* **peu de** not much; **il reste peu de temps** there's not much time left; **très peu de temps** very little time; **peu de chose** not much.
4 *(nombre)* **peu de** not many; **il y avait peu de gens** there were not many people; **très peu de gens** very few people.
5 un peu a bit, a little; **elle a mangé un peu** she ate a bit *ou* a little; **un peu fatigué** a bit tired, a little tired; **un petit peu** a little bit.
6 un peu de a bit of, a little; **un peu de fromage** a bit of cheese, a little cheese; **un petit peu de** a little bit of.
7 peu après/avant shortly after/before.
8 à peu près *(presque)* more or less; *(environ)* about.
9 peu à peu little by little.

peuple *m* people, nation.

peur *f* fear; **avoir peur** to be afraid *ou* frightened (**de** of); **avoir peur de faire quelque chose** to be afraid *ou* frightened to do something *ou* of doing something; **faire peur à quelqu'un** to frighten someone.

peut, peuvent, peux ▸ *voir* **pou-**

voir.

peut-être perhaps, maybe: **peut-être qu'elle est malade** perhaps *ou* maybe she's ill.

phare *m* **1** *(de véhicule)* headlight. **2** *(pour bateaux)* lighthouse.

pharmacie *f* chemist's shop, pharmacy, *(en américain)* drugstore.

pharmacien *m*, **-ienne** *f* chemist, pharmacist, *(en américain)* druggist.

phoque *m (animal)* seal.

photo *f* photo, photograph: **prendre une photo** to take a photo *ou* photograph; **prendre quelqu'un en photo** to take a photo *ou* photograph of someone.

photocopie *f* photocopy.

photographe *m ou f* photographer.

photographier to take a photo of, to photograph.

phrase *f* sentence.

physique *(éducation)* physical.

physique *f (science)* physics.

piano *m* piano: **jouer du piano** to play the piano.

pianiste *m ou f* pianist.

pièce *f* **1** *(de maison)* room. **2 pièce** *ou* **pièce de monnaie** coin. **3 pièce** *ou* **pièce de théâtre** play.

pied 1 foot (*au pluriel* feet): **à pied** on foot; **au pied de** at the foot of (*a tree, mountain)*.
2 un coup de pied a kick; **donner un coup de pied à quelqu'un** to kick someone; **donner un coup de pied dans un ballon** to kick a ball.

piège *m* trap.

pierre *f* stone.

piéton *m* pedestrian.

pieuvre *f* octopus.

pigeon *m* pigeon.

pile *f* **1** *(électrique)* battery. **2** *(tas)* pile.

pilote *m (d'avion)* pilot.

piloter to fly *(a plane)*.

pilule *f* pill: **prendre la pilule** to be on the pill.

piment *m (rouge)* chilli, chilli pepper.

pin *m* pine tree.

pince *f* **1** *(outil)* pliers. **2 pince à linge** clothes peg, *(en américain)* clothes pin. **3 pince à épiler** tweezers.

pinceau *m* (**-eaux** *plural*) paintbrush.

pincer to pinch.

pingouin *m* penguin.

ping-pong *m* table tennis: **jouer au ping-pong** to play table tennis.

pin's *m* lapel badge *ou* pin.

pipe *f* pipe: **fumer la pipe** to smoke a pipe.

pipi *m*: **faire pipi** to have a pee.

Take care: this word is familiar.

pique-nique *m* picnic: **faire un pique-nique** to have a picnic.

piquer 1 *(percer)* to prick.
2 piquer quelqu'un *(moustique)* to bite someone; *(abeille)* to sting someone.
3 ça me pique la langue it burns my tongue; **ça me pique les yeux** it stings my eyes.
4 *(voler)* to steal (**à** from).

Take care: the last meaning is familiar.

piqûre *f* **1** *(de moustique)* bite; *(d'abeille)* sting. **2** injection: **faire une piqûre à quelqu'un** to give someone an injection.

pirate *m* pirate.

pire 1 worse (**que** than). **2** worst: **mon pire ennemi** my worst enemy.

pire *m ou f*: **le pire, la pire** the worst; **l'ouragan était parmi les pires** the hurricane was one of the worst.

piscine *f* swimming pool.

piste *f* **1** *(pour avion)* runway. **2** *(de course)* track. **3** *(de ski)* ski run.

pistolet *m* gun, pistol; **pistolet à eau** water pistol.

pitié *f* pity: **j'ai pitié de lui** I have pity on him, I pity him; **il me fait pitié** I feel sorry for him, I pity him.

pizza *f* pizza.

placard *m* cupboard, *(en américain)* closet.

place *f* **1** *(espace libre)* room; *(pour se garer)* space, place: **il n'y a plus de place** there's no room left; **il n'a pas trouvé de place pour se garer** he couldn't find a parking space *ou* a place to park.
2 place: **je l'ai remis à sa place** I put it back in its place; **changer de place** to change places.
3 à la place instead; **à la place de** instead of; **emmenez-moi à sa place** take me instead.
4 *(siège)* seat: **cette place est prise** this seat is taken.
5 *(lieu public)* square.

placer 1 *(mettre)* to put, to place *(an object)*; to seat *(a person)*. **2 se placer** *(debout)* to stand; *(assis)* to sit.

plafond *m* ceiling.

plage *f* beach.

plaindre to feel sorry for.

To conjugate this verb turn to p 176.

plaindre (se) to complain (**que** that): **se plaindre à quelqu'un de quelque chose** to complain to someone about something.

plainte *f* complaint: **porter plainte** to make a complaint (**contre** against).

plaire 1 plaire à quelqu'un to please someone; **elle lui plaît** he likes her; **ça me plaît** I like it. **2 s'il vous plaît, s'il te plaît** please.

To conjugate this verb turn to p 176.

plaisanter to joke.

plaisanterie *f* joke.

plaisir *m* pleasure; **faire plaisir à quelqu'un** to please someone.

plan *m* **1** *(de maison)* plan; *(de ville)* map. **2 au premier plan** in the foreground.

planche *f* plank; *(plus large)* board: **planche à repasser** ironing board; **planche à roulettes** skateboard.

plancher *m* floor.

planer *(avion, oiseau)* to glide.

planète *f* planet.

plante *f* plant.

planter 1 to plant *(a flower)*. **2** to knock in *(a nail)*.

plastique *m* plastic: **une bouteille en plastique** a plastic bottle.

plat *m*, **plate** *f* flat; **poser quelque chose à plat** to put something down flat.

plat *m* **1** *(assiette, nourriture)* dish: **un grand plat rond** a big round dish.
2 *(partie du repas)* course: **le plat principal** the main course.

plateau *m* (**-eaux** *plural*) *(pour servir)* tray.

plâtre *m* plaster: **elle a la jambe dans le plâtre** she has her leg in plaster.

plein *m*, **pleine** *f* **1** full (**de** of). **2 en pleine nuit/forêt** in the middle of the night/the forest.

plein *m*: **faire le plein** to fill up with petrol, *(en américain)* to fill up with gas; **le plein, s'il vous plaît** fill it up please.

pleurer to cry.

pleuvoir to rain: **il pleut** it's raining.

To conjugate this verb turn to p 176.

pli *m* *(de papier)* fold; *(de pantalon)* crease.

plier 1 to fold: **plier quelque chose en quatre** to fold something in four. **2** to fold up *(a chair, a table)*. **3** to bend: **plier le bras/le genou** to bend one's arm/knee.

plomb *m* *(métal)* lead.

plombier *m* plumber.

plongée *f* diving: **faire de la plongée** to go diving; **la plongée sous-marine** scuba diving.

plonger to dive (**dans** into).

plongeur *m*, **-euse** *f* diver.

plu ▸ *voir* **plaire, pleuvoir**.

pluie *f* rain: **sous la pluie** in the rain.

plume *f* **1** *(d'oiseau)* feather. **2** *(de stylo)* nib; **un stylo à plume, un sty-**

lo plume a fountain pen.

plupart *f*: **1 la plupart** most; **la plupart du temps** most of the time; **la plupart d'entre eux** most of them. **2 la plupart des** most; **la plupart des gens/des cas** most people/cases.

pluriel *m* plural: **au pluriel** in the plural.

plus[1] **1** more: **il en a plus que moi** he has more than me; **un peu plus** a bit more; **elle travaille plus que lui** she works more than him; **plus intelligent** more intelligent (**que** than); **plus petit** smaller; **plus ou moins** more or less; **de plus en plus** more and more; **il fait de plus en plus froid** it's getting colder and colder.
2 plus de more; **plus de café/de temps** more coffee/time (**que** than); **tu as plus de livres que moi** you have more books than me.
3 plus de *(quantités, chiffres)* more than; **plus d'un kilo** more than a kilo; **plus de dix** more than ten; **il est plus de trois heures** it's after three.
4 de plus more; **un de plus** one more; **deux heures de plus** two hours more; **j'ai quatre ans de plus que vous** I'm four years older than you.
5 le plus the most; **c'est ce qu'ils aiment le plus** they like that the most; **le plus beau** the most attractive (**de** in); **le plus grand** the biggest.
6 le plus de the most; **c'est moi qui ai le plus de livres** I have the most books.
7 en plus in addition (**de** to).

plus[2] **1 ne...plus** no more; **il n'a plus de pain** he doesn't have any more bread, he has no more bread; **il n'y a plus rien** there isn't anything left.
2 ne...plus no longer; **elle n'est plus jeune** she isn't young any more, she's no longer young; **je ne la reverrai plus** I won't see her again.

plus[3] plus: **deux plus deux font quatre** two plus two are four.

plusieurs several: **plusieurs semaines** several weeks; **plusieurs de mes amis** several of my friends.

plutôt 1 quite, rather: **plutôt agréable/gentil** quite *ou* rather pleasant/nice.
2 instead: **prenez plutôt le rouge** take the red one instead.
3 plutôt que instead of, rather than; **prenez le rouge plutôt que le vert** take the red one instead of the green *ou* rather than the green.

pneu *m* (**pneus** *plural*) tyre, *(en américain)* tire.

poche *f* pocket: **un couteau de poche** a pocket knife.

poêle *f*: **poêle** *ou* **poêle à frire** frying pan.

poème *m* poem.

poète *m* poet: **elle est poète** she's a poet.

poids *m* **1** weight: **prendre du poids** to put on weight. **2 poids lourd** truck.

poignée *f* **1** *(de porte, valise)* handle. **2** *(quantité)* handful (**de** of). **3 poignée de main** handshake.

poignet *m* wrist.

poil *m (de personne, d'animal)* hair: **un poil** a hair; **des poils de chat** cat hairs.

poilu *m*, **-ue** *f* hairy.

poing *m* fist: **serrer les poings** to clench one's fists; **un coup de poing** a punch.

point *m* **1** *(lieu, question)* point; *(sur i, à l'horizon)* dot.
2 *(score)* point; *(note scolaire)* mark, point.
3 point *ou* **point final** full stop, *(en américain)* period; **point d'exclamation** exclamation mark, *(en américain)* exclamation point; **point d'interrogation** question mark.
4 point de vue point of view.
5 être sur le point de faire quelque chose to be about to do something.

pointe *f* **1** *(de couteau, aiguille)*

point. **2 sur la pointe des pieds** on tiptoe.

pointu *m*, **-ue** *f (couteau, crayon)* with a sharp point.

poire *f* pear.

poireau *m* (**-eaux** *plural*) leek.

pois *m* **1 petits pois** peas. **2** *(dessin)* spot: **une robe à pois bleus** a dress with blue spots.

poison *m* poison.

poisson *m* fish; **poisson rouge** goldfish.

poitrine *f* chest.

poivre *m* pepper *(spice)*.

poivron *m* pepper: **poivron vert** green pepper.

pôle *m*: **pôle Nord/Sud** North/South Pole.

poli *m*, **-ie** *f* polite (**avec** to).

police *f* police: **une voiture de police** a police car.

policier *m* police officer.

politique *f* politics.

politique political; **un homme politique** a politician.

Pologne *f* Poland: **en Pologne** to *ou* in Poland.

polonais *m*, **-aise** *f (ville, mot)* Polish.

polonais *m (la langue)* Polish.

Polonais *m*, **-aise** *f* Pole: **c'est une Polonaise** she's a Pole.

pomme *f* **1** apple. **2 pomme de terre** potato; **pommes frites** chips, *(en américain)* French fries.

pompe *f* pump: **pompe à vélo** bicycle pump.

pompier *m* fireman (*au pluriel* -men), fire fighter; **une voiture de pompiers** a fire engine.

pondre to lay *(an egg)*.

poney *m* pony.

pont *m* **1** bridge. **2** *(de bateau)* deck.

pop pop: **musique/chanteur pop** pop music/singer.

populaire 1 *(qui plaît)* popular. **2** *(quartier)* working-class.

population *f* population.

porc *m* pig; *(viande)* pork.

porcelaine *f* china: **une assiette en porcelaine** a china plate.

port *m* port, harbour, *(en américain)* harbor.

porte *f* **1** door; *(d'aéroport)* gate. **2 mettre quelqu'un à la porte** to throw someone out.

portefeuille *m* wallet.

porte-monnaie *m* purse.

> Does not change in the plural. Do not add 's'.

porter 1 *(dans ses bras, sur le dos)* to carry: **porter un panier** to carry a basket. **2** *(sur soi)* to wear: **porter une robe/des lunettes** to wear a dress/glasses.

porter (se): se porter bien/mal to be well/ill; **comment vous portez-vous?** how are you?

porteur *m (à la gare)* porter.

portion *f* portion.

portrait *m* portrait.

portugais *m*, **-aise** *f (ville, mot)* Portuguese.

portugais *m (la langue)* Portuguese.

Portugais *m* Portuguese man; **c'est un Portugais** he's Portuguese; **les Portugais** the Portuguese.

Portugaise *f* Portuguese woman; **c'est une Portugaise** she's Portuguese.

Portugal *m* Portugal: **au Portugal** to *ou* in Portugal.

poser 1 *(mettre)* to put down; *(mettre en place)* to put in *(a window)*; **poser une moquette** to fit a carpet, *(en américain)* to install carpeting. **2 poser une question à quelqu'un** to ask someone a question; **ça me pose un problème** that's a problem for me.

poser (se) *(avion, oiseau)* to land.

position *f* position.

posséder to own *(a car, a house)*.

possibilité *f* possibility.

possible possible: **il nous est possible de le faire** it's possible for us to do it; **si possible** if possible; **le plus rapidement possible** as quickly as possible; **travailler le plus/le moins possible** to work as much/as little as possible.

poste *f* **1** *(service)* post, mail: **par la poste** by post, by mail; **mettre une lettre à la poste** to post a letter. **2** *(bureau de poste)* post office.

poste *m* **1** *(emploi)* post, job. **2** set: **poste de radio/télévision** radio/TV set.

poster to post, to mail *(a letter)*.

pot *m* **1** jar: **pot de confiture** jar of jam. **2** carton: **pot de crème** carton of cream. **3** pot: **pot de fleurs** flowerpot.

potable: eau potable drinking water.

potage *m* soup.

poteau *m* (**-eaux** *plural*) post: **poteau indicateur** signpost.

poubelle *f* bin, *(en américain)* garbage can; *(d'extérieur)* dustbin, *(en américain)* garbage can, trash can.

pouce *m* thumb.

poudre *f* powder; **le lait en poudre** powdered milk.

poulain *m* foal.

poule *f* hen.

poulet *m* chicken.

pouls *m* pulse.

poumon *m* lung.

poupée *f* doll.

pour 1 for: **pour elle** for her; **c'est pour qui?** who's it for?
2 *(temps futur)* for: **je vais à Toulon pour trois semaines** I'm going to Toulon for three weeks.
3 pour faire quelque chose to do something; **je travaille pour vivre** I work to live; **pour ne pas tomber** so as not to fall; **pour quoi faire?** what for?
4 pour que so that; **pour que tu le saches** so that you may know.
5 dix pour cent ten per cent.

pourboire *m (argent)* tip.

pourquoi why: **pourquoi pas?** why not?

pourra, pourrai, pourrait *etc* ▸ *voir* **pouvoir**.

pourri *m*, **-ie** *f* rotten.

pourrir *(fruit)* to go bad *ou* rotten.

poursuivre 1 poursuivre quelqu'un to chase someone. **2** *(continuer)* to carry on *(one's work, one's journey)*.

To conjugate this verb turn to p 176.

pourtant yet.

pousser 1 to push.
2 pousser un cri to shout out.
3 *(plante, cheveux)* to grow: **ça pousse bien** it's growing well; **faire pousser une plante** to grow a plant; **se laisser pousser la barbe** to grow a beard.

poussette *f* pushchair, *(en américain)* stroller.

poussière *f* dust.

poussin *m* chick.

pouvoir 1 can: **si je peux** if I can; **elle ne peut pas venir** she can't come.
2 could: **s'il pouvait venir** if he could come; **pourrais-tu m'aider?** could you help me?; **j'aurais pu gagner** I could have won.
3 *(permission)* may, can: **est-ce que je peux entrer?** may I *ou* can I come in?; **vous pouvez entrer** you may *ou* you can come in.
4 *(éventualité)* may, might: **il peut être sorti** he may *ou* he might be out; **elle pourrait venir** she might come.
5 il se peut que it's possible that; **il se peut qu'elle soit malade** it's possible she's ill, she might be ill.

To conjugate this verb turn to p 176.

pouvoir *m* power

prairie *f* meadow.

pratique *(outil, objet)* practical, handy.

pratiquement *(presque)* practically.

pratiquer to practise, *(en américain)* to practice.

pré *m* meadow.

précédent *m*, **-ente** *f* previous: **l'année précédente** the year before, the previous year.

précieux *m*, **-euse** *f* precious.

précipiter (se) to rush (**vers** towards).

précis *m*, **-ise** *f* precise; **à deux heures précises** at two o'clock sharp.

préciser to state clearly *(ideas)*; to give clearly *(details)*.

précision *f (détail)* detail.

préféré *m*, **-ée** *f* favourite, *(en américain)* favorite.

préférer to prefer (**à** to): **préférer faire quelque chose** to prefer to do something.

premier *m*, **-ière** *f*[1] first: **les trois premiers mois** the first three months.

premier *m*, **-ière** *f*[2] **1 le premier, la première** the first one; **arriver le premier** to arrive first; **être le premier de la classe** to be at the top of the class.
2 le premier *(étage)* the first floor, *(en américain)* the second floor; **le premier de l'an** New Year's Day.
3 première first class; **voyager en première** to travel first class; **billet de première** first-class ticket.
4 être en première *(au lycée)* to be in the lower sixth form, *(en américain)* to be in eleventh grade.

premièrement firstly.

prendre 1 to take (**à quelqu'un** from someone): **prends ton stylo!** take your pen!; **prendre une douche** to take *ou* to have a shower; **prendre le train/une photo** to take the train/a photo; **le voyage nous a pris une heure** the trip took us an hour; **prendre de la place** to take up room.
2 to have *(a meal, a drink)*: **vous prendrez bien une tasse de thé?** won't you have a cup of tea?
3 *(attraper)* to catch *(a fish, a thief)*.
4 passer prendre quelqu'un to call for someone.

To conjugate this verb turn to p 176.

prénom *m* first name.

préparer to prepare *(a room, a trip)*; **préparer un examen** to prepare for an exam; **préparer un repas à quelqu'un** to make a meal for someone; **se préparer à faire quelque chose** to get ready to do something.

près 1 near: **tout près** nearby; **trop près** too near; **plus près** nearer.
2 près de near; **près de la gare** near the station; **près d'ici** near here.
3 près de *(presque)* nearly; **près de deux ans** nearly two years.

présence *f* presence; *(à l'école)* attendance.

présent *m*, **-ente** *f* present (**à** at).

présent *m*: **le présent** the present; **à présent** now, at present.

présenter 1 présenter quelqu'un à quelqu'un to introduce someone to someone; **se présenter** to introduce oneself. **2** *(montrer)* to show (**à** to).

président *m*, **-ente** *f* **1** *(de nation)* president. **2** *(de société, club)* chairman *(au pluriel* -men).

presque 1 almost, nearly. **2** hardly: **presque jamais** hardly ever; **presque rien** hardly anything.

pressé *m*, **-ée** *f (personne)* in a hurry.

presser 1 to squeeze *(a fruit)*. **2 rien ne presse** there's no hurry; **se presser** to hurry.

prêt *m*, **prête** *f* ready (**à faire** to do).

prétendre to claim (**que** that).

prêter to lend: **prêter quelque chose à quelqu'un** to lend someone something, to lend something to someone.

prétexte *m* excuse.

prêtre *m* priest.

preuve *f* proof; **il me faut des preuves** I need proof.

prévenir 1 *(avertir)* to warn (**que** that, **de** about). **2** *(informer)* to tell (**que** that, **de** about).

To conjugate this verb turn to p 176.

prévoir 1 *(organiser)* to plan: **comme prévu** as planned. **2** *(annoncer comme probable)* to predict (**que** that).

To conjugate this verb turn to p 177.

prier 1 to pray (**pour** for). **2 prier quelqu'un de faire quelque chose** to ask someone to do something; **je vous en prie** *(faites donc)* please; *(en réponse à 'merci')* you're welcome, don't mention it.

prière *f* prayer.

primaire: école primaire primary school, *(en américain)* elementary school.

prince *m* prince.

princesse *f* princess.

principal *m*, **-e** *f* (**-aux** *m plural*) main.

principal *m* (**-aux** *plural*) **1** *(de collège)* headmaster, *(en américain)* principal. **2 le principal** *(l'essentiel)* the main thing.

principe (en) *(normalement)* as a rule: **en principe, je ne travaille pas le dimanche** as a rule , I don't work on Sundays.

printemps *m* spring: **au printemps** in spring, in the spring.

pris *m*, **prise** *f* **1** taken: **cette place est prise** this seat is taken. **2** busy: **je suis très pris** I'm very busy. ▸ *voir* **prendre**.

prise *f*: **prise** *ou* **prise de courant** plug.

prison *f* prison: **en prison** in prison; **mettre en prison** to send to prison; **aller en prison** to go to prison.

prisonnier *m*, **-ière** *f* prisoner.

privé *m*, **-ée** *f* private.

priver to deprive (**de** of).

prix *m* **1** *(d'un objet)* price. **2** *(récompense)* prize. **3 à tout prix** come what may, at all costs.

probable likely, probable (**que** that); **c'est peu probable** it's unlikely.

probablement probably.

problème *m* problem.

prochain *m*, **-aine** *f* next: **l'année prochaine** next year; **prenez la prochaine rue à gauche** take the next street to the left.

prochainement shortly, soon.

proche 1 near, close: **la ville la plus proche** the nearest *ou* closest town; **leur maison est proche de la gare** their house is near the *ou* close to the station. **2** *(ami, parent)* close.

produire to produce.

To conjugate this verb turn to p 177.

produire (se) to happen, to take place.

produit *m* *(article)* product; **produit chimique** chemical.

prof *m* teacher.

Take care: this word is familiar.

professeur *m* teacher: **elle est professeur** she's a teacher; **professeur d'anglais** English teacher.

profession *f* occupation; *(de médecin, professeur)* profession.

professionnel *m*, **-elle** *f* professional.

profit *m* profit; **tirer profit de quelque chose** to benefit from something.

profiter: profiter de quelque chose to take advantage of something.

profond *m*, **-onde** *f* *(eau, trou, blessure)* deep.

profondeur *f* depth; **avoir 20 mètres de profondeur** to be 20 metres deep.

programme *m* **1** *(de radio, théâtre)* programme, *(en américain)* program. **2** *(informatique)* program.

progrès *m plural* progress: **faire des**

progrès to make progress.

projet *m* plan.

prolonger to extend.

promenade *f (à pied)* walk; *(en voiture)* drive; *(en vélo, à cheval)* ride: **faire une promenade** to go for a walk; **faire une promenade en voiture** to go for a drive; **faire une promenade en vélo** *ou* **à cheval** to go for a ride.

promener (se) *(à pied)* to go for a walk.

promesse *f* promise: **tenir sa promesse** to keep one's promise.

promettre to promise (**que** that): **promettre quelque chose à quelqu'un** to promise someone something; **promettre de faire quelque chose** to promise to do something.

To conjugate this verb turn to p 177.

prononcer to pronounce *(a word)*.

prononciation *f* pronunciation.

propager (se) *(incendie, nouvelle)* to spread.

propos (à) **1 à propos de quelque chose/de quelqu'un** about something/someone. **2 à propos!** by the way!

proposer 1 to suggest (**quelque chose à quelqu'un** something to someone): **je propose qu'on parte** I suggest we leave; **je te propose de rester** I suggest you stay.
2 *(offrir)* to offer (**quelque chose à quelqu'un** someone something): **il m'a proposé un bon prix** he offered me a good price.

proposition *f* suggestion; *(offre)* offer.

propre 1 clean: **des mains propres** clean hands. **2** own: **mon propre argent** my own money.

propriétaire *m ou f (d'objet, de restaurant)* owner.

propriété *f* property.

protéger to protect (**de** from).

prouver to prove (**que** that).

proverbe *m* proverb, saying.

province *f*: **la province** the provinces; **en province** in the provinces.

provisions *f plural (nourriture)* food; *(courses)* shopping: **aller aux provisions** to go shopping *(for food)*.

provisoire temporary.

provoquer to cause *(an accident, a fire)*.

prudent *m*, **-ente** *f* **1** *(personne)* careful. **2** *(décision, réponse)* sensible; **ce n'est pas prudent de faire ça** it's not sensible to do that.

prune *f* plum.

pruneau *m* (**-eaux** *plural*) prune.

pu ▸ *voir* **pouvoir**.

public *m*, **-ique** *f* public.

public *m* public; *(de spectacle)* audience: **ouvert au public** open to the public; **en public** in public.

publicité *f* advertising; *(annonce)* advertisement.

publier to publish.

puce *f* **1** flea. **2** *(d'ordinateur)* chip.

puer to stink.

puis [1] then.

puis [2] ▸ *voir* **pouvoir**.

puisque since, as.

puissance *f* power.

puissant *m*, **-ante** *f* powerful.

puisse, puissent *etc* ▸ *voir* **pouvoir**.

puits *m* well.

pull *m* (*ou* **pull-over**) sweater.

punaise *f (clou)* drawing pin, *(en américain)* thumbtack.

punir to punish (**de** *ou* **pour quelque chose** for something): **punir quelqu'un d'avoir fait quelque chose** to punish someone for doing something.

punition *f* punishment

pur *m*, **pure** *f* pure.

puzzle *m* jigsaw puzzle.

pyjama *m* pyjamas, *(en américain)* pajamas: **il était en pyjama** he was in his pyjamas *ou* pajamas; **se mettre en pyjama** to put on one's pyjamas *ou* pajamas.

Pyrénées *f plural*: **les Pyrénées** the Pyrenees.

Qq

quai *m* **1** *(de gare)* platform. **2** *(de port)* quay.

qualité *f* quality.

quand 1 when: **quand est-ce que tu viendras?, quand viendras-tu?** when will you come?; **je lui en parlerai quand je le verrai** I'll tell him about it when I see him.
2 quand même all the same.

quant à 1 as for: **quant à moi** as for me. **2** *(au sujet de)* about.

quantité *f* quantity, amount; **une quantité de** *(beaucoup)* a lot of.

quarantaine *f*: **une quarantaine** about forty; **une quarantaine de personnes** about forty people.

quarante forty: **quarante et un** forty-one; **quarante-deux** forty-two.

Pour des exemples d'emploi, voir **dix**.

quart *m* **1** quarter: **un quart de poulet** a quarter of a chicken; **il en reste les trois quarts** three quarters of it is left.
2 un quart d'heure a quarter of an hour; **une heure et quart** an hour and a quarter; **il est une heure et quart** it's a quarter past one *ou* *(en américain)* after one; **une heure moins le quart** a quarter to one.

quartier *m (de ville)* area; **le médecin du quartier** the local doctor.

quatorze fourteen.

Pour des exemples d'emploi, voir **dix**.

quatre four.

Pour des exemples d'emploi, voir **dix**.

quatre-vingt *(before a number)* eighty: **quatre-vingt-un** eighty-one.

quatre-vingt-dix ninety.

Pour des exemples d'emploi, voir **dix**.

quatre-vingts eighty: **quatre-vingts ans** eighty years.

Pour des exemples d'emploi, voir **dix**.

quatrième 1 fourth. **2 être en quatrième** *(au collège)* to be in the third form, *(en américain)* to be in seventh grade.

Pour des exemples d'emploi, voir **dixième**.

que [1] (**qu'** *before a vowel or silent h*) **1** that: **je pense qu'elle est malade** I think that she's ill.
2 ne...que only; **je n'ai qu'un franc** I only have one franc.
3 *(comparaison) (avec* plus, moins*)* than; *(avec* aussi, même, tel, autant*)* as: **plus âgé que** older than; **moins intelligent que** less intelligent than; **aussi grand que** as big as; **le même que** the same as; **tel que** such as; **autant de...que** (*quantité*) as much ...as; (*nombre*) as many...as.
4 qu'il est bête/beau! he's really stupid/good-looking!

que [2] **1** *(chose)* that, which: **le livre que j'ai** the book I have, the book that *ou* which I have.
2 *(personne)* that: **le professeur qu'elle préfère** the teacher that she prefers.
3 *(temps)* when: **un jour que** one day when.

que [3] **1** what; **qu'est-ce que** what; **qu'est-ce qu'il fait?, que fait il?** what's he doing?; **qu'est-ce que c'est?** what is it?

2 qu'est-ce qui what; **qu'est-ce qui est dans ta poche?** what's in your pocket?

Québec *m* Quebec: **aller au Québec** to go to Quebec; **vivre au Québec** to live in Quebec.

quel *m*, **quelle** *f* **1** what, which: **quelle robe/quel acteur préférez-vous?** what *ou* which dress/actor do you prefer?; **quelles sont tes couleurs préférées?** what are *ou* which are your favourite colours?
2 what: **je sais quel est ton but** I know what your aim is; **quelle heure est-il?** what time is it?; **quel idiot!** what a fool!; **quelle chance!** what luck!
3 which, which one: **quel est le meilleur?** which is the best?, which one is the best?
4 who: **quels sont ces messieurs?** who are those gentlemen?
5 quel que soit *(chose)* whatever; *(personne)* whoever; **quel que soit le temps** whatever the weather may be; **cette dame, quelle qu'elle soit** that lady whoever she may be.

quelconque any: **une raison quelconque** any reason whatever.

quelque chose something: **quelque chose d'autre** something else.

quelquefois sometimes.

quelque part somewhere.

quelques 1 some, a few: **quelques femmes/poires** some *ou* a few women/pears; **quelques jours/mois** a few days/months.
2 few: **les quelques amies qu'elle a** the few friends she has

quelques-uns *m plural*, **quelques-unes** *f plural* some (**de** of).

quelqu'un 1 someone: **quelqu'un d'intelligent** someone clever. **2** anyone: **il y a quelqu'un?** is there anyone there?

qu'est-ce que ▸ *voir* **que** [3].

qu'est-ce qui ▸ *voir* **que** [3].

question *f* **1** question. **2** *(problème)* matter. **3 il a été question de vous** we talked about you.

queue *f* **1** tail. **2** *(file)* queue, *(en américain)* line: **faire la queue** to queue up, *(en américain)* to stand in line.

qui 1 *(personne)* who, that: **un garçon qui aime le chocolat** a boy who *ou* that likes chocolate.
2 *(chose)* that, which: **la voiture qui est bleue** the car that's blue *ou* which is blue.
3 who; **qui est-ce qui** who; **qui est-ce qui aime le chocolat?, qui aime le chocolat?** who likes chocolate?
4 who; **qui est-ce que** who; **qui est-ce que vous voulez voir?, qui voulez-vous voir?** who do you want to see?
5 *(avec* de, avec, pour *etc)* **la femme de qui je parlais** the woman I was talking about; **le garçon avec qui je dansais** the boy I was dancing with.
6 à qui? whose?; **à qui est ce livre?** whose book is this?

quinzaine *f*: **une quinzaine** about fifteen; **une quinzaine de personnes** about fifteen people.

quinze 1 fifteen. **2 quinze jours** two weeks.

Pour des exemples d'emploi, voir **dix**.

quitter 1 to leave: **j'ai quitté la maison** I left the house; **se quitter** to part, to say goodbye. **2** *(au téléphone)* **ne quittez pas!** hold the line!

quoi 1 what: **à quoi penses-tu?** what are you thinking about?
2 quoi que whatever; **quoi que tu fasses** whatever you do.
3 il n'y a pas de quoi! *(en réponse à 'merci')* you're welcome!, don't mention it!

quoique although: **quoiqu'il soit fatigué** although he's tired.

quotidien *m*, **-ienne** *f* daily.

quotidien *m* daily paper.

Rr

raccompagner: raccompagner quelqu'un *(jusque chez lui)* to take someone back home.

raccourci *m* shortcut.

raccrocher *(au téléphone)* to hang up, to ring off.

race *f (humaine)* race; *(animale)* breed.

racine *f* root.

raconter to tell: **raconter une histoire à quelqu'un** to tell someone a story; **raconter un voyage/ses vacances à quelqu'un** to tell someone about a trip/one's holidays; **raconter à quelqu'un pourquoi/comment** to tell someone why/how.

radiateur *m (électrique, à gaz)* heater; *(de chauffage central)* radiator.

radio *f* **1** radio: **à la radio** on the radio. **2** *(médicale)* X-ray: **passer une radio** to have an X-ray.

radis *m* radish.

rafraîchir to cool down, to refresh *(a person)*; **se rafraîchir** *(en se plongeant dans l'eau)* to cool off *ou* down; *(en buvant)* to cool down.

ragoût *m* stew.

raide 1 *(cheveux)* straight. **2** *(pente)* steep. **3** *(rigide)* stiff.

raie *f (de cheveux)* parting, *(en américain)* part.

rail *m* rail *(for train).*

raisin *m* **1** grapes: **un grain de raisin** a grape; **manger du raisin** to eat grapes; **aimer le raisin** to like grapes. **2 raisins secs** raisins.

raison *f* **1** reason: **la raison de mon absence** the reason for my absence; **la raison pour laquelle...** the reason why...; **en raison de** on account of. **2 avoir raison** to be right (**de faire** to do).

raisonnable reasonable; *(enfant)* sensible.

ralentir to slow down.

ramasser 1 *(prendre par terre)* to pick up. **2** to collect *(exam papers, old newspapers).*

rame *f (de métro)* train.

ramener to bring *ou* to take back.

ramer to row.

rampe *f (d'escalier)* banister, banisters.

ramper *(animal, personne)* to crawl.

rang *m* row: **au premier rang** in the front row; **se mettre en rang** *ou* **en rangs** to line up *(in rows).*

rangée *f* row, line.

ranger 1 *(remettre à sa place)* to put away *(papers, toys)*. **2** *(mettre en ordre)* to tidy up *(a room).*

rapide fast; *(coup d'œil, décision)* quick.

rapidement fast, quickly.

rappeler 1 to call back.
2 to remind: **rappeler quelque chose à quelqu'un** to remind someone of something; **il me rappelle mon père** he reminds me of my father; **rappeler à quelqu'un que** to remind someone that.
3 se rappeler quelque chose to remember something; **je me suis rappelé que...** I remembered that... .

rapport *m* **1** *(lien)* connection (**entre** between); **ça n'a aucun rapport!** that has nothing to do with it!; **par rapport à** compared to.
2 *(récit)* report.

rapporter to bring back.

rapprocher to bring closer (**de** to); **se rapprocher** to come *ou* to get closer.

raquette *f (de tennis)* racket; *(de ping-pong)* bat.

rare rare.

rarement rarely.

raser to shave off *(one's beard, moustache)*; **se raser les jambes** to shave one's legs; **se raser** to shave, to have a shave.

rasoir *m* razor; *(électrique)* shaver.

rassembler to gather *(people, things)*; **se rassembler** to gather.

rassurer: rassurer quelqu'un to put someone's mind at rest; **rassure-toi!** don't worry!

rat *m* rat.

râteau *m* (**-eaux** *plural*) rake.

rater 1 *(manquer)* to miss *(a bus, the beginning)*. **2** *(échouer)* to fail, to go wrong; **rater son examen** to fail one's exam; **j'ai raté mon gâteau** I ruined my cake.

rattraper 1 *(rejoindre)* **rattraper quelqu'un** to catch up with someone. **2 rattraper le temps perdu** to make up for lost time.

ravi *m*, **-ie** *f* delighted (**de quelque chose** with something): **je suis ravi de vous voir** I'm delighted to see you.

rayé *m*, **-ée** *f (chemise, pantalon)* striped.

rayer 1 *(abîmer)* to scratch *(glass, paint)*. **2** to cross out *(a word)*.

rayon *m* **1** *(de soleil)* ray. **2** *(de magasin)* department: **le rayon jouets** the toy department. **3** *(étagère)* shelf (*au pluriel* shelves).

réaction *f* reaction.

réaliser to carry out *(a plan)*; to fulfil *(a dream)*.

réalité *f* reality; **en réalité** in fact.

rebondir to bounce.

récemment recently.

récent *m*, **-ente** *f* recent.

réception *f* **1** *(d'hôtel)* desk. **2** *(réunion)* party.

recette *f (de cuisine)* recipe.

recevoir 1 to receive *(a letter, a present)*.
2 *(accueillir)* to welcome *(guests)*; **il m'a très bien reçu** he made me very welcome; **nous recevons des amis** we're having friends over.
3 recevoir des patients/clients to see patients/customers.
4 être reçu à un examen to pass an exam.

To conjugate this verb turn to p 177.

réchaud *m* stove *(portable)*.

réchauffer 1 réchauffer *ou* **faire réchauffer** to heat up, to reheat *(food)*. **2 réchauffer quelqu'un** to warm someone up; **se réchauffer les mains** to warm one's hands.

rechercher to search for.

récipient *m* container.

récit *m* story.

réciter to recite.

réclamer 1 *(demander)* to ask for. **2** *(se plaindre)* to complain.

reçois, reçoit ▸ *voir* **recevoir**.

récolte *f* harvest.

récolter to harvest *(fruit)*.

recommander to recommend (**à** to).

recommencer 1 to start again: **recommencer à travailler** to start working again. **2** *(faire de nouveau)* to do again.

récompense *f* reward.

récompenser to reward.

reconnaissant *m*, **-ante** *f* grateful (**à** to, **de** for).

reconnaître 1 to recognize. **2** *(admettre)* to admit (**que** that).

To conjugate this verb turn to p 177.

record *m* record: **battre un record** to break a record.

recouvrir to cover.

To conjugate this verb turn to p 177.

récré *f* = **récréation**.

Take care: **récré** is familiar.

récréation *f* break, *(en américain)* recess: **à la récréation** during break, during recess; **cour de récréation** playground, *(en américain)* school yard.

rectangle *m* rectangle.

reçu *m* receipt.

reçu *m*, **-ue** *f* ▸ *voir* **recevoir**.

reculer 1 *(personne)* to move back, to step back; *(voiture)* to reverse, *(en américain)* to back up.
2 reculer quelque chose to push something back; **reculer la date** to put the date back.

reculons (à): marcher à reculons to walk backwards.

récupérer *(avoir de nouveau)* to get back *(money, book)*.

rédaction *f* essay.

redescendre 1 to come *ou* to go back down. **2 redescendre quelque chose** to bring *ou* to take something back down.

For information about conjugation see **descendre.**

réduction *f* **1** reduction (**de** in). **2** *(prix réduit)* discount.

réduire to reduce (**de** by).

To conjugate this verb turn to p 177.

réel *m*, **réelle** *f* real.

réellement really.

refaire 1 to do again, to redo *(exercise, work)*: **ne le refais plus** don't do it again.
2 to redo *(a room, a house)*.
3 to make again *(a mistake, a trip)*.
4 to do up *(one's laces)*.

To conjugate this verb turn to p 177.

réfléchir to think (**à** about): **réfléchis-y bien!** think about it carefully!

réflexion *f* **1** thought. **2** *(remarque)* remark.

réfrigérateur *m* refrigerator.

refroidir *(liquide chaud)* to cool down

réfugier (se) to take shelter.

refuser to refuse (**de faire** to do); **refuser quelque chose à quelqu'un** to refuse someone something; **il a refusé** he refused.

regard *m* look; **regard fixe** stare.

regarder 1 to look at: **regarder quelque chose/quelqu'un** to look at something/someone.
2 to look: **regarder par la fenêtre** to look through the window; **regarde!** look!
3 *(observer)* to watch: **regarder quelqu'un faire quelque chose** to watch someone do *ou* doing something; **regarde!** watch!
4 *(concerner)* to concern.

régime *m* diet: **être au régime, suivre un régime** to be on a diet; **se mettre au régime** to go on a diet.

région *f* region.

règle *f* **1** *(de jeu, de grammaire)* rule: **c'est la règle** that's the rule; **en règle générale** as a rule. **2** *(instrument)* ruler.

règlement *m* *(règles)* rules.

régler 1 to settle *(a problem, an argument)*.
2 to adjust *(a seat, the heating)*.
3 *(payer)* to pay *(a bill, a debt)*; **régler quelqu'un** to settle up with someone.

règne *m* reign: **sous le règne de** in the reign of.

régner to reign (**sur** over).

regret *m* regret.

regretter to be sorry about, to regret; **je regrette!** I'm sorry!; **je regrette qu'ils soient partis si tôt** I'm sorry they left so early.

régulier *m*, **-ière** *f* **1** regular. **2** *(vitesse, progrès)* steady.

régulièrement regularly.

rein *m* kidney.

reine *f* queen.

rejoindre 1 *(aller à)* to go back to *(a place, one's family)*.
2 *(rattraper)* **rejoindre quelqu'un** to join someone.
3 *(rue)* to join: **le chemin rejoint la**

route the path joins the road.

To conjugate this verb turn to p 177.

relation *f* relationship: **nous avons de bonnes relations** we have a good relationship.

relever *(remettre debout)* to pick up; **se relever** *(personne tombée)* to get up.

relier to connect, to link (**à** to).

religieuse *f* nun: **elle est religieuse** she's a nun.

religieux *m*, **-euse** *f* religious.

religion *f* religion.

relire to read over again.

To conjugate this verb turn to p 177.

remarquable outstanding, remarkable.

remarque *f* remark, comment.

remarquer to notice (**que** that); **faire remarquer quelque chose à quelqu'un** to point out something to someone; **remarque, c'est vrai!** mind you *ou* you know, it's true!

rembobiner to rewind *(a cassette)*.

rembourser to pay back *(a person, a loan)*.

remercier to thank (**de** *ou* **pour quelque chose** for something): **remercier quelqu'un d'avoir fait quelque chose** to thank someone for doing something; **je te remercie d'être venu** thank you for coming.

remettre 1 *(à sa place)* to put back.
2 *(porter)* to put back on *(one's coat, gloves)*.
3 *(ajouter)* **remettre du sel** to put more salt on.
4 *(donner)* to hand, to hand over (**à** to); to hand in *(a ticket, something found)*.
5 remettre *ou* **remettre à plus tard** to put off; **la visite est remise à demain** the visit has been put off until tomorrow.
6 se remettre de to recover from *(an illness)*; **remets-toi vite!** get well soon!

To conjugate this verb turn to p 177.

remonter 1 to come *ou* to go back up. **2 remonter quelque chose** to bring *ou* to take something back up. **3** to wind up *(a watch, a toy)*.

For information about conjugation see **monter**.

remplacer to replace (**par** with).

remplir 1 to fill, to fill up (**de** with). **2 remplir un formulaire** to fill in *ou* to fill out a form.

remuer 1 to move: **remuer la main** to move one's hand; **voir quelque chose remuer** to see something move. **2** to stir *(coffee, sauce)*.

renard *m* fox.

rencontre *f* meeting; **faire la rencontre de quelqu'un** to meet someone.

rencontrer: rencontrer quelqu'un to meet someone; **se rencontrer** to meet.

rendez-vous *m* appointment; *(d'amoureux)* date: **prendre rendez-vous avec quelqu'un** to have an appointment with someone; **donner rendez-vous à quelqu'un** to arrange to meet someone; **j'ai rendez-vous avec un ami** I'm meeting a friend.

rendre 1 to give back (**à** to).
2 to make: **rendre quelqu'un heureux/malade** to make someone happy/ill; **se rendre utile** to make oneself useful.
3 *(capituler)* **se rendre** to surrender (**à** to).
4 *(aller)* **se rendre à** to go to.

renifler to sniff.

renne *m* reindeer.

On n'ajoute pas de 's' pour former le pluriel de **reindeer**.

renoncer: renoncer à quelque chose to give up something; **renoncer à faire quelque chose** to give up doing something; *(avant de commencer)* to give up the idea of doing something.

renseignement *m* information, piece of information (**sur** about); **demander un** *ou* **des renseignements** to ask for information; **les renseignements que tu m'as donnés** the information you gave me; **les renseignements** *(bureau)* the information desk; *(téléphoniques)* directory inquiries, *(en américain)* information.

renseigner 1 renseigner quelqu'un to give someone some information; **renseigner quelqu'un sur quelque chose** to tell someone about something; **on nous a mal renseignés** we were given wrong information.
2 se renseigner to find out (**sur** about).

rentrée *f*: **la rentrée** *ou* **la rentrée des classes** the beginning of the school year.

rentrer 1 to go *ou* to come back; *(chez soi)* to go *ou* to come back home; *(entrer)* to go *ou* to come back in.
2 *(heurter)* **rentrer dans** to crash into.
3 rentrer quelque chose to bring *ou* to take something in; **rentrer la voiture** to put the car away.

This verb is conjugated with **être** in meanings **1** and **2** (eg 'elle est rentrée'), and with **avoir** in meaning **3** (eg 'elle a rentré').

renverser to knock over *(a glass, a vase)*; to knock down, to hit *(a pedestrian)*; to spill *(water, coffee)*.

renvoyer 1 to send back *(a letter)*; to throw back, to kick back *(a ball)*. **2** to dismiss *(an employee)*; to expel *(a pupil)*.

To conjugate this verb turn to p 177.

répandre to spread *(news, lies)*; **la nouvelle s'est répandue** the news spread.

réparation *f* repair: **ma voiture est en réparation** my car is being repaired.

réparer to repair, to mend: **faire réparer quelque chose** to get something repaired *ou* mended.

repartir to leave again; *(après un arrêt)* to set off again.

This verb is conjugated with **être**, eg 'elle est repartie' = 'she *has* left again'. To conjugate turn to p 177.

repas *m* meal.

repasser 1 *(revenir)* to come *ou* to go back. **2** *(avec un fer)* to iron *(clothes)*. **3** to play back *(a tape, a film)*.

This verb is conjugated with **être** in meaning **1**, and with **avoir** in meanings **2** and **3**.

répéter to repeat *(a question)*: **répétez après moi** repeat after me.

répondeur *m* answering machine.

répondre to answer: **répondre que** to answer that; **répondre à une question/au téléphone** to answer a question/the phone; **répondre à quelqu'un** to answer someone; *(être insolent)* to answer someone back, to talk back to someone.

réponse *f* answer (**à** to).

reporter *m* reporter: **elle est reporter** she's a reporter.

repos *m* rest.

reposer (se) to rest, to have a rest.

repousser 1 to push back. **2** *(remettre à plus tard)* to put off *(an event)* (**à** until). **3** *(cheveux, plante)* to grow again.

reprendre 1 *(avoir de nouveau)* to take back, to get back *(present, book)*. **2** *(recommencer)* to take up again *(an activity)*; to go back to *(work)*; *(cours, réunion)* to start again.
3 reprendre de la viande/un œuf to take some more meat/another egg.

To conjugate this verb turn to p 177.

représentation *f (au théâtre)* performance.

représenter 1 *(tableau, dessin)* to show. **2** *(exprimer)* to represent; *(signifier)* to mean. **3** *(au théâtre)* to perform.

reproche *m* criticism; **faire des reproches à quelqu'un** to criticize someone.

reprocher: reprocher quelque chose à quelqu'un to criticize *ou* to blame someone for something.

reproduire (se) *(faute, incident)* to happen again.

To conjugate this verb turn to p 177.

reptile *m* reptile.

république *f* republic.

requin *m* shark.

réserve *f (provision)* stock, store.

réserver 1 to book *(a room, a table)*: **réserver une place** to book a seat; **cette place est réservée** this seat is reserved. **2** *(garder)* to save (**à quelqu'un** for someone).

réservoir *m (d'essence)* tank.

résister to resist; **résister à** to resist (*temptation, one's enemies*); to stand up to (*pain, bad treatment*).

résoudre to solve *(a problem)*.

To conjugate this verb turn to p 177.

respect *m* respect (**pour** for).

respecter to respect.

respirer to breath.

responsable responsible (**de** for).

responsable *m ou f* **1** *(chef)* person in charge (**de** of). **2** *(coupable)* person responsible (**de** for); **les responsables seront punis** those responsible will be punished.

ressembler 1 ressembler à to be like; **se ressembler** *(traditions, villes)* to be alike.
2 ressembler à quelqu'un to look like someone; **les deux sœurs se ressemblent** the two sisters look alike.

ressort *m (objet)* spring.

restaurant *m* restaurant.

reste *m*: **le reste** the rest (**de** of); **les restes** the leftovers; **un reste de fromage** some left-over cheese.

rester 1 to stay: **restez ici!** stay here!; **rester jeune/calme** to stay *ou* to keep young/calm.
2 to be left: **il reste du pain** there's some bread left; **il ne reste plus de pain** there isn't any more bread left; **il me reste cinq minutes** I have five minutes left.

This verb is conjugated with **être,** eg 'il est resté' = 'he *has* stayed'.

résultat *m* result.

retard *m* delay; **en retard** late; **mettre quelqu'un en retard** to make someone late; **avoir une heure de retard** to be an hour late; **rattraper son retard** to catch up.

retarder 1 *(montre)* to be slow: **retarder de cinq minutes** to be five minutes slow.
2 to delay *(one's departure, a person)*; **le vol a été retardé de trois heures** the flight has been delayed by three hours.
3 to put back *(a watch, a clock)*.

retenir 1 *(se souvenir de)* to remember.
2 *(réserver)* to book.
3 retenir son souffle to hold one's breath.
4 *(retarder)* **retenir quelqu'un** to hold someone up.

To conjugate this verb turn to p 177.

retirer 1 *(ôter)* to take off *(clothes)*. **2** *(faire sortir)* to take out. **3** *(éloigner)* to take away.

retour *m* return; **être de retour** to be back; **au retour** on the way back; **dès mon retour** as soon as I get back.

retourner 1 to go back, to return (**à** to). **2** (*renverser*) to turn over *(a bucket, a box)*.

This verb is conjugated with **être** in meaning **1** (eg 'il est retourné'), and with **avoir** in meaning **2** (eg 'il a retourné').

retourner (se) 1 *(pour regarder)* to turn round. **2** *(voiture)* to turn over, to overturn.

retraite *f*: **prendre sa retraite** to retire; **être à la retraite** to be retired.

retraité *m*, **-ée** *f* retired person: **ce sont des retraités** they're retired people.

rétrécir *(robe, chemise)* to shrink: **rétrécir au lavage** to shrink in the wash.

retrouver 1 to find *(something lost)*. **2** *(rejoindre)* **retrouver quelqu'un** to meet someone, to meet up with someone; **se retrouver** to meet, to meet up.
3 se retrouver en prison to find oneself in prison; **se retrouver à Chicago/chez soi** to be back in Chicago/back home.

rétroviseur *m* mirror *(in car)*.

réunion *f* meeting.

réunir (se) to meet.

réussir to be successful; **réussir à faire quelque chose** to succeed in doing something; **réussir en anglais** to do well in English; **réussir à un examen** to pass an exam.

rêve *m* dream: **faire un rêve** to have a dream.

réveil *m* alarm clock.

réveiller: réveiller quelqu'un to wake someone up; **se réveiller** to wake up; **être réveillé** to be awake.

revenir 1 to come back. **2** *(coûter)* to come to: **ça revient à 50 francs** it comes to 50 francs.

This verb is conjugated with **être**, eg 'je suis revenu' = 'I *have* come back'. To conjugate turn to p 177.

revenu *m* income.

rêver to dream (**de** of, about; **de faire** of *ou* about doing): **rêver que** to dream that.

réviser to revise, *(en américain)* to review *(a lesson)*.

revoir 1 to see again. **2 au revoir** goodbye.

To conjugate this verb turn to p 177.

revolver *m* gun, revolver.

revue *f (journal)* magazine.

rez-de-chaussée *m* ground floor, *(en américain)* first floor: **au rez-de-chaussée** on the ground floor; on the first floor.

Does not change in the plural. Do not add 's'.

rhinocéros *m* rhinoceros.

rhubarbe *f* rhubarb.

rhume *m* cold: **un gros rhume** a nasty cold; **attraper un rhume** to catch a cold.

ri, riant ▸ *voir* **rire**.

riche *(personne, pays)* rich, wealthy.

richesse *f* wealth.

ride *f (sur la peau)* wrinkle.

rideau *m* (**-eaux** *plural*) curtain: **ouvrir/fermer** *ou* **tirer les rideaux** to open/to close *ou* draw the curtains.

ridicule ridiculous.

rien 1 nothing: **ne...rien** nothing; **je n'ai rien à faire** I've got nothing to do, I don't have anything to do; **rien de bon** nothing good; **rien d'autre** nothing else; **rien du tout** nothing at all.
2 rien que just; **rien que des garçons** just boys; **rien que pour aller à Londres** just to go to London.
3 ça ne fait rien it *ou* that doesn't matter.
4 de rien! *(en réponse à 'merci')* you're welcome!, don't mention it!

rigide *(papier, carton)* stiff.

rigoler 1 to laugh. **2** *(s'amuser)* to have fun. **3** *(plaisanter)* to joke.

Take care: this word is familiar.

rimer to rhyme (**avec** with).

rincer to rinse.

rire to laugh: **ne me fais pas rire!** don't make me laugh!; **éclater de rire** to burst out laughing; **pour rire** for fun, for a joke.

To conjugate this verb turn to p 177.

rire *m*: **un rire** a laugh; **entendre des rires** to hear laughing *ou* laughter.

risque *m* chance, risk: **prendre un risque** to take a chance *ou* a risk.

risquer: tu risques de tomber/de tout perdre you stand a good chance of falling/of losing everything, you could easily fall/lose everything; **il risque un accident/des ennuis** he could easily have an accident/trouble.

rivage *m* shore.

rivière *f* river.

riz *m* rice.

robe *f* dress: **robe de mariée** wedding dress; **robe de chambre** dressing gown, *(en américain)* bathrobe.

robinet *m* tap, *(en américain)* faucet.

robot *m* robot.

robuste *(garçon, homme)* strong.

roche *f* rock *(substance)*.

rocher *m* rock *(big block of stone)*.

rock *m* rock, rock music: **concert de rock** rock concert.

roi *m* king.

rôle *m (dans une pièce de théâtre, un film)* part: **jouer un rôle** to play a part.

romain *m*, **-aine** *f* Roman.

roman *m* novel; **roman d'aventures** adventure story.

rompre *(homme et femme)* to break up: **rompre avec quelqu'un** to break up with someone.

To conjugate this verb turn to p 177.

rond *m*, **ronde** *f* round.

rond *m (cercle)* circle: **s'asseoir en rond** to sit in a circle.

ronfler to snore.

rose pink: **une robe rose** a pink dress.

rose *m (la couleur)* pink: **j'aime le rose** I like pink.

rose *f (fleur)* rose.

rôti *m* roast meat; **un rôti de bœuf** a joint of roast beef.

rôtir to roast: **la viande est en train de rôtir** the meat is roasting; **faire rôtir une viande** to roast a piece of meat.

roue *f* wheel.

rouge red: **une voiture rouge** a red car.

rouge *m* **1** *(la couleur)* red: **j'aime le rouge** I like red. **2 le feu est au rouge** the traffic lights are red. **3 rouge à lèvres** lipstick.

rouge-gorge *m* (**rouges-gorges** *plural*) robin.

rougeole *f* measles: **il a la rougeole** he has measles.

rougir *(de honte)* to blush.

rouille *f* rust.

rouiller to go rusty; **être rouillé** to be rusty.

rouleau *m* (**-eaux** *plural*) *(de papier, de pellicule)* roll.

rouler 1 *(pierre, pièce)* to roll; **rouler quelque chose** to roll something.
2 *(mettre en rouleau)* to roll up: **rouler un tapis/une carte** to roll up a carpet/a map.
3 *(train, voiture)* to go: **nous roulons vite** we're going fast.
4 *(conducteur)* to drive: **rouler à gauche** to drive on the left.

Roumanie *f* Romania: **en Roumanie** to *ou* in Romania.

rousse ▸ *voir* **roux**.

route *f* **1** road: **par la route** by road; **prendre la route de Bruxelles** to take the road to Brussels; **il y a une heure de route** *(en voiture)* it's an hour's drive.
2 way: **je connais la route pour aller chez elle** I know the way to her house.
3 en route on the way; **en route!** let's go!; **se mettre en route** to set out.
4 mettre en route to start up *(a car, a machine)*.

routier *m* long-distance truck driver.

roux *m*, **rousse** *f* red-haired: **elle est rousse** she's red-haired, she has red hair; **avoir les cheveux roux** to have red hair.

royal *m*, **-e** *f* (**-aux** *m plural*) royal.

royaume *m* **1** kingdom. **2 le Royaume-Uni** the United Kingdom.

ruban *m* **1** ribbon. **2 ruban adhésif** sticky tape.

ruche *f* hive, beehive.

rude 1 *(dur et sévère)* tough (**pour quelqu'un** on someone). **2** *(travail)* tough; *(hiver, voix)* harsh.

rue *f* street.

rugby *m* rugby: **jouer au rugby** to play rugby.

rugir *(lion, personne)* to roar.

ruine (en): la maison est en ruine *ou* **en ruines** the house is in ruins.

ruiner to ruin.

ruisseau *m* (**-eaux** *plural*) stream.

rusé *m*, **-ée** *f* cunning.

russe *(ville, mot)* Russian.

russe *m (la langue)* Russian: **parler russe** to speak Russian.

Russe *m ou f* Russian: **c'est une Russe** she's a Russian.

Russie *f* Russia: **aller en Russie** to go to Russia; **vivre en Russie** to live in Russia.

rythme *m (en musique)* beat, rhythm.

Ss

sa ▸ *voir* **son**.

sable *m* sand.

sabot *m* **1** *(de cheval)* hoof (*au pluriel* hoofs *ou* hooves). **2** *(chaussure)* clog.

sac *m* bag: **sac à main** handbag; **sac à dos** backpack; **sac de couchage** sleeping bag.

sachant, sache, sachent *etc* ▸ *voir* **savoir**.

sachet de thé *m* teabag.

sacré *m*, **-ée** *f (saint)* sacred.

sage 1 wise. **2** *(enfant)* good: **sois sage!** be good!, behave yourself!

saigner to bleed: **elle saigne du nez** her nose is bleeding.

sain *m*, **saine** *f* **1** healthy. **2 sain et sauf** unhurt; **revenir sain et sauf** to come back safe and sound.

saint *m*, **sainte** *f*[1] holy; **saint Pierre** Saint Peter.

saint *m*, **sainte** *f*[2] saint: **vous êtes un saint** you're a saint.

sais, sait ▸ *voir* **savoir**.

saisir 1 to grab, to grab hold of. **2 saisir l'occasion** to jump at the opportunity.

saison *f* season.

salade *f (plante)* lettuce; *(plat)* salad; **salade de fruits** fruit salad.

salaire *m* salary, wages.

sale dirty.

salé *m*, **-ée** *f (goût, plat)* salty: **le potage est trop salé** the soup's too salty.

saleté *f (crasse)* dirt; **saletés** *(choses qui salissent)* mess; **faire des saletés** to make a mess.

salir: salir quelque chose to make something dirty; **se salir** to get dirty.

salle *f* **1** room: **salle à manger** dining room; **salle de bains** bathroom. **2** *(très grande) (de château, d'édifice public)* hall; *(de théâtre)* theatre; *(de cinéma)* cinema, *(en américain)* movie theater; *(d'hôpital)* ward.

salon *m (de maison)* living room, sitting room.

saluer *(dire bonjour à)* to greet, to say hello to; *(de la main)* to wave to; *(de la tête)* to nod to.

salut! hello!, hi!

samedi *m* Saturday: **nous sommes samedi** it's Saturday; **il est venu samedi** he came on Saturday; **nous sortons le samedi** we go out on Saturdays.

sandale *f* sandal.

sandwich *m* (**sandwichs** *ou* **sandwiches** *plural*) sandwich: **sandwich au jambon** ham sandwich.

sang *m* blood.

sanglot *m*: **éclater en sanglots** to start sobbing.

sangloter to sob.

sans without: **sans parapluie** without an umbrella; **sans rien dire** without saying anything; **sans qu'il le sache** without him *ou* his knowing.

santé *f* health: **en bonne santé** healthy, in good health.

sapin *m* fir tree; **sapin de Noël** Christmas tree.

sardine *f* sardine.

satellite *m* satellite: **la télévision par satellite** satellite TV.

satisfaire to satisfy: **je suis satisfait** I'm satisfied (**de** with).

To conjugate this verb turn to p 177.

sauce *f* sauce; *(au jus de viande)* gravy.

saucisse *f* sausage.

saucisson *m* cold sausage, salami.

sauf 1 except: **sauf que** except that. **2 sauf si** unless; **sauf s'il pleut** unless it rains, if it doesn't rain.

saumon *m* salmon.

saura, saurai, saurait *etc* ▸ *voir* **savoir**.

saut *m* jump.

sauter 1 to jump (**par-dessus quelque chose** over something); **sauter à la corde** to skip, *(en américain)* to jump rope.
2 faire sauter une maison/un pont to blow up a house/a bridge.
3 sauter un mot/un repas to skip a word/a meal.

sauterelle *f* grasshopper.

sauvage *(animal, plante)* wild.

sauvegarder *(sur disque ou disquette)* to save *(a file)*.

sauver to save: **sauver la vie à quelqu'un** to save someone's life.

sauver (se) 1 *(s'enfuir)* to run away. **2** *(partir)* to be off, to go: **je me sauve!** I'm off!, I'm going!; **sauve-toi!** off you go!, get going!

Take care: the last meaning is familiar.

savant *m*, **-ante** *f* *(personne)* knowledgeable.

savant *m* scientist.

savoir 1 to know: **savoir que** to know that; **savoir si/pourquoi/comment/quand** to know if/why/how/when; **je sais ce que tu veux** I know what you want; **savoir nager/lire** to know how to swim/to read; **je sais!** I know!; **je ne sais pas!** I don't know!
2 faire savoir quelque chose à quelqu'un to let someone know something.

To conjugate this verb turn to p 177.

savon *m* soap.

scandinave Scandinavian.

Scandinavie *f* Scandinavia: **en Scandinavie** to *ou* in Scandinavia.

scène *f* **1** *(endroit)* stage: **entrer en scène** to come on stage. **2** *(partie de pièce)* scene.

schéma *m* diagram.

scie *f* saw.

science *f* science; **étudier les sciences** to study science; **les sciences naturelles** biology.

scientifique scientific.

scientifique *m ou f* scientist.

scier to saw.

scolaire school: **travail/année scolaire** school work/year.

score *m* *(de match)* score.

scotch® *m* *(ruban)* sellotape®, *(en américain)* scotch tape®.

sculpture *f* sculpture.

se (**s'** *before a vowel or silent h*) **1** himself; *(féminin)* herself; *(chose, animal)* itself; *(indéfini)* oneself; *(au pluriel)* themselves: **il se lave** he washes himself; *(animal)* it washes itself; **elle se lave** she washes herself; **ils** *ou* **elles se lavent** they wash themselves; **se laver** to wash oneself.
2 to himself; to herself; to itself; to themselves; to oneself: **il s'est dit que...** he said to himself that...; **se dire** to say to oneself.
3 each other: **ils s'aiment** they love each other.
4 to each other: **ils se parlent** they speak to each other.
5 (= his, her, their, one's *avec les parties du corps*) **il se lave les mains** he washes his hands; **elles se lavent les mains** they wash their hands; **se laver les mains** to wash one's hands.
6 (*à ne pas traduire en anglais*) **elle se bat** she fights; **elles s'en souviennent** they remember.

séance *f (de cinéma)* showing.

seau *m* (**seaux** *plural*) bucket.

sec *m*, **sèche** *f* dry; *(fruit)* dried; **la rivière est à sec** the river is dry.

sèche-cheveux *m* hairdryer.

> Does not change in the plural. Do not add 's'.

sèche-linge *m* tumble dryer.

> Does not change in the plural. Do not add 's'.

sécher to dry: **ça met longtemps à sécher** it takes a long time to dry; **se sécher** to dry oneself; **faire sécher les vêtements** to dry the clothes.

sécheresse *f* drought.

second *m*, **-onde** *f* second: **arriver second** to arrive second.

second *m (étage)* **le second** the second floor, *(en américain)* the third floor.

secondaire *(école)* secondary.

seconde *f* **1** *(instant)* second: **attendez une seconde!** wait a second!
2 être en seconde *(au lycée)* to be in the fifth form, *(en américain)* to be in tenth grade.
3 second class: **voyager en seconde** to travel second class.

secouer to shake.

secours *m* help: **au secours!** help!; **premiers secours** first aid; **sortie de secours** emergency exit.

secret *m*, **-ète** *f (code, porte)* secret.

secret *m* secret: **garder un secret** to keep a secret.

secrétaire *m ou f* secretary.

sécurité *f* safety: **être en sécurité** to be safe.

seigneur *m* lord.

sein *m* breast.

seize sixteen.

> Pour des exemples d'emploi, voir **dix**.

séjour *m* stay: **faire un séjour à Paris** to spend time in Paris; **j'ai fait un séjour d'un mois à Paris** I had a month's stay in Paris; **salle de séjour** living room.

sel *m* salt.

self-service *m* (**self-services** *plural*) self-service restaurant.

selle *f* saddle.

selon according to: **selon les règles** according to the the rules; **selon lui** according to him.

semaine *f* week: **en semaine** during the week.

semblable similar (**à** to).

sembler to seem: **elle semble avoir des problèmes** she seems to have problems; **tu me sembles fatigué** you seem tired to me; **il me semble qu'elle a raison** I think she's right, it seems to me she's right.

semelle *f (de chaussure)* sole.

semer to sow *(seeds)*.

sens *m* **1** *(de mot, d'action)* meaning, sense; **ça n'a pas de sens** that doesn't make sense.
2 avoir du bon sens to have common

sense *ou* good sense.
3 *(direction)* direction: **dans le bon/le mauvais sens** in the right/the wrong direction; **aller en sens inverse** to go in the opposite direction.
4 un sens interdit *ou* **unique** a one-way street

sensation *f* feeling *(physical)*.

sensible *(personne, peau)* sensitive (**à** to).

sentier *m* path.

sentiment *m* feeling.

sentir 1 to smell: **je sens une odeur agréable** I can smell something pleasant; **sentir bon/mauvais** to smell good/bad.
2 to smell of: **ça sent la fumée** it smells of smoke.
3 to feel *(the heat, a stone)*; **sentir que** to feel that.
4 se sentir to feel *(tired, weak, old)*; **il ne se sent pas bien** he doesn't feel well.

To conjugate this verb turn to p 177.

séparer 1 to separate (**de** from). **2 se séparer** *(homme et femme)* to separate; *(invités, amis)* to part.

sept seven.

Pour des exemples d'emploi, voir **dix**.

septante *(en Belgique, en Suisse)* seventy.

septembre *m* September: **en septembre** in September.

septième seventh.

Pour des exemples d'emploi, voir **dixième**.

sera, serai, serait *etc* ▸ *voir* **être**.

série *f* series (**de** of).

sérieux *m*, **-euse** *f* *(élève, livre, blessure)* serious.

sérieux *m*: **garder son sérieux** to keep a straight face.

seront ▸ *voir* **être**.

serpent *m* snake

serre *f* greenhouse.

serré *m*, **-ée** *f* **1** *(ceinture, vis)* tight. **2** *(gens)* packed together.

serrer 1 *(tenir)* to grip; *(presser)* to squeeze; **serrer quelqu'un dans ses bras** to hug someone; **serrer la main à quelqu'un** to shake hands with someone; **se serrer** to squeeze up (**contre** against).
2 to tighten *(a belt, a screw)*; **cette jupe me serre** this skirt is too tight for me.

serrure *f* lock.

serveur *m* waiter.

serveuse *f* waitress.

service *m* **1** *(aide)* **un service** a favour, *(en américain)* a favor; **rendre service à quelqu'un** to be of help to someone.
2 *(dans un restaurant)* service: **service non compris** service not included.
3 *(dans une entreprise)* department.

serviette *f* **1** towel: **serviette de bain** bath towel. **2** *(de table)* napkin, serviette. **3** *(sac)* briefcase.

servir 1 to serve *(a customer, a dish)*; **se servir** *(à table)* to help oneself (**de** to).
2 *(être utile)* to be useful (**à quelqu'un** to someone); **servir à faire quelque chose** *(outil)* to be used to do something; **à quoi est-ce que ça sert?** what's it used for?; **ça ne sert à rien** *(objet)* it's useless; **ça ne sert à rien de faire quelque chose** it's no use doing something.
3 se servir de quelque chose to use something.

To conjugate this verb turn to p 177.

ses ▸ *voir* **son**.

seul *m*, **-e** *f* [1] **1** alone; **tout seul** by oneself, on one's own, all alone; **je l'ai fait tout seul** I did it by myself; **se sentir seul** to feel lonely.
2 *(unique)* only: **la seule femme** the only woman; **un seul chien** only one dog; **pas un seul livre** not a single book

seul *m*, **-e** *f* [2] **le seul, la seule** the only

one; **un seul, une seule** only one, one only; **pas un seul** not a single one.

seulement only: **non seulement il est beau mais en plus il est grand** not only is he good-looking but he's also tall.

sévère *(professeur, règle)* strict.

shampooing *m* shampoo.

short *m* shorts: **être en short** to be in shorts; **se mettre en short** to put one's shorts on, to get into one's shorts.

si [1] (*becomes* **s'** *before* **il** *or* **ils**) if: **s'il vient** if he comes; **je me demande si** I wonder if; **si seulement** if only.

si [2] **1** *(tellement)* so: **ne mange pas si vite!** don't eat so fast! **2** as: **elle n'est pas si riche que ça** she's not as rich as that.

si [3] yes *(after negative phrases)*: **tu ne viens pas? - si!** aren't you coming? - yes I am!; **mais si!** yes of course!

Sida *m* AIDS: **avoir le Sida** to have AIDS.

siècle *m* century.

siège *m (de voiture, meuble)* seat.

sien *m*, **sienne** *f*: **le sien, la sienne, les siens, les siennes** his; *(sujet féminin)* hers; **c'est le sien** it's his, it's hers; **ce sont les siens** they're his *ou* hers.

sieste *f*: **faire la sieste** to take a nap.

siffler to whistle; *(avec un sifflet)* to blow one's whistle.

sifflet *m* whistle; **j'ai entendu un coup de sifflet** I heard a whistle.

signal *m* (**-aux** *plural*) signal.

signaler: signaler quelque chose à quelqu'un to point something out to someone; **je vous signale que...** I wish to point out to you that... .

signature *f* signature.

signe *m* sign; **faire un signe de la main** to wave; **faire signe à quelqu'un de faire quelque chose** to motion to someone to do something.

signer to sign.

signifier to mean (**que** that).

silence *m* silence.

silencieux *m*, **-euse** *f* silent.

simple simple.

simplement simply.

sincère sincere, genuine.

singe *m* monkey, ape.

singulier *m* singular: **au singulier** in the singular.

sinon otherwise, or else.

sirène *f (de voiture de police)* siren.

situation *f* **1** situation. **2** *(emploi)* job.

situé *m*, **-ée** *f* situated.

six six.

Pour des exemples d'emploi, voir **dix**.

sixième 1 sixth. **2 être en sixième** *(au collège)* to be in the first form, *(en américain)* to be in sixth grade.

Pour des exemples d'emploi, voir **dixième**.

ski *m* **1** *(objet)* ski. **2** *(activité)* **le ski** skiing; **faire du ski** to ski, to go skiing.

skier to ski.

slip *m (d'homme)* briefs, underpants; *(de femme)* panties, knickers; **un slip de bain** swimming trunks.

société *f* **1** *(commerciale)* company. **2** *(communauté)* society: **dans notre societé** in our society.

sœur *f* sister.

soi oneself; **chez soi** at home.

soie *f* silk.

soient ▸ *voir* **être**.

soif *f* thirst; **avoir soif** to be thirsty; **donner soif à quelqu'un** to make someone thirsty.

soigner *(s'occuper de)* to look after, to care for; *(médecin)* to treat *(a sick person)*.

soigneux *m*, **-euse** *f* careful (**avec** with); *(ordonné)* tidy.

soi-même oneself.

soin *m* **1** care: **prendre soin de quelque chose** to take care of something; **avec soin** carefully. **2** *(à un malade)* **soins** treatment; **les premiers soins** first aid.

soir *m* evening: **je travaille le soir** I work in the evenings; **à sept heures du soir** at seven in the evening.

soirée *f* evening; *(réunion)* party *(held in the evening)*.

sois, soit ▸ *voir* **être**.

soit: soit... soit... either... or...; **soit du thé, soit du café** either tea or coffee.

soixantaine *f*: **une soixantaine** about sixty; **une soixantaine de personnes** about sixty people.

soixante sixty: **soixante et un** sixty-one; **soixante-deux** sixty-two.

Pour des exemples d'emploi, voir **dix**.

soixante-dix seventy: **soixante et onze** seventy-one; **soixante-douze** seventy-two.

Pour des exemples d'emploi, voir **dix**.

sol *m* **1** *(terre)* ground. **2** *(dans une maison)* floor.

soldat *m* soldier.

soldes *m plural*: **les soldes** the sales; **faire les soldes** to go to the sales.

soleil *m* sun: **au soleil** in the sun; **il y a du soleil** it's sunny; **attraper un coup de soleil** to get sunburnt.

solide *(voiture, pont)* solide; *(personne)* strong.

solitaire *(qui vit seul)* lonely, living all alone.

sombre dark: **il fait sombre** it's dark.

somme *f (argent)* sum.

somme *m* nap: **faire un petit somme** to take a nap.

sommeil *m* sleep; **avoir sommeil** to be *ou* to feel sleepy.

sommes are: **nous sommes fatigués** we're tired. ▸ *voir* **être**.

sommet *m* top.

son *m (bruit)* sound.

son *m*, **sa** *f*, **ses** *plural* (**sa** *becomes* **son** *before a vowel or silent h*) his; *(féminin)* her; *(de chose, d'animal)* its; *(indéfini)* one's: **son père/sa mère** his *ou* her *ou* one's father/mother; **son ami, son amie** his *ou* her *ou* one's friend; **ses ailes** its wings.

songer: songer à to think of.

sonner *(personne, cloche, téléphone)* to ring; **on a sonné** *(à la porte)* someone has rung the bell.

sonnerie *f (son)* ringing; *(électrique)* bell: **je n'ai pas entendu la sonnerie du reveil** I didn't hear the alarm clock ringing.

sonnette *f (de porte, de bicyclette)* bell: **appuyer sur la sonnette** to ring the bell.

sont are: **ils sont en retard** they're late. ▸ *voir* **être**.

sorcière *f* witch.

sort *m (magique)* spell: **jeter un sort à quelqu'un** to put a spell on someone.

sorte *f* sort, kind: **une sorte de** a sort of, a kind of; **toutes sortes de** all sorts *ou* kinds of.

sortie *f (porte)* exit, way out; **à la sortie de l'école** when the children come out of school.

sortir 1 to go out, to leave; *(venir)* to come out: **il est sorti faire des courses** he's gone out shopping; **sortir de son lit** to get out of bed.
2 *(pour danser, pour s'amuser)* to go out: **sortir avec quelqu'un** to go out with someone.
3 *(film, modèle)* to come out: **son livre n'est pas encore sorti** his book hasn't come out yet.
4 to take out: **je l'ai sorti de ma poche** I took it out of my pocket.

This verb is conjugated with **être** in meanings **1, 2** and **3** (eg 'il est sorti'), and with **avoir** in meaning **4** (eg 'il a sorti').

souci *m* worry; **se faire du souci** to

worry.

soucoupe *f* **1** saucer. **2 soucoupe volante** flying saucer.

soudain *m*, **-aine** *f (douleur, panne)* sudden.

soudain suddenly.

souffle *m (haleine)* breath.

souffler *(personne, vent)* to blow: **soufflez fort!** blow hard!; **le vent souffle fort** there's a strong wind; **souffler une bougie** to blow out a candle.

souffrir to be in pain, to suffer; **souffrir des yeux** to have trouble with one's eyes; **ma jambe me fait souffrir** my leg is hurting me.

To conjugate this verb turn to p 177.

souhaiter 1 to wish: **souhaiter quelque chose à quelqu'un** to wish someone something.
2 *(espérer)* **souhaiter quelque chose** to hope for something; **souhaiter faire quelque chose** to hope to do something.
3 *(désirer)* **souhaiter quelque chose** to wish for something; **souhaiter faire quelque chose** to wish to do something.

soulever to lift, to lift up *(a box, a weight)*.

soulier *m* shoe.

souligner to underline *(a word)*.

soupçon *m* suspicion.

soupçonner to suspect (**de quelque chose** of something, **d'avoir fait** of doing).

soupe *f* soup.

soupir *m* sigh.

soupirer to sigh.

souple *(personne, corps)* supple.

source *f* spring: **eau de source** spring water.

sourcil *m* eyebrow.

sourd *m*, **sourde** *f* deaf.

sourire to smile (**à quelqu'un** at someone).

sourire *m* smile: **faire un sourire à quelqu'un** to give someone a smile.

To conjugate this verb turn to p 177.

souris *f* mouse (*au pluriel* mice).

sous under: **sous un arbre** under a tree; **sous l'eau/la terre** underwater/underground.

sous-marin *m* submarine.

sous-sol *m* basement.

sous-vêtements *m plural* underwear.

soutenir to support *(a person, a roof)*.

To conjugate this verb turn to p 177.

souterrain: un passage souterrain a subway, *(en américain)* an underpass.

soutien-gorge *m* (**soutiens-gorge** *plural*) bra.

souvenir *m* **1** memory: **j'ai gardé un bon souvenir de...** I have pleasant memories of.... **2** *(objet, cadeau)* souvenir (**de** of).

souvenir (se) to remember (**que** that): **se souvenir de quelque chose/de quelqu'un** to remember something/someone; **se souvenir d'avoir fait quelque chose** to remember doing something.

To conjugate this verb turn to p 177.

souvent often.

soyez, soyons ▸ *voir* **être**.

spaghetti (*ou* **spaghettis**) *m plural* spaghetti.

spécial *m*, **-e** *f* (**-aux** *m plural*) special.

spécialement *(exprès)* specially.

spectacle *m* **1** *(vue)* sight. **2** *(représentation)* show.

spectacteurs *m plural (public)* audience.

sport *m* sport: **faire du sport** to play sport, *(en américain)* to play sports; **une voiture de sport** a sports car.

sportif *m*, **-ive** *f* **1** *(personne)* sporty. **2 club sportif** sports club.

sportif *m* sportsman (*au pluriel* -men).

sportive *f* sportswoman (*au pluriel* -women).

squelette *m* skeleton.

stade *m* stadium.

station *f (de métro)* station.

stationnement *m* parking.

stationner to park.

station-service *f* (**stations-service** *plural*) petrol station, *(en américain)* gas station.

statue *f* statue.

steak *m* steak.

stéréo: une chaîne stéréo a stereo.

The word **stéréo** does not change in the plural. Do not add 's'.

store *m (de fenêtre)* blind, *(en américain)* window shade.

strict *m*, **-e** *f (parents, règles)* strict.

stupide stupid.

stylo *m* pen: **stylo à bille, stylo bille** ballpoint pen; **stylo à plume, stylo plume** fountain pen.

The words **bille** and **plume** do not change in the plural. Do not add 's'.

su *m*, **sue** *f* ▸ *voir* **savoir**.

succès *m* success; **avoir du succès** to be successful.

sucer to suck.

sucette *f (bonbon)* lollipop.

sucre *m* sugar: **du sucre** sugar, some sugar; **deux sucres** two sugars.

sucré *m*, **-ée** *f (thé, goût)* sweet; *(jus de fruits, lait)* sweetened.

sud *m* south: **au sud du village** south of the village; **dans le sud de la France** in the south of France; **la côte sud** the south coast.

sud-africain *m*, **-aine** *f (ville, étudiant)* South African.

sud-américain *m*, **-aine** *f (ville, étudiant)* South American.

sud-est *m* south-east.

sud-ouest *m* south-west.

Suède *f* Sweden: **en Suède** to *ou* in Sweden.

suédois *m*, **-oise** *f (ville, étudiant)* Swedish.

suédois *m (la langue)* Swedish.

Suédois *m*, **-oise** *f* Swede: **c'est une Suédoise** she's a Swede.

sueur *f* sweat: **être en sueur** to be sweating.

suffire to be enough (**à** for): **ça suffit** that's enough; **ça ne me suffit pas pour vivre** that's not enough for me to live on.

To conjugate this verb turn to p 177.

suffisant *m*, **-ante** *f (en quantité)* **être suffisant** to be enough.

suggérer to suggest (**à** to): **suggérer à quelqu'un de faire quelque chose** to suggest someone should do something.

suis is: **je suis ton ami** I'm your friend. ▸ *voir* **être**.

suisse *(ville, étudiant)* Swiss.

Suisse *m* Swiss man; **c'est un Suisse** he's Swiss; **les Suisses** the Swiss.

Suisse *f* **1** Switzerland: **aller en Suisse** to go to Switzerland; **vivre en Suisse** to live in Switzerland.
2 *(femme)* Swiss woman; **c'est une Suisse** she's Swiss.

suite *f* **1** *(reste)* **la suite** the rest (**de** of).
2 *(de feuilleton)* next instalment; *(de film)* sequel.
3 cinq heures/jours de suite five hours/days in a row.
4 par la suite afterwards.

suivant *m*, **-ante** *f*[1] next, following: **le train suivant** the next *ou* following train; **les six mois suivants** the next *ou* following six months.

suivant *m*, **-ante** *f*[2] **le suivant, la suivante** the next one; **au suivant!** next!

suivre to follow: **j'ai suivi cette rue** I followed this road; **l'exemple qui suit** the example that follows; **suivre un cours** to take *ou* to do *ou* to follow a course; **cet élève n'arrive pas à**

suivre that pupil can't keep up.

To conjugate this verb turn to p 177.

sujet *m* **1** *(de conversation, de livre)* subject; **sujet d'examen** exam question. **2 au sujet de** about; **c'est à quel sujet?** what's it about?

supérieur *m*, **-e** *f* **1** *(partie, lèvre)* upper; **l'étage supérieur** the floor above.
2 *(qualité, personne)* superior (**à** to).
3 *(enseignement)* higher; *(cours)* advanced; **elle fait des études supérieures** she goes to college.

supermarché *m* supermarket.

supplément *m (argent)* extra charge; **le vin est en supplément** wine is extra; **un supplément de travail** extra work.

supplémentaire *(train, travail)* extra.

supporter *(accepter)* to bear, to stand *(a pain, the heat)*: **je ne peux pas le supporter!** I can't stand *ou* bear him!

supposer to suppose, to assume (**que** that).

supprimer 1 to get rid of; *(sur ordinateur)* to delete *(a word)*. **2** to cancel *(a train, a concert)*.

sur 1 on: **sur le toit** on the roof.
2 *(au sujet de)* on, about: **un livre sur** a book on *ou* about.
3 *(parmi)* out of: **sept sur dix** *(note)* seven out of ten; **trois professeurs sur dix** three teachers in ten *ou* out of ten; **un jour sur deux** every other day.

sûr *m*, **sûre** *f* **1** sure, certain (**de** of, **que** that): **je suis sûr qu'il viendra** I'm sure *ou* certain he'll come.
2 *(garanti)* certain: **c'est sûr** that's for certain, that's quite certain.
3 *(lieu)* safe.
4 *(digne de confiance)* reliable.

sûrement certainly.

surface *f* surface.

surgelé *m*, **-ée** *f (viande, légumes)* frozen; **les surgelés** frozen foods.

surnom *m* nickname.

surprendre 1 *(étonner)* to surprise: **je suis surpris de te voir** I'm surprised to see you.
2 surprendre quelqu'un en train de faire quelque chose to catch someone doing something.

To conjugate this verb turn to p 177.

surprise *f* surprise: **faire une surprise à quelqu'un** to give someone a surprise.

surtout 1 *(en particulier)* especially: **j'aime surtout le chocolat** I especially like chocolate; **surtout que** especially since.
2 *(avant tout)* above all: **surtout, téléphonez-moi!** above all, phone me!

surveiller to watch, to keep an eye on *(a child, luggage)*; **les enfants sont toujours surveillés** the children are always supervised.

survêtement *m* tracksuit.

suspendre *(accrocher)* to hang (**à** on); **être suspendu** to be hanging (**au plafond** from the ceiling).

syllabe *f* syllable.

sympa = **sympathique.**

Take care: **sympa** is familiar. This word does not change in the feminine or in the plural. Do not add 'e' or 's'.

sympathie *f*: **avoir de la sympathie pour quelqu'un** to be fond of someone.

sympathique nice: **elle est très sympathique** she's very nice.

synagogue *f* synagogue.

Syrie *f* Syria: **en Syrie** to *ou* in Syria.

Tt

ta ▸ *voir* **ton**.

tabac *m* **1** tobacco. **2** smoking: **le tabac peut provoquer le cancer** smoking can cause cancer.

table *f* table: **se mettre à table** to sit down at the table, to sit down to eat; **être à table** to be sitting at the table; **à table!** food's ready!

tableau *m* (**-eaux** *plural*) **1** *(image)* picture, painting.
2 tableau *ou* **tableau noir** blackboard, board; **au tableau** on the blackboard, on the board.
3 tableau d'affichage notice board, *(en américain)* bulletin board.

tablier *m* apron.

tabouret *m* stool.

tache *f* stain: **tache d'encre** ink stain.

taché *m*, **-ée** *f (vêtement)* stained.

tâcher: tâcher de faire quelque chose to try to do something.

taille *f* **1** *(milieu du corps)* waist. **2** *(hauteur d'une personne)* height. **3** *(dimension)* size: **quelle taille faites-vous?** what size are you?

taille-crayon *m* pencil sharpener.

tailler to sharpen *(a pencil)*.

tailleur *m (personne)* tailor.

taire (se) *(ne rien dire)* to keep quiet; *(s'arrêter de parler)* to stop talking: **tais-toi!** be quiet!, keep quiet!

To conjugate this verb turn to p 177.

talon *m* heel.

tambour *m* drum.

tandis que *(alors que)* while.

tant 1 *(travailler, souffrir)* so much (**que** that).
2 *(quantité)* **tant de** so much (**que** that); **tu fais tant de bruit que je ne peux pas dormir** you're making so much noise I can't sleep.
3 *(nombre)* **tant de** so many (**que** that); **il a tant de pommes qu'il ne peut pas les manger toutes** he has so many apples he can't eat them all.
4 tant que *(aussi longtemps que)* as long as; *(autant que)* as much as; **je resterai tant qu'il ne m'aura pas donné sa réponse** I'll stay until he's given me his reply.
5 tant mieux! so much the better!; **tant pis!** too bad!

tante *f* aunt.

tantôt sometimes: **tantôt elle est à Paris, tantôt à Londres** sometimes she's in Paris and sometimes in London.

taper 1 *(frapper)* to hit *(a child)*; **taper sur quelque chose** to bang on something.
2 taper du pied to stamp one's foot; **taper des mains** to clap one's hands.
3 taper à la machine to type; **taper une lettre** to type a letter.

tapis *m* carpet.

taquiner: taquiner quelqu'un to tease someone.

tard late: **il est tard** it's late; **il se fait tard** it's getting late; **plus tard** later, later on; **au plus tard** at the latest.

tarif *m* **1** *(tableau)* price list. **2** *(prix)* fare: **plein tarif** full fare; **tarif réduit** cheap *ou* reduced fare.

tarte *f* pie, tart.

tartine *f* slice of bread: **une tartine de confiture** a slice of bread and jam.

tas *m* **1** pile, heap. **2 un tas de** *(beaucoup)* lots of.

Take care: the last meaning is familiar.

tasse *f* cup.

taureau *m* (**-eaux** *plural*) bull.

taxi *m* taxi: **en taxi** by taxi.

tchèque *(ville, mot)* Czech: **la République tchèque** the Czech Republic.

tchèque *m (la langue)* Czech.

Tchèque *m ou f* Czech: **c'est une Tchèque** she's a Czech.

te (**t'** *before a vowel or silent h*) **1** you: **ils te connaissent** they know you; **je t'ai vu** I saw you.
2 you, to you: **je t'ai donné un conseil** I gave you some advice, I gave some advice to you; **elle t'a dit que** she told you that.
3 yourself: **tu t'amusais** you were enjoying yourself.
4 *(= your avec les parties du corps)* **tu te laves les mains** you're washing your hands.
5 *(à ne pas traduire en anglais)* **tu te bats** you fight; **tu t'en souviens** you remember.

teint *m (du visage)* complexion.

tel *m*, **telle** *f* **1** such: **un tel intérêt** such interest; **une telle situation** such a situation; **de tels mots** such words; **tel que** such as.
2 tel quel *m*, **telle quelle** *f* just as it is; **j'ai retrouvé ma voiture telle quelle** I found my car just as it was.

télé *f* TV: **à la télé** on TV.

télécarte® *f* phonecard.

télécopie *f* fax: **par télécopie** by fax.

téléphone *m* phone, telephone: **être au téléphone** to be on the phone; **répondre au téléphone** to answer the phone; **coup de téléphone** phone call; **passer un coup de téléphone à quelqu'un** to give someone a call *ou* a ring.

téléphoner to phone; **téléphoner à quelqu'un** to phone someone.

téléscope *m* telescope.

téléviseur *m* TV set.

télévision *f* television: **à la télévision** on television; **la télévision par câble** cable television.

telle ▸ *voir* **tel**.

tellement 1 *(si)* so: **il est tellement grand** he's so big (**que** that).
2 *(tant)* so much: **il a tellement plu** it's rained so much (**que** that); **tellement de travail/d'argent** so much work/money; **tellement de soucis/de gens** so many worries/people; **pas tellement!** not much!

témoin *m* witness.

température *f (de l'eau, d'une personne)* temperature: **avoir** *ou* **faire de la température** to have a temperature.

tempête *f* storm.

temple *m* temple.

temps *m* **1** time: **je n'ai pas le temps** I don't have the time; **il est temps de rentrer** it's time to go home; **arriver à temps** to arrive in time (**pour** for); **de temps en temps** from time to time; **ces derniers temps** lately.
2 *(climat)* weather: **quel temps fait-il?** what's the weather like?

tendre [1] **1** to stretch *(a rope, a net)*.
2 tendre le bras *(pour prendre)* to reach out; **tendre les bras** *(pour accueillir)* to hold out *ou* to stretch out one's arms; **tendre la main** *(pour mendier, serrer la main)* to hold out one's hand (**à quelqu'un** to someone); **tendre quelque chose à quelqu'un** to hold out something to someone.

tendre [2] **1** *(bois, pain)* soft; *(viande, légumes)* tender. **2** *(personne)* loving (**avec** towards).

tendresse *f* love, affection.

tendu *m*, **-ue** *f (corde)* tight.

tenir 1 to hold: **je tiens mon livre à la main** I'm holding my book in my hand; **tenez!** *(prenez)* here you are!
2 to keep: **tenir un journal/une promesse** to keep a diary/a promise; **tenir la droite** to keep to the right.
3 tenir à *(aimer beaucoup)* to be fond of, to be attached to *(a person, a toy)*; **tenir** *ou* **tenir beaucoup à faire quelque chose** to be anxious to do something.
4 tiens! *(surprise)* well!, hey!

To conjugate this verb turn to p 177.

tenir (se) 1 to stand: **se tenir debout** to be standing *ou* standing up; **se tenir droit** to stand up straight; *(personne assise)* to sit up straight.
2 *(avoir lieu)* to take place.
3 se tenir bien to behave oneself.
4 ils se tenaient par la main they were holding hands.

tennis *m* tennis: **jouer au tennis** to play tennis.

tennis *m ou f (chaussure)* plimsoll, *(en américain)* sneaker.

tentative *f* attempt.

tente *f* tent.

tenter 1 *(faire envie à)* to tempt: **être tenté de faire quelque chose** to be tempted to do something; **être tenté par quelque chose** to be tempted by something.
2 tenter de faire quelque chose to attempt to do something.

tenu *m*, **-ue** *f* ▸ *voir* **tenir**.

terminale *f*: **être en terminale** *(au lycée)* to be in the upper sixth form, *(en américain)* to be in twelfth grade.

terminer to finish *(a meal, one's work)*: **j'ai terminé** I've finished. **2 se terminer** to end; **la soirée s'est terminée par une discussion** the evening ended with a talk.

terrain *m* **1** land: **un terrain** some land, a piece of land.
2 *(de football)* pitch, ground, field.
3 terrain de camping campsite; **terrain de jeux** *(pour enfants)* playground; **terrain de sport** sports ground, *(en américain)* athletic field.

terrasse *f* **1** *(de maison)* terrace. **2** *(de café)* **nous étions assis à la terrasse** we were sitting outside.

terre *f* **1** *(matière)* earth; *(étendue)* land.
2 la Terre the Earth.
3 par terre on the ground, on the floor; **s'asseoir par terre** to sit on the ground *ou* on the floor; **tomber par terre** to fall down.

terrible 1 terrible, awful. **2 pas terrible** nothing special, not terribly good.

Take care: the last meaning is familiar.

territoire *m* territory.

tes ▸ *voir* **ton**.

test *m* test.

tête *f* head: **j'avais un chapeau sur la tête** I had a hat on my head; **à la tête du gouvernement** at the head of the government; **être en tête** to be in the lead *(in a race)*.

tétine *f (sucette)* dummy, *(en américain)* pacifier.

texte *m* text.

Thaïlande *f* Thailand.

thé *m* tea.

théâtre *m* theatre, *(en américain)* theater; **faire du théâtre** to act.

théière *f* teapot.

thermomètre *m* thermometer.

thon *m* tuna fish, tuna.

tibia *m* shin.

ticket *m* **1** ticket. **2 ticket de caisse** till receipt, *(en américain)* sales slip.

tiède *(eau, vent)* warm; *(boisson)* lukewarm.

tien *m*, **tienne** *f*: **le tien, la tienne, les tiens, les tiennes** yours; **c'est le tien** it's yours; **ce sont les tiens** they're yours.

tiens, tient ▸ *voir* **tenir**.

tiers *m (fraction)* third.

tige *f (de plante)* stem, stalk.

tigre *m* tiger.

timbre *m (pour lettre)* stamp.

timide shy.

tirer 1 to pull: **tirer quelque chose de** to pull something out of; **tirer sur quelque chose** to pull on something.
2 to draw: **tirer les rideaux/un trait** to draw the curtains/a line.
3 to fire: **tirer un coup de feu** to fire a gun; **tirer sur quelqu'un** to fire *ou* to shoot at someone.

tiroir *m* drawer.

tissu *m* material, cloth.

titre *m (de livre, film)* title.

toboggan *m* **1** *(pour enfants)* slide. **2** *(pour voitures)* flyover, *(en américain)* overpass.

toi 1 you: **c'est pour toi** it's for you; **c'est toi** it's you; **toi, tu pleures toujours** as for you, you always cry.
2 *(réfléchi)* **assieds-toi** sit down; **dépêche-toi** hurry up.

toile *f* **1** *(de coton)* cotton: **des vêtements de toile** cotton clothes. **2** *(de tente)* canvas: **un sac de toile** a canvas bag. **3 toile d'araignée** spider's web.

toilette *f*: **faire sa toilette** to wash, to get washed.

toilettes *f plural*: **les toilettes** the toilet, *(en américain)* the men's *ou* ladies' room.

toi-même yourself.

toit *m* roof.

tomate *f* tomato.

tombe *f* grave.

tomber to fall: **tomber malade** to fall ill; **tomber par terre** to fall down; **faire tomber quelqu'un/quelque chose** to knock someone/something over; **laisser tomber quelque chose** to drop something; **laisser tomber quelqu'un** *(abandonner)* to drop *ou* to dump someone; **tomber sur quelqu'un** to come across someone.

This verb is conjugated with **être,** eg 'je suis tombé' = 'I *have* fallen'.

ton *m*, **ta** *f*, **tes** *plural* (**ta** *becomes* **ton** *before a vowel or silent h*) your: **ton père** your father; **ta mère** your mother; **ton ami, ton amie** your friend; **tes livres** your books.

ton *m* tone of voice: **d'un ton aimable** in a friendly tone of voice.

tondeuse *f* lawnmower.

tondre: tondre la pelouse to mow the lawn.

tonne *f* tonne, metric ton.

tonnerre *m* thunder: **un coup de tonnerre** a burst *ou* a clap of thunder.

torchon *m (à vaisselle)* tea towel, *(en américain)* dish towel.

tordre to twist: **se tordre la cheville** to twist one's ankle.

torrent *m* mountain stream.

tort *m*: **avoir tort** to be wrong (**de faire** to do).

tortue *f* **1** tortoise, *(en américain)* turtle. **2** *(de mer)* turtle.

tôt early: **il est tôt** it's early; **au plus tôt** at the earliest; **tôt ou tard** sooner or later; **le plus tôt possible** *(bientôt)* as soon as possible.

total *m*, **-e** *f* (**-aux** *m plural*) total: **le prix total** the total price.

total *m* total; **au total** altogether, all in all.

totalement completely.

touche *f (de clavier)* key; *(de teléphone, vidéo)* button.

toucher 1 to touch: **ne me touche pas!** don't touch me!
2 *(balle, flèche)* to hit *(a person, a target)*.
3 *(recevoir)* to get *(money)*.
4 *(émouvoir)* to move, to touch.
5 toucher à quelque chose to touch something.

toujours 1 always; **pour toujours** forever. **2** *(encore)* still: **elle n'est toujours pas rentrée** she's still not back.

tour *f* tower; *(immeuble)* tower block, high-rise.

tour *m* **1** turn: **c'est mon tour** it's my turn; **c'est à qui le tour?** whose turn is it?
2 faire un tour to go for a walk; *(en voiture)* to go for a drive; **faire le tour de** to go round *(the world, the garden)*.
3 *(farce)* trick: **jouer un tour à quelqu'un** to play a trick on someone.

touriste *m ou f* tourist.

tournant *m (de route)* bend.

tourner 1 to turn: **tourne la page** turn the page; **tourne à gauche** turn left; **tourner autour de quelque chose** to go round something; **se tourner vers quelqu'un/quelque chose** to turn towards someone/ something.
2 *(lait, sauce)* to go off.

tournevis *m* screwdriver.

tous *m plural*, **toutes** *f plural* all: **ils sont tous là** they're all there; **nous tous** all of us.

tousser to cough.

tout *m*, **toute** *f*, **tous** *m plural*, **toutes** *f plural* **1** all: **tout le temps/le village** all the time/the village; **toute la nuit/la journée** all night/day; **tous les livres** all the books; **toutes les femmes** all the women; **tous les deux** both; **nous sommes fatigués tous les deux** we're both tired, both of us are tired; **tous les trois** all three, all three of them (of us *etc*).
2 *(chaque)* every: **tous les ans** every year; **tous les six mois** every six months.

tout *m* **1** everything: **elle a tout mangé** she ate everything, she ate it all; **c'est tout ce que j'ai** it's everything I have, it's all I have; **c'est tout** that's all; **en tout** in all.
2 le tout everything, the lot.
3 pas du tout not at all; **rien du tout** nothing at all; **il n'a rien mangé du tout** he hasn't eaten anything at all, he's eaten nothing at all.

tout 1 *(tout à fait)* quite; very; completely: **tout simplement** quite simply; **tout petit** very small; **des poissons tout blancs** completely white fish; **tout autour** all around.
2 tout à coup suddenly; **tout à fait** completely; **tout de même** all the same; **tout de suite** straight away.
3 tout en while; **tout en chantant** while singing.

toutefois however.

toux *f* cough.

trace *f* **1** trace: **des traces de boue** traces of mud; **sans laisser de traces** without a trace.
2 mark: **des traces de doigts/pneus** finger/tyre marks; **des traces de pas** footprints.
3 *(d'un animal)* **les traces** the tracks; **suivre les traces de** to follow the tracks of.

tracer to draw *(a circle, a line)*.

tracteur *m* tractor.

traduction *f* translation.

traduire to translate (**de** from, **en** into).

To conjugate this verb turn to p 177.

train *m* **1** train: **en train, par le train** by train.
2 être en train de faire quelque chose to be doing something; **j'étais en train de travailler** I was working, I was busy working.

traîner 1 *(jouets, papiers)* to lie around: **laisser traîner quelque chose** to leave something lying around.
2 *(perdre son temps)* to hang around.
3 *(tirer)* to drag *(a chair, a box)*; to pull *(a caravan, (en américain) a trailer)*.

trait *m* **1** line: **tracer** *ou* **tirer un trait** to draw a line. **2 trait d'union** hyphen.

traitement *m* treatment.

traiter 1 to treat: **être bien/mal traité** to be well/badly treated. **2** to call: **traiter quelqu'un de lâche** to call someone a coward.

trajet *m* **1** *(voyage)* trip. **2** *(itinéraire)* route.

tranche *f* slice.

tranquille 1 quiet. **2 laisser quelqu'un/quelque chose tranquille** to leave someone/something alone. **3 sois tranquille!** don't worry!

transformer 1 to change. **2 transformer quelque chose en** to turn something into; **le théâtre a été**

transformé en bibliothèque the theatre has been turned into a library.

transparent *m*, **-ente** *f* clear, transparent.

transpirer to sweat.

transport *m* transport (**de** of): **moyen de transport** means of transport; **les transports en commun** public transport.

transporter to carry, to transport *(goods)*.

travail *m* (**-aux** *plural*) work; *(emploi)* job; *(travail à effectuer)* task: **je me mets au travail** I'm starting work; **il va au travail** he's going to work; **elle est au travail** she's at work.

travailler to work.

travailleur *m*, **-euse** *f*[1] *(élève)* hard-working.

travailleur *m*, **-euse** *f*[2] worker.

travers 1 à travers through; **à travers le rideau/la forêt** through the curtain/the forest; **je ne vois rien à travers** I can't see anything through it.

2 de travers crooked; **ton chapeau est de travers** your hat is crooked; **tu l'as mis de travers** you put it on crooked.

3 en travers de across (*the road, path*).

traversée *f* crossing: **j'ai fait une bonne traversée** I had a good crossing.

traverser to cross *(a river, a town)*; to go through *(a wall, a crowd)*; **traverser la rue en courant** to run across the street; **aidez-moi à traverser** help me across, help me to cross.

treize thirteen.

Pour des exemples d'emploi, voir **dix**.

tremblement de terre *m* earthquake.

trembler to shake, to tremble (**de** with); **trembler de froid** to shiver, to shake with cold.

tremper 1 *(mouiller)* to soak: **je suis trempé** I'm soaked *ou* soaking. **2** *(plonger)* to dip *(one's hand, a cookie)* (**dans** in).

trentaine *f*: **une trentaine** about thirty; **une trentaine de personnes** about thirty people.

trente thirty: **trente et un** thirty-one; **trente-deux** thirty-two.

Pour des exemples d'emploi, voir **dix**.

trentième thirtieth.

Pour des exemples d'emploi, voir **dixième**.

très very.

trésor *m* treasure.

triangle *m* triangle.

tribunal *m* (**-aux** *plural*) court.

tricher to cheat.

tricot *m* **1** knitting: **faire du tricot** to knit, to do knitting. **2** *(pull)* sweater.

tricoter to knit: **je lui ai tricoté un pull** I knitted him a sweater.

trimestre *m* *(scolaire)* term.

triste sad.

tristesse *f* sadness.

trois three.

Pour des exemples d'emploi, voir **dix**.

troisième 1 third. **2 être en troisième** *(au collège)* to be in the fourth form, *(en américain)* to be in eighth grade.

Pour des exemples d'emploi, voir **dixième**.

trompe *f* *(d'éléphant)* trunk.

tromper 1 to mislead, to deceive (**sur** about).

2 se tromper to make a mistake; **se tromper de route/de train** to take the wrong road/train; **se tromper de numéro** (*au téléphone*) to get the wrong number; **se tromper de date** to get the date wrong.

trompette *f* trumpet.

tronc *m* trunk: **tronc d'arbre** tree trunk.

trop 1 too: **je suis trop fatigué pour**

jouer I'm too tired to play.
2 too much: **il boit trop** he drinks too much.
3 *(quantité)* **trop de** too much; **trop de sel** too much salt; **un franc de trop** one franc too much.
4 *(nombre)* **trop de** too many; **trop de gens** too many people; **trois verres de trop** three glasses too many.

trotter to trot.

trottinette *f (child's)* scooter.

trottoir *m* pavement, *(en américain)* sidewalk.

trou *m* hole.

troupe *f (groupe d'enfants, de personnes)* group.

troupeau *m* (**-eaux** *plural*) *(de vaches)* herd; *(de moutons)* flock.

trousse *f (d'écolier)* pencil case.

trouver 1 to find: **je ne trouve pas mes clés** I can't find my keys.
2 *(penser)* to think: **je trouve qu'elle est jolie** I think that she's pretty; **tu trouves?** do you think so?
3 se trouver to be; **ils se trouvent à Madrid** they're in Madrid.
4 se trouver mal to faint.

truc *m* **1** *(chose)* thing. **2** *(moyen)* trick: **un truc pour enlever les taches** a trick *ou* a clever way of getting rid of stains.

Take care: this word is familiar.

tu you *(used in talking to people you know)*: **tu es fatigué?** are you tired?

tu *m*, **tue** *f* ▸ *voir* **taire**.

tube *m* tube.

tuer to kill; **se tuer, se faire tuer** *(dans un accident)* to get killed.

tuile *f* tile: **un toit en tuiles** a tiled roof.

tulipe *f* tulip.

Tunisie *f* Tunisia: **en Tunisie** to *ou* in Tunisia.

tunnel *m* tunnel: **le tunnel sous la Manche** the Channel Tunnel.

turc *m*, **turque** *f (ville, mot)* Turkish.

turc *m (la langue)* Turkish.

Turc *m*, **Turque** *f* Turk: **c'est une Turque** she's a Turk.

Turquie *f* Turkey: **en Turquie** to *ou* in Turkey.

tuyau *m* (**-aux** *plural*) **1** *(d'eau, de gaz)* pipe. **2** *(d'incendie)* hose: **tuyau d'arrosage** garden hose.

type *m* **1** *(genre)* type. **2** *(homme)* guy.

Take care: the last meaning is familiar.

Uu

un *m*, **une** *f* [1] **1** a, *(devant une voyelle ou un h muet)* an: **un livre** a book; **un ange** an angel; **une page** a page. **2** one: **un kilo** one kilo; **la page un** page one; **prenez-en un grand** *ou* **une grande** take a big one.

un *m*, **une** *f* [2] one: **l'un d'eux, l'une d'elles** one of them; **l'un des meilleurs, l'une des meilleures** one of the best; **j'en ai un, j'en ai une** I have one.

un *m (chiffre)* one: **un et un font deux** one and one are two.

uniforme *m* uniform.

unique 1 *(ami, espoir, enfant)* only: **être fils unique, être fille unique** to be an only child. **2** *(exceptionnel)* unique.

uniquement only.

unir 1 to unite *(countries, people)*; **s'unir** to unite. **2 il faut unir nos forces** we must join forces.

unité *f (de mesure, élément)* unit.

univers *m* universe.

université *f* university: **aller à l'université** to go to university, *(en américain)* to go to college.

urgent *m*, **-ente** *f* urgent.

usage *m* use (**de** of).

usé *m*, **-ée** *f (vêtement)* worn: **une chemise un peu usée** a slightly worn shirt; **tes chaussures sont trop usées** your shoes are worn out.

usine *f* factory.

utile useful (**à** to): **se rendre utile** to make oneself useful; **il est utile d'apprendre l'anglais** it's useful to learn English.

utiliser to use.

utilité *f* use, usefulness; **être d'une grande utilité** to be very useful.

Vv

va ▸ *voir* **aller**.

vacances *f plural* holiday, holidays, *(en américain)* vacation: **je suis en vacances** I'm on holiday *ou* on vacation; **aller** *ou* **partir en vacances** to go on holiday *ou* on vacation; **les grandes vacances** the summer holidays *ou* vacation.

vache *f* cow.

vache *(méchant)* nasty.

Take care: this word is familiar.

vague *f (sur la mer)* wave.

vaincre to defeat, to beat *(an enemy)*.

To conjugate this verb turn to p 177.

vaincu *m*, **-ue** *f (sportif)* loser.

vainqueur *m (sportif)* winner.

vais ▸ *voir* **aller**.

vaisseau spatial *m* (**vaisseaux spatiaux** *plural*) spaceship.

vaisselle *f* **1 faire la vaisselle** to do the washing-up, to wash the dishes. **2** *(plats)* dishes.

valable *(billet)* valid.

valeur *f* value;**avoir de la valeur** to be valuable; **sans valeur** of no value.

valise *f* case, suitcase: **faire/défaire ses valises** to pack/to unpack, to pack/to unpack one's cases.

vallée *f* valley.

valoir 1 to be worth: **ça vaut cher** it's worth a lot of money; **ça ne vaut rien** *(film, produit)* it's no good.
2 ça vaut le coup d'y aller it's worth going; **ça vaut le coup** it's worth it.
3 valoir mieux to be better; **il vaut mieux rester** it is better *ou* it would be better to stay.

Take care: meaning **2** is familiar. To conjugate this verb turn to p 177.

vanter (se) to boast (**de** about).

vapeur *f (d'eau)* steam.

varicelle *f* chickenpox: **avoir la varicelle** to have chickenpox.

varié *m*, **-ée** *f (programme, travail)* varied.

variété *f* variety.

vas ▸ *voir* **aller**.

vase *m* vase.

vaste huge, vast.

vaut ▸ *voir* **valoir**.

veau *m* (**veaux** *plural*) **1** *(animal)* calf (*au pluriel* calves). **2** *(viande)* veal.

vécu *m*, **-ue** *f* ▸ *voir* **vivre**.

vedette *f (de cinéma)* star.

véhicule *m* vehicle.

veille *f*: **la veille** the day before; **la veille de l'examen** the day before the exam; **la veille de Noël** Christmas Eve.

veine *f* vein.

vélo *m* bike, bicycle: **à** *ou* **en vélo** by bike, by bicycle; **faire du vélo** to go cycling.

vélomoteur *m* moped.

velours *m* velvet: **une veste en velours** a velvet jacket.

vendeur *m*, **-euse** *f* shop assistant, *(en américain)* salesclerk.

vendre 1 to sell: **vendre quelque chose à quelqu'un** to sell someone something, to sell something to someone; **à vendre** for sale; **'maison à vendre'** 'house for sale'.
2 se vendre to sell: **ça se vend bien** it sells well.

vendredi *m* Friday: **nous sommes vendredi** it's Friday; **elles sont venues vendredi** they came on Friday; **il travaille le vendredi** he works on Fridays.

vénéneux *m*, **-euse** *f (champignon)* poisonous.

venger (se) to get one's revenge (**de quelqu'un** on someone).

venimeux *m*, **-euse** *f (serpent)* poisonous.

venir 1 to come: **venez me voir** come and see me; **elle est venue me voir** she came to see me; **ils viennent de Montréal** they come from Montreal; **faire venir quelqu'un** to send for someone.
2 venir de faire to have just done; **il vient de/venait de partir** he has/had just left.

This verb is conjugated with **être,** eg 'je suis venu' = 'I *have* come'. To conjugate turn to p 177.

vent *m* wind; **il y a du vent** it's windy.

vente *f* sale: **être en vente** to be on sale (**chez** at).

ventilateur *m (électrique)* fan.

ventre *m* stomach: **avoir mal au ventre** to have a stomachache.

ver *m* worm.

verbe *m (en grammaire)* verb.

verger *m* orchard.

verglas *m* ice *(on road)*.

vérifier to check *(a vehicle, a signature)*: **je vais vérifier** I'm going to check (**si** if).

véritable 1 real: **une véritable catastrophe** a real disaster. **2** *(non imité)* real: **une ceinture en cuir véritable** a real leather belt.

vérité *f* truth.

verra, verrai, verrait *etc* ▸ *voir* **voir**.

verre *m* **1** glass: **verre d'eau** glass of water; **verre à vin** wineglass; **c'est du verre** it's glass; **une bouteille en verre** a glass bottle.
2 boire *ou* **prendre un verre** to have a drink.
3 *(de lunettes)* lens.

verrou *m* bolt: **être fermé au verrou** to be bolted.

vers 1 towards, *(en américain)* toward: **il est venu vers nous** he came towards us. **2** about: **vers trois heures** about three o'clock, at about three o'clock.

vers *m* line *(of poem)*.

verse (à): il pleut à verse it's pouring with rain.

verser to pour *(water, wine)*.

vert *m*, **verte** *f* green: **un pull vert** a green sweater.

vert *m (la couleur)* green: **j'aime le vert** I like green

veste *f* jacket.

vestiaire *m (de piscine, stade)* changing room, *(en américain)* locker room; *(de théâtre)* cloakroom.

vêtements *m plural* clothes.

vétérinaire *m ou f* vet.

veuf *m* widower: **il est veuf** he's a widower.

veuve *f* widow: **elle est veuve** she's a widow.

veuille, veuillent, veuilles ▸ *voir* **vouloir**.

veulent, veut, veux ▸ *voir* **vouloir**.

viande *f* meat.

victime *f* victim.

victoire *f* victory.

vide empty.

vidéo *(jeu, cassette, magasin)* video: **une caméra vidéo** a video camera.

Does not change in the feminine or in the plural. Do not add 'e' or 's'.

vidéo *f (film)* video: **regarder une vidéo** to watch a video.

vider to empty.

vie *f* life; **être en vie** to be alive; **gagner sa vie** to earn one's living.

vieil ▸ *voir* **vieux**.

vieillard *m* old man.

vieille *f* old woman: **c'est une vieille** she's an old woman; **ma vieille!** *(mon amie)* my dear!

Take care: the first expression can be insulting and the second is familiar.

vieillesse *f* old age.

vieillir to get old; *(changer)* to age.

viens, vient ▸ *voir* **venir**.

Viêt Nam *m* Vietnam: **au Viêt Nam** to *ou* in Vietnam.

vieux *m* (*or* **vieil** *before a vowel or silent h*), **vieille** *f* (**vieux** *m plural*, **vieilles** *f plural*) old: **vieille femme** old woman; **vieil homme** old man.

vieux *m* old man; **les vieux** old people; **mon vieux!** *(mon ami)* my old pal!

Take care: the first expression can be insulting and the second is familiar.

vif *m*, **vive** *f* **1** *(enfant)* lively. **2** *(esprit)* sharp. **3** *(couleur, lumière)* bright.

vilain *m*, **-aine** *f* **1** *(laid)* ugly. **2** *(enfant)* naughty.

village *m* village.

ville *f* town; *(grande)* city: **en ville** in town; **aller en ville** *ou* **à la ville** to go into town.

vin *m* wine.

vingt twenty: **vingt et un** twenty-one; **vingt-deux** twenty-two.

Pour des exemples d'emploi, voir **dix**.

vingtaine *f*: **une vingtaine** about twenty; **une vingtaine de personnes** about twenty people.

vingtième twentieth.

Pour des exemples d'emploi, voir **dixième**.

violent *m*, **-ente** *f* violent.

violet *m*, **-ette** *f* purple.

violon *m* violin: **jouer du violon** to play the violin.

virage *m (de route)* bend.

virgule *f* **1** comma. **2** *(de nombre)* decimal point: **2 virgule 5** 2 point 5.

virus *m* virus.

vis ▸ *voir* **vivre, voir**.

vis *f* screw.

visage *m* face.

viser *(avec une arme)* to aim; **viser quelqu'un/quelque chose** to aim at someone/something.

visible visible.

visite *f* visit; **rendre visite à quelqu'un** to visit someone; **tu as de la visite** you have visitors *ou* a visitor; **les heures de visite** visiting times.

visiter to visit.

visiteur *m*, **-euse** *f* visitor.

visser to screw on *(a lid, top of a jar)*.

vit ▸ *voir* **vivre, voir**.

vitamine *f* vitamin.

vite 1 quickly, fast: **elle mange trop vite** she eats too quickly *ou* too fast; **il conduit vite** he drives fast; **le temps passe vite** time passes quickly.
2 quick: **vite!** quick!; **faites vite!** be quick!
3 *(bientôt)* soon: **tu seras vite guéri** you'll soon be better.

vitesse *f* speed: **à toute vitesse** at top speed; **en vitesse** quickly.

vitre *f* window, window pane.

vitrine *f* shop *ou* store window.

vivant *m*, **-ante** *f* **1** *(doué de vie)* living: **des animaux vivants** living animals.

2 *(en vie)* alive: **il est encore vivant** he's still alive.
3 *(plein de vie)* lively: **un enfant vivant** a lively child.

vive ▸ *voir* **vif**.

vivre to live: **il n'a pas vécu longtemps** he didn't live long; **elles vivent au Québec** they live in Quebec; **elle vit encore** she's still alive.

To conjugate this verb turn to p 177.

vocabulaire *m* vocabulary.

vœu *m* (**vœux** *plural*) wish: **meilleurs vœux de bonne et heureuse année** best wishes for the New Year.

voici here is, this is, *(au pluriel)* here are, these are: **voici ma maison** here's my house, this is my house; **voici les résultats** here are *ou* these are the results; **voici mon fils** *(en le présentant)* this is my son; **me voici** here I am; **du sucre? - en voici** sugar? - here's some.

voie *f* **1** *(partie de route)* lane. **2** *(rails)* track.

voilà there is, that is, *(au pluriel)* there are, those are: **voilà sa maison** there's his house, that's his house; **voilà les enfants!** there are the children!; **voilà ma fille** *(en la présentant)* that's my daughter; **le voilà!** there he is!; **du pain? - en voilà** bread? - there's some.

voile *m* veil: **voile de mariée** bridal veil.

voile *f* *(de bateau)* sail; *(sport)* sailing: **faire de la voile** to sail, to go sailing.

voir 1 to see: **je ne vois rien** I can't see anything; **il faut aller voir le médecin** you have to go and see the doctor; **voyons!** *(pour encourager, reprocher)* come on!; *(pour examiner une question)* let's see!
2 faire voir quelque chose à quelqu'un to show someone something; **fais voir!** let me see!
3 se voir *(se rencontrer)* to see each other; **on se voit demain?** can we see each other tomorrow?
4 ça n'a rien à voir avec moi that has nothing to do with me.

To conjugate this verb turn to p 177.

voisin *m*, **-ine** *f* neighbour, *(en américain)* neighbor.

voiture *f* car: **en voiture** by car.

voix *f* voice: **des voix** voices; **à voix basse** in a whisper; **à voix haute** aloud.

vol *m* **1** *(d'avion, d'oiseau)* flight. **2** *(délit)* theft; **vol à main armée** armed robbery.

volaille *f* *(oiseaux)* **la volaille** poultry.

volant *m* *(de voiture)* steering wheel.

volcan *m* volcano.

voler 1 *(avion, oiseau)* to fly. **2** *(prendre)* to steal: **voler quelque chose à quelqu'un** to steal something from someone.

volet *m* *(de fenêtre)* shutter.

voleur *m*, **-euse** *f* thief (*au pluriel* thieves).

volonté *f* willpower.

volontiers *(avec plaisir)* gladly; **tu veux du vin? - volontiers!** do you want some wine? - yes, I'd love some!

vomir to be sick.

vont ▸ *voir* **aller**.

vos ▸ *voir* **votre**.

votre *m ou f*, **vos** *plural* your: **votre père** your father; **vos chaussures** your shoes.

vôtre: le vôtre, la vôtre, les vôtres yours; **c'est le vôtre** it's yours; **mes enfants et les vôtres** my children and yours.

voudra, voudrai, voudrait *etc* ▸ *voir* **vouloir**.

vouloir 1 to want: **tu veux du pain?** do you want any bread?; **je veux partir** I want to leave; **je veux qu'il parte** I want him to leave; **voulez-vous me suivre** will you follow me; **si vous voulez** if you like, if you wish; **sans le vouloir** accidentally.
2 je voudrais I would like; **je vou-**

drais un café I'd like a coffee; **elle voudrait vous voir** she'd like to see you.
3 je veux bien I don't mind; **je veux bien attendre** I don't mind waiting; **elle veut bien qu'on aille au théâtre** she doesn't mind if we go to *ou* our going to the theatre.
4 vouloir dire to mean; **que veut dire ce mot?** what does this word mean?
5 en vouloir à quelqu'un d'avoir fait quelque chose to be angry with someone for doing something.

To conjugate this verb turn to p 177.

vous 1 you: **vous êtes** you are; **je vous connais** I know you; **c'est pour vous** it's for you.
2 you, to you: **je vous ai donné un cadeau** I gave you a present, I gave a present to you.
3 yourself, *(au pluriel)* yourselves; **vous vous lavez** you wash yourself, *(au pluriel)* you wash yourselves.
4 each other: **vous vous aimez** you love each other.
5 *(à ne pas traduire en anglais)* **vous vous battez** you fight.

vous-même (**vous-mêmes** *plural*) yourself, *(au pluriel)* yourselves.

voyage *m* trip, journey: **faire un voyage, partir en voyage** to go on a trip; **bon voyage!** have a good trip!

voyager to travel.

voyageur *m*, **-euse** *f* passenger.

voyelle *f* vowel.

vrai *m*, **-e** *f* **1** true: **c'est vrai** it's true.
2 real: **c'est un vrai diamant** it's a real diamond; **la vraie raison** the real reason.

vraiment really.

vu *m*, **vue** *f* ▸ *voir* **voir**.

vue *f* **1** *(sens)* eyesight. **2** view: **on a une belle vue sur la ville** we have a lovely view of the town.

Ww

wagon *m* *(de train)* carriage, *(en américain)* car.

W.-C. *m plural*: **les W.-C.** the toilet, *(en américain)* the men's *ou* ladies' room.

week-end *m* (**week-ends** *plural*) weekend.

Xx

xylophone *m* xylophone: **jouer du xylophone** to play the xylophone.

Yy

y 1 *(là)* there: **vous y allez souvent?** do you go there a lot?; **j'y étais ce matin** I was there this morning.
2 *(à cela)* **j'y pense** I'm thinking about it; **je m'y attendais** I was expecting it; **ça y est!** that's it!
3 il y a there is, *(au pluriel)* there are ▸ *voir* **il**.

yaourt *m* yoghurt.

yeux *m plural* ▸ *voir* **œil**.

Zz

zèbre *m* zebra.

zéro *m* zero; **gagner deux buts à zéro** to win two nil, *(en américain)* to win two nothing *ou* two zero.

zoo *m* zoo.